ŒUVRES COMPLÈTES

DE VOLTAIRE

TOME CINQUIÈME

PARIS
LIBRAIRIE HACHETTE ET Cie
79, BOULEVARD SAINT-GERMAIN, 79

A LA MÊME LIBRAIRIE

ŒUVRES
DES PRINCIPAUX ÉCRIVAINS FRANÇAIS
VOLUMES IN-18 JÉSUS.

On peut se procurer chaque volume de cette série relié en percaline gaufrée, sans être rogné, moyennant 50 cent.; en demi-reliure, dos en chagrin, tranches jaspées, moyennant 1 fr. 50 cent., et avec tranches dorées, moyennant 2 fr. en sus du prix marqué.

1re Série à 1 franc 25 c. le volume.

Barthélemy : *Voyage du jeune Anacharsis en Grèce dans le milieu du IVe siècle avant l'ère chrétienne.* 3 volumes.
Atlas pour le Voyage du jeune Anacharsis, dressé par J. D. Barbié du Bocage, revu par A. D. Barbié du Bocage. In-8, 1 fr. 50 c.

Boileau : *Œuvres complètes.* 2 vol.

Bossuet : *Œuvres choisies.* 5 vol.

Corneille : *Œuvres complètes.* 7 vol.

Fénelon : *Œuvres choisies.* 4 vol.

La Fontaine : *Œuvres complètes.* 3 volumes.

Marivaux : *Œuvres choisies.* 2 vol.

Molière : *Œuvres complètes.* 3 vol.

Montaigne : *Essais*, précédés d'une lettre à M. Villemain sur l'éloge de Montaigne, par P. Christian. 2 vol.

Montesquieu : *Œuvres complètes.* 3 volumes.

Pascal : *Œuvres complètes.* 3 vol.

Racine : *Œuvres complètes.* 3 vol.

Rousseau (J.-J.) : *Œuvres complètes.* 13 volumes.

Saint-Simon (le duc de) : *Mémoires complets et authentiques sur le siècle de Louis XIV et la Régence*, collationnés sur le manuscrit original par M. Chéruel, et précédés d'une notice de M. Sainte-Beuve, de l'Académie française. 13 vol.

Sedaine : *Œuvres choisies.* 1 vol.

Voltaire : *Œuvres complètes.* 46 vol.

2e Série à 3 francs 50 cent. le volume.

Chateaubriand : *Le génie du Christianisme.* 1 vol.
— *Les Martyrs;* — *le Dernier des Abencerrages.* 1 vol.
— *Atala;* — *René;* — *les Natchez.* 1 vol.

Fléchier : *Mémoires sur les Grands-Jours d'Auvergne en 1665*, annotés par M. Chéruel et précédés d'une notice par M. Sainte-Beuve. 1 vol.

Malherbe : *Œuvres poétiques*, réimprimées pour le texte sur la nouvelle édition des *Œuvres complètes de Malherbe*, publiées par M. Lud. Lalanne dans la Collection des GRANDS ÉCRIVAINS DE LA FRANCE. 1 v.

Sévigné (Mme de) : *Lettres de Mme de Sévigné, de sa famille et de ses amis*, réimprimées pour le texte sur la nouvelle édition publiée par M. Monmerqué dans la Collection des GRANDS ÉCRIVAINS DE LA FRANCE. 8 vol.

COULOMMIERS. — Typogr. ALBERT PONSOT et P. BRODARD.

ŒUVRES COMPLÈTES

DE VOLTAIRE

ŒUVRES COMPLÈTES

DE VOLTAIRE

TOME CINQUIÈME

PARIS
LIBRAIRIE HACHETTE ET Cie
79, BOULEVARD SAINT-GERMAIN, 79

1876

TANCRÈDE.

TRAGÉDIE EN CINQ ACTES.

(3 septembre 1760.)

A MADAME LA MARQUISE DE POMPADOUR.

Madame,

Toutes les épîtres dédicatoires ne sont pas de lâches flatteries, toutes ne sont pas dictées par l'intérêt : celle que vous reçûtes de M. Crébillon, mon confrère à l'Académie, et mon premier maître[1] dans un art que j'ai toujours aimé, fut un monument de sa reconnaissance : le mien durera moins, mais il est aussi juste. J'ai vu dès votre enfance[2] les grâces et les talents se développer; j'ai reçu de vous, dans tous les temps, des témoignages d'une bonté toujours égale. Si quelque censeur pouvait désapprouver l'hommage que je vous rends, ce ne pourrait être qu'un cœur né ingrat. Je vous dois beaucoup, madame, et je dois le dire. J'ose encore plus, j'ose vous remercier publiquement du bien que vous avez fait à un très-grand nombre de véritables gens de lettres, de grands artistes, d'hommes de mérite en plus d'un genre.

Les cabales sont affreuses, je le sais ; la littérature en sera toujours troublée, ainsi que tous les autres états de la vie. On calomniera toujours les gens de lettres comme les gens en place ; et j'avouerai que l'horreur pour ces cabales m'a fait prendre le parti de la retraite, qui seul m'a rendu heureux. Mais j'avoue en même temps que vous n'avez jamais écouté aucune de ces petites factions, que jamais vous ne reçûtes d'impression de l'imposture secrète qui blesse sourdement le mérite, ni de l'imposture publique qui l'attaque insolemment. Vous avez fait du bien avec discernement, parce que vous avez jugé par vous-même ; aussi je n'ai connu ni aucun homme de lettres, ni aucune personne sans prévention, qui ne rendît justice à votre caractère, non-seulement en public, mais dans les conversations particulières, où l'on blâme beaucoup plus qu'on ne loue. Croyez, madame, que c'est quelque chose que le suffrage de ceux qui savent penser.

De tous les arts que nous cultivons en France, l'art de la tragédie n'est pas celui qui mérite le moins d'attention publique ; car il faut avouer que c'est celui dans lequel les Français se sont le plus distingués. C'est d'ailleurs au théâtre seul que la nation se rassemble ; c'est là que l'esprit et le goût de la jeunesse se for-

---

1. Crébillon avait dédié son *Catilina* à Mme de Pompadour. (ÉD.)
2. Les éditions de 1761 et 1763 ont ici un alinéa de plus.
« Continuez, madame, à favoriser tous les beaux-arts ; ils font la gloire d'une nation ; ils sont chers aux belles âmes ; il n'y a que les esprits durs et insipides qui les dédaignent : vous en avez cultivé plusieurs avec succès, et il n'en est aucun sur lequel vous n'ayez des lumières. » (ÉD.)

ment : les étrangers y viennent apprendre notre langue; nulle mauvaise maxime n'y est tolérée, et nul sentiment estimable n'y est débité sans être applaudi ; c'est une école toujours subsistante de poésie et de vertu.

La tragédie n'est pas encore peut-être tout à fait ce qu'elle doit être ; supérieure à celle d'Athènes en plusieurs endroits, il lui manque ce grand appareil que les magistrats d'Athènes savaient lui donner.

Permettez-moi, madame, en vous dédiant une tragédie, de m'étendre sur cet art des Sophocle et des Euripide. Je sais que toute la pompe de l'appareil ne vaut pas une pensée sublime, ou un sentiment ; de même que la parure n'est presque rien sans la beauté. Je sais bien que ce n'est pas un grand mérite de parler aux yeux ; mais j'ose être sûr que le sublime et le touchant portent un coup beaucoup plus sensible, quand ils sont soutenus d'un appareil convenable, et qu'il faut frapper l'âme et les yeux à la fois. Ce sera le partage des génies qui viendront après nous. J'aurai du moins encouragé ceux qui me feront oublier.

C'est dans cet esprit, madame, que je dessinai la faible esquisse que je soumets à vos lumières. Je la crayonnai dès que je sus que le théâtre de Paris était changé, et devenait un vrai spectacle. Des jeunes gens de beaucoup de talent la représentèrent avec moi sur un petit théâtre que je fis faire à la campagne. Quoique ce théâtre fût extrêmement étroit, les acteurs ne furent point gênés ; tout fut exécuté facilement ; ces boucliers, ces devises, ces armes qu'on suspendait dans la lice, faisaient un effet qui redoublait l'intérêt, parce que cette décoration, cette action, devenait une partie de l'intrigue. Il eût fallu que la pièce eût joint à cet avantage celui d'être écrite avec plus de chaleur, que j'eusse pu éviter les longs récits, que les vers eussent été faits avec plus de soin. Mais le temps que nous nous étions proposé de nous donner ce divertissement ne permettait pas de délai ; la pièce fut faite et apprise en deux mois.

Mes amis me mandent que les comédiens de Paris ne l'ont représentée que parce qu'il en courait une grande quantité de copies infidèles. Il a donc fallu la laisser paraître avec tous les défauts que je n'ai pu corriger. Mais ces défauts mêmes instruiront ceux qui voudront travailler dans le même goût[1].

Il y a encore dans cette pièce une autre nouveauté qui me paraît mériter d'être perfectionnée ; elle est écrite en vers croisés. Cette sorte de poésie sauve l'uniformité de la rime ; mais aussi ce genre d'écrire est dangereux, car tout a son écueil. Ces grands tableaux, que les anciens regardaient comme une partie essen-

1. Dans les mêmes éditions de Prault et de Duchesne, on lit de plus : « Je ne saurais trop recommander qu'on cherche à mettre sur notre scène quelques parties de notre histoire de France. On m'a dit que les noms des anciennes maisons qu'on retrouve dans Zaïre, dans le Duc de Foix, dans Tancrède, ont fait plaisir à la nation. C'est encore peut-être un nouvel aiguillon de gloire pour ceux qui descendent de ces races illustres. Il me semble qu'après avoir fait paraître tant de héros étrangers sur la scène, il nous manquait d'y montrer les nôtres. J'ai eu le bonheur de peindre le grand, l'aimable Henri IV, dans un poëme qui ne déplaît pas aux bons citoyens. Un temps viendra que quelque génie plus heureux l'introduira sur la scène avec plus de majesté.

tielle de la tragédie, peuvent aisément nuire au théâtre de France, en le réduisant à n'être presque qu'une vaine décoration; et la sorte de vers que j'ai employés dans *Tancrède* approche peut-être trop de la prose. Ainsi il pourrait arriver qu'en voulant perfectionner la scène française, on la gâterait entièrement. Il se peut qu'on y ajoute un mérite qui lui manque, il se peut qu'on la corrompe.

J'insiste seulement sur une chose, c'est la variété dont on a besoin dans une ville immense, la seule de la terre qui ait jamais eu des spectacles tous les jours. Tant que nous saurons maintenir par cette variété le mérite de notre scène, ce talent nous rendra toujours agréables aux autres peuples; c'est ce qui fait que des personnes de la plus haute distinction représentent souvent nos ouvrages dramatiques en Allemagne, en Italie, qu'on les traduit même en Angleterre, tandis que nous voyons dans nos provinces des salles de spectacle magnifiques, comme on voyait des cirques dans toutes les provinces romaines; preuve incontestable du goût qui subsiste parmi nous, et preuve de nos ressources dans les temps les plus difficiles. C'est en vain que plusieurs de nos compatriotes s'efforcent d'annoncer notre décadence en tout genre. Je ne suis pas de l'avis de ceux qui, au sortir du spectacle, dans un souper délicieux, dans le sein du luxe et du plaisir, disent gaiement que tout est perdu; je suis assez près d'une ville de province, aussi peuplée que Rome moderne, et beaucoup plus opulente, qui entretient plus de quarante mille ouvriers, et qui vient de construire en même temps le plus bel hôpital du royaume, et le plus beau théâtre. De bonne foi, tout cela existerait-il si les campagnes ne produisaient que des ronces?

J'ai choisi pour mon habitation un des moins bons terrains qui soient en France; cependant rien ne nous y manque: le pays est orné de maisons qu'on eût regardées autrefois comme trop belles; le pauvre qui veut s'occuper y cesse d'être pauvre; cette petite province est devenue un jardin riant. Il vaut mieux, sans doute, fertiliser sa terre que de se plaindre à Paris de la stérilité de sa terre.

Me voilà, madame, un peu loin de *Tancrède*: j'abuse du droit de mon âge, j'abuse de vos moments, je tombe dans les digressions, je dis peu en beaucoup de paroles. Ce n'est pas là le caractère de votre esprit; mais je serais plus diffus si je m'abandonnais aux sentiments de ma reconnaissance. Recevez avec votre bonté ordinaire, madame, mon attachement et mon respect, que rien ne peut altérer jamais.

Ferney en Bourgogne, 10 d'octobre 1759.

PERSONNAGES.

ARGIRE,
TANCRÈDE,
ORBASSAN, } chevaliers
LORÉDAN,
CATANE,
ALDAMON, soldat.
AMÉNAÏDE, fille d'Argire.
FANIE, suivante d'Aménaïde.
PLUSIEURS CHEVALIERS, assistant au conseil.
ÉCUYERS, SOLDATS, PEUPLE.

La scène est à Syracuse, d'abord dans le palais d'Argire, et dans une salle du conseil, ensuite dans une place publique sur laquelle cette salle est construite. L'époque de l'action est de l'année 1005. Les Sarrasins d'Afrique avaient conquis toute la Sicile au IXe siècle ; Syracuse avait secoué leur joug. Des gentilshommes normands commencèrent à s'établir vers Salerne, dans la Pouille. Les empereurs grecs possédaient Messine ; les Arabes tenaient Palerme et Agrigente.

ACTE PREMIER.

SCÈNE I. — ASSEMBLÉE DES CHEVALIERS, *rangés en demi-cercle.*

ARGIRE.

Illustres chevaliers, vengeurs de la Sicile,
Qui daignez, par égard au déclin de mes ans,
Vous assembler chez moi pour chasser nos tyrans,
Et former un État triomphant et tranquille ;
Syracuse en ses murs a gémi trop longtemps
Des desseins avortés d'un courage inutile.
Il est temps de marcher à ces fiers musulmans,
Il est temps de sauver d'un naufrage funeste
Le plus grand de nos biens, le plus cher qui nous reste,
Le droit le plus sacré des mortels généreux,
La liberté : c'est là que tendent tous nos vœux.
Deux puissants ennemis de notre république,
Des droits des nations, du bonheur des humains,
Les Césars de Byzance, et les fiers Sarrasins,
Nous menacent encor de leur joug tyrannique.
Ces despotes altiers, partageant l'univers,
Se disputent l'honneur de nous donner des fers.
Le Grec a sous ses lois les peuples de Messine ;
Le hardi Solamir insolemment domine
Sur les fertiles champs couronnés par l'Etna.

Dans les murs d'Agrigente, aux campagnes d'Enna ;
Et tout de Syracuse annonçait la ruine.
Mais nos communs tyrans, l'un de l'autre jaloux,
Armés pour nous détruire, ont combattu pour nous ;
Ils ont perdu leur force en disputant leur proie.
A notre liberté le ciel ouvre une voie ;
Le moment est propice, il en faut profiter.
La grandeur musulmane est à son dernier âge ;
On commence en Europe à la moins redouter.
Dans la France un Martel, en Espagne un Pélage,
Le grand Léon¹ dans Rome, armé d'un saint courage
Nous ont assez appris comme on peut la dompter.
Je sais qu'aux factions Syracuse livrée
N'a qu'une liberté faible et mal assurée.
Je ne veux point ici vous rappeler ces temps
Où nous tournions sur nous nos armes criminelles,
Où l'État répandait le sang de ses enfants.
Étouffons dans l'oubli nos indignes querelles.
Orbassan, qu'il ne soit qu'un parti parmi nous,
Celui du bien public, et du salut de tous.
Que de notre union l'État puisse renaître ;
Et, si de nos égaux nous fûmes trop jaloux,
Vivons et périssons sans avoir eu de maître.

ORBASSAN.

Argire, il est trop vrai que les divisions
Ont régné trop longtemps entre nos deux maisons ;
L'État en fut troublé ; Syracuse n'aspire
Qu'à voir les Orbassans unis au sang d'Argire.
Aujourd'hui l'un par l'autre il faut nous protéger.
En citoyen zélé j'accepte votre fille,
Je servirai l'État, vous, et votre famille ;
Et, du pied des autels, où je vais m'engager,
Je marche à Solamir, et je cours vous venger.
Mais ce n'est pas assez de combattre le Maure ;
Sur d'autres ennemis il faut jeter les yeux :
Il fut d'autres tyrans non moins pernicieux,
Que peut-être un vil peuple ose chérir encore.
De quel droit les Français, portant partout leurs pas,
Se sont-ils établis dans nos riches climats ?
De quel droit un Coucy² vint-il dans Syracuse,
Des rives de la Seine aux bords de l'Aréthuse ?
D'abord modeste et simple, il voulut vous servir ;
Bientôt fier et superbe, il se fit obéir.

1. Léon IV, un des plus grands papes que Rome ait jamais eus. Il chassa les Arabes, et sauva Rome en 849. (Ed.)
2. Un seigneur de Coucy s'établit en Sicile du temps de Charles le Chauve.

Sa race, accumulant d'immenses héritages,
Et d'un peuple ébloui maîtrisant les suffrages,
Osa sur ma famille élever sa grandeur.
Nous l'en avons punie, et, malgré sa faveur,
Nous voyons ses enfants bannis de nos rivages.
Tancrède[1], un rejeton de ce sang dangereux,
Des murs de Syracuse éloigné dès l'enfance,
A servi, nous dit-on, les Césars de Byzance;
Il est fier, outragé, sans doute valeureux;
Il doit haïr nos lois, il cherche la vengeance.
Tout Français est à craindre : on voit même en nos jours
Trois simples écuyers[2], sans bien et sans secours,
Sortis des flancs glacés de l'humide Neustrie[3],
Aux champs Apuliens[3] se faire une patrie;
Et, n'ayant pour tout droit que celui des combats,
Chasser les possesseurs, et fonder des États.
Grecs, Arabes, Français, Germains, tout nous dévore;
Et nos champs, malheureux par leur fécondité,
Appellent l'avarice et la rapacité
Des brigands du Midi, du Nord, et de l'Aurore.
Nous devons nous défendre ensemble et nous venger.
J'ai vu plus d'une fois Syracuse trahie;
Maintenons notre loi, que rien ne doit changer;
Elle condamne à perdre et l'honneur et la vie
Quiconque entretiendrait avec nos ennemis
Un commerce secret, fatal à son pays.
A l'infidélité l'indulgence encourage!
On ne doit épargner ni le sexe ni l'âge.
Venise ne fonda sa fière autorité
Que sur la défiance et la sévérité :
Imitons sa sagesse en perdant les coupables.

LORÉDAN.

Quelle honte en effet, dans nos jours déplorables,
Que Solamir, un Maure, un chef de musulmans,
Dans la Sicile encore ait tant de partisans!
Que partout dans cette île et guerrière et chrétienne,
Que même parmi nous, Solamir entretienne
Des sujets corrompus, vendus à ses bienfaits!
Tantôt chez les Césars occupé de nous nuire,
Tantôt dans Syracuse ayant su s'introduire,
Nous préparant la guerre, et nous offrant la paix;
Et pour nous désunir soigneux de nous séduire!

1. Ce n'est pas Tancrède de Hauteville, qui n'alla en Italie que quelque temps après.
2. Les premiers Normands qui passèrent dans la Pouille, Drogon Batéric, et Ripostal.
3. La Normandie   Le pays de Naples.

ACTE I, SCÈNE I.

Un sexe dangereux, dont les faibles esprits
D'un peuple encor plus faible attirent les hommages,
Toujours des nouveautés et des héros épris,
A ce Maure imposant prodigua ses suffrages.
Combien de citoyens aujourd'hui prévenus
Pour ces arts séduisants que l'Arabe cultive[1] !
Arts trop pernicieux, dont l'éclat les captive,
A nos vrais chevaliers noblement inconnus.
Que notre art soit de vaincre, et je n'en vois point d'autre
J'espère en ma valeur, j'attends tout de la vôtre;
Et j'approuve surtout cette sévérité
Vengeresse des lois et de la liberté.
Pour détruire l'Espagne, il a suffi d'un traître[2] ;
Il en fut parmi nous, chaque jour en voit naître.
Mettons un frein terrible à l'infidélité;
Au salut de l'État que toute pitié cède;
Combattons Solamir, et proscrivons Tancrède.
Tancrède, né d'un sang parmi nous détesté,
Est plus à craindre encor pour notre liberté.
Dans le dernier conseil un décret juste et sage
Dans les mains d'Orbassan remit son héritage;
Pour confondre à jamais nos ennemis cachés,
A ce nom de Tancrède en secret attachés;
Du vaillant Orbassan c'est le juste partage,
Sa dot, sa récompense.

CATANE.
     Oui, nous y souscrivons.
Que Tancrède, s'il veut, soit puissant à Byzance;
Qu'une cour odieuse honore sa vaillance;
Il n'a rien à prétendre aux lieux où nous vivons.
Tancrède, en se donnant un maître despotique,
A renoncé lui-même à nos sacrés remparts :
Plus de retour pour lui; l'esclave des Césars
Ne doit rien posséder dans une république.
Orbassan de nos lois est le plus ferme appui,
Et l'État, qu'il soutient, ne pouvait moins pour lui;
Tel est mon sentiment.

ARGIRE.
     Je vois en lui mon gendre;
Ma fille m'est bien chère, il est vrai, mais enfin
Je n'aurais point pour eux dépouillé l'orphelin :
Vous savez qu'à regret on m'y vit condescendre.

LORÉDAN.
Blâmez-vous le sénat?

[1]. En ce temps les Arabes cultivaient seuls les sciences en Occident, et ce sont eux qui fondèrent l'école de Salerne.
[2]. Le comte Julien, ou l'archevêque Opas.

ARGIRE.
Non; je hais la rigueur,
Mais toujours à la loi je fus prêt à me rendre,
Et l'intérêt commun l'emporta dans mon cœur.
ORBASSAN.
Ces biens sont à l'État, l'État seul doit les prendre.
Je n'ai point recherché cette faible faveur.
ARGIRE.
N'en parlons plus ; hâtons cet heureux hyménée ;
Qu'il amène demain la brillante journée
Où ce chef arrogant d'un peuple destructeur,
Solamir, à la fin, doit connaître un vainqueur.
Votre rival en tout, il osa bien prétendre,
En nous offrant la paix, à devenir mon gendre[1] ;
Il pensait m'honorer par cet hymen fatal.
Allez ; dans tous les temps triomphez d'un rival :
Mes amis, soyons prêts... ma faiblesse et mon âge
Ne me permettent plus l'honneur de commander ;
A mon gendre Orbassan vous daignez l'accorder.
Vous suivre est pour mes ans un assez beau partage ;
Je serai près de vous, j'aurai cet avantage,
Je sentirai mon cœur encor se ranimer ;
Mes yeux seront témoins de votre fier courage,
Et vous auront vu vaincre avant de se fermer.
LORÉDAN.
Nous combattrons sous vous, seigneur ; nous osons croire
Que ce jour, quel qu'il soit, nous sera glorieux ;
Nous nous promettons tous l'honneur de la victoire,
Ou l'honneur consolant de mourir à vos yeux.

SCÈNE II. — ARGIRE, ORBASSAN.

ARGIRE.
Eh bien ! brave Orbassan, suis-je enfin votre père ?
Tous vos ressentiments sont-ils bien effacés ?
Pourrai-je en vous d'un fils trouver le caractère ?
Dois-je compter sur vous ?
ORBASSAN.
Je vous l'ai dit assez :
J'aime l'État, Argire, il nous réconcilie,
Cet hymen nous rapproche, et la raison nous lie ;
Mais le nœud qui nous joint n'eût point été formé,
Si, dans notre querelle, à jamais assoupie,

1. Il était très-commun de marier des chrétiennes à des musulmans ; et Abdélasis, le fils de Mussa, conquérant de l'Espagne, épousa la fille du roi Rodrigue. Cet exemple fut imité dans tous les pays où les Arabes portèrent leurs armes victorieuses.

Mon cœur, qui vous hait, ne vous eût estimé.
L'amour peut avoir part à ma nouvelle chaîne;
Mais un si noble hymen ne sera point le fruit
D'un feu né d'un instant, qu'un autre instant détruit,
Que suit l'indifférence, et trop souvent la haine.
Ce cœur, que la patrie appelle aux champs de Mars,
Ne sait point soupirer au milieu des hasards.
Mon hymen a pour but l'honneur de vous complaire,
Notre union naissante, à tous deux nécessaire,
La splendeur de l'État, votre intérêt, le mien;
Devant de tels objets l'amour a peu de charmes.
Il pourra resserrer un si noble lien;
Mais sa voix doit ici se taire au bruit des armes.

ARGIRE.

J'estime en un soldat cette mâle fierté;
Mais la franchise plaît, et non l'austérité.
J'espère que bientôt ma chère Aménaïde
Pourra fléchir en vous ce courage rigide.
C'est peu d'être un guerrier; la modeste douceur
Donne un prix aux vertus, et sied à la valeur.
Vous sentez que ma fille au sortir de l'enfance,
Dans nos temps orageux de trouble et de malheur,
Par sa mère élevée à la cour de Byzance,
Pourrait s'effaroucher de ce sévère accueil,
Qui tient de la rudesse, et ressemble à l'orgueil.
Pardonnez aux avis d'un vieillard et d'un père.

ORBASSAN.

Vous-même pardonnez à mon humeur austère :
Elevé dans nos camps, je préférai toujours
A ce mérite faux des politesses vaines,
A cet art de flatter, à cet esprit des cours,
La grossière vertu des mœurs républicaines :
Mais je sais respecter la naissance et le rang
D'un estimable objet formé de votre sang;
Je prétends par mes soins mériter qu'elle m'aime,
Vous regarder en elle, et m'honorer moi-même.

ARGIRE.

Par mon ordre en ces lieux elle avance vers vous.

SCÈNE III. — ARGIRE, ORBASSAN, AMÉNAÏDE.

ARGIRE.

Le bien de cet État, les voix de Syracuse,
Votre père, le ciel, vous donnent un époux;
Leurs ordres réunis ne souffrent point d'excuse.
Ce noble chevalier, qui se rejoint à moi,
Aujourd'hui par ma bouche a reçu votre foi.

TANCRÈDE.

Vous connaissez son nom, son rang, sa renommée ;
Puissant dans Syracuse, il commande l'armée ;
Tous les droits de l'honneur sont en ses mains remis.

AMÉNAÏDE, à part.

De Tancrède !

ARGIRE.

                    À mes yeux sont le moins digne prix
Qui relève l'éclat d'une telle alliance.

ORBASSAN.

Elle m'honore assez, seigneur, et sa présence
Rend plus cher à mon cœur le don que je reçois.
Puissé-je, en méritant vos bontés et son choix,
Du bonheur de tous trois confirmer l'espérance !

ARGIRE.

Mon père, en tous les temps, au fond de son cœur,
Sentit tous mes chagrins, et voulut mon bonheur.
Votre choix me destine un héros pour barbe
Et quand ces longs débats qui troublèrent vos jours,
Grâce à votre sagesse, ont terminé leur cours,
Du nœud qui vous rejoint votre fille est le gage ;
D'une telle union je conçois l'avantage.
Orbassan permettra que ce cœur étonné,
Qu'opprima dès l'enfance un sort toujours contraire,
Par ce changement même au trouble abandonné,
Se recueille un moment dans le sein de son père.

ORBASSAN.

Vous le devez, madame, et, loin de m'opposer
À de tels sentiments, dignes de mon estime,
Loin de vous détourner d'un soin si légitime,
Des droits que j'ai sur vous je craindrais d'abuser.
J'ai quitté nos guerriers, je vole à leur tête ;
C'est peu d'un tel hymen, il le faut mériter,
La victoire en rend digne, et j'ose me flatter
Que bientôt des lauriers en orneront la fête.

SCÈNE IV. — ARGIRE, AMÉNAÏDE.

ARGIRE.

Vous semblez interdite ; et vos yeux pleins d'effroi
De larmes obscurcis, se détournent de moi.
Vos soupirs étouffés semblent me faire injure ;
La bouche obéit mal lorsque le cœur murmure.

AMÉNAÏDE.

Seigneur, je l'avouerai, je ne m'attendais pas
Qu'après tant de malheurs, et de si longs débats,
Le parti d'Orbassan dût être un jour le vôtre.

Que mes tremblantes mains uniraient l'un et l'autre,
Et que votre ennemi dût passer dans mes bras.
Je n'oublierai jamais que la guerre civile
Dans vos propres foyers vous priva d'un asile ;
Que ma mère, à regret évitant le danger,
Chercha loin de nos murs un rivage étranger ;
Que des bras paternels avec elle arrachée,
A ses tristes destins dans Byzance attachée,
J'ai partagé longtemps les maux qu'elle a soufferts.
Au sortir du berceau j'ai connu les revers :
J'appris sous une mère, abandonnée, errante,
A supporter l'exil et le sort des proscrits,
L'accueil impérieux d'une cour arrogante,
Et la fausse pitié, pire que les mépris.
Dans un sort avili noblement élevée,
De ma mère bientôt cruellement privée,
Je me vis seule au monde, en proie à mon effroi,
Roseau faible et tremblant, n'ayant d'appui que moi.
Votre destin changea; Syracuse en alarmes
Vous remit dans vos biens, vous rendit vos honneurs,
Se reposa sur vous du destin de ses armes,
Et de ses murs sanglants repoussa vos vainqueurs.
Dans le sein paternel je me vis rappelée ;
Un malheur inouï m'en avait exilée ;
Peut-être j'y reviens pour un malheur nouveau ;
Vos mains de mon hymen allument le flambeau.
Je sais quel intérêt, quel espoir vous anime ;
Mais de vos ennemis je me vis la victime :
Je suis enfin la vôtre, et ce jour dangereux
Peut-être de nos jours sera le plus affreux.

ARGIRE.

Il sera fortuné, c'est à vous de m'en croire.
Je vous aime, ma fille, et j'aime votre gloire.
On a trop murmuré quand ce fier Solamir,
Pour le prix de la paix qu'il venait nous offrir,
Osa me proposer de l'accepter pour gendre ;
Je vous donne au héros qui marche contre lui,
Au plus grand des guerriers armés pour nous défendre,
Autrefois mon émule, à présent notre appui.

AMÉNAÏDE.

Quel appui ! vous vantez sa superbe fortune ;
Mes vœux plus modérés la voudraient plus commune :
Je voudrais qu'un héros si fier et si puissant
N'eût point, pour s'agrandir, dépouillé l'innocent.

ARGIRE.

Du conseil, il est vrai, la prudence sévère
Veut punir dans Tancrède une race étrangère

Elle abusa longtemps de son autorité;
Elle a trop d'ennemis.

AMÉNAÏDE.

Seigneur, ou je m'abuse,
Ou Tancrède est encore aimé dans Syracuse.

ARGIRE.

Nous rendons tous justice à son cœur indompté;
Sa valeur a, dit-on, subjugué l'Illyrie;
Mais plus il a servi sous l'aigle des Césars,
Moins il doit espérer de revoir sa patrie :
Il est par un décret chassé de nos remparts.

AMÉNAÏDE.

Pour jamais! lui? Tancrède?

ARGIRE.

Oui, l'on craint sa présence;
Et si vous l'avez vu dans les murs de Byzance,
Vous savez qu'il nous hait.

AMÉNAÏDE.

Je ne le croyais pas.
Ma mère avait pensé qu'il pouvait être encore
L'appui de Syracuse et le vainqueur du Maure;
Et lorsque dans ces lieux des citoyens ingrats
Pour ce fier Orbassan contre vous s'animèrent,
Qu'ils ravirent vos biens, et qu'ils vous opprimèrent,
Tancrède aurait pour vous affronté le trépas.
C'est tout ce que j'ai su.

ARGIRE.

C'est trop, Aménaïde :
Rendez-vous aux conseils d'un père qui vous guide;
Conformez-vous au temps, conformez-vous aux lieux.
Solamir, et Tancrède, et la cour de Byzance,
Sont tous également en horreur à nos yeux.
Votre bonheur dépend de votre complaisance.
J'ai pendant soixante ans combattu pour l'État;
Je le servis injuste, et le chéris ingrat :
Je dois penser ainsi jusqu'à ma dernière heure.
Prenez mes sentiments; et, devant que je meure,
Consolez mes vieux ans dont vous faites l'espoir.
Je suis prêt à finir une vie orageuse :
La vôtre doit couler sous les lois du devoir;
Et je mourrai content si vous vivez heureuse.

AMÉNAÏDE.

Ah! seigneur, croyez-moi, parlez moins de bonheur.
Je ne regrette point la cour d'un empereur.
Je vous ai consacré mes sentiments, ma vie;
Mais, pour en disposer, attendez quelques jours.
Au crédit d'Orbassan trop d'intérêt vous lie :

ACTE I, SCÈNE IV.

Ce crédit si vanté doit-il durer toujours?
Il peut tomber; tout change, et ce héros peut-être
S'est trop tôt déclaré votre gendre et mon maître.

ARGIRE.

Comment? Que dites-vous?

AMÉNAÏDE.

           Cette témérité
Est peu respectueuse, et vous semble une injure.
Je sais que dans les cours mon sexe plus flatté
Dans votre république a moins de liberté :
A Byzance on le sert; ici la loi plus dure
Veut de l'obéissance, et défend le murmure.
Les musulmans altiers, trop longtemps vos vainqueurs,
Ont changé la Sicile, ont endurci vos mœurs ;
Mais qui peut altérer vos bontés paternelles?

ARGIRE.

Vous seule, vous, ma fille, en abusant trop d'elles.
De tout ce que j'entends mon esprit est confus :
J'ai permis vos délais, mais non pas vos refus.
La loi ne peut plus rompre un nœud si légitime :
La parole est donnée; y manquer est un crime.
Vous me l'avez bien dit, je suis né malheureux :
Jamais aucun succès n'a couronné mes vœux.
Tous les jours de ma vie ont été des orages.
Dieu puissant! détournez ces funestes présages;
Et puisse Aménaïde, en formant ces liens,
Se préparer des jours moins tristes que les miens!

SCÈNE V. — AMÉNAÏDE.

Tancrède, cher amant! moi, j'aurais la faiblesse
De trahir mes serments pour ton persécuteur!
Plus cruelle que lui, perfide avec bassesse,
Partageant ta dépouille avec cet oppresseur,
Je pourrais....

SCÈNE VI. — AMÉNAÏDE, FANIE.

AMÉNAÏDE.

         Viens, approche, ô ma chère Fanie!
Vois le trait détesté qui m'arrache la vie.
Orbassan par mon père est nommé mon époux!

FANIE.

Je sens combien cet ordre est douloureux pour vous.
J'ai vu vos sentiments, j'en ai connu la force.
Le sort n'eut point de traits, la cour n'eut point d'amorce,
Qui pussent arrêter ou détourner vos pas,
Quand la route par vous fut une fois choisie.

Votre cœur s'est donné, c'est pour toute la vie.
Tancrède et Solamir, touchés de vos appas,
Dans la cour des Césars en secret soupirèrent;
Mais celui que vos yeux justement distinguèrent,
Qui seul obtint vos vœux, qui sut les mériter,
En sera toujours digne; et, puisque dans Byzance
Sur le fier Solamir il eut la préférence,
Orbassan dans ces lieux ne pourra l'emporter :
Votre âme est trop constante.

AMÉNAÏDE.

Ah! tu n'en peux douter.
On dépouille Tancrède, on l'exile, on l'outrage;
C'est le sort d'un héros d'être persécuté.
Je sens que c'est le mien de l'aimer davantage.
Écoute : dans ces murs Tancrède est regretté;
Le peuple le chérit.

FANIE.

Banni dans son enfance,
De son père oublié les fastueux amis
Ont bientôt à son sort abandonné le fils.
Peu de cœurs comme vous tiennent contre l'absence.
A leurs seuls intérêts les grands sont attachés.
Le peuple est plus sensible.

AMÉNAÏDE.

Il est aussi plus juste.

FANIE.

Mais il est asservi : nos amis sont cachés;
Aucun n'ose parler pour ce proscrit auguste.
Un sénat tyrannique est ici tout-puissant.

AMÉNAÏDE.

Oui, je sais qu'il peut tout quand Tancrède est absent.

FANIE.

S'il pouvait se montrer, j'espérerais encore;
Mais il est loin de vous.

AMÉNAÏDE.

Juste ciel, je t'implore!

(A Fanie.)

Je me confie à toi. Tancrède n'est pas loin;
Et, quand de l'écarter on prend l'indigne soin,
Lorsque la tyrannie au comble est parvenue,
Il est temps qu'il paraisse, et qu'on tremble à sa vue.
Tancrède est dans Messine.

FANIE.

Est-il vrai? justes cieux!
Et cet indigne hymen est formé sous ses yeux!

AMÉNAÏDE.

Il ne le sera pas.... non, Fanie; et peut-être

ACTE I, SCÈNE

Mes oppresseurs et moi nous n'aurons plus qu'un maître.
Viens.... je t'apprendrai tout.... mais il faut tout oser;
Le joug est trop honteux, ma main doit le briser.
La persécution enhardit ma faiblesse.
Le trahir est un crime; obéir est bassesse.
S'il vient, c'est pour moi seule, et je l'ai mérité :
Et moi, timide esclave, à son tyran promise,
Victime malheureuse indignement soumise,
Je mettrais mon devoir dans l'infidélité!
Non, l'amour à mon sexe inspire le courage :
C'est à moi de hâter ce fortuné retour;
Et, s'il est des dangers que ma crainte envisage,
Ces dangers me sont chers, ils naissent de l'amour.

ACTE SECOND.

SCÈNE I. — AMÉNAÏDE.

Où porté-je mes pas?... d'où vient que je frissonne?
Moi, des remords! qui, moi? le crime seul les donne....
Ma cause est juste.... O cieux! protégez mes desseins!
                (A Fanie, qui entre.)
Allons, rassurons-nous.... Suis-je en tout obéie?
                        FANIE.
Votre esclave est parti; la lettre est dans ses mains.
                        AMÉNAÏDE.
Il est maître, il est vrai, du secret de ma vie;
Mais je connais son zèle : il m'a toujours servie.
On doit tout quelquefois aux derniers des humains.
Né d'aïeux musulmans chez les Syracusains,
Instruit dans les deux lois et dans les deux langages,
Du camp des Sarrasins il connaît les passages,
Et des monts de l'Etna les plus secrets chemins :
C'est lui qui découvrit, par une course utile,
Que Tancrède en secret a revu la Sicile.
C'est lui par qui le ciel veut changer mes destins.
Ma lettre, par ses soins, remise aux mains d'un Maure,
Dans Messine demain doit être avant l'aurore.
Des Maures et des Grecs les besoins mutuels
Ont toujours conservé, dans cette longue guerre,
Une correspondance à tous deux nécessaire :
Tant la nature unit les malheureux mortels!
                        FANIE.
Ce pas est dangereux; mais le nom de Tancrède,
Ce nom si redoutable, à qui tout autre cède,

Et qu'ici nos tyrans ont toujours en horreur,
Ce beau nom que l'amour grava dans votre cœur,
N'est point dans cette lettre à Tancrède adressée.
Si vous l'avez toujours présent à la pensée,
Vous avez su du moins le taire en écrivant.
Au camp des Sarrasins votre lettre portée
Vainement serait lue, ou serait arrêtée.
Enfin, jamais l'amour ne fut moins imprudent,
Ne sut mieux se voiler dans l'ombre du mystère,
Et ne fut plus hardi sans être téméraire.
Je ne puis cependant vous cacher mon effroi.

AMÉNAÏDE.

Le ciel jusqu'à présent semble veiller sur moi;
Il ramène Tancrède, et tu veux que je tremble?

FANIE.

Hélas! qu'en d'autres lieux sa bonté vous rassemble
La haine et l'intérêt s'arment trop contre lui :
Tout son parti se tait; qui sera son appui?

AMÉNAÏDE.

Sa gloire. Qu'il se montre, il deviendra le maître.
Un héros qu'on opprime attendrit tous les cœurs;
Il les anime tous quand il vient à paraître.

FANIE.

Son rival est à craindre.

AMÉNAÏDE.

Ah! combats ces terreurs,
Et ne m'en donne point. Souviens-toi que ma mère
Nous unit l'un et l'autre à ses derniers moments;
Que Tancrède est à moi; qu'aucune loi contraire
Ne peut rien sur nos vœux et sur nos sentiments.
Hélas! nous regrettions cette île si funeste,
Dans le sein de la gloire et des murs des Césars;
Vers ces champs trop aimés, qu'aujourd'hui je déteste,
Nous tournions tristement nos avides regards.
J'étais loin de penser que le sort qui m'obsède
Me gardât pour époux l'oppresseur de Tancrède,
Et que j'aurais pour dot l'exécrable présent
Des biens qu'un ravisseur enlève à mon amant.
Il faut l'instruire au moins d'une telle injustice;
Qu'il apprenne de moi sa perte et mon supplice;
Qu'il hâte son retour et défende ses droits.
Pour venger un héros je fais ce que je dois.
Ah! si je le pouvais, j'en ferais davantage.
J'aime, je crains un père et respecte son âge;
Mais je voudrais armer nos peuples soulevés
Contre cet Orbassan qui nous a captivés.
D'un brave chevalier sa conduite est indigne!

ACTE II, SCÈNE I.

Intéressé, cruel, il prétend à l'honneur !
Il croit d'un peuple libre être le protecteur !
Il ordonne ma honte, et mon père la signe
Et je dois la subir, et je dois me livrer
Au maître impérieux qui pense m'honorer !
Hélas ! dans Syracuse on hait la tyrannie ;
Mais la plus exécrable, et la plus impunie,
Est celle qui commande et la haine et l'amour,
Et qui veut nous forcer de changer en un jour.
Le sort en est jeté.

FANIE.
      Vous aviez paru craindre

AMÉNAÏDE.
Je ne crains plus.

FANIE.
      On dit qu'un arrêt redouté
Contre Tancrède même est aujourd'hui porté ;
Il y va de la vie à qui le veut enfreindre.

AMÉNAÏDE.
Je le sais ; mon esprit en fut épouvanté ;
Mais l'amour est bien faible alors qu'il est timide.
J'adore, tu le sais, un héros intrépide ;
Comme lui je dois l'être.

FANIE.
      Une loi de rigueur
Contre vous, après tout, serait-elle écoutée ?
Pour effrayer le peuple elle paraît dictée.

AMÉNAÏDE.
Elle attaque Tancrède, elle me fait horreur.
Que cette loi jalouse est digne de nos maîtres !
Ce n'était point ainsi que ces braves ancêtres,
Ces généreux Français, ces illustres vainqueurs,
Subjuguaient l'Italie, et conquéraient des cœurs.
On aimait leur franchise ; on redoutait leurs armes ;
Les soupçons n'entraient point dans leurs esprits altiers.
L'honneur avait uni tous ces grands chevaliers :
Chez les seuls ennemis ils portaient les alarmes ;
Et le peuple, amoureux de leur autorité,
Combattait pour leur gloire et pour sa liberté.
Ils abaissaient les Grecs, ils triomphaient du Maure.
Aujourd'hui je ne vois qu'un sénat ombrageux,
Toujours en défiance, et toujours orageux,
Qui lui-même se craint, et que le peuple abhorre.
Je ne sais si mon cœur est trop plein de ses feux ;
Trop de prévention peut-être me possède ;
Mais je ne puis souffrir ce qui n'est pas Tancrède :
La foule des humains n'existe point pour moi ;

VOLTAIRE — V

Son nom seul en ces lieux dissipe mon effroi,
Et tous ses ennemis irritent ma colère.

SCÈNE II. — AMÉNAÏDE, FANIE, sur le devant; ARGIRE,
LES CHEVALIERS, au fond.

ARGIRE.

Chevaliers.... je succombe à cet excès d'horreur.
Ah! j'espérais du moins mourir sans déshonneur.
(A sa fille, avec des sanglots mêlés de colère.)
Retirez-vous.... sortez....

AMÉNAÏDE.

Qu'entends-je? vous, mon père!

ARGIRE.

Moi, ton père! est-ce à toi de prononcer ce nom,
Quand tu trahis ton sang, ton pays, ta maison?

AMÉNAÏDE, faisant un pas, appuyée sur Fanie.

Je suis perdue!...

ARGIRE.

Arrête!... ah! trop chère victime!
Qu'as-tu fait?

AMÉNAÏDE, pleurant.

Nos malheurs....

ARGIRE.

Pleures-tu sur ton crime?

AMÉNAÏDE.

Je n'en ai point commis.

ARGIRE.

Quoi! tu défends ton seing?

AMÉNAÏDE.

Non....

ARGIRE.

Tu vois que le crime est écrit de ta main.
Tout sert à m'accabler, tout sert à te confondre.
Ma fille!... il est donc vrai?... tu n'oses me répondre.
Laisse au moins dans le doute un père au désespoir.
J'ai vécu trop longtemps.... Qu'as-tu fait?...

AMÉNAÏDE.

Mon devoir.
Aviez-vous fait le vôtre?

ARGIRE.

Ah! c'en est trop, cruelle :
Oses-tu te vanter d'être si criminelle?
Laisse-moi, malheureuse; ôte-toi de ces lieux.
Va, sors.... une autre main saura fermer mes yeux.

AMÉNAÏDE sort presque évanouie entre les bras de Fanie.

Je me meurs

ACTE II, SCÈNE III.

SCÈNE III. — ARGIRE, LES CHEVALIERS.

ARGIRE.
Mes amis, dans une telle injure....
Après son aveu même..., après ce crime affreux....
Excusez d'un vieillard les sanglots douloureux....
Je dois tout à l'État.... mais tout à la nature.
Vous n'exigerez pas qu'un père malheureux
A vos sévères voix mêle sa voix tremblante.
Aménaïde, hélas! ne peut être innocente;
Mais signer à la fois mon opprobre et sa mort,
Vous ne le voulez pas.... c'est un barbare effort;
La nature en frémit, et j'en suis incapable.

LOREDAN.
Nous plaignons tous, seigneur, un père respectable;
Nous sentons sa blessure, et craignons de l'aigrir.
Mais vous-même avez vu cette lettre coupable;
L'esclave la portait au camp de Solamir.
Auprès de ce camp même on a surpris le traître,
Et l'insolent Arabe à pu le voir punir.
Ses odieux desseins n'ont que trop su paraître.
L'État était perdu. Nos dangers, nos serments,
Ne souffrent point de nous de vains ménagements :
Les lois n'écoutent point la pitié paternelle.
L'État parle, il suffit.

ARGIRE.
Seigneur, je vous entends.
Je sais ce qu'on prépare à cette criminelle.
Mais elle était ma fille.... et voilà son époux....
Je cède à ma douleur.... je m'abandonne à vous....
Il ne me reste plus qu'à mourir avant elle.
(Il sort.)

SCÈNE IV. — LES CHEVALIERS.

CATANE.
Déjà de la saisir l'ordre est donné par nous.
Sans doute il est affreux de voir tant de noblesse,
Les grâces, les attraits, la plus tendre jeunesse,
L'espoir de deux maisons, le destin le plus beau,
Par le dernier supplice enfermés au tombeau.
Mais telle est parmi nous la loi de l'hyménée;
C'est la religion lâchement profanée,
C'est la patrie enfin que nous devons venger.
L'infidèle en nos murs appelle l'étranger!
La Grèce et la Sicile ont vu des citoyennes,
Renonçant à leur gloire, au titre de chrétiennes,
Abandonner nos lois pour ces fiers musulmans

Vainqueurs de tous côtés, et partout nos tyrans :
Mais que d'un chevalier la fille respectée,
(A Orbassan.)
Sur le point d'être à vous, et marchant à l'autel,
Exécute un complot si lâche et si cruel !
De ce crime nouveau Syracuse infectée
Veut de notre justice un exemple éternel.

LORÉDAN.

Je l'avoue en tremblant ; sa mort est légitime :
Plus sa race est illustre, et plus grand est le crime.
On sait de Solamir l'espoir ambitieux,
On connaît ses desseins, son amour téméraire,
Ce malheureux talent de tromper et de plaire,
D'imposer aux esprits, et d'éblouir les yeux.
C'est à lui que s'adresse un écrit si funeste.
« Régnez dans nos États : » ces mots trop odieux
Nous révèlent assez un complot manifeste.
Pour l'honneur d'Orbassan je supprime le reste ;
Il nous ferait rougir. Quel est le chevalier
Qui daignera jamais, suivant l'antique usage,
Pour ce coupable objet signaler son courage,
Et hasarder sa gloire à le justifier ?

CATANE.

Orbassan, comme vous nous sentons votre injure ;
Nous allons l'effacer au milieu des combats.
Le crime rompt l'hymen : oubliez la parjure.
Son supplice vous venge, et ne vous flétrit pas.

ORBASSAN.

Il me consterne, au moins.... et, coupable ou fidèle,
Sa main me fut promise.... On approche.....C'est elle
Qu'au séjour des forfaits conduisent des soldats....
Cette honte m'indigne autant qu'elle m'offense :
Laissez-moi lui parler.

SCÈNE V. — LES CHEVALIERS, *sur le devant* ; AMÉNAÏDE,
au fond, entourée de gardes.

AMÉNAÏDE, *dans le fond.*

O céleste puissance !
Ne m'abandonnez point dans ces moments affreux.
Grand Dieu ! vous connaissez l'objet de tous mes vœux ;
Vous connaissez mon cœur ; est-il donc si coupable ?

CATANE.

Vous voulez voir encor cet objet condamnable ?

ORBASSAN.

Oui, je le veux.

ACTE II, SCÈNE V.

CATANE.

Sortons. Parlez-lui, mais songez
Que les lois, les autels, l'honneur, sont outragés :
Syracuse à regret exige une victime.

ORBASSAN.

Je le sais comme vous : un même soin m'anime
Éloignez-vous, soldats.

SCÈNE VI. — AMÉNAÏDE, ORBASSAN.

AMÉNAÏDE.

Qu'osez-vous attenter?
A mes derniers moments venez-vous insulter?

ORBASSAN.

Ma fierté jusque-là ne peut être avilie,
Je vous donnais ma main, je vous avais choisie ;
Peut-être l'amour même avait dicté ce choix.
Je ne sais si mon cœur s'en souviendrait encore,
Ou s'il est indigné d'avoir connu ses lois ;
Mais il ne peut souffrir ce qui le déshonore.
Je ne veux point penser qu'Orbassan soit trahi
Pour un chef étranger, pour un chef ennemi,
Pour un de ces tyrans que notre culte abhorre :
Ce crime est trop indigne, il est trop inouï :
Et, pour vous, pour l'État, et surtout pour ma gloire,
Je veux fermer les yeux, et prétends ne rien croire.
Syracuse aujourd'hui voit en moi votre époux :
Ce titre me suffit; je me respecte en vous ;
Ma gloire est offensée, et je prends sa défense.
Les lois des chevaliers ordonnent ces combats ;
Le jugement de Dieu¹ dépend de notre bras ;
C'est le glaive qui juge et qui fait l'innocence.
Je suis prêt.

AMÉNAÏDE.

Vous?

ORBASSAN.

Moi seul; et j'ose me flatter
Qu'après cette démarche, après cette entreprise
Qu'aux yeux de tout guerrier mon honneur autorise,
Un cœur qui m'était dû me saura mériter.
Je n'examine point si votre âme surprise
Ou par mes ennemis, ou par un séducteur,
Un moment aveuglée eut un moment d'erreur,
Si votre aversion fuyait mon hyménée.
Les bienfaits peuvent tout sur une âme bien née ;

1. On sait assez qu'on appelait ces combats *le jugement de Dieu*

La vertu s'affermit par un remords heureux.
Je suis sûr, en un mot, de l'honneur de tous deux.
Mais ce n'est point assez : j'ai le droit de prétendre
(Soit fierté, soit amour) un sentiment plus tendre.
Les lois veulent ici des serments solennels;
J'en exige un de vous, non tel que la contrainte
En dicte à la faiblesse, en impose à la crainte,
Qu'en se trompant soi-même on prodigue aux autels;
A ma franchise altière il faut parler sans feinte :
Prononcez. Mon cœur s'ouvre, et mon bras est armé.
Je puis mourir pour vous, mais je dois être aimé.

AMÉNAÏDE.

Dans l'abîme effroyable où je suis descendue,
A peine avec horreur à moi-même rendue,
Cet effort généreux, que je n'attendais pas,
Porte le dernier coup à mon âme éperdue,
Et me plonge au tombeau qui pourrait sous mes pas.
Vous me forcez, seigneur, à la reconnaissance;
Et, tout près du sépulcre où l'on va m'enfermer,
Mon dernier sentiment est de vous estimer.
Connaissez-moi, sachez que mon cœur vous offense,
Mais je n'ai point trahi ma gloire et mon pays;
Je ne vous trahis point, je n'avais rien promis.
Mon âme envers la vôtre est assez criminelle;
Sachez qu'elle est ingrate, et non pas infidèle....
Je ne peux vous aimer, je ne peux à ce prix
Accepter un combat pour ma cause entrepris.
Je sais de votre loi la dureté barbare,
Celle de mes tyrans, la mort qu'on me prépare.
Je ne me vante point du fastueux effort
De voir, sans m'alarmer, les apprêts de ma mort.
Je regrette la vie.... elle dut m'être chère.
Je pleure mon destin; je gémis sur mon père;
Mais, malgré ma faiblesse, et malgré mon effroi
Je ne puis vous tromper; n'attendez rien de moi.
Je vous parais coupable après un tel outrage;
Mais ce cœur, croyez-moi, le serait davantage,
Si jusqu'à vous contraindre il pouvait s'oublier.
Je ne veux (pardonnez à ce triste langage)
De vous pour mon époux, ni pour mon chevalier.
J'ai prononcé; jugez, et vengez votre offense.

ORBASSAN.

Je me borne, madame, à venger mon pays,
A dédaigner l'audace, à braver le mépris,
A l'oublier. Mon bras prenait votre défense;
Mais, quitte envers ma gloire, aussi bien qu'envers vous
Je ne suis plus qu'un juge à son devoir fidèle;

Soumis à la loi seule, inaccessible comme elle
Et qui ne doit sentir ni pitié ni courroux.

SCÈNE VII. — AMÉNAÏDE, SOLDATS, *dans l'enfoncement*.

AMÉNAÏDE.
J'ai donc dicté l'arrêt, et je me sacrifie !
O toi, seul des humains qui mérites ma foi,
Toi pour qui je mourrai, pour qui j'aimais la vie,
Je suis donc condamnée !... Oui, je le suis pour toi ;
Allons.... je l'ai voulu.... Mais tant d'ignominie,
Mais un père accablé, dont les jours vont finir,
Des liens, des bourreaux.... Ces apprêts d'infamie !
O mort ! l'affreuse mort ! puis-je vous soutenir !
Tourments, trépas honteux.... tout mon courage cède..
Non, il n'est point de honte en mourant pour Tancrède.
On peut m'ôter le jour, et non pas me punir.
Quoi ! je meurs en coupable !... un père, une patrie !
Je les servais tous deux, et tous deux m'ont haïe,
Et je n'aurai pour moi, dans ces moments d'horreur,
Que mon seul témoignage, et la voix de mon cœur.
(À Fanie, qui entre.)
Quels moments pour Tancrède ! O ma chère Fanie !
(Fanie lui baise la main en pleurant, et Aménaïde l'embrasse.)
La douceur de te voir ne m'est donc point ravie !

FANIE.
Que ne puis-je avant vous expirer en ces lieux !

AMÉNAÏDE.
Ah !... je vois s'avancer ces monstres odieux...
(Les gardes qui étaient dans le fond s'avancent pour l'emmener.)
Porte un jour au héros à qui j'étais unie
Mes derniers sentiments, et mes derniers adieux,
Fanie... il apprendra si je mourus fidèle.
Je coûterai du moins des larmes à ses yeux ;
Je ne meurs que pour lui..., ma mort est moins cruelle.

ACTE TROISIÈME.

SCÈNE I. — TANCRÈDE, *suivi de deux écuyers qui portent sa lance, son écu, etc.;* ALDAMON.

TANCRÈDE.
A tous les cœurs bien nés que la patrie est chère !
Qu'avec ravissement je revois ce séjour !
Cher et brave Aldamon, digne ami de mon père,
C'est toi dont l'heureux zèle a servi mon retour.

Que Tancrède est heureux ! que ce jour m'est prospère !
Tout mon sort est changé. Cher ami ! je te dois
Plus que je n'ose dire, et plus que tu ne crois.
                    ALDAMON.
Seigneur, c'est trop vanter mes services vulgaires,
Et c'est trop relever un sort tel que le mien ;
Je ne suis qu'un soldat, un simple citoyen....
                    TANCRÈDE.
Je le suis comme vous : les citoyens sont frères.
                    ALDAMON.
Deux ans dans l'Orient sous vous j'ai combattu ;
Je vous vis effacer l'éclat de vos ancêtres ;
J'admirai d'assez près votre haute vertu :
C'est là mon seul mérite. Elevé par mes maîtres,
Né dans votre maison, je vous suis asservi.
Je dois....
                    TANCRÈDE.
Vous ne devez être que mon ami.
Voilà donc ces remparts que je voulais défendre,
Ces murs toujours sacrés pour le cœur le plus tendre,
Ces murs qui m'ont vu naître, et dont je suis banni !
Apprends-moi dans quels lieux respire Aménaïde.
                    ALDAMON.
Dans ce palais antique où son père réside ;
Cette place y conduit : plus loin vous contemplez
Ce tribunal auguste, où l'on voit assemblés
Ces vaillants chevaliers, ce sénat intrépide,
Qui font les lois du peuple, et combattent pour lui,
Et qui vaincraient toujours le musulman perfide,
S'ils ne s'étaient privés de leur plus grand appui.
Voilà leurs boucliers, leurs lances, leurs devises,
Dont la pompe guerrière annonce aux nations
La splendeur de leurs faits, leurs nobles entreprises.
Votre nom seul ici manquait à ces grands noms.
                    TANCRÈDE.
Que ce nom soit caché, puisqu'on le persécute ;
Peut-être en d'autres lieux il est célèbre assez.
            (A ses écuyers.)
Vous, qu'on suspende ici mes chiffres effacés ;
Aux fureurs des partis qu'ils ne soient plus en butte ;
Que mes armes sans faste, emblème des douleurs,
Telles que je les porte au milieu des batailles,
Ce simple bouclier, ce casque sans couleurs,
Soient attachés sans pompe à ces tristes murailles.
        (Les écuyers suspendent ses armes aux places vides, au milieu des
                    autres trophées.)
Conservez ma devise, elle est chère à mon cœur ;

ACTE III, SCÈNE I.

Elle a dans mes combats soutenu ma vaillance;
Elle a conduit mes pas, et fait mon espérance;
Les mots en sont sacrés : c'est *l'amour et l'honneur.*
Lorsque les chevaliers descendront dans la place
Vous direz qu'un guerrier, qui veut être inconnu,
Pour les suivre au combat dans leurs murs est venu,
Et qu'à les imiter il borne son audace.
(A Aldamon.)
Quel est leur chef, ami?

ALDAMON.
Ce fut depuis trois ans,
Comme vous l'avez su, le respectable Argire.

TANCRÈDE, *à part.*
Père d'Aménaïde!...

ALDAMON.
On le vit trop longtemps
Succomber au parti dont nous craignons l'empire.
Il reprit à la fin sa juste autorité :
On respecte son rang, son nom, sa probité;
Mais l'âge l'affaiblit. Orbassan lui succède.

TANCRÈDE.
Orbassan! l'ennemi, l'oppresseur de Tancrède!
Ami, quel est le bruit répandu dans ces lieux?
Ah! parle, est-il bien vrai que cet audacieux
D'un père trop facile ait surpris la faiblesse,
Que sur Aménaïde il ait levé les yeux,
Qu'il ait osé prétendre à s'unir avec elle?

ALDAMON.
Hier confusément j'en appris la nouvelle.
Pour moi, loin de la ville, établi dans ce fort
Où je vous ai reçu, grâce à mon heureux sort,
A mon poste attaché, j'avouerai que j'ignore
Ce qu'on a fait depuis dans ces murs que j'abhorre :
On vous y persécute, ils sont affreux pour moi.

TANCRÈDE.
Cher ami, tout mon cœur s'abandonne à ta foi;
Cours chez Aménaïde, et parais devant elle;
Dis-lui qu'un inconnu, brûlant du plus beau zèle
Pour l'honneur de son sang, pour son auguste nom,
Pour les prospérités de sa noble maison,
Attaché dès l'enfance à sa mère, à sa race,
D'un entretien secret lui demande la grâce

ALDAMON.
Seigneur, dans sa maison j'eus toujours quelque accès;
On y voit avec joie, on accueille, on honore
Tous ceux qu'à votre nom le zèle attache encore.
Plût au ciel qu'on eût vu le pur sang des Français

Uni dans la Sicile au noble sang d'Asgire!
Quel que soit le dessein, seigneur, qui vous inspire,
Puisque vous m'envoyez, je réponds du succès.

SCÈNE II. — TANCRÈDE; ses écuyers *au fond.*

TANCRÈDE.

Il sera favorable ; et ce ciel qui me guide,
Ce ciel qui me ramène aux pieds d'Aménaïde,
Et qui, dans tous les temps, accorda sa faveur
Au véritable amour, au véritable honneur ;
Ce ciel qui m'a conduit dans les tentes du Maure,
Parmi mes ennemis soutient ma cause encore.
Aménaïde m'aime, et son cœur me répond
Que le mien dans ces lieux ne peut craindre un affront.
Loin des camps des Césars, et loin de l'Illyrie,
Je viens enfin pour elle au sein de ma patrie,
De ma patrie ingrate, et qui, dans mon malheur,
Après Aménaïde est si chère à mon cœur !
J'arrive : un autre ici l'obtiendrait de son père !
Et sa fille à ce point aurait pu me trahir ?
Quel est cet Orbassan ? quel est ce téméraire ?
Quels sont donc les exploits dont il doit s'applaudir ?
Qu'a-t-il fait de si grand qui le puisse enhardir
A demander un prix qu'on doit à la vaillance,
Qui des plus grands héros serait la récompense,
Qui m'appartient du moins par les droits de l'amour ?
Avant de me l'ôter, il m'ôtera le jour.
Après mon trépas même elle serait fidèle,
L'oppresseur de mon sang ne peut régner sur elle.
Oui, ton cœur m'est connu, je n'en redoute rien,
Ma chère Aménaïde ; il est tel que le mien,
Incapable d'effroi, de crainte, et d'inconstance.

SCÈNE III. — TANCRÈDE, ALDAMON.

TANCRÈDE.

Ah ! trop heureux ami, tu sors de sa présence ;
Tu vois tous mes transports ; allons, conduis mes pas.

ALDAMON.

Vers ces funestes lieux, seigneur, n'avancez pas.

TANCRÈDE.

Que me dis-tu ? les pleurs inondent ton visage !

ALDAMON.

Ah ! fuyez pour jamais ce malheureux rivage ;
Après les attentats que ce jour a produits,
Je n'y puis demeurer, tout obscur que je suis.

ACTE III, SCÈNE III.

TANCRÈDE.
Comment?...

ALDAMON.
Portez ailleurs ce courage sublime;
La gloire vous attend aux tentes des Césars;
Elle n'est point pour vous dans ces affreux remparts;
Fuyez; vous n'y verriez que la honte et le crime.

TANCRÈDE.
De quels traits inouïs viens-tu percer mon cœur!
Qu'as-tu vu? que t'a dit, que fait Aménaïde?

ALDAMON.
J'ai trop vu vos desseins.... Oubliez-la, seigneur.

TANCRÈDE.
Ciel! Orbassan l'emporte! Orbassan! la perfide!
L'ennemi de son père, et mon persécuteur!

ALDAMON.
Son père à ce matin signa cet hyménée;
Et la pompe fatale en était ordonnée.

TANCRÈDE.
Et je serais témoin de cet excès d'horreur!

ALDAMON.
Votre dépouille ici leur fut abandonnée,
Vos biens étaient sa dot. Un rival odieux,
Seigneur, vous enlevait le bien de vos aïeux.

TANCRÈDE.
Le lâche! il m'enlevait ce qu'un héros méprise.
Aménaïde, ô ciel! en ses mains est remise?
Elle est à lui?

ALDAMON.
Seigneur, ce sont les moindres coups
Que le ciel irrité vient de lancer sur vous.

TANCRÈDE.
Achève donc, cruel, de m'arracher la vie;
Achève.... parle.... hélas!

ALDAMON.
Elle allait être unie
Au fier persécuteur de vos jours glorieux;
Le flambeau de l'hymen s'allumait en ces lieux,
Lorsqu'on a reconnu quelle est sa perfidie:
C'est peu d'avoir changé, d'avoir trompé vos vœux;
L'infidèle, seigneur, vous trahissait tous deux.

TANCRÈDE.
Pour qui?

ALDAMON.
Pour une main étrangère, ennemie,
Pour l'oppresseur altier de notre nation,
Pour Solamir.

TANCRÈDE.
O ciel! ô trop funeste nom!
Solamir!... Dans Byzance il soupira pour elle :
Mais il fut dédaigné, mais je fus son vainqueur;
Elle n'a pu trahir ses serments et mon cœur;
Tant d'horreur n'entre point dans une âme si belle,
Elle en est incapable.

ALDAMON.
A regret j'ai parlé;
Mais ce secret horrible est partout révélé.

TANCRÈDE.
Écoute : je connais l'envie et l'imposture :
Eh! quel cœur généreux échappe à leur injure?
Proscrit dès mon berceau, nourri dans le malheur,
Mais toujours éprouvé, moi qui suis mon ouvrage,
Qui d'États en États ai porté mon courage,
Qui partout de l'envie ai senti la fureur,
Depuis que je suis né, j'ai vu la calomnie
Exhaler les venins de sa bouche impunie,
Chez les républicains, comme à la cour des rois.
Argire fut longtemps accusé par sa voix;
Il souffrit comme moi : cher ami, je m'abuse,
Ou ce monstre odieux règne dans Syracuse;
Ses serpents sont nourris de ces mortels poisons
Que dans les cœurs trompés jettent les factions.
De l'esprit de parti je sais quelle est la rage :
L'auguste Aménaïde en éprouve l'outrage.
Entrons : je veux la voir, l'entendre, et m'éclairer.

ALDAMON.
Ah! seigneur, arrêtez : il faut donc tout vous dire;
On l'arrache des bras du malheureux Argire;
Elle est aux fers.

TANCRÈDE.
Qu'entends-je?

ALDAMON.
Et l'on va la livrer,
Dans cette place même, au plus affreux supplice.

TANCRÈDE.
Aménaïde!

ALDAMON.
Hélas! si c'est une justice,
Elle est bien odieuse; on ose en murmurer,
On pleure; mais, seigneur, on se borne à pleurer.

TANCRÈDE.
Aménaïde! ô cieux!... Crois-moi, ce sacrifice,
Cet horrible attentat ne s'achèvera pas.

ACTE III, SCÈNE III.

ALDAMON.
Le peuple au tribunal précipite ses pas :
Il la plaint, il gémit, en la nommant perfide;
Et d'un cruel spectacle indignement avide,
Turbulent, curieux avec compassion,
Il s'agite en tumulte autour de la prison.
Étrange empressement de voir des misérables!
On hâte en gémissant ces moments formidables.
Ces portiques, ces lieux que vous voyez déserts,
De nombreux citoyens seront bientôt couverts.
Éloignez-vous, venez.

TANCRÈDE.
Quel vieillard vénérable
Sort d'un temple en tremblant, les yeux baignés de pleurs?
Ses suivants consternés imitent ses douleurs.

ALDAMON.
C'est Argire, seigneur, c'est ce malheureux père....

TANCRÈDE.
Retire-toi.... surtout ne me découvre pas.
Que je le plains !

SCÈNE IV. — ARGIRE, *dans un des côtés de la scène;* TANCRÈDE, *sur le devant;* ALDAMON, *loin de lui, dans l'enfoncement.*

ARGIRE.
O ciel! avance mon trépas.
O mort! viens me frapper; c'est ma seule prière.

TANCRÈDE.
Noble Argire, excusez un de ces chevaliers
Qui, contre le croissant déployant leur bannière,
Dans de si saints combats vont chercher des lauriers.
Vous voyez le moins grand de ces dignes guerriers.
Je venais.... Pardonnez.... dans l'état où vous êtes,
Si je mêle à vos pleurs mes larmes indiscrètes.

ARGIRE.
Ah! vous êtes le seul qui m'osiez consoler;
Tout le reste me fuit, ou cherche à m'accabler.
Vous-même pardonnez à mon désordre extrême.
A qui parlé-je? hélas!

TANCRÈDE.
Je suis un étranger,
Plein de respect pour vous, touché comme vous-même,
Honteux, et frémissant de vous interroger;
Malheureux comme vous.... Ah! par pitié.... de grâce,
Une seconde fois excusez tant d'audace.
Est-il vrai?... votre fille!... est-il possible?...

TANCRÈDE.

ARGIRE.
Il est trop vrai, bientôt on la mène au trépas.
TANCRÈDE.
Elle est coupable?
ARGIRE, *avec des soupirs et des pleurs.*
Elle est... la honte de son père.
TANCRÈDE.
Votre fille!... Seigneur, nourri loin de ces lieux,
Je pensais, sur le bruit de son nom glorieux,
Que si la vertu même habitait sur la terre,
Le cœur d'Aménaïde était son sanctuaire.
Elle est coupable! ô jour! ô détestables bords!
Jour à jamais affreux!
ARGIRE.
Ce qui me désespère,
Ce qui creuse ma tombe, et ce qui chez les morts
Avec plus d'amertume encor me fait descendre,
C'est qu'elle aime son crime, et qu'elle est sans remords.
Aussi nul chevalier ne cherche à la défendre :
Ils ont en gémissant signé l'arrêt mortel;
Et, malgré notre usage antique et solennel,
Si vanté dans l'Europe, et si cher au courage,
De défendre en champ clos le sexe qu'on outrage,
Celle qui fut ma fille à mes yeux va périr,
Sans trouver un guerrier qui l'ose secourir.
Ma douleur s'en accroît, ma honte s'en augmente;
Tout frémit, tout se tait, aucun ne se présente.
TANCRÈDE.
Il s'en présentera; gardez-vous d'en douter.
ARGIRE.
De quel espoir, seigneur, daignez-vous me flatter?
TANCRÈDE.
Il s'en présentera, non pas pour votre fille;
Elle est loin d'y prétendre et de le mériter;
Mais pour l'honneur sacré de sa noble famille,
Pour vous, pour votre gloire, et pour votre vertu.
ARGIRE.
Vous rendez quelque vie à ce cœur abattu.
Eh! qui, pour nous défendre, entrera dans la lice?
Nous sommes en horreur, on est glacé d'effroi;
Qui daignera me tendre une main protectrice?
Je n'ose m'en flatter.... Qui combattra?
TANCRÈDE.
Qui? moi.
Moi, dis-je; et, si le ciel seconde ma vaillance,
Je demande de vous, seigneur, pour récompense.

ACTE III, SCÈNE IV.

De partir à l'instant sans être retenu,
Sans voir Aménaïde, et sans être connu.
ARGIRE.
Ah! seigneur, c'est le ciel, c'est Dieu qui vous envoie;
Mon cœur triste et flétri ne peut goûter de joie;
Mais je sens que j'expire avec moins de douleur.
Ah! ne puis-je savoir à qui, dans mon malheur,
Je dois tant de respect et de reconnaissance?
Tout annonce à mes yeux votre haute naissance :
Hélas! qui vois-je en vous?
TANCRÈDE.
Vous voyez un vengeur.

SCÈNE V. — ORBASSAN, ARGIRE, TANCRÈDE, CHEVALIERS, SUITE.

ORBASSAN, à Argire.
L'État est en danger, songeons à lui, seigneur,
Nous prétendions demain sortir de nos murailles;
Nous sommes prévenus. Ceux qui nous ont trahis
Sans doute avertissaient nos cruels ennemis.
Solamir veut tenter le destin des batailles;
Nous marcherons à lui. Vous, si vous m'en croyez,
Dérobez à vos yeux un spectacle funeste,
Insupportable, horrible à nos sens effrayés.
ARGIRE.
Il suffit, Orbassan, tout l'espoir qui me reste,
C'est d'aller expirer au milieu des combats.
(Montrant Tancrède.)
Ce brave chevalier y guidera mes pas :
Et, malgré les horreurs dont ma race est flétrie,
Je périrai du moins en servant ma patrie.
ORBASSAN.
Des sentiments si grands sont bien dignes de vous.
Allez aux musulmans porter vos derniers coups;
Mais, avant tout, fuyez cet appareil barbare,
Si peu fait pour vos yeux, et déjà qu'on prépare.
On approche.
ARGIRE.
Ah! grand Dieu!
ORBASSAN.
Les regards paternels
Doivent se détourner de ces objets cruels.
Ma place me retient, et mon devoir sévère
Veut qu'ici je contienne un peuple téméraire :
L'inexorable loi ne sait rien ménager;
Tout horrible qu'elle est, je la dois protéger.

Mais vous, qui n'avez point cet affreux ministère,
Qui peut vous retenir, et qui peut vous forcer
A voir couler le sang que la loi va verser?
On vient; éloignez-vous.

TANCRÈDE, *à Argire.*

Non, demeurez, mon père.

ORBASSAN.

Et qui donc êtes-vous?

TANCRÈDE.

Votre ennemi, seigneur,
L'ami de ce vieillard, peut-être son vengeur,
Peut-être autant que vous à l'État nécessaire.

SCÈNE VI. — *La scène s'ouvre : on voit* AMÉNAÏDE *au milieu des gardes;* LES CHEVALIERS, LE PEUPLE, *remplissent la place.*

ARGIRE, *à Tancrède.*

Généreux inconnu, daignez me soutenir;
Cachez-moi ces objets.... C'est ma fille elle-même.

TANCRÈDE.

Quels moments pour tous trois!

AMÉNAÏDE.

O justice suprême!
Toi qui vois le passé, le présent, l'avenir,
Tu lis seule en mon cœur, toi seule es équitable;
Des profanes humains la foule impitoyable
Parle et juge en aveugle, et condamne au hasard.
 Chevaliers, citoyens, vous qui tous avez part
Au sanguinaire arrêt porté contre ma vie,
Ce n'est pas devant vous que je me justifie.
Que ce ciel qui m'entend juge entre vous et moi
Organes odieux d'un jugement inique,
Oui, je vous outrageais; j'ai trahi votre loi;
Je l'avais en horreur, elle était tyrannique :
Oui, j'offensais un père, il a forcé mes vœux;
J'offensais Orbassan, qui, fier et rigoureux,
Prétendait sur mon âme une injuste puissance.
Citoyens, si la mort est due à mon offense,
Frappez; mais écoutez, sachez tout mon malheur :
Qui va répondre à Dieu parle aux hommes sans peur
Et vous, mon père, et vous, témoin de mon supplice,
Qui ne deviez pas l'être, et de qui la justice
 (*Apercevant Tancrède.*)
Aurait pu.... Ciel! ô ciel! qui vois-je à ses côtés?
Est-ce lui?... je me meurs.

(*Elle tombe évanouie entre les gardes.*)

TANCRÈDE.

Ah! ma seule présence

ACTE III, SCÈNE VI.

Est pour elle un reproche, il n'importe.... Arrêtez,
Ministres de la mort, suspendez la vengeance ;
Arrêtez, citoyens, j'entreprends sa défense,
Je suis son chevalier ; ce père infortuné,
Prêt à mourir comme elle, et non moins condamné,
Daigne avouer mon bras propice à l'innocence.
Que la seule valeur rende ici des arrêts ;
Des dignes chevaliers c'est le plus beau partage ;
Que l'on ouvre la lice à l'honneur, au courage ;
Que les juges du camp fassent tous les apprêts.
Toi, superbe Orbassan, c'est toi que je défie ;
Viens mourir de mes mains ou m'arracher la vie ;
Tes exploits et ton nom ne sont pas sans éclat ;
Tu commandes ici, je veux t'en croire digne,
Je jette devant toi le gage du combat.
                    (Il jette son gantelet sur la scène.)
L'oses-tu relever ?
                    ORBASSAN.
                    Ton arrogance insigne
Ne mériterait pas qu'on te fît cet honneur
       (Il fait signe à son écuyer de ramasser le gage de bataille.)
Je le fais à moi-même ; et, consultant mon cœur,
Respectant ce vieillard qui daigne ici t'admettre,
Je veux bien avec toi descendre à me commettre,
Et daigner te punir de m'oser défier.
Quel est ton rang, ton nom ? ce simple bouclier
Semble nous annoncer peu de marques de gloire.
                    TANCRÈDE.
Peut-être il en aura des mains de la victoire.
Pour mon nom, je le tais, et tel est mon dessein ;
Mais je te l'apprendrai les armes à la main.
Marchons.
                    ORBASSAN.
           Qu'à l'instant même on ouvre la barrière ;
Qu'Aménaïde ici ne soit plus prisonnière
Jusqu'à l'événement de ce léger combat.
Vous, sachez, compagnons, qu'en quittant la carrière,
Je marche à votre tête, et je défends l'État.
D'un combat singulier la gloire est périssable ;
Mais servir la patrie est l'honneur véritable.
                    TANCRÈDE.
Viens ; et vous, chevaliers, j'espère qu'aujourd'hui
L'État sera sauvé par d'autres que par lui.

SCÈNE VII. — ARGIRE, *sur le devant;* AMÉNAÏDE, *au fond, à qui l'on a ôté les fers.*

AMÉNAÏDE, *revenant à elle.*
Ciel! que deviendra-t-il? Si l'on sait sa naissance
Il est perdu.

ARGIRE.
Ma fille....

AMÉNAÏDE, *appuyée sur Fanie, et se retournant vers son père.*
Ah! que me voulez-vous
Vous m'avez condamnée.

ARGIRE.
O destins en courroux!
Voulez-vous, ô mon Dieu qui prenez sa défense,
Ou pardonner sa faute, ou venger l'innocence?
Quels bienfaits à mes yeux daignez-vous accorder?
Est-ce justice ou grâce? Ah! je tremble et j'espère,
Qu'as-tu fait? et comment dois-je te regarder?
Avec quels yeux, hélas!

AMÉNAÏDE.
Avec les yeux d'un père,
Votre fille est encore au bord de son tombeau.
Je ne sais si le ciel me sera favorable :
Rien n'est changé, je suis encor sous le couteau.
Tremblez moins pour ma gloire, elle est inaltérable;
Mais si vous êtes père, ôtez-moi de ces lieux;
Dérobez votre fille, accablée, expirante,
A tout cet appareil, à la foule insultante
Qui sur mon infortune arrête ici ses yeux,
Observe mes affronts, et contemple des larmes,
Dont la cause est si belle.... et qu'on ne connaît pas.

ARGIRE.
Viens; mes tremblantes mains rassureront tes pas.
Ciel! de son défenseur favorisez les armes,
Ou d'un malheureux père avancez le trépas.

ACTE QUATRIÈME.

SCÈNE I. — TANCRÈDE, LORÉDAN, CHEVALIERS.
(Marche guerrière : on porte les armes de Tancrède devant lui.)

LORÉDAN.
Seigneur, votre victoire est illustre et fatale :
Vous nous avez privés d'un brave chevalier,
Dont le cœur à l'État se livrait tout entier,

ACTE IV, SCÈNE I.

Et de qui la valeur fut à la vôtre égale ;
Ne pouvons-nous savoir votre nom, votre sort ?
    TANCRÈDE, *dans l'attitude d'un homme pensif et affligé.*
Orbassan ne l'a su qu'en recevant la mort ;
Il emporte au tombeau mon secret et ma haine.
De mon sort malheureux ne soyez point en peine ;
Si je puis vous servir, qu'importe qui je sois ?
    LORÉDAN.
Demeurez ignoré, puisque vous voulez l'être ;
Mais que votre vertu se fasse ici connaître
Par un courage utile et de dignes exploits.
Les drapeaux du croissant dans nos champs vont paraître ;
Défendez avec nous notre culte et nos lois ;
Voyez dans Solamir un plus grand adversaire :
Nous perdons notre appui, mais vous le remplacez.
Rendez-nous le héros que vous nous ravissez ;
Le vainqueur d'Orbassan nous devient nécessaire.
Solamir vous attend.
    TANCRÈDE.
        Oui, je vous ai promis
De marcher avec vous contre vos ennemis ;
Je tiendrai ma parole : et Solamir peut-être
Est plus mon ennemi que celui de l'État.
Je le hais plus que vous : mais, quoi qu'il en puisse être,
Sachez que je suis prêt pour ce nouveau combat.
    CATANE.
Nous attendons beaucoup d'une telle vaillance ;
Attendez tout aussi de la reconnaissance
Que devra Syracuse à votre illustre bras.
    TANCRÈDE.
Il n'en est point pour moi, je n'en exige pas ;
Je n'en veux point, seigneur ; et cette triste enceinte
N'a rien qui désormais soit l'objet de mes vœux.
Si je verse mon sang, si je meurs malheureux,
Je ne prétends ici récompense ni plainte,
Ni gloire ni pitié. Je ferai mon devoir ;
Solamir me verra, c'est là tout mon espoir.
    LORÉDAN.
C'est celui de l'État, déjà le temps nous presse.
Ne songeons qu'à l'objet qui tous nous intéresse,
A la victoire ; et vous, qui l'allez partager,
Vous serez averti quand il faudra vous rendre
Au poste où l'ennemi croit bientôt nous surprendre.
Dans le sang musulman tout prêts à nous plonger,
Tout autre sentiment nous doit être étranger.
Ne pensons, croyez-moi, qu'à servir la patrie.
              (*Les chevaliers sortent.*)

TANCRÈDE.
Qu'elle en soit digne ou non, je lui donne ma vie.

SCÈNE II. — TANCRÈDE, ALDAMON.

ALDAMON.
Ils ne connaissent pas quel trait envenimé
Est caché dans ce cœur trop noble et trop charmé.
Mais, malgré vos douleurs et malgré votre outrage,
Ne remplirez-vous pas l'indispensable usage
De paraître en vainqueur aux yeux de la beauté
Qui vous doit son honneur, ses jours, sa liberté,
Et de lui présenter de vos mains triomphantes
D'Orbassan terrassé les dépouilles sanglantes?
TANCRÈDE.
Non sans doute, Aldamon, je ne la verrai pas.
ALDAMON.
Eh quoi! pour la servir vous cherchiez le trépas,
Et vous fuyez loin d'elle?
TANCRÈDE.
Et son cœur le mérite.
ALDAMON.
Je vois trop à quel point son crime vous irrite
Mais pour ce crime, enfin, vous avez combattu.
TANCRÈDE.
Oui, j'ai tout fait pour elle, il est vrai, je l'ai dû.
Je n'ai pu, cher ami, malgré sa perfidie,
Supporter ni sa mort ni son ignominie;
Et, l'eussé-je aimé moins, comment l'abandonner?
J'ai dû sauver ses jours, et non lui pardonner.
Qu'elle vive, il suffit, et que Tancrède expire.
Elle regrettera l'amant qu'elle a trahi,
Le cœur qu'elle a perdu, ce cœur qu'elle déchire....
A quel excès, ô ciel! je lui fus asservi!
Pouvais-je craindre, hélas! de la trouver parjure?
Je pensais adorer la vertu la plus pure;
Je croyais les serments, les autels moins sacrés
Qu'une simple promesse, un mot d'Aménaïde....
ALDAMON.
Tout est-il en ces lieux ou barbare ou perfide?
A la proscription vos jours furent livrés;
La loi vous persécute, et l'amour vous outrage.
Eh bien! s'il est ainsi, fuyons de ce rivage :
Je vous suis au combat; je vous suis pour jamais,
Loin de ces murs affreux, trop souillés de forfaits.
TANCRÈDE.
Quel charme, dans son crime, à mes esprits rappelle

L'image des vertus que je crus voir en elle?
Toi qui me fais descendre avec tant de tourment
Dans l'horreur du tombeau dont je t'ai délivrée,
Odieuse coupable.... et peut-être adorée!
Toi qui fais mon destin jusqu'au dernier moment;
Ah! s'il était possible, ah! si tu pouvais être
Ce que mes yeux trompés t'ont vu toujours paraître!
Non, ce n'est qu'en mourant que je puis l'oublier;
Ma faiblesse est affreuse.... il la faut expier,
Il faut périr.... mourons, sans nous occuper d'elle.

ALDAMON.
Elle vous a paru tantôt moins criminelle.
L'univers, disiez-vous, au mensonge est livré;
La calomnie y règne.

TANCRÈDE.
                    Ah! tout est avéré,
Tout est approfondi dans cet affreux mystère :
Solamir en ces lieux adora ses attraits;
Il demanda sa main pour le prix de la paix.
Hélas! l'eût-il osé, s'il n'avait pas su plaire?
Ils sont d'intelligence. En vain j'ai cru mon cœur,
En vain j'avais douté; je dois en croire un père :
Le père le plus tendre est son accusateur :
Il condamne sa fille; elle-même s'accuse;
Enfin mes yeux l'ont vu, ce billet plein d'horreur :
« Puissiez-vous vivre en maître au sein de Syracuse,
Et régner dans nos murs, ainsi que dans mon cœur! »
Mon malheur est certain.

ALDAMON.
                        Que ce grand cœur l'oublie,
Qu'il dédaigne une ingrate à ce point avilie.

TANCRÈDE.
Et pour comble d'horreur, elle a cru s'honorer!
Au plus grand des humains elle a cru se livrer!
Que cette idée encor m'accable et m'humilie!
L'Arabe impétueux domine en Italie;
Et le sexe imprudent, que tant d'éclat séduit,
Ce sexe à l'esclavage en leurs États réduit,
Frappé de ce respect que des vainqueurs impriment,
Se livre par faiblesse aux maîtres qui l'oppriment!
Il nous trahit pour eux, son servile appui,
Qui vivons à ses pieds, et qui mourons pour lui!
Ma fierté suffirait, dans une telle injure,
Pour détester ma vie, et pour fuir la parjure.

SCÈNE III. — TANCRÈDE, ALDAMON, PLUSIEURS CHEVALIERS.
CATANE.
Nos chevaliers sont prêts; le temps est précieux.
TANCRÈDE.
Oui, j'en ai trop perdu : je m'arrache à ces lieux;
Je vous suis, c'en est fait.

SCÈNE IV. — TANCRÈDE, AMÉNAÏDE, ALDAMON, FANIE, CHEVALIERS.

AMÉNAÏDE, *arrivant avec précipitation.*
O mon Dieu tutélaire!
Maître de mon destin, j'embrasse vos genoux.
(Tancrède la relève, mais en se détournant.)
Ce n'est point m'abaisser; et mon malheureux père
A vos pieds, comme moi, va tomber devant vous.
Pourquoi nous dérober votre auguste présence?
Qui pourra condamner ma juste impatience?
Je m'arrache à ses bras.... mais ne puis-je, seigneur,
Me permettre ma joie, et montrer tout mon cœur?
Je n'ose vous nommer...., et vous baisser la vue.
Ne puis-je vous revoir, en cet affreux séjour,
Qu'au milieu des bourreaux qui m'arrachaient le jour?
Vous êtes consterné.... mon âme est confondue;
Je crains de vous parler.... quelle contrainte, hélas!
Vous détournez les yeux...., vous ne m'écoutez pas.

TANCRÈDE, *d'une voix entrecoupée.*
Retournez.... consolez ce vieillard que j'honore;
D'autres soins plus pressants me rappellent encore.
Envers vous, envers lui, j'ai rempli mon devoir,
J'en ai reçu le prix.... je n'ai point d'autre espoir :
Trop de reconnaissance est un fardeau peut-être;
Mon cœur vous en dégage.... et le vôtre est le maître
De pouvoir à son gré disposer de son sort.
Vivez heureuse.... et moi, je vais chercher la mort.

SCÈNE V. — AMÉNAÏDE, FANIE.

AMÉNAÏDE.
Veillé-je? et du tombeau suis-je en effet sortie?
Est-il vrai que le ciel m'ait rendue à la vie?
Ce jour, ce triste jour éclaire-t-il mes yeux?
Ce que je viens d'entendre, ô ma chère Fanie!
Est un arrêt de mort, plus dur, plus odieux,
Plus affreux que les lois qui m'avaient condamnée.

FANIE.
L'un et l'autre est horrible à mon âme étonnée.

ACTE IV, SCÈNE V.

AMÉNAÏDE.

Est-ce Tancrède, ô ciel! qui vient de me parler?
As-tu vu sa froideur altière, avilissante,
Ce courroux dédaigneux dont il m'ose accabler?
Fanie, avec horreur il voyait son amante!
Il m'arrache à la mort, et c'est pour m'immoler!
Qu'ai-je donc fait, Tancrède? ai-je pu vous déplaire?

FANIE.

Il est vrai que son front respirait la colère,
Sa voix entrecoupée affectait des froideurs;
Il détournait les yeux, mais il cachait ses pleurs.

AMÉNAÏDE.

Il me rebute, il fuit, me renonce, et m'outrage!
Quel changement affreux a formé cet orage?
Que veut-il? quelle offense excite son courroux?
De qui dans l'univers peut-il être jaloux?
Oui, je lui dois la vie, et c'est toute ma gloire.
Seul objet de mes vœux, il est mon seul appui.
Je mourais, je le sais, sans lui, sans sa victoire,
Mais s'il sauva mes jours, je les perdais pour lui.

FANIE.

Il le peut ignorer; la voix publique entraîne;
Même en s'en défiant, on lui résiste à peine.
Cet esclave, sa mort, ce billet malheureux,
Le nom de Solamir, l'éclat de sa vaillance,
L'offre de son hymen, l'audace de ses feux,
Tout parlait contre vous, jusqu'à votre silence,
Ce silence si fier, si grand, si généreux,
Qui dérobait Tancrède à l'injuste vengeance
De vos communs tyrans armés contre vous deux,
Quels yeux pouvaient percer ce voile ténébreux?
Le préjugé l'emporte; et l'on croit l'apparence.

AMÉNAÏDE.

Lui, me croire coupable?

FANIE.

Ah! s'il peut s'abuser,
Excusez un amant.

AMÉNAÏDE, *reprenant sa fierté et ses forces.*

Rien ne peut l'excuser....
Quand l'univers entier m'accuserait d'un crime,
Sur son jugement seul un grand homme appuyé
A l'univers séduit oppose son estime.
Il aura donc pour moi combattu par pitié!
Cet opprobre est affreux, et j'en suis accablée.
Hélas! mourant pour lui, je mourais consolée;
Et c'est lui qui m'outrage et m'ose soupçonner!
C'en est fait; je ne veux jamais lui pardonner.

Ses bienfaits sont toujours présents à ma pensée,
Ils resteront gravés dans mon âme offensée ;
Mais, s'il a pu me croire indigne de sa foi,
C'est lui qui pour jamais est indigne de moi.
Ah ! de tous mes affronts c'est le plus grand peut-être.

FANIE.

Mais il ne connaît pas....

AMÉNAÏDE.

Il devait me connaître ;
Il devait respecter un cœur tel que le mien ;
Il devait présumer qu'il était impossible
Que jamais je trahisse un si noble lien.
Ce cœur est aussi fier que son bras invincible ;
Ce cœur était en tout aussi grand que le sien,
Moins soupçonneux, sans doute, et surtout plus sensible.
Je renonce à Tancrède, au reste des mortels ;
Ils sont faux ou méchants, ils sont faibles, cruels,
Ou trompeurs, ou trompés ; et ma douleur profonde,
En oubliant Tancrède, oubliera tout le monde.

SCÈNE VI. — ARGIRE, AMÉNAÏDE, SUITE.

ARGIRE, *soutenu par ses écuyers*.

Mes amis, avancez, sans plaindre mes tourments.
On va combattre ; allons, guidez mes pas tremblants.
Ne pourrai-je embrasser ce héros tutélaire ?
Ah ! ne puis-je savoir qui t'a sauvé le jour ?

AMÉNAÏDE, *plongée dans sa douleur, appuyée d'une main sur
Fanie, et se tournant à moitié vers son père*.

Un mortel autrefois digne de mon amour,
Un héros en ces lieux opprimé par mon père,
Que je n'osais nommer, que vous avez proscrit,
Le seul et cher objet de ce fatal écrit,
Le dernier rejeton d'une famille auguste,
Le plus grand des humains, hélas ! le plus injuste ;
En un mot, c'est Tancrède.

ARGIRE.

O ciel ! que m'as-tu dit ?

AMÉNAÏDE.

Ce que ne peut cacher la douleur qui m'égare,
Ce que je vous confie en craignant tout pour lui.

ARGIRE.

Lui, Tancrède !

AMÉNAÏDE.

Et quel autre eût été mon appui ?

ARGIRE.

Tancrède qu'opprima notre sénat barbare ?

ACTE IV, SCÈNE VI.

AMÉNAÏDE.

Oui, lui-même.

ARGIRE.

Et pour nous il fait tout aujourd'hui!
Nous lui ravissions tout, biens, dignités, patrie;
Et c'est lui qui pour nous vient prodiguer sa vie!
O juges malheureux, qui dans nos faibles mains
Tenons aveuglément le glaive et la balance,
Combien nos jugements sont injustes et vains,
Et combien nous égare une fausse prudence!
Que nous étions ingrats! que nous étions tyrans!

AMÉNAÏDE.

Je puis me plaindre à vous, je le sais.... mais, mon père
Votre vertu se fait des reproches si grands,
Que mon cœur désolé tremble de vous en faire.
Je les dois à Tancrède.

ARGIRE.

A lui par qui je vis,
A qui je dois tes jours?

AMÉNAÏDE.

Ils sont trop avilis,
Ils sont trop malheureux. C'est en vous que j'espère;
Réparez tant d'horreurs et tant de cruauté;
Ah! rendez-moi l'honneur que vous m'avez ôté.
Le vainqueur d'Orbassan n'a sauvé que ma vie;
Venez, que votre voix parle et me justifie.

ARGIRE.

Sans doute, je le dois.

AMÉNAÏDE.

Je vole sur vos pas.

ARGIRE.

Demeure.

AMÉNAÏDE.

Moi rester! je vous suis aux combats.
J'ai vu la mort de près, et je l'ai vue horrible;
Croyez qu'aux champs d'honneur elle est bien moins terrible
Qu'à l'indigne échafaud où vous me conduisiez.
Seigneur, il n'est plus temps que vous me refusiez :
J'ai quelques droits sur vous; mon malheur me les donne.
Faudra-t-il que deux fois mon père m'abandonne?

ARGIRE.

Ma fille, je n'ai plus d'autorité sur toi;
J'en avais abusé, je dois l'avoir perdue.
Mais quel est ce dessein qui me glace d'effroi?
Crains les égarements de ton âme éperdue.
Ce n'est point en ces lieux comme en d'autres climats,
Où le sexe, élevé loin d'une triste gêne,
Marche avec les héros, et s'en distingue à peine.

Et nos mœurs et nos lois ne le permettent pas.

AMÉNAÏDE.

Quelles lois! quelles mœurs indignes et cruelles!
Sachez qu'en ce moment je suis au-dessus d'elles;
Sachez que, dans ce jour d'injustice et d'horreur,
Je n'écoute plus rien que la loi de mon cœur.
Quoi! ces affreuses lois, dont le poids vous opprime,
Auront pris dans vos bras votre sang pour victime,
Elles auront permis qu'aux yeux des citoyens
Votre fille ait paru dans d'infâmes liens,
Et ne permettront pas qu'aux champs de la victoire
J'accompagne mon père, et défende ma gloire!
Et le sexe en ces lieux, conduit aux échafauds,
Ne pourra se montrer qu'au milieu des bourreaux!
L'injustice à la fin produit l'indépendance.
Vous frémissez, mon père; ah! vous deviez frémir
Quand, de vos ennemis caressant l'insolence,
Au superbe Orbassan vous pûtes vous unir
Contre le seul mortel qui prend votre défense,
Quand vous m'avez forcée à vous désobéir.

ARGIRE.

Va, c'est trop accabler un père déplorable;
N'abuse point du droit de me trouver coupable;
Je le suis, je le sens, je me suis condamné :
Ménage ma douleur; et si ton cœur blessé,
D'un père au désespoir ne s'est point détourné,
Laisse-moi seul mourir par les flèches du Maure.
Je vais joindre Tancrède, et tu n'en peux douter.
Vous, observez ses pas.

SCÈNE VII. — AMÉNAÏDE.

Qui pourra m'arrêter?
Tancrède, qui me hais, et qui m'as outragée,
Qui m'oses mépriser après m'avoir vengée,
Oui, je veux à tes yeux combattre et punir!
Des traits sur toi lancés affronter la tempête,
En recevoir les coups... en garantir ta tête;
Te rendre à tes côtés tout ce que je te dois;
Punir ton injustice en expirant pour toi;
Surpasser, s'il se peut, ta rigueur inhumaine;
Mourante entre tes bras, t'accabler de ma haine,
De ma haine trop juste, et laisser, à ma mort,
Dans ton cœur qui m'aima le poignard du remord,
L'éternel repentir d'un crime irréparable,
Et l'amour que j'abjure, et l'horreur qui m'accable.

ACTE CINQUIÈME.

SCÈNE I. — Les CHEVALIERS ET LEURS ÉCUYERS, l'épée à la main;
DES SOLDATS, portant des trophées; LE PEUPLE, dans le fond.

LORÉDAN.
Allez, et préparez les chants de la victoire;
Peuple, au dieu des combats prodiguez votre encens;
C'est lui qui nous fait vaincre, à lui seul est la gloire.
S'il ne conduit nos coups, nos bras sont impuissants.
Il a brisé les traits, il a rompu les pièges
Dont nous environnaient ces brigands sacrilèges,
De cent peuples vaincus dominateurs cruels.
Sur leurs corps tout sanglants érigez vos trophées;
Et, foulant à vos pieds leurs fureurs étouffées,
Des trésors du croissant ornez nos saints autels.
Que l'Espagne opprimée, et l'Italie en cendre,
L'Egypte terrassée, et la Syrie aux fers,
Apprennent aujourd'hui comme on peut se défendre
Contre ces fiers tyrans, l'effroi de l'univers.
C'est à nous maintenant de consoler Argire;
Que le bonheur public apaise ses douleurs;
Puissions-nous voir en lui, malgré tous ses malheurs,
L'homme d'État heureux quand le père soupire!
  Mais pourquoi ce guerrier, ce héros inconnu,
A qui l'on doit, dit-on, le succès de nos armes,
Avec nos chevaliers n'est-il point revenu?
Ce triomphe à ses yeux a-t-il si peu de charmes?
Croit-il de ses exploits que nous soyons jaloux?
Nous sommes assez grands pour être sans envie;
Veut-il fuir Syracuse après l'avoir servie?
  (A Catane.)
Seigneur, il a longtemps combattu près de vous,
D'où vient qu'ayant voulu courir notre fortune
Il ne partage point l'allégresse commune?

CATANE.
Apprenez-en la cause, et daignez m'écouter.
Quand du chemin d'Etna vous fermiez le passage,
Placé loin de vos yeux, j'étais vers le rivage
Où nos fiers ennemis osaient nous résister;
Je l'ai vu courir seul et se précipiter.
Nous étions étonnés qu'il n'eût point ce courage
Inaltérable et calme au milieu du carnage,
Cette vertu d'un chef, et ce don d'un grand cœur;

Un désespoir affreux égarait sa valeur ;
Sa voix entrecoupée et son regard farouche
Annonçaient la douleur qui troublait ses esprits
Il appelait souvent Solamir à grands cris ;
Le nom d'Aménaïde échappait de sa bouche ;
Il la nommait parjure, et, malgré ses fureurs,
De ses yeux enflammés j'ai vu tomber des pleurs.
Il cherchait à mourir ; et, toujours invincible,
Plus il s'abandonnait, plus il était terrible.
Tout cédait à nos coups, et surtout à son bras ;
Nous revenions vers vous, conduits par la victoire ;
Mais lui, les yeux baissés, insensible à la gloire,
Morne, triste, abattu, regrettant le trépas,
Il appelle en pleurant Aldamon qui s'avance ;
Il l'embrasse, il lui parle, et loin de nous s'élance
Aussi rapidement qu'il avait combattu.
« C'est pour jamais, » dit-il. Ces mots nous laissent croire
Que ce grand chevalier, si digne de mémoire,
Veut être à Syracuse à jamais inconnu.
Nul ne peut soupçonner le dessein qui le guide.
Mais dans le même instant je vois Aménaïde,
Je la vois éperdue au milieu des soldats,
La mort dans les regards, pâle, défigurée ;
Elle appelle Tancrède, elle vole égarée :
Son père, en gémissant, suit à peine ses pas ;
Il ramène avec nous Aménaïde en larmes.
« C'est Tancrède, dit-il, ce héros dont les armes
Ont étonné nos yeux par de si grands exploits,
Ce vengeur de l'État, vengeur d'Aménaïde ;
C'est lui que ce matin, d'une commune voix,
Nous déclarions rebelle, et nous nommions perfide ;
C'est ce même Tancrède exilé par nos lois. »
Amis, que faut-il faire, et quel parti nous reste ?

LORÉDAN.

Il n'en est qu'un pour nous, celui du repentir.
Persister dans sa faute est horrible et funeste :
Un grand homme opprimé doit nous faire rougir.
On condamna souvent la vertu, le mérite :
Mais, quand ils sont connus, il les faut honorer.

SCÈNE II. — LES CHEVALIERS, ARGIRE ; AMÉNAÏDE, *dans l'enfoncement, soutenue par ses femmes.*

ARGIRE, *arrivant avec précipitation.*

Il les faut secourir, il les faut délivrer.
Tancrède est en péril ; trop de zèle l'excite :
Tancrède s'est lancé parmi les ennemis,

ACTE V, SCÈNE II.

Contre lui ramenés, contre lui seul unis.
Hélas ! j'accuse en vain mon âge qui me glace.
O vous, de qui la force est égale à l'audace,
Vous qui du faix des ans n'êtes point affaiblis,
Courez tous, dissipez ma crainte impatiente;
Courez, rendez Tancrède à ma fille innocente.

LORÉDAN.

C'est nous en dire trop : le temps est cher; volons;
Secourons sa valeur qui devient imprudente;
Et cet emportement que nous désapprouvons.

SCÈNE III. — ARGIRE, AMÉNAÏDE.

ARGIRE.

O ciel ! tu prends pitié d'un père qui t'adore;
Tu m'as rendu ma fille, et tu me rends encore
L'heureux libérateur qui nous a tous vengés.
(Aménaïde s'avance.)
Ma fille, un juste espoir dans nos cœurs doit renaître.
J'ai causé tes malheurs, je les ai partagés;
Je les termine enfin : Tancrède va paraître.
Ne puis-je consoler tes esprits affligés ?

AMÉNAÏDE.

Je me consolerai, quand je verrai Tancrède,
Quand ce fatal objet de l'horreur qui m'obsède
Aura plus de justice, et sera sans danger;
Quand j'apprendrai de vous qu'il vit sans m'outrager,
Et lorsque ses remords expieront mes injures.

ARGIRE.

Je ressens ton état, sans doute il doit t'aigrir.
On n'essuya jamais des épreuves plus dures.
Je sais ce qu'il en coûte, et qu'il est des blessures
Dont un cœur généreux peut rarement guérir :
La cicatrice en reste, il est vrai; mais, ma fille,
Nous avons vu Tancrède en ces lieux abhorré;
Apprends qu'il est chéri, glorieux, honoré;
Sur toi-même il répand tout l'éclat dont il brille.
Après ce qu'il a fait, il veut nous faire voir,
Par l'excès de sa gloire, et de tant de services,
L'excès où ses rivaux portaient leurs injustices.
Le vulgaire est content, s'il remplit son devoir :
Il faut plus au héros; il faut que sa vaillance
Aille au delà du terme et de notre espérance :
C'est ce que fait Tancrède; il passe notre espoir.
Il te verra constante, il te sera fidèle.
Le peuple en ta faveur s'élève et s'attendrit :
Tancrède va sortir de son erreur cruelle;

Pour éclairer ses yeux, pour calmer son esprit,
Il ne faudra qu'un mot.

AMÉNAÏDE.

Et ce mot n'est pas dit.
Que m'importe à présent ce peuple et son outrage,
Et sa faveur crédule, et sa pitié volage,
Et la publique voix que je n'entendrai pas?
D'un seul mortel, d'un seul dépend ma renommée.
Sachez que votre fille aime mieux le trépas
Que de vivre un moment sans en être estimée.
Sachez (il faut enfin m'en vanter devant vous)
Que dans mon bienfaiteur j'adorais mon époux.
Ma mère au lit de mort a reçu nos promesses;
Sa dernière prière a béni nos tendresses :
Elle joignit nos mains, qui fermèrent ses yeux.
Nous jurâmes par elle, à la face des cieux,
Par ses mânes, par vous, vous, trop malheureux père,
De nous aimer en vous, d'être unis pour vous plaire,
De former nos liens dans vos bras paternels.
Seigneur.... les échafauds ont été nos autels,
Mon amant, mon époux cherche un trépas funeste,
Et l'horreur de ma honte est tout ce qui me reste.
Voilà mon sort.

ARGIRE.

Eh bien ! ce sort est réparé ;
Et nous obtiendrons plus que tu n'as espéré.

AMÉNAÏDE.

Je crains tout.

SCÈNE IV. — ARGIRE, AMÉNAÏDE, FANIE.

FANIE.

Partagez l'allégresse publique,
Jouissez plus que nous de ce prodige unique.
Tancrède a combattu, Tancrède a dissipé
Le reste d'une armée au carnage échappé.
Solamir est tombé sous cette main terrible,
Victime dévouée à notre État vengé,
Au bonheur d'un pays qui devient invincible,
Surtout à votre nom qu'on avait outragé.
La prompte renommée en répand la nouvelle;
Ce peuple, ivre de joie, et volant après lui,
Le nomme son héros, sa gloire, son appui,
Parle même du trône où sa vertu l'appelle.
Un seul de nos guerriers, seigneur, l'avait suivi;
C'est ce même Aldamon qui sous vous a servi.
Lui seul a partagé ses exploits incroyables ;
Et quand nos chevaliers, dans un danger si grand,

ACTE V, SCÈNE IV.

Lui sont venus offrir leurs armes secourables,
Tancrède avait tout fait, il était triomphant.
Entendez-vous ces cris qui vantent sa vaillance;
On l'élève au-dessus des héros de la France,
Des Roland, des Lisois, dont il est descendu.
Venez de mille mains couronner sa vertu,
Venez voir ce triomphe, et recevoir l'hommage
Que vous avez de lui trop longtemps attendu.
Tout vous rit, tout vous sert, tout venge votre outrage;
Et Tancrède à vos vœux est pour jamais rendu.

AMÉNAÏDE.

Ah! je respire enfin; mon cœur connaît la joie.
Ah! mon père, adorons le ciel qui me renvoie,
Par ces coups inouïs, tout ce que j'ai perdu.
De combien de tourments sa bonté nous délivre!
Ce n'est qu'en ce moment que je commence à vivre.
Mon bonheur est au comble; hélas! il m'est bien dû.
Je veux tout oublier; pardonnez-moi mes plaintes,
Mes reproches amers, et mes frivoles craintes.
Oppresseurs de Tancrède, ennemis, citoyens,
Soyez tous à ses pieds, il va tomber aux miens.

ARGIRE.

Oui, le ciel pour jamais daigne essuyer nos larmes.
Je me trompe, ou je vois le fidèle Aldamon,
Qui suivait seul Tancrède, et secondait ses armes;
C'est lui, c'est ce guerrier si cher à ma maison.
De nos prospérités la nouvelle est certaine :
Mais d'où vient que vers nous il se traîne avec peine?
Est-il blessé? ses yeux annoncent la douleur.

SCÈNE V. — ARGIRE, AMÉNAÏDE, ALDAMON, FANIE.

AMÉNAÏDE.

Parlez, cher Aldamon, Tancrède est donc vainqueur?

ALDAMON.

Sans doute il l'est, madame.

AMÉNAÏDE.

A ces chants d'allégresse,
A ces voix que j'entends, il s'avance en ces lieux?

ALDAMON.

Ces chants vont se changer en des cris de tristesse.

AMÉNAÏDE.

Qu'entends-je? Ah, malheureuse!

ALDAMON.

Un jour si glorieux
Est le dernier des jours de ce héros fidèle.

AMÉNAÏDE.

Il est mort!

TANCRÈDE.

ALDAMON.
La lumière éclaire encor ses yeux
Mais il est expirant d'une atteinte mortelle.
Je vous apporte ici de funestes adieux.
Cette lettre fatale, et de son sang tracée,
Doit vous apprendre, hélas! sa dernière pensée.
Je m'acquitte en tremblant de cet affreux devoir.
ARGIRE.
O jour de l'infortune! ô jour du désespoir!
AMÉNAÏDE, *revenant à elle.*
Donnez-moi mon arrêt, il me défend de vivre;
Il m'est cher.... O Tancrède! ô maître de mon sort!
Ton ordre, quel qu'il soit, est l'ordre de te suivre;
J'obéirai.... Donnez votre lettre et la mort.
ALDAMON.
Lisez donc; pardonnez ce triste ministère.
AMÉNAÏDE.
O mes yeux! lirez-vous ce sanglant caractère?
Le pourrai-je? il le faut.... c'est mon dernier effort.
(Elle lit.)
Je ne pouvais survivre à votre perfidie;
Je meurs dans les combats, mais je meurs par vos coups.
J'aurais voulu, cruelle, en m'exposant pour vous,
Vous avoir conservé la gloire avec la vie....
Eh bien, mon père!
(Elle se jette dans les bras de Fanie.)
ARGIRE.
Enfin, les destins désormais
Ont assouvi leur haine, ont épuisé leurs traits :
Nous voilà maintenant sans espoir et sans crainte
Ton état et le mien ne permet plus la plainte.
Ma chère Aménaïde, avant que de quitter
Ce jour, ce monde affreux que je dois détester,
Que j'apprenne du moins à ma triste patrie
Les honneurs qu'on devait à ta vertu trahie;
Que, dans l'horrible excès de ma confusion,
J'apprenne à l'univers à respecter ton nom!
AMÉNAÏDE.
Eh! que fait l'univers à ma douleur profonde?
Que me fait ma patrie, et le reste du monde?
Tancrède meurt.
ARGIRE.
Je cède aux coups qui m'ont frappé.
AMÉNAÏDE.
Tancrède meurt, ô ciel! sans être détrompé!
Vous en êtes la cause.... Ah! devant qu'il expire....
Que vois-je? mes tyrans!

ACTE V, SCÈNE VI.

SCÈNE VI. — LORÉDAN, CHEVALIERS, SUITE, AMÉNAÏDE, ARGIRE, FANIE, ALDAMON; TANCRÈDE, *dans le fond, porté par des soldats.*

LORÉDAN.

O malheureux Argire !
O fille infortunée ! on conduit devant vous
Ce brave chevalier percé de nobles coups.
Il a trop écouté son aveugle furie;
Il a voulu mourir, mais il meurt en héros.
De ce sang précieux, versé pour la patrie,
Nos secours empressés ont suspendu les flots.
Cette âme, qu'enflammait un courage intrépide,
Semble encor s'arrêter pour voir Aménaïde;
Il la nomme; les pleurs coulent de tous les yeux;
Et d'un juste remords je ne puis me défendre.

(*Pendant qu'il parle, on approche lentement Tancrède vers Aménaïde presque évanouie entre les bras de ses femmes; elle se débarrasse précipitamment des femmes qui la soutiennent, et, se retournant avec horreur vers Lorédan, dit :*)

AMÉNAÏDE.

Barbares, laissez là vos remords odieux.

(*Puis courant à Tancrède, et se jetant à ses pieds.*)

Tancrède, cher amant, trop cruel et trop tendre,
Dans nos derniers instants, hélas ! peux-tu m'entendre ?
Tes yeux appesantis peuvent-ils me revoir ?
Hélas ! reconnais-moi, connais mon désespoir.
Dans le même tombeau souffre au moins ton épouse;
C'est là le seul honneur dont mon âme est jalouse.
Ce nom sacré m'est dû ; tu me l'avais promis ;
Ne sois point plus cruel que tous nos ennemis ;
Honore d'un regard ton épouse fidèle....

(*Il la regarde.*)

C'est donc là le dernier que tu jettes sur elle !...
De ton cœur généreux son cœur est-il haï ?
Peux-tu me soupçonner ?

TANCRÈDE, *se soulevant un peu.*

Ah ! vous m'avez trahi !

AMÉNAÏDE.

Qui ! moi ? Tancrède !

ARGIRE, *se jetant aussi à genoux de l'autre côté, et embrassant Tancrède, puis se relevant.*

Hélas ! ma fille infortunée,
Pour t'avoir trop aimé, fut par nous condamnée,
Et nous la punissions de te garder sa foi.
Nous fûmes tous cruels envers elle, envers toi.
Nos lois, nos chevaliers, un tribunal auguste,
Nous avons failli tous : elle seule était juste.

VOLTAIRE — V

Son décret malheureux qui nous avait armés,
Cet écrit fait pour toi, pour le héros qu'elle aime...
Cruellement trompé, je t'ai trompé moi-même.

TANCRÈDE.

Aménaïde.... ô ciel! est-il vrai? vous m'aimez!

AMÉNAÏDE.

Va, j'aurais en effet mérité mon supplice,
Ce supplice honteur dont tu m'as vu flétrir,
Si j'avais un moment cessé de t'adorer,
Si mon cœur eût connu d'autres feux à éteindre.

TANCRÈDE, se soutenant un peu de force, et élevant
la voix.

Vous m'aimez! ô bonheur plus grand que mes revers!
Je sens trop que, te voir, je regrette la vie.
J'ai mérité la mort, j'ai été trop coupable,
Ma vie était possible, je ne vis que trop
Quand un mot de ta bouche a fait la femme heureuse.

AMÉNAÏDE.

Ce n'est donc, juste Dieu! que dans cette heure affreuse,
Ce n'est qu'en le perdant que j'ai pu lui parler!
Ah, Tancrède!

TANCRÈDE.

Vos pleurs devraient me consoler.
Mais il faut vous quitter, ma mort est douloureuse;
Je sens qu'elle s'approche. Argire, donnez-moi;
Voilà le digne objet qui me donna sa foi;
Voilà de nos soupçons la victime innocente;
A sa tremblante main (il prend sa main sanglante)
Que j'emporte au tombeau le nom de son époux.
Soyez mon père.

ARGIRE, prenant leurs mains.

Hélas! mon cher fils, puissiez-vous
Vivre encore adoré d'une épouse chérie!

TANCRÈDE.

J'ai vécu pour venger ma femme et ma patrie;
J'expire entre leurs bras, digne de toutes deux,
De toutes deux aimé... j'ai rempli tous mes vœux...
Ma chère Aménaïde!...

AMÉNAÏDE.

Eh bien!

TANCRÈDE.

Gardez de suivre
Ce malheureux amant, et jurez-moi de vivre....

(Il retombe.)

CATANE.

Il expire,... et nos cœurs de regrets pénétrés....
Qui l'ont connu trop tard...

ACTE V, SCÈNE VI.

AMÉNAÏDE, *se jetant sur le corps de Tancrède.*
                    Il meurt, et vous pleurez !
Vous, cruels, vous, tyrans, qui lui coûtez la vie !
            (Elle se relève et marche.)
Que l'enfer engloutisse, et vous, et ma patrie,
Et ce sénat barbare, et ces horribles droits
D'égorger l'innocence avec le fer des lois !
Que ne puis-je expirer dans Syracuse en poudre,
Sur vos corps tout sanglants écrasés par la foudre !
            (Elle se rejette sur le corps de Tancrède.)
Tancrède ! cher Tancrède !
            (Elle se relève en fureur.)
                    Il meurt, et vous vivez !
Vous vivez !... je le suis.... je l'entends, il m'appelle....
Il se rejoint à moi dans la nuit éternelle !
Je vous laisse aux tourments qui vous sont réservés.
            (Elle tombe dans les bras de Fanie.)

ARGIRE.
Ah ! ma fille !

AMÉNAÏDE, *égarée, et le repoussant.*
            Arrêtez.... vous n'êtes point mon père ;
Votre cœur n'en eut point le sacré caractère :
Vous fûtes leur complice.... Ah ! pardonnez, hélas !
            (A Tancrède.)
Je meurs en vous aimant.... J'expire entre tes bras,
Cher Tancrède....
            (Elle tombe à côté de lui.)

ARGIRE.
            O ma fille ! ô ma chère Fanie !
Qu'avant ma mort, hélas ! on la rende à la vie.

FIN DE TANCRÈDE.

LE DROIT DU SEIGNEUR.

COMÉDIE [1].

PERSONNAGES.

LE MARQUIS DU CARRAGE.
LE CHEVALIER DE GERNANCE.
MÉTAPROSE, bailli.
MATHURIN, fermier.
DIGNANT, ancien comptable.
ACANTHE, élevée chez Dignant.
HORTENSE, seconde femme de Dignant.
COLETTE.
CHAMPAGNE.
Domestiques.

La scène est en Picardie, et l'action, du temps de Henri II.

ACTE PREMIER.

SCÈNE I. — MATHURIN, LE BAILLIF.

MATHURIN.

Écoutez-moi, monsieur le magister :
Vous savez tout, du moins vous avez l'air
De tout savoir, car vous lisez sans cesse
Dans l'almanach. D'où vient que ma maîtresse
S'appelle Acanthe, et n'a point d'autre nom?
D'où vient cela?

LE BAILLIF.

Plaisante question!
Eh! que t'importe?

MATHURIN.

Oh! cela me tourmente :
J'ai mes raisons.

LE BAILLIF.

Elle s'appelle Acanthe :
C'est un beau nom; il vient du grec *Anthos*,
Que les latins ont depuis nommé *Flos*.
Flos se traduit par *Fleur*; et ta future

---

[1]. Représentée en cinq actes, sur le Théâtre-Français, le 18 janvier 1762, sous le titre l'*Écueil du sage*; remise au théâtre, en trois actes, le 12 juin 1779. (ED.)

ACTE I, SCÈNE I.

Est une fleur que la belle nature,
Pour la cueillir, façonna de sa main :
Elle fera l'honneur de ton jardin.
Qu'importe un nom ? chaque père, à sa guise,
Donne des noms aux enfants qu'on baptise.
Acanthe a pris son nom de son parrain,
Comme le tien te nomma Mathurin.

MATHURIN.
Acanthe vient du grec ?

LE BAILLIF.
Chose certaine.

MATHURIN.
Et Mathurin, d'où vient-il ?

LE BAILLIF.
Ah ! qu'il vienne
De Picardie ou d'Artois, un savant
A ces noms-là s'arrête rarement.
Tu n'as point de nom, toi ; ce n'est qu'aux belles
D'en avoir un, car il faut parler d'elles.

MATHURIN.
Je ne sais, mais ce nom grec me déplaît.
Maître, je veux qu'on soit ce que l'on est :
Ma maîtresse est villageoise, et je gage
Que ce nom-là n'est pas de mon village.
Acanthe, soit. Son vieux père Dignant
Semble accorder sa fille en rechignant ;
Et cette fille, avant d'être ma femme,
Paraît aussi rechigner dans son âme.
Oui, cette Acanthe, en un mot cette fleur,
Si je l'en crois, me fait beaucoup d'honneur
De supporter que Mathurin la cueille.
Elle est hautaine, et dans soi se recueille ;
Me parle peu, fait de moi peu de cas ;
Et, quand je parle, elle n'écoute pas ;
Et n'eût été Berthe sa belle-mère,
Qui haut la main régente son vieux père,
Ce mariage, en mon chef résolu,
N'aurait été, je crois, jamais conclu.

LE BAILLIF.
Il l'est enfin, et de manière exacte :
Chez ses parents je t'en dresserai l'acte ;
Car si je suis le magister d'ici,
Je suis baillif, je suis notaire aussi ;
Et je suis prêt, dans mes trois caractères,
A te servir dans toutes tes affaires.
Que veux-tu ? dis.

MATHURIN.

On me marie, je veux qu'incessamment

LE BAILLIF.

Ah ! vous êtes pressant.

MATHURIN.

Et très-pressé!... Voyez-vous, l'âge avance.
J'ai dans ma ferme acquis beaucoup d'aisance ;
J'ai travaillé vingt ans pour vivre heureux ;
Mais l'être seul!... Il vaut mieux l'être deux.
Il faut se marier avant qu'on meure.

LE BAILLIF.

C'est très-bien dit : et quand donc ?

MATHURIN.

Tout à l'heure.

LE BAILLIF.

Oui ; mais Colette à votre sacrement,
Mons Mathurin, peut mettre empêchement :
Elle vous aime avec quelque tendresse,
Vous et vos biens ; elle eut de vous promesse
De l'épouser.

MATHURIN.

Oh bien ! je dépromets,
Je veux pour moi m'arranger désormais ;
Car je suis riche et coq de mon village.
Colette veut m'avoir par mariage,
Et moi je veux du conjugal lien
Pour mon plaisir, et non pas pour le sien.
Je n'aime plus Colette ; c'est Acanthe,
Entendez-vous, qui seule ici me tente,
Entendez-vous, magister trop rétif ?

LE BAILLIF.

Oui, j'entends bien : vous êtes trop hâtif ;
Et pour signer vous devriez attendre
Que monseigneur daignât ici se rendre ;
Il vient demain ; ne faites rien sans lui.

MATHURIN.

C'est pour cela que j'épouse aujourd'hui.

LE BAILLIF.

Comment ?

MATHURIN.

Eh oui ; ma tête est peu savante ;
Mais on connaît la coutume impudente
De nos seigneurs de ce canton picard.
C'est bien assez qu'à nos biens on ait part,
Sans en avoir encore à nos épouses.
Des Mathurins les têtes sont jalouses :

ACTE I, SCÈNE I.

J'aimerais mieux demeurer vieux garçon
Que d'être époux avec cette façon.
Le vilain droit !

LE BAILLIF.
　　　　　Mais il est fort honnête ;
Il est permis de parler tête à tête
A sa sujette, afin de la tourner
A son devoir, et de l'endoctriner.

MATHURIN.
Je n'aime point qu'un jeune homme endoctrine
Cette disciple à qui je me destine ;
Cela me fâche.

LE BAILLIF.
　　　　　Acanthe a trop d'honneur
Pour te fâcher : c'est le droit du seigneur ;
Et c'est à nous, en personnes discrètes,
A nous soumettre aux lois qu'on nous a faites.

MATHURIN.
D'où vient ce droit ?

LE BAILLIF.
　　　　　Ah ! depuis bien longtemps
C'est établi.... ça vient du droit des gens.

MATHURIN.
Mais sur ce pied, dans toutes les familles,
Chacun pourrait endoctriner les filles.

LE BAILLIF.
Oh ! point du tout.... c'est une invention
Qu'on inventa pour les gens d'un grand nom.
Car, vois-tu bien, autrefois les ancêtres
De monseigneur s'étaient rendus les maîtres
De nos aïeux, régnaient sur nos hameaux.

MATHURIN.
Ouais ! nos aïeux étaient donc de grands sots !

LE BAILLIF.
Pas plus que toi. Les seigneurs du village
Devaient avoir un droit de vasselage.

MATHURIN.
Pourquoi cela ? sommes-nous pas pétris
D'un seul limon, de lait comme eux nourris ?
N'avons-nous pas comme eux des bras, des jambes,
Et mieux tournés, et plus forts, plus ingambes ;
Une cervelle avec quoi nous pensons
Beaucoup mieux qu'eux, car nous les attrapons ?
Sommes-nous pas cent contre un ? Ça m'étonne
De voir toujours qu'une seule personne
Commande en maître à tous ses compagnons,
Comme un berger fait tondre ses moutons.

Quand je suis seul, à tout cela je pense
Profondément. Je vois notre naissance
Et notre mort, à la ville, au hameau,
Se ressembler comme deux gouttes d'eau.
Pourquoi la vie est-elle différente?
Je n'en vois pas la raison : ça tourmente
Les Mathurins et les godelureaux,
Et les baillifs, ma foi, sont tous égaux.

LE BAILLIF.

C'est très-bien dit, Mathurin : mais, je gage,
Si tes valets te tenaient ce langage,
Qu'un nerf de bœuf appliqué sur le dos
Réfuterait puissamment leurs propos;
Tu les ferais rentrer vite à leur place.

MATHURIN.

Oui, vous avez raison : ça m'embarrasse;
Oui, ça pourrait me donner du souci.
Mais palsambleu, vous m'avouerez aussi
Que quand chez moi mon valet se marie,
C'est pour lui seul, non pour ma seigneurie
Qu'à sa moitié je ne prétends en rien;
Et que chacun doit jouir de son bien.

LE BAILLIF.

Si les petits à leurs femmes se tiennent,
Compère, aux grands les nôtres appartiennent.
Que ton esprit est bas, lourd, et brutal!
Tu n'as pas lu le code féodal.

MATHURIN.

Féodal! qu'est-ce?

LE BAILLIF.

Il tient son origine
Du mot *fides* de la langue latine :
C'est comme qui dirait...

MATHURIN.

Sais-tu qu'avec
Ton vieux latin et ton ennuyeux grec,
Si tu me dis des sottises pareilles,
Je pourrais bien frotter tes deux oreilles?

(Il menace le baillif, qui parle toujours en reculant; et Mathurin
court après lui.)

LE BAILLIF.

Je suis baillif, ne t'en avise pas.
Fides veut dire *foi*. Conviens-tu pas
Que tu dois foi; que tu dois plein hommage
A monseigneur le marquis du Carrage?
Que tu lui dois dîmes, champart, argent?
Que tu lui dois...

MATHURIN.
Baillif outrecuidant,
Oui, je dois tout; j'en enrage dans l'âme!
Mais, palsandié, je ne dois point ma femme,
Maudit baillif!
LE BAILLIF, *en s'en allant.*
Va, nous savons la loi;
Nous aurons bien ta femme ici sans toi.

SCÈNE II. — MATHURIN.

Chien de baillif! que ton latin m'irrite!
Ah! sans latin marions-nous bien vite;
Parlons au père, à la fille surtout;
Car ce que je veux, moi, j'en viens à bout.
Voilà comme je suis.... J'ai dans ma tête
Prétendu faire une fortune honnête,
La voilà faite : une fille d'ici
Me tracassait, me donnait du souci,
C'était Colette, et j'ai vu la friponne
Pour mes écus mugueter ma personne;
J'ai voulu rompre, et je romps : j'ai l'espoir
D'avoir Acanthe, et je m'en vais l'avoir;
Car je m'en vais lui parler. Sa manière
Est dédaigneuse, et son allure est fière :
Moi, je le suis; et, dès que je l'aurai,
Tout aussitôt je vous la réduirai;
Car je le veux. Allons....

SCÈNE III. — MATHURIN; COLETTE, *courant après*

COLETTE.
Je t'y prends, traître!
MATHURIN, *sans la regarder.*
Allons.
COLETTE.
Tu feins de ne me pas connaître?
MATHURIN.
Si fait.... bonjour.
COLETTE.
Mathurin! Mathurin!
Tu causeras ici plus d'un chagrin.
De tes bonjours je suis fort étonnée,
Et tes bonjours valaient mieux l'autre année :
C'était tantôt un bouquet de jasmin,
Que tu venais me placer de ta main;
Puis des rubans pour orner ta bergère :
Tantôt des vers, que tu me faisais faire.

Par le bailli, qui n'y comprenait rien,
Ni toi ni moi, mais tout allait fort bien :
Tout est passé, lâche! tu me délaisses.

MATHURIN.
Oui, mon enfant.

COLETTE.
Après tant de promesses,
Tant de bouquets acceptés et rendus,
C'en est donc fait? je ne te plais donc plus?

MATHURIN.
Non, mon enfant.

COLETTE.
Et pourquoi, misérable?

MATHURIN.
Mais je t'aimais, je n'aime plus. Le diable
A t'épouser me poussa vivement;
En sens contraire il me pousse à présent :
Il est le maître.

COLETTE.
Eh! va, va, ma Colette
N'est plus si sotte, et sa raison est faite.
Le diable est juste, et tu diras pourquoi
Tu prends les airs de te moquer de moi
Pour avoir fait à Paris un voyage,
Te voilà donc petit-maître au village?
Tu penses donc que le droit t'est acquis
D'être en amour fripon comme un marquis!
C'est bien à toi d'avoir l'âme inconstante!
Toi, Mathurin, me quitter pour Acanthe!

MATHURIN.
Oui, mon enfant.

COLETTE.
Et quelle est la raison?

MATHURIN.
C'est que je suis le maître en ma maison;
Et, pour quelqu'un de notre Picardie,
Tu m'as paru un peu trop dégourdie :
Tu m'aurais fait trop d'amis, entre nous;
Je n'en veux point, car je suis né jaloux.
Acanthe, enfin, aura la préférence :
La chose est faite ; adieu, prends patience.

COLETTE.
Adieu! non pas, traître! je te suivrai,
Et contre ton contrat je m'inscrirai.
Mon père était procureur; ma famille
A du crédit, et j'en ai : je suis fille;
Et monseigneur donne protection.

ACTE I, SCÈNE III.

Quand il le faut, aux filles du canton ;
Et devant lui nous ferons comparaître
Un gros fermier qui fait le petit-maître,
Fait l'inconstant, se mêle d'être un fat.
Je te ferai rentrer dans ton état ;
Nous apprendrons à ta mine insolente
A te moquer d'une pauvre innocente.

MATHURIN.

Cette innocente est dangereuse : il faut
Voir le beau-père, et conclure au plus tôt.

SCÈNE IV. — MATHURIN, DIGNANT, ACANTHE, COLETTE

MATHURIN.

Allons, beau-père, allons bâcler la chose.

COLETTE.

Vous ne bâclerez rien, non ; je m'oppose
A ses contrats, à ses noces, à tout.

MATHURIN.

Quelle innocente !

COLETTE.

Oh ! tu n'es pas au bout.
(A Acanthe.)
Gardez-vous bien, s'il vous plaît, ma voisine,
De vous laisser enjôler sur sa mine ;
Il me trompa quatorze mois entiers.
Chassez cet homme.

ACANTHE.

Hélas ! très-volontiers.

MATHURIN.

Très-volontiers !... Tout ce train-là me lasse ;
Je suis têtu ; je veux que tout se passe
A mon plaisir, suivant mes volontés,
Car je suis riche.... Or, beau-père, écoutez ;
Pour honorer en moi mon mariage,
Je me décrasse, et j'achète au bailliage
L'emploi brillant de receveur royal
Dans le grenier à sel : ça n'est pas mal.
Mon fils sera conseiller, et ma fille
Relèvera quelque noble famille ;
Mes petits-fils deviendront présidents :
De monseigneur un jour les descendants
Feront leur cour aux miens ; et, quand j'y pense,
Je me rengorge, et me carre d'avance.

DIGNANT.

Carre-toi bien ; mais songe qu'à présent
On ne peut rien sans le consentement
De monseigneur ; il est encor ton maître

MATHURIN.
Et pourquoi ça ?
DIGNANT.
Mais c'est que ça doit être.
A tous seigneurs tous honneurs.
COLETTE, à Mathurin.
Oui, vilain,
Il t'en cuira, je t'en réponds.
MATHURIN.
Voisin,
Notre bailli t'a donné sa folie.
Eh ! dis-moi donc, s'il prend en fantaisie
A monseigneur d'avoir femme au logis,
A-t-il besoin de prendre ton avis ?
DIGNANT.
C'est différent ; je fus son domestique
De père en fils dans cette terre antique.
Je suis né pauvre, et je deviens cassé.
Le peu d'argent que j'avais amassé
Fut employé pour élever Acanthe.
Notre bailli dit qu'elle est fort savante,
Et qu'entre nous, son éducation
Est au-dessus de sa condition.
C'est ce qui fait que ma seconde épouse,
Sa belle-mère, est fâchée et jalouse
Et la maltraite, et me maltraite aussi :
De tout cela je suis fort en souci.
Je voudrais bien te donner cette fille ;
Mais je ne puis établir ma famille
Sans monseigneur ; je vis de ses bontés,
Je lui dois tout ; j'attends ses volontés :
Sans son aveu nous ne pouvons rien faire.
ACANTHE.
Ah ! croyez-vous qu'il le donne, mon père ?
COLETTE.
Eh bien ! fripon, tu crois que tu l'auras ?
Moi, je te dis que tu ne l'auras pas.
MATHURIN.
Tout le monde est contre moi ; ça m'irrite.

SCÈNE V. — LES PRÉCÉDENTS, BERTHE.

MATHURIN, à *Berthe* qui arrive.
Ma belle-mère, arrivez, venez vite.
Vous n'êtes plus la maîtresse au logis,
Chacun rebèque ; et je vous avertis
Que si la chose en cet état demeure,
Si je ne suis marié tout à l'heure,

ACTE I, SCÈNE V.

Je ne le serai point ; tout est fini.
Tout est rompu.

BERTHE.
Qui m'a désobéi ?
Qui contredit, s'il vous plaît, quand j'ordonne ?
Serait-ce vous, mon mari ? vous ?

DIGNANT.
Personne,
Nous n'avons garde ; et Mathurin veut bien
Prendre ma fille à peu près avec rien :
J'en suis content, et je dois me promettre
Que monseigneur daignera le permettre.

BERTHE.
Allez, allez, épargnez-vous ce soin ;
C'est de moi seule ici qu'on a besoin ;
Et quand la chose une fois sera faite,
Il faudra bien, ma foi, qu'il la permette.

DIGNANT.
Mais....

BERTHE.
Mais il faut suivre ce que je dis.
Je ne veux plus souffrir dans mon logis,
A mes dépens, une fille indolente,
Qui ne fait rien, de rien ne se tourmente,
Qui s'imagine avoir de la beauté
Pour être en droit d'avoir de la fierté.
Mademoiselle, avec sa froide mine,
Ne daigne pas aider à la cuisine ;
Elle se mire, ajuste son chignon,
Fredonne un air en brodant un jupon,
Ne parle point, et le soir, en cachette,
Lit des romans que le bailli lui prête.
Eh bien ! voyez, elle ne répond rien.
Je me repens de lui faire du bien.
Elle est muette ainsi qu'une pécore.

MATHURIN.
Ah ! c'est tout jeune, et ça n'a pas encore
L'esprit formé : ça vient avec le temps.

DIGNANT.
Ma bonne, il faut quelques ménagements
Pour une fille ; elles ont d'ordinaire
De l'embarras dans cette grande affaire :
C'est modestie et pudeur que cela.
Comme elle, enfin, vous passâtes par là ;
Je m'en souviens, vous étiez fort revêche.

BERTHE.
Eh ! finissons. Allons, qu'on se dépêche :

Quels sots propos ! suivez-moi promptement
Chez le bailli.

COLETTE, à Acanthe.
N'est fait rien, mon enfant.

BERTHE.
Allons, Acanthe.

ACANTHE.
O ciel ! que dois-je faire ?

COLETTE.
Refuse tout, laisse la belle-mère,
Viens avec moi.

BERTHE, à Acanthe.
Quoi donc ! sans sourciller ?
Mais parlez donc.

ACANTHE.
A qui puis-je parler ?

DIGMANT.
Chez le bailli, ma bonne, allons l'attendre,
Sans la gêner, et laissons-lui reprendre
Un peu d'haleine.

ACANTHE.
Ah ! croyez que mes sens
Sont pénétrés de vos soins indulgents ;
Croyez qu'en tout je distingue mon père.

MATHURIN.
Madame Berthe, on ne distingue guère
Ni vous ni moi ; la belle à le maintien
Un peu bien sec, mais cela n'y fait rien,
Et je réponds, dès qu'elle sera nôtre,
Qu'en peu de temps je la rendrai tout autre.
(Ils sortent.)

ACANTHE.
Ah ! que je sens de trouble et de chagrin !
Me faudra-t-il épouser Mathurin ?

SCÈNE VI. — ACANTHE, COLETTE.

COLETTE.
Ah ! n'en fais rien, crois-moi, ma chère amie.
Du mariage aurais-tu tant d'envie ?
Tu peux trouver beaucoup mieux.... que sait-on ?
Aimerais-tu ce méchant ?

ACANTHE.
Mon Dieu, non ;
Mais, vois-tu bien, je ne suis plus soufferte
Dans le logis de la marâtre Berthe ;
Je suis chassée ; il me faut un abri ;
Et par besoin je dois prendre un mari.

ACTE I, SCÈNE VI.

C'est en pleurant que je cause ta peine.
D'un grand projet j'ai la cervelle pleine,
Mais je ne sais comment m'y prendre; hélas!
Que devenir?... Dis-moi, ne sais-tu pas
Si monseigneur doit venir dans ses terres?

COLETTE.
Nous l'attendons.

ACANTHE.
Bientôt?

COLETTE.
Je ne sais guères
Dans mon taudis les nouvelles de cour;
Mais s'il revient, ce doit être un grand jour.
Il met, dit-on, la paix dans les familles,
Il rend justice, il a grand soin des filles.

ACANTHE.
Ah! s'il pouvait me protéger ici!

COLETTE.
Je prétends bien qu'il me protège aussi.

ACANTHE.
On dit qu'à Metz il a fait des merveilles
Qui dans l'armée ont très-peu de pareilles;
Que Charles-Quint a loué sa valeur.

COLETTE.
Qu'est-ce que Charles-Quint?

ACANTHE.
Un empereur
Qui nous a fait bien du mal.

COLETTE.
Et qu'importe?
Ne m'en faites pas, vous, et que je sorte
A mon honneur du cas triste où je suis.

ACANTHE.
Comme le tien, mon cœur est plein d'ennuis.
Non loin d'ici quelquefois on me mène
Dans un château de la jeune Dormène....

COLETTE.
Près de nos bois?... ah! le plaisant château!
De Mathurin le logis est plus beau;
Et Mathurin est bien plus riche qu'elle.

ACANTHE.
Oui, je le sais; mais cette demoiselle
Est autre chose; elle est de qualité;
On la respecte avec sa pauvreté.
Elle a chez elle une vieille personne
Qu'on nomme Laure, et dont l'âme est si bonne!
Laure est aussi d'une grande maison.

COLETTE.

Qu'importe encor?

ACANTHE.

D'un grand prix ?
Mais les gens d'un certain nom,
J'ai remarqué cela, chère Colette,
En secret plus, ont l'âme autrement faite,
Ont de l'esprit, des sentiments plus grands,
Meilleurs que nous.

COLETTE.

Oui, dès leurs premiers ans,
Avec grand soin leur âme est façonnée;
La nôtre, hélas! languit abandonnée,
Comme on pourrait châtier à danser
Les gens du monde, nous, sans y penser...

ACANTHE.

Cette Dorimène et cette vieille dame
Semblent donner quelque chose à mon âme;
Je crois en valoir mieux quand je les vois :
J'ai de l'orgueil, et je ne sais pourquoi.
Et les bontés de Dorimène et de Laure
Me font haïr mille fois plus encore
Madame Berthe et monsieur Mathurin.

COLETTE.

Quitte-les tous.

ACANTHE.

Je n'ose ; mais enfin,
J'ai quelque espoir : que ton conseil m'assiste.
Dis-moi d'abord, Colette, en quoi consiste
Ce fameux droit du seigneur.

COLETTE.

Oh, ma foi!
Va consulter de plus doctes que moi.
Je ne suis point mariée, et l'affaire,
A ce qu'on dit, est un très-grand mystère.
Seconde-moi, fais que je vienne à bout
D'être épousée, et je te dirai tout.

ACANTHE.

Ah! j'y ferai mon possible.

COLETTE.

Ma mère
Est très-alerte, et conduit mon affaire;
Elle me fait, par un acte plaintif,
Pousser mon droit par-devant le bailli;
J'aurai, dit-elle, un mari par justice.

ACANTHE.

Que de bon cœur j'en fais le sacrifice!
Chère Colette, agissons bien à point.

Toi, pour l'avoir ; moi, pour ne l'avoir point.
Tu gagneras assez à ce partage ;
Mais en perdant je gagne davantage.

ACTE SECOND.

SCÈNE 1. — LE BAILLIF ; PHLIPE, *son valet ;
ensuite* COLETTE.

LE BAILLIF.

Ma robe, allons... du respect.... vite Phlipe.
C'est en baillif qu'il faut que je m'équipe :
J'ai des clients qu'il faut expédier.
Je suis baillif, je te fais mon huissier.
Amène-moi Colette à l'audience.
(*Il s'assied devant une table, et feuillette un grand livre.*)
L'affaire est grave, et de grande importance.
De matrimonio.... chapitre deux.
Empêchements.... Ces cas-là sont véreux ;
Il faut savoir de la jurisprudence.
(A Colette.)
Approchez-vous.... faites la révérence,
Colette : il faut d'abord dire son nom.

COLETTE.

Vous l'avez dit, je suis Colette.

LE BAILLIF, *écrivant*.

Bon.
Colette.... Il faut dire ensuite son âge.
N'avez-vous pas trente ans, et davantage ?

COLETTE.

Fi donc, monsieur ! j'ai vingt ans, tout au plus.

LE BAILLIF, *écrivant*.

Çà, vingt ans passé ; ils sont bien révolus ?

COLETTE.

L'âge, monsieur, ne fait rien à la chose ;
Et, jeune ou non, sachez que je m'oppose
A tout contrat qu'un Mathurin sans foi
Fera jamais avec d'autres que moi.

LE BAILLIF.

Vos oppositions seront notoires.
Çà, vous avez des raisons péremptoires ?

COLETTE.

J'ai cent raisons.

LE BAILLIF.

Dites-les.... Aurait-il...?

COLETTE.
Oh! oui, monsieur.

LE BAILLIF.
Mais vous coupez le fil
A tout moment de notre procédure.

COLETTE.
Pardon, monsieur.

LE BAILLIF.
Vous a-t-il fait injure?

COLETTE.
Oh tant! j'aurais plus d'un mari sans lui;
Et me voilà pauvre fille aujourd'hui.

LE BAILLIF.
Il vous a fait sans doute des promesses?

COLETTE.
Mille pour une, et pleines de tendresses.
Il promettait, il jurait que dans peu
I me prendrait en légitime nœud.

LE BAILLIF, écrivant.
En légitime nœud... quelle malice!
Çà, produisez ses lettres en justice.

COLETTE.
Je n'en ai point; jamais il n'écrivait,
Et je croyais tout ce qu'il me disait.
Quand tous les jours on parle tête à tête
A son amant, d'une manière honnête,
Pourquoi s'écrire? à quoi bon?

LE BAILLIF.
Mais du moins,
Au lieu d'écrits, vous avez des témoins?

COLETTE.
Moi? point du tout; mon témoin c'est moi-même :
Est-ce qu'on prend des témoins quand on s'aime?
Et puis, monsieur, pouvais-je deviner
Que Mathurin osât m'abandonner?
Il me parlait d'amitié, de constance;
Je l'écoutais, et c'était en présence
De mes moutons, dans son pré, dans le mien :
Ils ont tout vu, mais ils ne disent rien.

LE BAILLIF.
Non plus qu'eux tous je n'ai donc rien à dire.
Votre complainte en droit ne peut suffire;
On ne produit ni témoins ni billets,
On ne vous a rien fait, rien écrit.

COLETTE.
Mais
Un Mathurin aura donc l'insolence
Impunément d'abuser l'innocence?

ACTE II, SCÈNE I.

LE BAILLIF.
En abuser! mais vraiment c'est un cas
Épouvantable, et vous n'en parliez pas!
Instrumentons.... Laquelle nous remontre
Que Mathurin, en plus d'une rencontre,
Se prévalant de sa simplicité,
A méchamment contre icelle attenté;
Laquelle insiste, et répète dommages,
Frais, intérêts, pour raison des outrages
Contre les lois, faits par le suborneur,
Dit Mathurin, à son présent honneur.

COLETTE.
Rayez cela; je ne veux pas qu'on dise
Dans le pays une telle sottise.
Mon honneur est très-intact; et, pour peu
Qu'on l'eût blessé, l'on aurait vu beau jeu.

LE BAILLIF.
Que prétendez-vous donc?

COLETTE.
Être vengée.

LE BAILLIF.
Pour se venger il faut être outragée,
Et par écrit coucher en mots exprès
Quels attentats encontre vous sont faits,
Articuler les lieux, les circonstances,
Quis, quid, ubi, les excès, insolences,
Énormités sur quoi l'on jugera.

COLETTE.
Écrivez donc tout ce qu'il vous plaira.

LE BAILLIF.
Ce n'est pas tout; il faut savoir la suite
Que ces excès pourraient avoir produite.

COLETTE.
Comment produite? Eh! rien ne produit rien.
Traître baillif, qu'entendez-vous?

LE BAILLIF.
Fort bien.
Laquelle fille a dans ses procédures
Perdu le sens, et nous dit des injures;
Et n'apportant nulle preuve du fait,
L'empêchement est nul, de nul effet.
(Il se lève.)
Depuis une heure en vain je vous écoute:
Vous n'avez rien prouvé, je vous déboute.

COLETTE.
Me débouter, moi?

LE BAILLIF.
Vous.

COLETTE.
                  Maudit baillif!
Je suis déboutée?
              LE BAILLIF.
                  Oui; quand le plaintif
Ne peut donner des raisons qui convainquent,
On le déboute, et les adverses vainquent.
Sur Mathurin n'ayant point action,
Nous procédons à la conclusion.
              COLETTE.
Non, non, baillif; vous aurez beau conclure,
Instrumenter et signer; je vous jure
Qu'il n'aura point son Acanthe.
              LE BAILLIF.
                              Il l'aura;
De monseigneur le droit se maintiendra.
Je suis baillif, et j'ai les droits du maître
C'est devant moi qu'il faudra comparaître.
Consolez-vous, sachez que vous aurez
Affaire à moi quand vous vous marierez.
              COLETTE.
J'aimerais mieux le reste de ma vie
Demeurer fille.
              LE BAILLIF.
                  Oh! je vous en défie.

SCÈNE II. — COLETTE.

Ah! comment faire? où reprendre mon bien?
J'ai protesté; cela ne sert de rien.
On va signer. Que je suis tourmentée!

SCÈNE III. — COLETTE, ACANTHE.

              COLETTE.
A mon secours! me voilà déboutée.
              ACANTHE.
Déboutée!
              COLETTE.
      Oui; l'ingrat vous est promis.
On me déboute.
              ACANTHE.
              Hélas! je suis bien pis.
De mes chagrins mon âme est oppressée;
Ma chaîne est prête, et je suis fiancée,
Ou je vais l'être au moins dans un moment.
              COLETTE.
Ne hais-tu pas mon lâche?

ACTE II, SCÈNE III.   69

ACANTHE.
                    Honnêtement.
Entre nous deux, juges-tu sur ma mine
Qu'il soit bien doux d'être ici Mathurine?
              COLETTE.
Non pas pour toi; tu portes dans ton air
Je ne sais quoi de brillant et de fier :
A Mathurin cela ne convient guère,
Et ce maraud était mieux mon affaire.
              ACANTHE.
J'ai par malheur de trop hauts sentiments.
Dis-moi, Colette, as-tu lu des romans?
              COLETTE.
Moi? non, jamais.
              ACANTHE.
                    Le bailli Métaprose
M'en a prêté.... Mon Dieu, la belle chose!
              COLETTE.
En quoi si belle?
              ACANTHE.
                    On y voit des amants
Si courageux, si tendres, si galants!
              COLETTE.
Oh! Mathurin n'est pas comme eux.
              ACANTHE.
                              Colette,
Que les romans rendent l'âme inquiète!
              COLETTE.
Et d'où vient donc?
              ACANTHE.
                    Ils forment trop l'esprit.
En les lisant le mien bientôt s'ouvrit;
A réfléchir que de nuits j'ai passées!
Que les romans font naître de pensées!
Que les héros de ces livres charmants
Ressemblent peu, Colette, aux autres gens!
Cette lumière était pour moi féconde;
Je me voyais dans un tout autre monde;
J'étais au ciel.... Ah! qu'il m'était bien dur
De retomber dans mon état obscur;
Le cœur tout plein de ce grand étalage,
De me trouver au fond de mon village,
Et de descendre, après ce vol divin,
Des Amadis à maître Mathurin!
              COLETTE.
Votre propos me ravit, et je jure
Que j'ai déjà du goût pour la lecture.

ACANTHE.

T'en souvient-il autant qu'il m'en souvient,
Que ce marquis, ce beau seigneur, qui tient
Dans le pays le rang, l'état d'un prince,
De sa présence honora la province?
Il s'est passé juste un an et deux mois
Depuis qu'il vint pour cette seule fois.
T'en souvient-il? nous le vîmes à table,
Il m'accueillit : ah! qu'il était aimable!
Tous ses discours étaient des mots choisis,
Que l'on n'entend jamais dans ce pays :
C'était, Colette, une langue nouvelle,
Supérieure, et pourtant naturelle;
J'aurais voulu l'entendre tout le jour.

COLETTE.

Tu l'entendras, sans doute, à son retour.

ACANTHE.

Ce jour, Colette, occupe ta mémoire,
Où monseigneur, tout rayonnant de gloire,
Dans nos forêts, suivi d'un peuple entier
Le fer en main courait le sanglier?

COLETTE.

Oui, quelque idée et confuse et légère
Peut m'en rester.

ACANTHE.

    Je l'ai distincte et claire:
Je crois le voir avec cet air si grand,
Sur ce cheval superbe et bondissant;
Près d'un gros chêne il perce de sa lance
Le sanglier qui contre lui s'élance :
Dans ce moment j'entendis mille voix,
Que répétaient les échos de nos bois;
Et de bon cœur (il faut que j'en convienne)
J'aurais voulu qu'il démêlât la mienne.
De son départ je fus encor témoin :
On l'entourait, je n'étais pas bien loin:
Il me parla.... Depuis ce jour, ma chère,
Tous les romans ont le don de me plaire
Quand je les lis, je n'ai jamais d'ennui;
Il me parait qu'ils me parlent de lui.

COLETTE.

Ah! qu'un roman est beau!

ACANTHE.

    C'est la peinture
Du cœur humain, je crois, d'après nature.

COLETTE.

D'après nature!... Entre nous deux, ton cœur

ACTE II, SCÈNE III.

N'aime-t-il pas en secret monseigneur?
ACANTHE.
Oh! non; je n'ose : et je sens la distance
Qu'entre nous deux mit son rang, sa naissance.
Crois-tu qu'on ait des sentiments si doux
Pour ceux qui sont trop au-dessus de nous?
A cette erreur trop de raison s'oppose.
Non, je ne l'aime point.... mais il est cause
Que, l'ayant vu, je ne puis à présent
En aimer d'autre.... et c'est un grand tourment.
COLETTE.
Mais de tous ceux qui le suivaient, ma bonne,
Aucun n'a-t-il cajolé ta personne?
J'avouerai, moi, que l'on m'en a conté.
ACANTHE.
Un étourdi prit quelque liberté;
Il s'appelait le chevalier Gernance :
Son fier maintien, ses airs, son insolence,
Me révoltaient, loin de m'en imposer.
Il fut surpris de se voir mépriser;
Et, réprimant sa poursuite hardie,
Je lui fis voir combien la modestie
Était plus fière, et pouvait d'un coup d'œil
Faire trembler l'impudence et l'orgueil.
Ce chevalier serait assez passable,
Et d'autres mœurs l'auraient pu rendre aimable :
Ah! la douceur est l'appât qui nous prend.
Que monseigneur, ô ciel, est différent!
COLETTE.
Ce chevalier n'était donc guère sage?
Çà, qui des deux te déplaît davantage,
De Mathurin ou de cet effronté?
ACANTHE.
Oh! Mathurin.... c'est sans difficulté.
COLETTE.
Mais monseigneur est bon; il est le maître;
Pourrait-il pas te dépêtrer du traître?
Tu me parais si belle!
ACANTHE.
Hélas!
COLETTE.
Je crois
Que tu pourras mieux réussir que moi.
ACANTHE.
Est-il bien vrai qu'il arrive?
COLETTE.
Sans doute,
car on le dit.

ACANTHE.
Penses-tu qu'il m'écoute ?
COLETTE.
J'en suis certaine, et je retiens ma part
De ses bontés.
ACANTHE.
Nous le verrons trop tard ;
Il n'arrivera point ; on me fiance,
Tout est conclu, je suis sans espérance.
Berthe est terrible en sa mauvaise humeur ;
Mathurin presse, et je meurs de douleur.
COLETTE.
Eh ! moque-toi de Berthe.
ACANTHE.
Hélas ! Dormène,
Si je lui parle, entrera dans ma peine :
Je veux prier Dormène de m'aider
De son appui qu'elle daigne accorder
Aux malheureux ; cette dame est si bonne!
Laure surtout, cette vieille personne,
Qui m'a toujours montré tant d'amitié,
De moi, sans doute, aura quelque pitié ;
Car sais-tu bien que cette dame Laure
Très-tendrement de ses bontés m'honore ?
Entre ses bras elle me tient souvent,
Elle m'instruit, et pleure en m'instruisant.
COLETTE.
Pourquoi pleurer ?
ACANTHE.
Mais de ma destinée :
Elle voit bien que je ne suis pas née
Pour Mathurin.... Crois-moi, Colette, allons
Lui demander des conseils, des leçons....
Veux-tu me suivre ?
COLETTE.
Ah ! oui, ma chère Acanthe,
Enfuyons-nous ; la chose est très-prudente.
Viens ; je connais des chemins détournés
Tout près d'ici.

SCÈNE IV. — ACANTHE, COLETTE, BERTHE, DIGNANT, MATHURIN.

BERTHE, *arrêtant Acanthe.*
Quel chemin vous prenez !
Êtes-vous folle ? et quand on doit se rendre
A son devoir, faut-il se faire attendre ?
Quelle indolence ! et quel air de froideur !

ACTE II, SCÈNE IV.

Vous me glacez : votre mauvaise humeur
Jusqu'à la fin vous sera reprochée.
On vous marie, et vous êtes fâchée.
Hom, l'idiote! Allons, çà, Mathurin,
Soyez le maître, et donnez-lui la main.

MATHURIN, *approche sa main, et veut l'embrasser.*

Ah! palsandié....

BERTHE.

Voyez la malhonnête!
Elle rechigne, et détourne la tête!

ACANTHE.

Pardon, mon père; hélas! vous excusez
Mon embarras, vous le favorisez,
Et vous sentez quelle douleur amère
Je dois souffrir en quittant un tel père.

BERTHE.

Et rien pour moi?

MATHURIN.

Ni rien pour moi non plus?

COLETTE.

Non, rien, méchant; tu n'auras qu'un refus.

MATHURIN.

On me fiance.

COLETTE.

Et va, va, fiançailles
Assez souvent ne sont pas épousailles.
Laisse-moi faire.

DIGNANT.

Eh! qu'est-ce que j'entends?
C'est un courrier : c'est, je pense, un des gens
De monseigneur; oui, c'est le vieux Champagne.

SCÈNE V. — LES PRÉCÉDENTS, CHAMPAGNE.

CHAMPAGNE.

Oui, nous avons terminé la campagne :
Nous avons sauvé Metz, mon maître et moi,
Et nous aurons la paix. Vive le roi!
Vive mon maître!... il a bien du courage;
Mais il est trop sérieux pour son âge;
J'en suis fâché. Je suis bien aise aussi,
Mon vieux Dignant, de te trouver ici;
Tu me parais en grande compagnie.

DIGNANT.

Oui.... vous serez de la cérémonie.
Nous marions Acanthe.

CHAMPAGNE.

Bon! tant mieux!

Nous danserons, nous serons tous joyeux.
Ta fille est belle.... Ha! ha! c'est toi, Colette;
Ma chère enfant, ta fortune est donc faite?
Mathurin est ton mari?
                    COLETTE.
                        Mon Dieu, non.
                    CHAMPAGNE.
Il fait fort mal.
                    COLETTE.
            Le traître, le fripon,
Croit dans l'instant prendre Acanthe pour femme
                    CHAMPAGNE.
Il fait fort bien; je réponds sur mon âme
Que cet hymen à mon maître agréera,
Et que la noce à ses frais se fera.
                    ACANTHE.
Comment! il vient?
                    CHAMPAGNE.
                Peut-être ce soir même.
                    DIGNANT.
Quoi! le seigneur, ce bon maître que j'aime,
Je puis le voir encore avant ma mort?
S'il est ainsi, je bénirai mon sort.
                    ACANTHE.
Puisqu'il revient, permettez, mon cher père,
De vous prier, devant ma belle-mère,
De vouloir bien ne rien précipiter
Sans son aveu, sans l'oser consulter;
C'est un devoir dont il faut qu'on s'acquitte;
C'est un respect, sans doute, qu'il mérite.
                    MATHURIN.
Foin du respect!
                    DIGNANT.
                Votre avis est sensé;
Et comme vous en secret j'ai pensé.
                    MATHURIN.
Et moi, l'ami, je pense le contraire.
                    COLETTE, à Acanthe.
Bon, tenez ferme.
                    MATHURIN.
                Est un sot qui diffère
Je ne veux point soumettre mon honneur,
Si je le puis, à ce droit du seigneur.
                    ACANTHE.
Eh! pourquoi tant s'effaroucher? la chose
Est bonne au fond, quoique le monde en cause,
Et notre honneur ne peut s'en tourmenter.

J'en fis l'épreuve; et je puis protester
Qu'à mon devoir quand je me fus rendue,
On s'en alla dès l'instant qu'on m'eut vue.
COLETTE.
Je le crois bien.
BERTHE.
Cependant la raison
Doit conseiller de fuir l'occasion.
Hâtons la noce, et n'attendons personne.
Préparez tout, mon mari, je l'ordonne.
MATHURIN.
(A Colette, en s'en allant.)
C'est très-bien dit. Eh bien! l'aurai-je enfin?
COLETTE.
Non, tu ne l'auras pas, non, Mathurin.
(Ils sortent.)
CHAMPAGNE.
Oh, oh! nos gens viennent en diligence.
Eh quoi! déjà le chevalier Gernance?

SCÈNE VI. — LE CHEVALIER, CHAMPAGNE.

CHAMPAGNE.
Vous êtes fin, monsieur le chevalier;
Très à propos vous venez le premier.
Dans tous vos faits votre beau talent brille;
Vous vous doutez qu'on marie une fille;
Acanthe est belle, au moins.
LE CHEVALIER.
Eh! oui vraiment,
Je la connais; j'apprends en arrivant
Que Mathurin se donne l'insolence
De s'appliquer ce bijou d'importance;
Mon bon destin nous a fait accourir
Pour y mettre ordre : il ne faut pas souffrir
Qu'un riche rustre ait les tendres prémices
D'une beauté qui ferait les délices
Des plus huppés et des plus délicats.
Pour le marquis, il ne se hâte pas :
C'est, je l'avoue, un grave personnage,
Pressé de rien, bien compassé, bien sage,
Et voyageant comme un ambassadeur.
Parbleu, jouons un tour à sa lenteur :
Tiens, il me vient une bonne pensée,
C'est d'enlever presto la fiancée,
De la conduire en quelque vieux château,
Quelque masure.

CHAMPAGNE.
Oui, le projet est beau.
LE CHEVALIER.
Un vieux château, vers la forêt prochaine,
Tout délabré, que possède Dormène,
Avec sa vieille....
CHAMPAGNE.
Oui, c'est Laure, je crois
LE CHEVALIER.
Oui.
CHAMPAGNE.
Cette vieille était jeune autrefois ;
Je m'en souviens, votre étourdi de père
Eut avec elle une certaine affaire,
Où chacun d'eux fit un mauvais marché.
Ma foi, c'était un maître débauché,
Tout comme vous, buvant, aimant les belles,
Les enlevant, et puis se moquant d'elles.
Il mangea tout, et ne vous laissa rien.
LE CHEVALIER.
J'ai le marquis, et c'est avoir du bien ;
Sans nul souci je vis de ses largesses.
Je n'aime point l'embarras des richesses :
Est riche assez qui sait toujours jouir.
Le premier bien, crois-moi, c'est le plaisir.
CHAMPAGNE.
Eh ! que ne prenez-vous cette Dormène ?
Bien plus qu'Acanthe elle en vaudrait la peine ;
Elle est très-fraîche, elle est de qualité ;
Cela convient à votre dignité :
Laissez pour nous les filles du village.
LE CHEVALIER.
Vraiment Dormène est un très-doux partage,
C'est très-bien dit. Je crois que j'eus un jour,
S'il m'en souvient, pour elle un peu d'amour ;
Mais, entre nous, elle sent trop sa dame ;
On ne pourrait en faire que sa femme.
Elle est bien pauvre, et je le suis aussi ;
Et pour l'hymen j'ai fort peu de souci.
Mon cher Champagne, il me faut une Acanthe ;
Cette conquête est beaucoup plus plaisante :
Oui, cette Acanthe aujourd'hui m'a piqué
Je me sentis, l'an passé, provoqué
Par ses refus, par sa petite mine.
J'aime à dompter cette pudeur mutine.
J'ai deux coquins, qui font trois avec toi,
Déterminés, alertes comme moi ;

ACTE II, SCÈNE VI.

Nous tiendrons prêt à cent pas un carrosse,
Et nous fondrons tous quatre sur la noce.
Cela sera plaisant ; j'en ris déjà.

CHAMPAGNE.

Mais croyez-vous que monseigneur rira ?

LE CHEVALIER.

Il faudra bien qu'il rie, et que Dormène
En rie encor, quoique prude et hautaine,
Et je prétends que Laure en rie aussi.
Je viens de voir, à cinq cents pas d'ici,
Dormène et Laure, en très-mince équipage
Qui s'en allaient vers le prochain village,
Chez quelque vieille : il faut prendre ce temps

CHAMPAGNE.

C'est bien pensé ; mais vos déportements
Sont dangereux, je crois, pour ma personne.

LE CHEVALIER.

Bon ! l'on se fâche, on s'apaise, on pardonne.
Tous les gens gais ont le don merveilleux
De mettre en train tous les gens sérieux.

CHAMPAGNE.

Fort bien.

LE CHEVALIER.

    L'esprit le plus atrabilaire
Est subjugué quand on cherche à lui plaire.
On s'épouvante, on crie, on fuit d'abord,
Et puis l'on soupe, et puis l'on est d'accord.

CHAMPAGNE.

On ne peut mieux ; mais votre belle Acanthe
Est bien revêche.

LE CHEVALIER.

    Et c'est ce qui m'enchante.
La résistance est un charme de plus ;
Et j'aime assez une heure de refus.
Comment souffrir la stupide innocence
D'un sot tendron faisant la révérence,
Baissant les yeux, muette à mon aspect,
Et recevant mes faveurs par respect ?
Mon cher Champagne, à mon dernier voyage,
D'Acanthe ici j'éprouvai le courage.
Va, sous mes lois je la ferai plier.
Rentre pour moi dans ton premier métier,
Sois mon trompette, et sonne les alarmes ;
Point de quartier, marchons, alerte, aux armes,
Vite.

CHAMPAGNE.

    Je crois que nous sommes trahis ;

LE DROIT DU SEIGNEUR.

C'est du secours qui vient aux ennemis ;
J'entends grand bruit, c'est monseigneur.

LE CHEVALIER.
N'importe.
Sois prêt ce soir à me servir d'escorte.

ACTE TROISIÈME.

SCÈNE I. — LE MARQUIS, LE CHEVALIER.

LE MARQUIS.
Cher chevalier, que mon cœur est en paix !
Que mes regards sont ici satisfaits !
Que ce château qu'ont habité nos pères,
Que ces forêts, ces plaines, me sont chères !
Que je voudrais oublier pour toujours
L'illusion, les manéges des cours !
Tous ces grands riens, ces pompeuses chimères,
Ces vanités, ces ombres passagères,
Au fond du cœur laissent un vide affreux.
C'est avec nous que nous sommes heureux.
Dans ce grand monde, où chacun veut paraître,
On est esclave, et chez moi je suis maître.
Que je voudrais que vous eussiez mon goût !

LE CHEVALIER.
Eh! oui, l'on peut se réjouir partout,
En garnison, à la cour, à la guerre,
Longtemps en ville, et huit jours dans sa terre.

LE MARQUIS.
Que vous et moi nous sommes différents !

LE CHEVALIER.
Nous changerons peut-être avec le temps.
En attendant, vous savez qu'on apprête,
Pour ce jour même, une très-belle fête ;
C'est une noce.

LE MARQUIS.
Oui, Mathurin vraiment
Fait un beau choix, et mon consentement
Est tout acquis à ce doux mariage ;
L'époux est riche, et sa maîtresse est sage ;
C'est un bonheur bien digne de mes vœux,
En arrivant, de faire deux heureux.

LE CHEVALIER.
Acanthe encore en peut faire un troisième.

ACTE III, SCÈNE 2.

LE MARQUIS.
Je vous reconnais là, toujours vous-même.
Mon cher parent, vous m'avez fait cent fois
Trembler pour vous, par vos galants exploits.
Tout peut passer dans les villes de guerre;
Mais nous devons l'exemple dans ma terre.

LE CHEVALIER.
L'exemple du plaisir apparemment?

LE MARQUIS.
Au moins, mon cher, que ce soit prudemment;
Daignez en croire un parent qui vous aime.
Si vous n'avez du respect pour vous-même,
Quelque grand nom que vous puissiez porter,
Vous ne pourrez vous faire respecter.
Je ne suis pas difficile et sévère;
Mais, entre nous, songez que votre père,
Pour avoir pris le train que vous prenez,
Se vit au rang des plus infortunés,
Perdit ses biens, languit dans la misère,
Fit de douleur expirer votre mère,
Et près d'ici mourut assassiné.
J'étais enfant; son sort infortuné
Fut à mon cœur une leçon terrible,
Qui se grava dans mon âme sensible;
Utilement témoin de ses malheurs,
Je m'instruisais en répandant des pleurs.
Si, comme moi, cette fin déplorable
Vous eût frappé, vous seriez raisonnable.

LE CHEVALIER.
Oui, je veux l'être un jour, c'est mon dessein;
J'y pense quelquefois; mais c'est en vain;
Mon feu m'emporte.

LE MARQUIS.
　　　　　　Eh bien! je vous présage
Que vous serez las du libertinage.

LE CHEVALIER.
Je le voudrais; mais on fait comme on peut:
Ma foi, n'est pas raisonnable qui veut.

LE MARQUIS.
Vous vous trompez: de son cœur on est maître:
J'en fis l'épreuve : est sage qui veut l'être;
Et, croyez-moi, cette Acanthe, entre nous,
Eut des attraits pour moi comme pour vous;
Mais ma raison ne pouvait me permettre
Un fol amour qui m'allait compromettre;
Je rejetai ce désir passager,
Dont la poursuite aurait pu m'affliger.

Dont le succès eût perdu cette fille,
Eût fait sa honte aux yeux de sa famille,
Et l'eût privée à jamais d'un époux.

LE CHEVALIER.

Je ne suis pas si timide que vous;
La même pâte, il faut que j'en convienne,
N'a point formé votre branche et la mienne.
Quoi! vous pensez être dans tous les temps
Maître absolu de vos yeux, de vos sens?

LE MARQUIS.

Et pourquoi non?

LE CHEVALIER.

Très-fort je vous respecte;
Mais la sagesse est tant soit peu suspecte;
Les plus prudents se laissent captiver,
Et le vrai sage est encore à trouver.
Craignez surtout le titre ridicule
De philosophe.

LE MARQUIS.

O l'étrange scrupule!
Ce noble nom, ce nom tant combattu,
Que veut-il dire? amour de la vertu.
Le fat en raille avec étourderie,
Le sot le craint, le fripon le décrie;
L'homme de bien dédaigne les propos
Des étourdis, des fripons, et des sots;
Et ce n'est pas sur les discours du monde
Que le bonheur et la vertu se fonde.
Écoutez-moi. Je suis las aujourd'hui
Du train des cours où l'on vit pour autrui;
Et j'ai pensé, pour vivre à la campagne,
Pour être heureux, qu'il faut une compagne.
J'ai le projet de m'établir ici,
Et je voudrais vous marier aussi.

LE CHEVALIER.

Très-humble serviteur.

LE MARQUIS.

Ma fantaisie
N'est pas de prendre une jeune étourdie.

LE CHEVALIER.

L'étourderie a du bon.

LE MARQUIS.

Je voudrais
Un esprit doux, plus que de doux attraits.

LE CHEVALIER.

J'aimerais mieux le dernier.

ACTE III, SCÈNE I. 81

LE MARQUIS.
La jeunesse,
Les agréments, n'ont rien qui m'intéresse.

LE CHEVALIER.
Tant pis.

LE MARQUIS.
Je veux affermir ma maison
Par un hymen qui soit tout de raison.

LE CHEVALIER.
Oui, tout d'ennui.

LE MARQUIS.
J'ai pensé que Dormène
Serait très-propre à former cette chaîne.

LE CHEVALIER.
Notre Dormène est bien pauvre.

LE MARQUIS.
Tant mieux.
C'est un bonheur si pur, si précieux,
De relever l'indigente noblesse,
De préférer l'honneur à la richesse!
C'est l'honneur seul qui chez nous doit former
Tout notre sang; lui seul doit animer
Ce sang reçu de nos braves ancêtres,
Qui dans les camps doit couler pour ses maîtres.

LE CHEVALIER.
Je pense ainsi : les Français libertins
Sont gens d'honneur. Mais, dans vos beaux desseins,
Vous avez donc, malgré votre réserve,
Un peu d'amour?

LE MARQUIS.
Qui, moi? Dieu m'en préserve!
Il faut savoir être maître chez soi;
Et si j'aimais, je recevrais la loi.
Se marier par amour, c'est folie.

LE CHEVALIER.
Ma foi, marquis, votre philosophie
Me paraît toute à rebours du bon sens;
Pour moi, je crois au pouvoir de nos sens;
Je les consulte en tout, et j'imagine
Que tous ces gens si graves par la mine,
Pleins de morale et de réflexions,
Sont destinés aux grandes passions.
Les étourdis esquivent l'esclavage,
Mais un coup d'œil peut subjuguer un sage.

LE MARQUIS.
Soit, nous verrons.

LE CHEVALIER.
Voici d'autres époux;

VOLTAIRE — V.

Voici la noce; allons, égayons-nous.
C'est Mathurin, c'est la gentille Acanthe,
C'est le vieux père, et la mère, et la tante,
C'est le baillif, Colette, et tout le bourg.

SCÈNE II. — LE MARQUIS, LE CHEVALIER; LE BAILLIF,
à la tête des habitants.

LE MARQUIS.
J'en suis touché. Bonjour, enfants, bonjour.

LE BAILLIF.
Nous venons tous avec réjouissance
Nous présenter devant Votre Excellence,
Comme les Grecs jadis devant Cyrus...
Comme les Grecs...

LE MARQUIS.
   Les Grecs sont superflus.
Je suis Picard; je revois avec joie
Tous mes vassaux...

LE BAILLIF.
   Les Grecs de qui la proie...

LE CHEVALIER.
Ah! finissez. Notre gros Mathurin,
La belle Acanthe est votre proie enfin?

MATHURIN.
Oui-da, monsieur; la fiançaille est faite,
Et nous prions que monseigneur permette
Qu'on nous finisse.

COLETTE.
   Oh! tu ne l'auras pas;
Je te le dis, tu me demeureras;
Oui, monseigneur, vous me rendrez justice;
Vous ne souffrirez pas qu'il me trahisse;
Il m'a promis....

MATHURIN.
   Bon! j'ai promis en l'air.

LE MARQUIS.
Il faut, baillif, tirer la chose au clair.
A-t-il promis?

LE BAILLIF.
   La chose est constatée.
Colette est folle, et je l'ai déboutée.

COLETTE.
Ça n'y fait rien, et monseigneur saura
Qu'on force Acanthe à ce beau marché-là,
Qu'on la maltraite, et qu'on la violente,
Pour épouser.

ACTE III, SCÈNE II.

LE MARQUIS.
            Est-il vrai, belle Acanthe?
ACANTHE.
Je dois d'un père, avec raison chéri,
Suivre les lois; il me donne un mari.
MATHURIN.
Vous voyez bien qu'en effet elle m'aime.
LE MARQUIS.
Sa réponse est d'une prudence extrême :
Eh bien! chez moi la noce se fera.
LE CHEVALIER.
Bon, bon, tant mieux.
LE MARQUIS, à Acanthe.
            Votre père verra
Que j'aimai en lui la probité, le zèle,
Et les travaux d'un serviteur fidèle.
Votre sagesse à mes yeux satisfaits
Augmente encor le prix de vos attraits.
Comptez, amis, qu'en faveur de la fille,
Je prendrai soin de toute la famille.
COLETTE.
Et de moi donc?
LE MARQUIS.
            De vous, Colette, aussi.
Cher chevalier, retirons-nous d'ici!
Ne troublons point leur naïve allégresse.
LE BAILLIF.
Et votre droit, monseigneur! le temps presse.
MATHURIN.
Quel chien de droit! Ah! me voilà perdu.
COLETTE.
Va, tu verras.
BERTHE.
            Mathurin, que crains-tu?
LE MARQUIS.
Vous aurez soin, baillif, en homme sage,
D'arranger tout suivant l'antique usage :
D'un si beau droit je veux m'autoriser
Avec décence, et n'en point abuser.
LE CHEVALIER.
Ah! quel Caton! mais mon Caton, je pense,
La suit des yeux, si non sans complaisance.
Mon cher cousin....
LE MARQUIS.
Eh bien?
LE CHEVALIER.
            Gageons tous deux

84   LE DROIT DU SEIGNEUR.

Que vous allez devenir amoureux.
LE MARQUIS.
Moi, mon cousin !
LE CHEVALIER.
Oui, vous.
LE MARQUIS.
L'extravagance !
LE CHEVALIER.
Vous le serez ; j'en ris déjà d'avance.
Gageons, vous dis-je, une discrétion.
LE MARQUIS.
Soit.
LE CHEVALIER.
Vous perdrez.
LE MARQUIS.
Soyez bien sûr que non.

SCÈNE III. — LE BAILLIF, LES PRÉCÉDENTS, *moins le marquis et le chevalier.*

MATHURIN.
Que disent-ils ?
LE BAILLIF.
Ils disent que sur l'heur
Chacun s'en aille, et qu'Acanthe demeure.
MATHURIN.
Moi, que je sorte !
LE BAILLIF.
Oui, sans doute.
COLETTE.
Oui, fripon.
Oh ! nous aimons la loi, nous.
MATHURIN, *au baillif.*
Mais doit-on... ?
BERTHE.
Eh quoi, benêt, te voilà bien à plaindre !
DIGNANT.
Allez, d'Acanthe on n'aura rien à craindre ;
Trop de vertu règne au fond de son cœur ;
Et notre maître est tout rempli d'honneur.
(A Acanthe.)
Quand près de vous il daignera se rendre.
Quand sans témoin il pourra vous entendre,
Remettez-lui ce paquet cacheté :
(Lui donnant des papiers cachetés.)
C'est un devoir de votre piété ;
N'y manquez pas.... O fille toujours chère....
Embrassez-moi.

ACTE III, SCÈNE III

ACANTHE.

Tous vos ordres, mon père,
Seront suivis; ils sont pour moi sacrés;
Je vous dois tout.... D'où vient que vous pleurez?

DIGNANT.

Ah! je le dois..... de vous je me sépare,
C'est pour jamais; mais si le ciel avare,
Qui m'a toujours refusé ses bienfaits,
Pouvait sur vous les verser désormais,
Si votre sort est digne de vos charmes,
Ma chère enfant, je dois sécher mes larmes.

BERTHE.

Marchons, marchons; tous ces beaux compliments
Sont pauvretés qui font perdre du temps.
Venez, Colette.

COLETTE, *à Acanthe.*

Adieu, ma chère amie.
Je recommande à votre prud'homie
Mon Mathurin; vengez-moi des ingrats.

ACANTHE.

Le cœur me bat.... Que deviendrai-je? hélas!

SCÈNE IV. — LE BAILLIF, MATHURIN, ACANTHE.

MATHURIN.

Je n'aime point cette cérémonie,
Maître baillif; c'est une tyrannie.

LE BAILLIF.

C'est la condition *sine qua non*.

MATHURIN.

Sine qua non! quel diable de jargon!
Morbleu, ma femme est à moi.

LE BAILLIF.

Pas encore :
Il faut premier que monseigneur l'honore
D'un entretien selon les nobles us
En ce châtel de tous les temps reçus

MATHURIN.

Ces maudits us, quels sont-ils?

LE BAILLIF.

L'épousée
Sur une chaise est sagement placée;
Puis monseigneur, dans un fauteuil à bras,
Vient vis-à-vis se camper à six pas.

MATHURIN.

Quoi! pas plus loin?

LE BAILLIF.

C'est la règle.

MATHURIN.
                        Allons, passe.
Et puis après ?
        LE BAILLIF.
            Monseigneur avec grâce
Fait un présent de bijoux, de rubans,
Comme il lui plaît.
        MATHURIN.
            Passe pour les présents.
        LE BAILLIF.
Puis il lui parle ; il vous la considère ;
Il examine à fond son caractère ;
Puis il l'exhorte à la vertu.
        MATHURIN.
                Fort bien.
Et quand finit, s'il vous plaît, l'entretien ?
        LE BAILLIF.
Expressément la loi veut qu'on demeure
Pour l'exhorter l'espace d'un quart d'heure.
        MATHURIN.
Un quart d'heure est beaucoup. Et le mari
Peut-il au moins se tenir près d'ici
Pour écouter sa femme ?
        LE BAILLIF.
                La loi porte
Que, s'il osait se tenir à la porte,
Se présenter avant le temps marqué,
Faire du bruit, se tenir pour choqué,
S'émanciper à sottises pareilles,
On fait couper sur-le-champ ses oreilles.
        MATHURIN.
La belle loi ! les beaux droits que voilà !
Et ma moitié ne dit mot à cela ?
        ACANTHE.
Moi, j'obéis, et je n'ai rien à dire.
        LE BAILLIF.
Déniche ; il faut qu'un mari se retire :
Point de raisons.
        MATHURIN, sortant.
            Ma femme heureusement
N'a point d'esprit ; et son air innocent,
Sa conversation ne plaira guère.
        LE BAILLIF.
Veux-tu partir ?
        MATHURIN.
            Adieu donc, ma très-chère ;

ACTE III, SCÈNE IV.

Songe surtout au pauvre Mathurin,
Ton fiancé.
(Il sort.)

ACANTHE.
J'y songe avec chagrin.
Quelle sera cette étrange entrevue ?
La peur me prend, je suis tout éperdue.

LE BAILLI.
Asseyez-vous ; attendez en ce lieu
Un maître aimable et vertueux. Adieu.

SCÈNE V. — ACANTHE.

Il est aimable.... Ah ! je le sais, sans doute.
Pourrai-je, hélas ! mériter qu'il m'écoute ?
Entrera-t-il dans mes vrais intérêts,
Dans mes chagrins et dans mes torts secrets ?
Il me croira du moins fort imprudente
De refuser le sort qu'on me présente,
Un mari riche, un état assuré.
Je le prévois, je ne remporterai
Que des refus avec bien peu d'estime ;
Je vais déplaire à ce cœur magnanime ;
Et si mon âme avait osé former
Quelque souhait, c'est qu'il pût m'estimer.
Mais pourra-t-il me blâmer de me rendre
Chez cette dame et si noble et si tendre,
Qui fuit le monde, et qu'en ce triste jour
J'implorerai pour le fuir à mon tour ?...
Où suis-je ?... on ouvre !... à peine j'envisage
Celui qui vient.... je ne vois qu'un nuage.

SCÈNE VI. — LE MARQUIS, ACANTHE.

LE MARQUIS.
Asseyez-vous. Lorsqu'ici je vous vois,
C'est le plus beau, le plus cher de mes droits.
J'ai commandé qu'on porte à votre père
Les faibles dons qu'il convient de vous faire ;
Ils paraîtront bien indignes de vous.

ACANTHE, *s'asseyant.*
Trop de bontés se répandent sur nous ;
J'en suis confuse, et ma reconnaissance
N'a pas besoin de tant de bienfaisance ;
Mais avant tout il est de mon devoir
De vous prier de daigner recevoir
Ces vieux papiers que mon père présente
Très-humblement.

LE MARQUIS, *les mettant dans sa poche.*
  Donnez-les, belle Acanthe,
Je les lirai ; c'est sans doute un détail
De mes forêts : ses soins et son travail
M'ont toujours plu, j'aurai de sa vieillesse
Les plus grands soins ; comptez sur ma promesse
Mais est-il vrai qu'il vous donne un époux
Qui, vous causant d'invincibles dégoûts,
De votre hymen rend la chaîne odieuse ?
J'en suis fâché.... Vous deviez être heureuse.
  ACANTHE.
Ah ! je le suis un moment, monseigneur,
En vous parlant, en vous ouvrant mon cœur
Mais tant d'audace est-elle ici permise ?
  LE MARQUIS.
Ne craignez rien, parlez avec franchise ;
Tous vos secrets seront en sûreté.
  ACANTHE.
Qui douterait de votre probité ?
Pardonnez donc à ma plainte importune
Ce mariage aurait fait ma fortune,
Je le sais bien ; et j'avouerai surtout
Que c'est trop tard expliquer mon dégoût
Que, dans les champs élevée et nourrie,
Je ne dois point dédaigner une vie
Qui sous vos lois me retient pour jamais,
Et qui m'est chère encor par vos bienfaits,
Mais, après tout, Mathurin, le village,
Ces paysans, leurs mœurs et leur langage
Ne m'ont jamais inspiré tant d'horreur ;
De mon esprit c'est une injuste erreur ;
Je la combats, mais elle a l'avantage.
En frémissant je fais ce mariage.
  LE MARQUIS, *approchant son fauteuil.*
Mais vous n'avez pas tort.
  ACANTHE, *à genoux.*
        J'ose à genoux
Vous demander, non pas un autre époux,
Non d'autres nœuds, tous me seraient horribles ;
Mais que je puisse avoir des jours paisibles :
Le premier bien serait votre bonté,
Et le second de tous, la liberté.
  LE MARQUIS, *la relevant avec empressement.*
Eh ! relevez-vous donc.... Que tout m'étonne
Dans vos desseins, et dans votre personne,
  (Ils s'approchent.)
Dans vos discours, si nobles, si touchants,

Qui ne sont point le langage des champs !
Je l'avouerai, vous ne paraissez faite
Pour Mathurin ni pour cette retraite.
D'où tenez-vous, dans ce séjour obscur,
Un ton si noble, un langage si pur ?
Partout on a de l'esprit ; c'est l'ouvrage
De la nature, et c'est votre partage :
Mais l'esprit seul, sans éducation,
N'a jamais eu ni ce tour ni ce ton,
Qui me surprend..., je dis plus, qui m'enchante.

ACANTHE.

Ah ! que pour moi votre âme est indulgente !
Comme mon sort, mon esprit est borné.
Moins on attend, plus on est étonné.

LE MARQUIS.

Quoi ! dans ces lieux la nature bizarre
Aura voulu mettre une fleur si rare,
Et le destin veut ailleurs l'enterrer !
Non, belle Acanthe, il vous faut demeurer.
(Il s'approche.)

ACANTHE.

Pour épouser Mathurin ?

LE MARQUIS.

Sa personne
Mérite peu la femme qu'on lui donne
Je l'avouerai.

ACANTHE.

Mon père quelquefois
Me conduisait tout auprès de vos bois,
Chez une dame aimable et retirée,
Pauvre, il est vrai, mais noble et révérée,
Pleine d'esprit, de sentiments, d'honneur :
Elle a daigné m'aimer ; votre faveur,
Votre bonté peut me placer près d'elle.
Ma belle-mère est avare et cruelle ;
Elle me hait ; et je hais malgré moi
Ce Mathurin qui compte sur ma foi.
Voilà mon sort, vous en êtes le maître ;
Je ne serai point heureuse peut-être ;
Je souffrirai ; mais je souffrirai moins
En devant tout à vos généreux soins.
Protégez-moi ; croyez qu'en ma retraite
Je resterai toujours votre sujette.

LE MARQUIS.

Tout me surprend. Dites-moi, s'il vous plaît,
Celle qui prend à vous tant d'intérêt,
Qui vous chérit, ayant su vous connaître

Serait-ce point Dormène?
ACANTHE.
Oui.
LE MARQUIS.
Mais peut-être....
Il est aisé d'ajuster tout cela.
Oui.... votre idée est très-bonne.... Oui, voilà
Un vrai moyen de rompre avec décence
Ce sot hymen, cette indigne alliance.
J'ai des projets.... en un mot, voulez-vous
Près de Dormène un destin noble et doux?
ACANTHE.
J'aimerais mieux la servir, servir Laure,
Laure si bonne, et qu'à jamais j'honore,
Manquer de tout, goûter dans leur séjour
Le seul bonheur de vous faire ma cour,
Que d'accepter la richesse importune
De tout mari qui ferait ma fortune.
LE MARQUIS.
Acanthe, allez.... Vous pénétrez mon cœur:
Oui, vous pourrez, Acanthe, avec honneur
Vivre auprès d'elle.... et dans mon château même.
ACANTHE.
Auprès de vous! ah ciel!
LE MARQUIS s'approche un peu.
Elle vous aime;
Elle a raison.... J'ai, vous dis-je, un projet;
Mais je ne sais s'il aura son effet.
Et cependant vous voilà fiancée,
Et votre chaîne est déjà commencée,
La noce prête, et le contrat signé,
Le ciel voulut que je fusse éloigné
Lorsqu'en ces lieux on parait la victime;
J'arrive tard, et je m'en fais un crime.
ACANTHE.
Quoi! vous daignez me plaindre? Ah! qu'à mes yeux
Mon mariage en est plus odieux!
Qu'il le devient chaque instant davantage!
(Ils s'approchent.)
LE MARQUIS.
Mais, après tout, puisque de l'esclavage
(Il s'approche.)
Avec décence on pourra vous tirer....
ACANTHE, s'approchant un peu.
Ah! le voudriez-vous?
LE MARQUIS.
J'ose espérer....

ACTE III, SCÈNE VI.

Que vos parents, la raison, la loi même,
Et plus encor votre mérite extrême...,
(Il s'approche encore.)
Oui, cet hymen est trop mal assorti.
(Elle s'approche.)
Mais.... le temps presse, il faut prendre un parti :
Écoutez-moi....
(Ils se trouvent tout près l'un de l'autre.)

ACANTHE.

Juste ciel ! si j'écoute !

SCÈNE VII. — LE MARQUIS, ACANTHE, LE BAILLIF, MATHURIN.

MATHURIN, *entrant brusquement.*

Je crains, ma foi, que l'on ne me déboute :
Entrons, entrons ; le quart d'heure est fini.

ACANTHE.

Eh quoi ! sitôt ?

LE MARQUIS, *tirant sa montre.*

Il est vrai, mon ami.

MATHURIN.

Maître baillif, ces siéges sont bien proches :
Est-ce encore un des droits ?

LE BAILLIF.

Point de reproches
Mais du respect.

MATHURIN.

Mon Dieu ! nous en aurons ;
Mais aurons-nous ma femme ?

LE MARQUIS.

Nous verrons.

MATHURIN.

Ce *nous verrons* est d'un mauvais présage.
Qu'en dites-vous, baillif ?

LE BAILLIF.

L'ami, sois sage.

MATHURIN.

Que je fis mal, ô ciel ! quand je naquis,
De naître, hélas ! le vassal d'un marquis !

(Ils sortent.)

SCÈNE VIII. — LE MARQUIS.

Non, je ne perdrai point cette gageure....
Amoureux ! moi ! quel conte ! ah ! je m'assure
Que sur soi-même on garde un plein pouvoir :
Pour être sage, on n'a qu'à le vouloir.
Il est bien vrai qu'Acanthe est assez belle.

Et de la grâce ! ah ! nul n'en a plus qu'elle....
Et de l'esprit !... quoi ! dans le fond des bois !
Pour avoir vu Dormène quelquefois,
Que de progrès ! qu'il faut peu de culture
Pour seconder les dons de la nature !
J'estime Acanthe : oui, je dois l'estimer ;
Mais, grâce au ciel, je suis très-loin d'aimer ;
A fuir l'amour j'ai mis toute ma gloire.

SCÈNE IX. — LE MARQUIS, DIGNANT, BERTHE,
MATHURIN.

BERTHE.
Ah ! voici bien, pardienne, une autre histoire !
LE MARQUIS.
Quoi ?
BERTHE.
    Pour le coup, c'est le droit du seigneur :
On nous enlève Acanthe.
LE MARQUIS.
    Ah !
BERTHE.
    Votre honneur
Sera honteux de cette vilenie ;
Et je n'aurais pas cru cette infamie
D'un grand seigneur, si bon, si libéral.
LE MARQUIS.
Comment ? qu'est-il arrivé ?
BERTHE.
    Bien du mal....
Savez-vous pas qu'à peine chez son père
Elle arrivait pour finir notre affaire,
Quatre coquins, alertes, bien tournés,
Effrontément me l'ont prise à mon nez,
Tout en riant, et vite l'ont conduite
Je ne sais où ?
LE MARQUIS.
    Qu'on aille à leur poursuite....
Holà ! quelqu'un.... ne perdez point de temps ;
Aller, courez, que mes gardes, mes gens,
De tous côtés marchent en diligence,
Volez, vous dis-je ; et, s'il faut ma présence,
J'irai moi-même.
BERTHE, *à son mari*.
    Il parle tout de bon ;
Et l'on croirait, mon cher, à la façon
Dont monseigneur regarde cette injure
Que c'est à lui qu'on a pris la future.

LE MARQUIS.
Et vous son père, 'et vous qui l'aimiez tant,
Vous qui perdez une si chère enfant,
Un tel trésor, un cœur noble, un cœur tendre,
Avez-vous pu souffrir, sans la défendre,
Que de vos bras on osât l'arracher ?
Un tel malheur semble peu vous toucher.
Que devient donc l'amitié paternelle?
Vous m'étonnez.

DIGNANT.
Mon cœur gémit sur elle;
Mais je me trompe, ou j'ai dû pressentir
Que par votre ordre on la faisait partir.

LE MARQUIS.
Par mon ordre?

DIGNANT.
Oui.

LE MARQUIS.
Quelle injure nouvelle !
Tous ces gens-ci perdent-ils la cervelle?
Allez-vous-en, laissez-moi, sortez tous.
Ah ! s'il se peut, modérons mon courroux....
Non, vous, restez.

MATHURIN.
Qui ? moi ?

LE MARQUIS, à *Dignant.*
Non, vous, vous dis-je.

SCÈNE X. — LE MARQUIS, *sur le devant;* DIGNANT, *au fond.*

LE MARQUIS.
Je vois d'où part l'attentat qui m'afflige.
Le chevalier m'avait presque promis
De se porter à des coups si hardis.
Il croit au fond que cette gentillesse
Est pardonnable au feu de sa jeunesse :
Il ne sait pas combien j'en suis choqué.
A quel excès ce fou-là m'a manqué !
Jusqu'à quel point son procédé m'offense!
Il déshonore, il trahit l'innocence :
Voilà le prix de mon affection
Pour un parent indigne de mon nom !
Il est pétri des vices de son père;
Il a ses traits, ses mœurs, son caractère;
Il périra malheureux comme lui.
Je le renonce, et je veux qu'aujourd'hui
Il soit puni de tant d'extravagance.

DIGNANT.
Puis-je en tremblant prendre ici la licence
De vous parler ?
LE MARQUIS.
Sans doute, tu le peux ;
Parle-moi d'elle.
DIGNANT.
Au transport douleureux
Où votre cœur devant moi s'abandonne,
Je ne reconnais plus votre personne.
Vous avez lu ce qu'on vous a porté,
Ce gros paquet qu'on vous a présenté ?
LE MARQUIS.
Eh ! mon ami, suis-je en état de lire ?
DIGNANT.
Vous me faites frémir.
LE MARQUIS.
Que veux-tu dire ?
DIGNANT.
Quoi ! ce paquet n'est pas encore ouvert ?
LE MARQUIS.
Non.
DIGNANT.
Juste ciel ! ce dernier coup me perd.
LE MARQUIS.
Comment ?... j'ai cru que c'était un mémoire
De mes forêts.
DIGNANT.
Hélas ! vous deviez croire
Que cet écrit était intéressant.
LE MARQUIS.
Eh ! lisons vite.... Une table à l'instant ;
Approchez donc cette table.
DIGNANT.
Ah ! mon maître !
Qu'aura-t-on fait, et qu'allez-vous connaître ?
LE MARQUIS, assis, examine le paquet.
Mais ce paquet, qui n'est pas à mon nom,
Est cacheté des sceaux de ma maison ?
DIGNANT.
Oui.
LE MARQUIS.
Lisons donc.
DIGNANT.
Cet étrange mystère
En d'autres temps aurait de quoi vous plaire ;
Mais à présent il devient bien affreux.

ACTE III, SCÈNE X.

LE MARQUIS, *lisant.*

Je ne vois rien jusqu'ici que d'heureux..
Je vois d'abord que le ciel la fit naître
D'un sang illustre.... et cela devait être.
Oui, plus je lis, plus je bénis les cieux....
Quoi ! Laure a mis ce dépôt précieux
Entre vos mains ? Quoi ! Laure est donc sa mère ?

DIGNANT.

Oui.

LE MARQUIS.

Mais pourquoi lui serviez-vous de père ?
Indignement pourquoi la marier ?

DIGNANT.

J'en avais l'ordre; et j'ai dû vous prier
En sa faveur... Sa mère infortunée
A l'indigence était abandonnée,
Ne subsistant que des nobles secours
Que, par mes mains, vous versiez tous les jours.

LE MARQUIS.

Il est trop vrai : je sais bien que mon père
Fut envers elle autrefois trop sévère....
Quel souvenir !... Que souvent nous voyons
D'affreux secrets dans d'illustres maisons !...
Je le savais : le père de Germance
De Laure, hélas ! séduisit l'innocence ;
Et mes parents, par un zèle inhumain,
Avaient puni cet hymen clandestin.
Je lis, je tremble. Ah ! douleur trop amère !
Mon cher ami, quoi ! Germance est son frère !

DIGNANT.

Tout est connu.

LE MARQUIS.

Quoi ! c'est lui que je vois !
Ah ! ce sera pour la dernière fois...
Sachons dompter le courroux qui m'anime.
Il semble, ô ciel, qu'il connaisse son crime !
Que dans ses yeux je lis d'égarement !
Ah ! l'on n'est pas coupable impunément.
Comme il rougit, comme il pâlit... le traître !
A mes regards il tremble de paraître.
C'est quelque chose.

SCÈNE XI. — LE MARQUIS, LE CHEVALIER.

LE CHEVALIER, *de loin, se cachant le visage.*

Ah ! monsieur.

LE MARQUIS.

Est-ce vous

Vous, malheureux !

LE CHEVALIER.

Je tombe à vos genoux...

LE MARQUIS.

Qu'avez-vous fait ?

LE CHEVALIER.

Une faute, une offense,
Dont je ressens l'indigne extravagance,
Qui pour jamais m'a servi de leçon,
Et dont je viens vous demander pardon.

LE MARQUIS.

Vous, des remords ! vous ! est-il bien possible ?

LE CHEVALIER.

Rien n'est plus vrai.

LE MARQUIS.

Votre faute est horrible
Plus que vous ne pensez ; mais votre cœur
Est-il sensible à mes soins, à l'honneur,
A l'amitié ? vous sentez-vous capable
D'oser me faire un aveu véritable,
Sans rien cacher ?

LE CHEVALIER.

Comptez sur ma candeur :
Je suis un libertin, mais point menteur ;
Et mon esprit, que le trouble environne,
Est trop ému pour abuser personne.

LE MARQUIS.

Je prétends tout savoir.

LE CHEVALIER.

Je vous dirai
Que, de débauche et d'ardeur enivré,
Plus que d'amour, j'avais fait la folie
De dérober une fille jolie
Au possesseur de ses jeunes appas,
Qu'à mon avis il ne mérite pas.
Je l'ai conduite à la forêt prochaine,
Dans ce château de Laure et de Dormène :
C'est une faute, il est vrai, j'en convien ;
Mais j'étais fou, je ne pensais à rien.
Cette Dormène, et Laure sa compagne,
Étaient encor bien loin dans la campagne :
En étourdi je n'ai point perdu temps ;
J'ai commencé par des propos galants.
Je m'attendais aux communes alarmes,
Aux cris perçants, à la colère, aux larmes ;
Mais qu'ai-je vu ! la fermeté, l'honneur,
L'air indigné, mais calme avec grandeur :

Tout ce qui fait respecter l'innocence
S'armait pour elle, et prenait sa défense.
J'ai recouru, dans ces premiers moments,
A l'art de plaire, aux égards séduisants,
Aux doux propos, à cette déférence
Qui fait souvent pardonner la licence ;
Mais, pour réponse, Acanthe à deux genoux
M'a conjuré de la rendre chez vous ;
Et c'est alors que ses yeux moins sévères
Ont répandu des pleurs involontaires.

LE MARQUIS.
Que dites-vous ?

LE CHEVALIER.
 Elle voulait en vain
Me les cacher de sa charmante main :
Dans cet état, sa grâce attendrissante
Enhardissait mon ardeur imprudente ;
Et, tout honteux de ma stupidité,
J'ai voulu prendre un peu de liberté.
Ciel ! comme elle a tancé ma hardiesse !
Oui, j'ai cru voir une chaste déesse
Qui rejetait de son auguste autel
L'impur encens qu'offrait un criminel.

LE MARQUIS.
Ah ! poursuivez.

LE CHEVALIER.
 Comment se peut-il faire
Qu'ayant vécu presque dans la misère,
Dans la bassesse, et dans l'obscurité,
Elle ait cet air et cette dignité,
Ces sentiments, cet esprit, ce langage,
Je ne dis pas au-dessus du village,
De son état, de son nom, de son sang,
Mais convenable au plus illustre rang ?
Non, il n'est point de mère respectable
Qui, condamnant l'erreur d'un fils coupable,
Le rappelât avec plus de bonté
A la vertu dont il s'est écarté ;
N'employant point l'aigreur et la colère,
Fière et décente, et plus sage qu'austère.
De vous surtout elle a parlé longtemps.

LE MARQUIS.
De moi ?...

LE CHEVALIER.
 Montrant à mes égarements
Votre vertu, qui devait, disait-elle,
Être à jamais ma honte ou mon modèle.

VOLTAIRE. 7

Tout interdit, plein d'un secret respect,
Que je n'avais senti qu'à son aspect,
Je suis honteux ; mes fureurs se captivent,
Dans ce moment les deux dames arrivent ;
Et, me voyant maître de leur logis,
Avec Acanthe et deux ou trois bandits,
D'un juste effroi leur âme s'est remplie :
La plus âgée en tombe évanouie.
Acanthe en pleurs la presse dans ses bras :
Elle revient des portes du trépas ;
Alors sur moi fixant sa triste vue,
Elle retombe, et s'écrie éperdue :
« Ah ! je crois voir Germance.... c'est son fils,
C'est lui.... je meurs.... » A ces mots je frémis ;
Et la douleur, l'effroi de cette dame,
Au même instant ont passé dans mon âme.
Je tombe aux pieds de Bormène, et je sors,
Confus, soumis, pénétré de remords.

LE MARQUIS.

Ce repentir dont votre âme est saisie
Charme mon cœur, et nous réconcilie.
Tenez, prenez ce paquet important,
Lisez bien vite, et pesez mûrement....
Pauvre jeune homme ! hélas ! comme il soupire !...
(Il lui montre l'endroit où il est dit qu'il est frère d'Acanthe
Tenez, c'est là, là surtout qu'il faut lire.

LE CHEVALIER.

Ma sœur ! Acanthe !...

LE MARQUIS.

Oui, jeune libertin.

LE CHEVALIER.

Oh ! par ma foi, je ne suis pas devin....
Il faut tout réparer. Mais par l'usage
Je ne saurais la prendre en mariage :
Je suis son frère, et vous êtes cousin ;
Payez pour moi.

LE MARQUIS.

Comment finir enfin
Honnêtement cette étrange aventure ?
Ah ! la voici...., j'ai perdu la gageure.

SCÈNE XII. — LES PRÉCÉDENTS, ACANTHE, COLETTE,
DIGNANT.

ACANTHE.

Où suis-je ? hélas ! et quel nouveau malheur !
Je vois mon père avec mon ravisseur !

ACTE III, SCÈNE XII.

DIGNANT.
Madame, hélas ! vous n'avez plus de père.
ACANTHE.
Madame, à moi ! qu'entends-je ? quel mystère
LE MARQUIS.
Il est bien grand. Tout éprouve en ce jour
Les coups du sort, et surtout de l'amour :
Je me soumets à leur pouvoir suprême.
Eh ! quel mortel fait son destin soi-même ?...
Nous sommes tous, madame, à vos genoux :
Au lieu d'un père, acceptez un époux.
ACANTHE.
Ciel ! est-ce un rêve ?
LE MARQUIS.
On va tout vous apprendre ;
Mais à nos vœux commencez par vous rendre,
Et par régner pour jamais sur mon cœur.
ACANTHE.
Moi ! comment croire un tel excès d'honneur ?
LE MARQUIS.
Vous, libertin, je vais vous rendre sage ;
Et dès demain je vous mets en ménage
Avec Dormène : elle s'y résoudra.
LE CHEVALIER.
J'épouserai tout ce qu'il vous plaira.
COLETTE.
Et moi donc ?
LE MARQUIS.
Toi ! ne crois pas, ma mignonne,
Qu'en faisant tous les lots je t'abandonne :
Ton Mathurin te quittait aujourd'hui ;
Je te le donne ; il t'aura malgré lui.
Tu peux compter sur une dot honnête....
Allons danser, et que tout soit en fête.
J'avais cherché la sagesse, et mon cœur,
Sans rien chercher, a trouvé le bonheur.

FIN DU DROIT DU SEIGNEUR.

SAUL.

DRAME TRADUIT DE L'ANGLAIS DE M. HUT[1].
(1763.)

AVIS.

M. Huet, membre du parlement d'Angleterre, était petit-neveu de M. Huet, évêque d'Avranches. Les Anglais, au lieu de *Huet* avec un *e* ouvert, prononcent *Hut*. Ce fut lui qui, en 1728, composa le petit livre très-curieux : *The man after the heart of God*, « l'Homme selon le cœur de Dieu. » Indigné d'avoir entendu un prédicateur comparer à David le roi Georges II, qui n'avait ni assassiné personne, ni fait brûler ses prisonniers français dans des fours à brique, il fit une justice éclatante de ce roitelet juif.

PERSONNAGES.

SAUL, fils de Cis, et premier roi juif.
DAVID, fils de Jessé, gendre de Saül, et second roi.
AGAG, roi des Amalécites.
SAMUEL, prophète et juge en Israël.
MICHOL, épouse de David et fille de Saül.
ABIGAÏL, veuve de Nabal et seconde épouse de David.
BETHSABÉE, femme d'Urie et concubine de David.
LA PYTHONISSE, fameuse sorcière en Israël.
JOAB, général des hordes de David et son confident.
URIE, mari de Bethsabée et officier de David.
BAZA, ancien confident de Saül.
ABIÉZER, vieil officier de Saül.
ADONIAS, fils de David et d'Agith, sa dix-septième femme.
SALOMON, fils adultérin de David et de Bethsabée.
NATHAN, prince et prophète en Israël.
GAG ou GAD, prophète et chapelain ordinaire de David.
ABISAG, de Sunam, jeune sunamite.
ÉBIND, capitaine de David.
ABIAR, officier de David.
YESEZ, inspecteur général des troupes de David.
LES PRÊTRES DE SAMUEL.
LES CAPITAINES DE DAVID.
UN CLERC DE LA TRÉSORERIE.
UN MESSAGER.
LA POPULACE JUIVE.

PREMIER ACTE.

La scène est à Galgala. (*Rois*, I, chap. XI, versets 15, 21, 32.

---

1. Ce drame est de Voltaire. (Éd.)

SECOND ACTE.
La scène est sur la colline d'Achila. (*Rois*, I, chap. xxvi.)
TROISIÈME ACTE.
La scène est à Siceleg. (*Rois*, II, chap. i, versets 1, 2 et suiv.)
QUATRIÈME ACTE.
La scène est à Hébron. (*Rois*, II, chap. v, versets 1, 3 ; chap. ii, versets 1, 8, 4.)
CINQUIÈME ACTE.
La scène est à Hérus-Chalaïm. (*Rois*, II, chap. v, verset 9 ; chap. xx, verset 3. *Rois*, III, chap. ii, versets 10 et 11.)

On n'a pas observé, dans cette espèce de tragi-comédie, l'unité d'action, de lieu et de temps. On a cru, avec l'illustre La Motte, devoir se soustraire à ces règles. Tout se passe dans l'intervalle de deux ou trois générations, pour rendre l'action plus tragique par le nombre des morts selon l'esprit juif ; tandis que parmi nous l'unité de temps ne peut s'étendre qu'à vingt-quatre heures, et l'unité de lieu dans l'enceinte d'un palais.

ACTE PREMIER.

SCÈNE I. — SAÜL, BAZA.

BAZA. — O grand Saül ! le plus puissant des rois, vous qui régnez sur les trois lacs, dans l'espace de plus de cinq cents stades ; vous, vainqueur du généreux Agag, roi d'Amalec, dont les capitaines étaient montés sur les plus puissants ânes, ainsi que les cinquante fils d'Amalec ; vous qu'Adonaï fit triompher à la fois de Dagon et de Belzébut ; vous qui, sans doute, mettrez sous vos lois toute la terre, comme on vous l'a promis tant de fois, faut-il que vous vous abandonniez à votre douleur dans de si nobles triomphes et de si grandes espérances ?

SAÜL. — O mon cher Baza ! heureux mille fois celui qui conduit en paix les troupeaux bêlants de Benjamin, et presse le doux raisin de la vallée d'Engaddi ! Hélas ! je cherchais les ânesses de mon père, je trouvai un royaume[1] ; depuis ce jour je n'ai connu que la douleur. Plût à Dieu, au contraire, que j'eusse cherché un royaume, et trouvé des ânesses ! j'aurais fait un meilleur marché.

BAZA. — Est-ce le prophète Samuel ? est-ce votre gendre David qui vous cause ce mortel chagrin ?

SAÜL. — L'un et l'autre. Samuel, tu le sais, m'oignit malgré lui ; il fit ce qu'il put pour empêcher le peuple de choisir un prince, et, dès que je fus élu, il devint le plus cruel de tous mes ennemis.

---

1. *Rois*, I, chap. x, verset 1 ; xix, 3, 4.

BAZA. — Vous deviez bien vous y attendre; il était prêtre, et vous étiez guerrier; il gouvernait avant vous; on hait toujours son successeur.

SAÜL. — Eh! pouvait-il espérer de gouverner plus longtemps? il avait associé à son pouvoir ses indignes enfants, également corrompus et corrupteurs, qui vendaient publiquement la justice : toute la nation s'éleva contre ce gouvernement sacerdotal. On tira un roi au sort : les dés sacrés[1] annoncèrent la volonté du ciel; le peuple la ratifia, et Samuel frémit : ce n'est pas assez de haïr en moi un prince choisi par le ciel, il hait encore le prophète; car il sait que, comme lui, j'ai le nom de voyant, que j'ai prophétisé comme lui; et ce nouveau proverbe répandu dans Israël : *Saül[2] est aussi au rang des prophètes*, n'offense que trop ses oreilles superbes : on le respecte encore; pour mon malheur il est prêtre, il est dangereux.

BAZA. — N'est-ce pas lui qui soulève contre vous votre gendre David?

SAÜL. — Il n'est que trop vrai, et je tremble qu'il ne cabale pour donner ma couronne à ce rebelle.

BAZA. — Votre Altesse Royale est trop bien affermie par ses victoires, et le roi Agag, votre illustre prisonnier[3], vous est ici un sûr garant de la fidélité de votre peuple, également enchanté de votre victoire et de votre clémence : voici qu'on l'amène devant Votre Altesse Royale.

SCÈNE II. — SAÜL, BAZA, AGAG, SOLDATS.

AGAG. — Doux et puissant vainqueur, modèle des princes, qui savez vaincre et pardonner, je me jette à vos sacrés genoux; daignez ordonner vous-même ce que je dois donner pour ma rançon; je serai désormais un voisin, un allié fidèle, un vassal soumis; je ne vois plus en vous qu'un bienfaiteur et un maître : je vous dois la vie, je vous devrai encore la liberté : j'admirerai, j'aimerai en vous l'image du Dieu qui punit et pardonne.

SAÜL. — Illustre prince, que le malheur rend encore plus grand; je n'ai fait que mon devoir en sauvant vos jours[4] : les rois doivent respecter leurs semblables : qui se venge après la victoire est indigne de vaincre; je ne mets point votre personne à rançon, elle est d'un prix inestimable : soyez libre; les tributs que vous payerez à Israël seront moins des marques de soumission que d'amitié : c'est ainsi que les rois doivent traiter ensemble.

1. *Rois*, I, chap. x, versets 10, 20, 21.
2. *Rois*, I, chap. x, verset 6; xix, 23.
3. *Rois*, I, chap. xv, verset 8.
4. *Rois*, I, chap. xv, verset 9.

ACTE I, SCÈNE II.

AGAG. — O vertu ! ô grandeur de courage ! que vous êtes puissante sur mon cœur ! Je vivrai, je mourrai le sujet du grand Saül, et tous mes États sont à lui.

SCÈNE III. — LES PERSONNAGES PRÉCÉDENTS, SAMUEL, PRÊTRES.

SAÜL. — Samuel, quelles nouvelles m'apportez-vous ? venez-vous de la part de Dieu, de celle du peuple, ou de la vôtre ?
SAMUEL. — De la part de Dieu.
SAÜL. Qu'ordonne-t-il ?
SAMUEL. — Il m'ordonne de vous dire qu'il s'est repenti [1] de vous avoir fait régner.
SAÜL. — Dieu se repentir ! il n'y a que ceux qui font des fautes qui se repentent ; sa sagesse éternelle ne peut être imprudente. Dieu ne peut faire des fautes.
SAMUEL. — Il peut se repentir d'avoir mis sur le trône ceux qui en commettent.
SAÜL. — Eh ! quel homme n'en commet pas ? parlez, de quoi suis-je coupable ?
SAMUEL. — D'avoir pardonné à un roi.
AGAG. — Comment ! la plus belle des vertus serait regardée chez vous comme un crime ?
SAMUEL, à Agag. — Tais-toi, ne blasphème point. (A Saül.) Saül, ci-devant roi des Juifs [2], Dieu ne vous avait-il pas ordonné par ma bouche d'égorger tous les Amalécites, sans épargner ni les femmes, ni les filles, ni les enfants à la mamelle [3] ?
AGAG. — Ton Dieu t'avait ordonné cela ! tu t'es trompé, tu voulais dire ton diable.
SAMUEL, à ses prêtres. — Préparez-vous à m'obéir ; et vous, Saül, avez-vous obéi à Dieu ?
SAÜL. — Je n'ai pas cru qu'un tel ordre fût positif ; j'ai pensé que la bonté était le premier attribut de l'Être suprême, qu'un cœur compatissant ne pouvait lui déplaire.
SAMUEL. — Vous vous êtes trompé, homme infidèle : Dieu vous réprouve, votre sceptre passera dans d'autres mains [4].
BAZA, à Saül. — Quelle insolence ! Seigneur, permettez-moi de punir ce prêtre barbare.
SAÜL. — Gardez-vous-en bien ; ne voyez-vous pas qu'il est suivi de tout le peuple, et que nous serions lapidés, si je résistais ? car en effet, j'avais promis....
BAZA. — Vous aviez promis une chose abominable !

1. *Rois*, I, chap. xv, verset 11.
2. *Rois*, I, chap. xv, verset 28.
3. *Rois*, I, chap. xv, versets 3, 16.
4. *Rois*, I, chap. xxviii, versets 16, 17, 19.

SAÜL. — N'importe ; les Juifs sont plus abominables encore ; ils prendront la défense de Samuel contre moi.

BAZA, à part. — Ah! malheureux prince, tu n'as de courage qu'à la tête des armées.

SAÜL. — Eh bien donc! prêtres, que faut-il que je fasse?

SAMUEL. — Je vais te montrer comme on obéit au Seigneur : (A ses prêtres.) O prêtres sacrés! enfants de Lévi, déployez ici votre zèle : qu'on apporte une table [1], qu'on étende sur cette table ce roi, dont le prépuce est un crime devant le Seigneur.

(Les prêtres lient Agag sur la table.)

AGAG. — Que voulez-vous de moi, impitoyables monstres?

SAÜL. — Auguste Samuel, au nom du Seigneur....

SAMUEL. — Ne l'invoquez pas, vous en êtes indigne ; demeurez ici, il vous l'ordonne ; soyez témoins du sacrifice qui, peut-être, expiera votre crime.

AGAG, à Samuel. — Ainsi donc vous m'allez donner la mort : ô mort, que vous êtes amère [2] !

SAMUEL. — Oui, tu es gras [3], et ton holocauste en sera plus agréable au Seigneur.

AGAG. — Hélas! Saül, que je te plains, d'être soumis à de pareils monstres!

SAMUEL, à Agag. — Écoute, tu vas mourir : veux-tu être Juif? veux-tu te faire circoncire?

AGAG. — Et si j'étais assez faible pour être de ta religion, me donnerais-tu la vie?

SAMUEL. — Non ; tu auras la satisfaction de mourir Juif, et c'est bien assez.

AGAG. — Frappez donc, bourreaux!

SAMUEL. — Donnez-moi cette hache, au nom du Seigneur ; et tandis que [4] je couperai un bras, coupez une jambe, et ainsi de suite, morceau par morceau.

(Ils frappent tous ensemble au nom d'Adonaï.)

AGAG. — O mort! ô tourments! ô barbares!

SAÜL. — Faut-il que je sois témoin d'une abomination si horrible!

BAZA. — Dieu vous punira de l'avoir soufferte.

SAMUEL, aux prêtres. — Emportez ce corps et cette table : qu'on brûle les restes de cet infidèle, et que ses chairs servent à nourrir nos serviteurs. (A Saül.) Et vous, prince, apprenez à jamais qu'obéissance vaut mieux que sacrifice [5].

SAÜL, se jetant dans un fauteuil. — Je me meurs ; je ne pourrai survivre à tant d'horreurs et à tant de honte.

1. Rois, I, chap. xv, verset 32.
2. Rois, I, chap. xv, verset 32.
3. Rois, I, chap. xv, Ibid.
4. Rois, I, chap. xv, verset 33. Le texte de la pièce anglaise porte : Hew him into pieces before the Lord.
5. Rois, I, chap. xv, verset 22.

SCÈNE IV. — SAÜL, BAZA, UN MESSAGER.

LE MESSAGER. — Seigneur, pensez à votre sûreté; David approche en armes, il est suivi de cinq cents brigands[1] qu'il a ramassés; vous n'avez ici qu'une garde faible.

BAZA. — Eh bien! seigneur, vous le voyez: David et Samuel étaient d'intelligence : vous êtes trahi de tous côtés, mais je vous serai fidèle jusqu'à la mort : quel parti prenez-vous?

SAÜL. — Celui de combattre et de mourir.

ACTE SECOND.

SCÈNE I. — DAVID, MICHOL.

MICHOL. — Impitoyable époux, prétends-tu attenter à la vie de mon père, de ton bienfaiteur, de celui qui, t'ayant d'abord pris pour son joueur de harpe[2], te fit bientôt après son écuyer, qui enfin t'a mis dans mes bras?

DAVID. — Il est vrai; ma chère Michol, que je lui dois le bonheur de posséder vos charmes; il m'en a coûté assez cher : il me fallut apporter à votre père deux cents prépuces[3] de Philistins pour présent de noces : deux cents prépuces ne se trouvent pas si aisément : je fus obligé de tuer deux cents hommes pour venir à bout de cette entreprise; et je n'avais pas la mâchoire d'âne de Samson : mais eût-il fallu combattre toutes les forces de Babylone et d'Égypte, je l'aurais fait pour vous mériter; je vous adorais et je vous adore.

MICHOL. — Et pour preuve de ton amour, tu en veux aux jours de mon père!

DAVID. — Dieu m'en préserve! je ne veux que lui succéder : vous savez que j'ai respecté sa vie, et que, lorsque je le rencontrai dans une caverne, je ne lui coupai que le bout de son manteau[4]; la vie du père de ma chère Michol me sera toujours précieuse.

MICHOL. — Pourquoi donc te joindre à ses ennemis? Pourquoi te souiller du crime horrible de rébellion, et te rendre par là même si indigne du trône où tu aspires? Pourquoi d'un côté te joindre à Samuel, notre ennemi domestique; et de l'autre au roi de Geth, Akis, notre ennemi déclaré?

DAVID. — Ma noble épouse, ne me condamnez pas sans m'en-

---

1. *Rois*, I, chap. XXX, versets 8, 9. — Le texte de *la Vulgate* dit *six cents*. (ÉD.)
2. L'anglais dit *harper*.
3. *Rois*, I, chap. XVIII, verset 25. — Le texte ne parle que de *cent*. (ÉD.)
4. *Rois*, I, chap. XXIV, verset 5; XXVI, 12.

tendre : vous savez qu'un jour, dans le village de Bethléem, Samuel répandit de l'huile sur ma tête[1] : ainsi je suis roi, et vous êtes la femme d'un roi : si je me suis joint aux ennemis de la nation, si j'ai fait du mal à mes concitoyens, j'en ai fait davantage à ces ennemis mêmes. Il est vrai que j'ai engagé ma foi au roi de Geth, le généreux Akis : j'ai rassemblé cinq cents malfaiteurs[2] perdus de dettes et de débauches, mais tous bons soldats. Akis nous a reçus, nous a comblés de bienfaits ; il m'a traité comme son fils, il a eu en moi une entière confiance ; mais je n'ai jamais oublié que je suis Juif ; et ayant des commissions du roi Akis pour aller ravager vos terres, j'ai très-souvent ravagé les siennes : j'allais dans les villages les plus éloignés, je tuais[3] tout sans miséricorde, je ne pardonnais ni au sexe ni à l'âge, afin d'être pur devant le Seigneur ; et, afin qu'il ne se trouvât personne qui pût me déceler auprès du roi Akis, je lui amenais les bœufs, les ânes, les moutons, les chèvres des innocents agriculteurs que j'avais égorgés, et je lui disais, par un salutaire mensonge, que c'étaient les bœufs, les ânes, les moutons, et les chèvres des Juifs ; quand je trouvais quelque résistance, je faisais scier[4] en deux, par le milieu du corps, ces insolents rebelles, ou je les faisais rôtir dans des fours à brique[5]. Voyez si c'est aimer sa patrie, si c'est être bon Israélite.

MICHOL. — Ainsi, cruel, tu as également répandu le sang de tes frères et celui de tes alliés ; tu as donc trahi également ces deux bienfaiteurs, rien ne t'est sacré ; tu trahiras ainsi ta chère Michol, qui brûle pour toi d'un si malheureux amour.

DAVID. — Non, je le jure par la verge d'Aaron, par la racine de Jessé, je vous serai toujours fidèle.

SCÈNE II. — DAVID, MICHOL, ABIGAÏL.

ABIGAÏL, *en embrassant David*. — Mon cher, mon tendre époux, maître de mon cœur et de ma vie, venez, sortez avec moi de ces lieux dangereux ; Saül arme contre vous, et Akis vous attend[6].

MICHOL. — Qu'entends-je ? son époux ? Quoi ! monstre de perfidie, vous me jurez un amour éternel, et vous avez pris une autre femme ! Quelle est donc cette insolente rivale ?

DAVID. — Je suis confondu.

ABIGAÏL. — Auguste et aimable fille d'un grand roi, ne vous mettez pas en colère contre votre servante : un héros tel que David a besoin de plusieurs femmes ; et moi, je suis une jeune veuve qui ai besoin d'un mari : vous êtes obligée d'être toujours

1. *Rois*, I, chap. XVI, verset 13. — 2. *Rois*, I, chap. XXII, verset 2.
3. *Rois*, I, chap. XXVII, versets 8, 9, 10, 11.
4. *Rois*, II, chap. XII, verset 31.
5. L'auteur confond ici les Ammonites avec les habitants de Geth.
6. *Rois* I, chap. XXVIII, verset 1.

auprès du roi votre père; il faut que David ait une compagne dans ses voyages et dans ses travaux; ne m'enviez pas cet honneur, je vous serai toujours soumise.

MICHOL. — Elle est civile et accorte, du moins; elle n'est pas comme ces concubines impertinentes qui vont toujours bravant la maîtresse de la maison : monstre, où as-tu fait cette acquisition ?

DAVID. — Puisqu'il faut vous dire la vérité, ma chère Michol, j'étais à la tête de mes brigands[1], et usant du droit de la guerre, j'ordonnai à Nabal, mari d'Abigaïl, de m'apporter tout ce qu'il avait. Nabal était un brutal[2] qui ne savait pas les usages du monde, il me refusa insolemment : Abigaïl est née douce, honnête, et tendre[3]; elle vola tout ce qu'elle put à son mari pour me l'apporter : au bout de huit jours le brutal mourut[4].

MICHOL. — Je m'en doutais bien.

DAVID. — Et j'épousai la veuve[5].

MICHOL. — Ainsi Abigaïl est mon égale : çà, dis-moi en conscience, brigand trop cher, combien as-tu de femmes ?

DAVID. — Je n'en ai que dix-huit en vous comptant : ce n'est pas trop pour un brave homme.

MICHOL. — Dix-huit femmes, scélérat ! Eh ! que fais-tu de tout cela ?

DAVID. — Je leur donne ce que je veux de tout ce que j'ai pillé.

MICHOL. — Les voilà bien entretenues ! tu es comme les oiseaux de proie, qui apportent à leurs femelles des colombes à dévorer : encore n'ont-ils qu'une compagne, et il en faut dix-huit au fils de Jessé !

DAVID. — Vous ne vous apercevrez jamais, ma chère Michol, que vous ayez des compagnes.

MICHOL. — Va, tu promets plus que tu ne peux tenir : écoute, quoique tu en aies dix-huit, je te pardonne; si je n'avais qu'une rivale, je serais plus difficile : cependant tu me le payeras.

ABIGAIL. — Auguste reine, si toutes les autres pensent comme moi, vous aurez dix-sept esclaves de plus auprès de vous.

SCÈNE III. — DAVID, MICHOL, ABIGAÏL, ABIAR.

ABIAR. — Mon maître, que faites-vous ici entre deux femmes ? Saül avance de l'occident, et Akis de l'orient; de quel côté voulez-vous marcher ?

DAVID. — Du côté d'Akis, sans balancer[6].

1. *Rois*, I, chap. XXV. — 2. *Rois*, I, chap. XXV, verset 3.
3. *Rois*, I, chap. XXV, versets 3, 23, 24, 25 et 5; *ibid.*, versets 18, 19.
4. Dans l'anglais *Like kite*.
5. *Rois*, I, chap. XXV, versets 39, 40, 42.
6. *Rois*, I, chap. XXVIII, verset 2; XXIX, 2.

MICHOL. — Quoi! malheureux, contre ton roi, contre mon père!

DAVID. — Il le faut bien; il y a plus à gagner avec Akis qu'avec Saül : consolez-vous, Michol ; adieu, Abigaïl.

ABIGAÏL. — Non, je ne te quitte pas.

DAVID. — Restez, vous dis-je ; ceci n'est pas une affaire de femme ; chaque chose a son temps, je vais combattre : priez Dieu pour moi.

SCÈNE IV. — MICHOL, ABIGAÏL.

ABIGAÏL. — Protégez-moi, noble fille de Saül ; je crois une telle action digne de votre grand cœur. David a encore épousé une nouvelle femme ce matin : réunissons-nous toutes deux contre nos rivales.

MICHOL. — Quoi! ce matin même ? l'impudent ! et comment se nomme-t-elle ?

ABIGAÏL. — Alchinoam [1] ; c'est une des plus dévergondées coquines qui soient dans toute la race de Jacob.

MICHOL. — C'est une vilaine race que cette race de Jacob ; je suis fâchée d'en être ; mais, par Dieu, puisque mon mari nous traite si indignement, je le traiterai de même, et je vais, de ce pas, en épouser un autre.

ABIGAÏL. — Allez, allez, madame ; je vous promets bien d'en faire autant, dès que je serai mécontente de lui.

SCÈNE V. — MICHOL, ABIGAÏL, LE MESSAGER ÉBIND.

ÉBIND. — Ah, princesse ! votre Jonathas, savez-vous ?

MICHOL. — Quoi donc ! mon frère Jonathas...?

ÉBIND. — Est condamné à mort, dévoué au Seigneur, à l'anathème.

ABIGAÏL. — Jonathas qui aimait tant votre mari ?

MICHOL. — Il n'est plus ? on lui a arraché la vie ?

ÉBIND. — Non, madame, il est en parfaite santé : le roi votre père, en marchant, au point du jour, contre Akis, a rencontré un petit corps de Philistins ; et, comme nous étions dix contre un [2], nous avons donné dessus avec courage. Saül, pour augmenter les forces du soldat, qui était à jeun, a ordonné que personne ne mangeât de la journée, et a juré qu'il immolerait au Seigneur le premier qui déjeunerait [3] : Jonathas, qui ignorait cet ordre prudent, a trouvé un rayon de miel, et en a avalé la largeur de mon pouce : Saül, comme de raison, l'a condamné à mourir ; il savait ce qu'il en coûte de manquer à sa parole ; l'aventure d'Agag l'effrayait, il craignait Samuel ; enfin, Jonathas allait être offert

---

1. *Rois*, I, chap. XXV, verset 43. — 2. *Rois*, I, chap. XIV, verset 24.
3. *Rois*, I, chap. XIV, verset 27.

en victime; toute l'armée s'est soulevée contre ce parricide; Jonathas est sauvé, et l'armée s'est mise à manger et à boire; et, au lieu de perdre Jonathas, nous avons été défaits de Samuel. Il est mort d'apoplexie.

MICHOL. — Tant mieux; c'était un vilain homme [1].

ABIGAÏL. — Dieu soit béni!

ÉBIND. — Le roi Saül vient suivi de tous les siens; je crois qu'il va tenir conseil dans cette chènevière, pour savoir comment il s'y prendra pour attaquer Akis et les Philistins.

SCÈNE VI. — MICHOL, ABIGAÏL, SAÜL, BAZA, CAPITAINES.

MICHOL. — Mon père, faudra-t-il trembler tous les jours pour votre vie, pour celle de mes frères, et essuyer les infidélités de mon mari?

SAÜL. — Votre frère et votre mari sont des rebelles : comment! manger du miel un jour de bataille! il est bien heureux que l'armée ait pris son parti; mais votre mari est cent fois plus méchant que lui; je jure que je le traiterai comme Samuel a traité Agag.

ABIGAÏL, à Michol. — Ah! madame, comme il roule les yeux, comme il grince les dents! fuyons au plus vite; votre père est fou, ou je me trompe.

MICHOL. — Il est quelquefois possédé du diable [2].

SAÜL. — Ma fille, qui est cette drôlesse-là?

MICHOL. — C'est une des femmes de votre gendre David, que vous avez autrefois tant aimé.

SAÜL. — Elle est assez jolie : je la prendrai pour moi, au sortir de la bataille.

ABIGAÏL. — Ah! le méchant homme! on voit bien qu'il est réprouvé.

MICHOL. — Mon père, je vois que votre mal vous prend; si David était ici, il vous jouerait de la harpe [3]; car vous savez que la harpe est un spécifique contre les vapeurs hypocondriaques.

SAÜL. — Taisez-vous, vous êtes une sotte; je sais mieux que vous ce que j'ai à faire.

ABIGAÏL. — Ah! madame, comme il est méchant! il est plus fou que jamais; retirons-nous au plus vite.

MICHOL. — C'est cette malheureuse boucherie d'Agag qui lui a donné des vapeurs; dérobons-nous à sa furie.

SCÈNE VII. — SAÜL, BAZA.

SAÜL. — Mes capitaines, allez m'attendre; Baza, demeurez : vous me voyez dans un mortel embarras; j'ai mes vapeurs, il

1. Le texte porte : *A sad dog*. — 2. *Rois*, I, chap. VI, verset 25
3. *Rois*, I, chap. XVI, verset 23; XVIII, 10.

faut combattre ; nous avons de puissants ennemis ; ils ont derrière la montagne de Gelboé [1] ; je voudrais bien savoir quelle sera l'issue de cette bataille.

BAZA. — Eh! seigneur, il n'y a rien de plus aisé ; n'êtes-vous pas prophète tout comme un autre? n'avez-vous pas même des vapeurs qui sont un véritable avant-coureur des prophéties?

SAÜL. — Il est vrai, mais depuis quelque temps le Seigneur ne me répond plus [2] ; je ne sais ce que j'ai ; as-tu fait venir la pythonisse d'Endor [3] ?

BAZA. — Oui, mon maître ; mais croyez-vous que le Seigneur lui réponde plutôt qu'à vous?

SAÜL. — Oui, sans doute, car elle a un esprit de Python [4].

BAZA. — Un esprit de Python, mon maître! quelle espèce est cela?

SAÜL. — Ma foi, je n'en sais rien ; mais on dit que c'est une femme fort habile ; j'aurais envie de consulter l'ombre de Samuel [5].

BAZA. — Vous feriez mieux de vous mettre à la tête de vos troupes : comment consulte-t-on une ombre?

SAÜL. — La pythonisse les fait sortir de la terre, et l'on voit à leur mine si l'on sera heureux ou malheureux.

BAZA. — Il a perdu l'esprit! Seigneur, au nom de Dieu, ne vous amusez point à toutes ces sottises, et allons mettre vos troupes en bataille.

SAÜL. — Reste ici ; il faut absolument que nous voyions une ombre : voilà la pythonisse qui arrive ; garde-toi de me faire reconnaître ; elle me prend pour un capitaine de mon armée.

SCÈNE VIII. — SAÜL, BAZA; LA PYTHONISSE, *arrivant avec un balai entre les jambes.*

LA PYTHONISSE. — Quel mortel veut arracher les secrets du destin à l'abîme qui les couvre? qui de vous deux s'adresse à moi pour connaître l'avenir?

BAZA, *montrant Saül.* — C'est mon capitaine ; ne devrais-tu pas le savoir, puisque tu es sorcière [6]?

LA PYTHONISSE, *à Saül.* — C'est donc pour vous que je forcerai la nature à interrompre le cours de ses lois éternelles? Combien me donnerez-vous?

SAÜL. — Un écu : et te voilà payée d'avance, vieille sorcière.

LA PYTHONISSE. — Vous en aurez pour votre argent. Les magiciens de Pharaon n'étaient auprès de moi que des ignorants ; ils se bornaient à changer en sang les eaux du Nil, je vais en faire davantage ; et premièrement je commande au soleil de paraître.

---

1. *Rois*, I, chap. XXVIII, verset 4. — 2. *Rois*, I, chap. XVI, verset 14.
3. *Rois*, I, chap. XXVIII, verset 7. — 4. *Rois*, I, chap. XXVIII, verset 3.
5. *Rois*, I, chap. XXVIII, verset 8. — 6. *Old witch.*

BAZA. — En plein midi! quel miracle!
LA PYTHONISSE. — Je vois quelque chose sur la terre[1].
SAÜL. — N'est-ce pas une ombre?
LA PYTHONISSE. — Oui, une ombre.
SAÜL. — Comment est-elle faite?
LA PYTHONISSE. — Comme une ombre.
SAÜL. — N'a-t-elle pas une grande barbe?
LA PYTHONISSE. — Oui, un grand manteau et une grande barbe.
SAÜL. — Une barbe blanche?
LA PYTHONISSE. — Blanche comme de la neige.
SAÜL. — Justement, c'est l'ombre de Samuel; elle doit avoir l'air bien méchant?
LA PYTHONISSE. — Oh! l'on ne change jamais de caractère : elle vous menace, elle vous fait des yeux horribles.
SAÜL. — Ah! je suis perdu[2].
BAZA. — Eh, seigneur! pouvez-vous vous amuser à ces fadaises? N'entendez-vous pas le son des trompettes? les Philistins approchent[3].
SAÜL. — Allons donc; mais le cœur ne me dit rien de bon.
LA PYTHONISSE. — Au moins j'ai son argent; mais voilà un sot capitaine.

ACTE TROISIÈME.

SCÈNE I. — DAVID ET SES CAPITAINES.

DAVID. — Saül a donc été tué[4], mes amis? son fils Jonathas aussi? et je suis roi d'une petite partie du pays légitimement.
JOAB. — Oui, milord; Votre Altesse Royale a très-bien fait de faire pendre celui[5] qui vous a apporté la nouvelle de la mort de Saül; car il n'est jamais permis de dire qu'un roi est mort : cet acte de justice vous conciliera tous les esprits; il fera voir qu'au fond vous aimiez votre beau-père, et que vous êtes un bon homme.
DAVID. — Oui; mais Saül laisse des enfants : Isboseth, son fils, règne déjà sur plusieurs tribus[6]; comment faire?
JOAB. — Ne vous mettez point en peine; je connais deux coquins[7] qui doivent assassiner Isboseth, s'ils ne l'ont déjà fait;

---

1. *Rois*, I, chap. XXVIII, verset 13.
2. *Rois*, I, chap. XXVIII, verset 20.
3. *Rois*, I, chap. XXIX, verset 11.
4. *Rois*, I, chap. XXXI, versets 2, 3, 4; *Rois*, II, chap. I, versets 1, 2, 6, 7, 8, 9, 10.
5. *Rois*, II, chap. I, verset 15.
6. *Rois*, II, chap. II, versets 8, 9, 10.
7. Rechab et Baana : *Rois*, II, chap. IV, versets 5, 6, 7.

vous les ferez pendre tous deux, et vous régnerez sur Juda et Israël.

DAVID. — Dites-moi un peu, vous autres, Saül a-t-il laissé beaucoup d'argent? serai-je bien riche?

ABIÉZER. — Hélas! nous n'avons pas le sou; vous savez qu'il y a deux ans, quand Saül fut élu roi, nous n'avions pas de quoi acheter des armes; il n'y avait que deux sabres dans tout l'État, encore étaient-ils tout rouillés[1] : les Philistins, dont nous avons presque tous été les esclaves, ne nous laissèrent pas dans nos chaumières seulement un morceau de fer pour raccommoder nos charrues; aussi nos charrues nous sont-elles fort inutiles dans un mauvais pays pierreux, hérissé de montagnes pelées, où il n'y a que quelques oliviers avec un peu de raisin : nous n'avions pris au roi Agag que des bœufs, des chèvres et des moutons, parce que c'était là tout ce qu'il avait; je ne crois pas que nous puissions trouver dix écus dans toute la Judée; il y a quelques usuriers qui rognent les espèces à Tyr et à Damas; mais ils se feraient empaler plutôt que de vous prêter un denier.

DAVID. — S'est-on emparé du petit village de Salem et de son château?

JOAB. — Oui, milord.

ABIÉZER. — J'en suis fâché, cette violence peut décrier notre nouveau gouvernement. Salem appartient de tout temps aux Jébuséens, avec qui nous ne sommes point en guerre; c'est un lieu saint; car Melchisédech était autrefois roi de ce village.

DAVID. — Il n'y a point de Melchisédech qui tienne : j'en ferai une bonne forteresse; je l'appellerai Hérus-Chalaïm; ce sera le lieu de ma résidence; nos enfants seront multipliés comme le sable de la mer, et nous régnerons sur le monde entier.

JOAB. — Eh! seigneur, vous n'y pensez pas! cet endroit est une espèce de désert, où il n'y a que des cailloux à deux lieues à la ronde. On y manque d'eau; il n'y a qu'un petit malheureux torrent de Cédron qui est à sec six mois de l'année : que n'allons-nous plutôt sur les grands chemins de Tyr, vers Damas, vers Babylone? il y aurait là de beaux coups à faire.

DAVID. — Oui, mais tous les peuples de ce pays-là sont puissants, nous risquerions de nous faire pendre : enfin, le Seigneur m'a donné Hérus-Chalaïm, j'y demeurerai, et j'y louerai le Seigneur.

UN MESSAGER. — Milord, deux de vos serviteurs viennent d'assassiner Isboseth, qui avait l'insolence de vouloir succéder à son père, et de vous disputer le trône; on l'a jeté par les fenêtres; il nage dans son sang; les tribus qui lui obéissaient ont fait serment de vous obéir, et l'on vous amène sa sœur Michol votre

---

1. *Rois*, I, chap. XIII, versets 19, 20, 21

femme, qui vous avait abandonné¹, et qui venait de se marier à Phaltiel, fils de Saïs.

DAVID. — On aurait mieux fait de la laisser avec lui; que veut-on que je fasse de cette bégueule-là? Allez, mon cher Joab, qu'on l'enferme; allez, mes amis, allez saisir tout ce que possédait Isboseth, apportez-le-moi, nous le partagerons; vous, Joab, ne manquez pas de faire pendre ceux qui m'ont délivré d'Isboseth, et qui m'ont rendu ce signalé service; marchez tous devant le Seigneur avec confiance; j'ai ici quelques petites affaires un peu pressées : je vous rejoindrai dans peu de temps pour rendre tous ensemble des actions de grâces au Dieu des armées qui a donné la force à mon bras, et qui a mis sous mes pieds le basilic et le dragon.

TOUS LES CAPITAINES ENSEMBLE. — Huzza! huzza²! longue vie à David, notre bon roi, l'oint du Seigneur, le père de son peuple!
(*Ils sortent.*)

DAVID, *à un des siens.* — Faites entrer Bethsabée.

SCÈNE II. — DAVID, BETHSABÉE.

DAVID. — Ma chère Bethsabée, je ne veux plus aimer que vous : vos dents sont comme un mouton qui sort du lavoir; votre gorge est comme une grappe de raisin; votre nez comme la tour du mont Liban; le royaume que le Seigneur m'a donné ne vaut pas un de vos embrassements : Michol, Abigaïl, et toutes mes autres femmes, sont dignes tout au plus d'être vos servantes³.

BETHSABÉE. — Hélas, milord! vous en disiez ce matin autant à la jeune Abigaïl.

DAVID. — Il est vrai, elle peut me plaire un moment; mais vous êtes ma maîtresse de toutes les heures; je vous donnerai des robes, des vaches, des chèvres, des moutons; car pour de l'argent, je n'en ai point encore; mais vous en aurez quand j'en aurai volé dans mes courses sur les grands chemins, soit vers le pays des Phéniciens, soit vers Damas, soit vers Tyr. Qu'avez-vous, ma chère Bethsabée? vous pleurez?

BETHSABÉE. — Hélas! oui, milord.

DAVID. — Quelqu'une de mes femmes ou de mes concubines a-t-elle osé vous maltraiter?

BETHSABÉE. — Non.

DAVID. — Quel est donc votre chagrin?

BETHSABÉE. — Milord, je suis grosse⁴; mon mari Urie n'a pas

---

1. *Rois*, II, chap. IV.
2. C'est le cri de joie de la populace anglaise; les Hébreux criaient : *Allek eudi ah! Hi ha y ah!*
3. *Rois*, II, chap. V, verset 13. — 4. *Rois*, II, chap. XI, verset 15.

couché avec moi depuis un mois ; et s'il s'aperçoit de ma grossesse, je crains d'être battue.

DAVID. — Eh ! que ne l'avez-vous fait coucher avec vous ?

BETHSABÉE. — Hélas ! j'ai fait ce que j'ai pu ; mais il me dit qu'il veut toujours rester auprès de vous, vous savez qu'il vous est tendrement attaché ; c'est un des meilleurs officiers de votre armée [1] ; il veille auprès de votre personne quand les autres dorment ; il se met au-devant de vous quand les autres lâchent le pied ; s'il fait quelque bon butin, il vous l'apporte ; enfin, il vous préfère à moi.

DAVID. — Voilà une insupportable chenille ; rien n'est si odieux que ces gens empressés, qui veulent toujours rendre service sans en être priés : allez, allez, je vous déferai bientôt de cet importun : qu'on me donne une table et des tablettes pour écrire !

BETHSABÉE. — Milord, pour des tables, vous savez qu'il n'y en a point ici ; mais voici mes tablettes avec un poinçon, vous pouvez écrire sur mes genoux.

DAVID. — Allons, écrivons : « Appui de ma couronne, comme moi serviteur de Dieu, notre féal Urie vous rendra cette missive ; marchez avec lui, sitôt cette présente reçue, contre le corps des Philistins qui est au bout de la vallée d'Hébron ; placez le féal Urie au premier rang [3], abandonnez-le dès qu'on aura tiré la première flèche, de façon qu'il soit tué par les ennemis ; et, s'il n'est pas frappé par devant, ayez soin de le faire assassiner par derrière ; le tout pour le besoin de l'État : Dieu vous ait en sa sainte garde ! Votre bon roi David. »

BETHSABÉE. — Eh ! bon Dieu ! vous voulez faire tuer mon pauvre mari ?

DAVID. — Ma chère enfant, ce sont de ces petites sévérités auxquelles on est quelquefois obligé de se prêter ; c'est un petit mal pour un grand bien, uniquement dans l'intention d'éviter le scandale.

BETHSABÉE. — Hélas ! votre servante n'a rien à répliquer ; soit fait selon votre parole.

DAVID. — Qu'on m'appelle le bonhomme Urie.

BETHSABÉE. — Hélas ! que voulez-vous lui dire ? pourrai-je soutenir sa présence ?

DAVID. — Ne vous troublez pas. (A Urie qui entre.) Tenez, mon cher Urie, portez cette lettre à mon capitaine Joab, et méritez toujours les bonnes grâces de l'oint du Seigneur.

URIE. — J'obéis avec joie à ses commandements ; mes pieds, mon bras, ma vie, sont à son service : je voudrais mourir pour lui prouver mon zèle.

---

1. *Rois*, II, chap. XI, verset 11. — 2. *Rois*, II, chap. XI, verset 14.
3. *Rois*, II, chap. XI, verset 15.

ACTE III, SCÈNE II.

DAVID, *en l'embrassant*. — Vous serez exaucé, mon cher Urie.
URIE. — Adieu, ma chère Bethsabée; soyez toujours aussi attachée que moi à notre maître.
BETHSABÉE. — C'est ce que je fais, mon bon mari.
DAVID. — Demeurez ici, ma bien-aimée; je suis obligé d'aller donner des ordres à peu près semblables, pour le bien du royaume; je reviens à vous dans un moment.
BETHSABÉE. — Non, cher amant, je ne vous quitte pas.
DAVID. — Ah! je veux bien que les femmes soient maîtresses au lit : mais partout ailleurs je veux qu'elles obéissent.

ACTE QUATRIÈME.

SCÈNE I. — BETHSABÉE, ABIGAÏL.

ABIGAÏL. — Bethsabée, Bethsabée, c'est donc ainsi que vous m'enlevez le cœur de mon seigneur?
BETHSABÉE. — Vous voyez que je ne vous enlève rien, puisqu'il me quitte, et que je ne peux l'arrêter.
ABIGAÏL. — Vous ne l'arrêtez que trop, perfide, dans les filets de votre méchanceté : tout Israël dit que vous êtes grosse de lui.
BETHSABÉE. — Eh bien! quand cela serait, madame, est-ce à vous à me le reprocher? n'en avez-vous pas fait autant?
ABIGAÏL. — Cela est bien différent, madame; j'ai l'honneur d'être son épouse.
BETHSABÉE. — Voilà un plaisant mariage; on sait que vous avez empoisonné Nabal votre mari, pour épouser David, lorsqu'il n'était encore que capitaine.
ABIGAÏL. — Point de reproches, madame, s'il vous plaît; vous en feriez bien autant du bonhomme Urie, pour devenir reine; mais sachez que je vais tout lui découvrir.
BETHSABÉE. — Je vous en défie.
ABIGAÏL. — C'est-à-dire que la chose est déjà faite.
BETHSABÉE. — Quoi qu'il en soit, je serai votre reine, et je vous apprendrai à me respecter.
ABIGAÏL. — Moi, vous respecter, madame!
BETHSABÉE. — Oui, madame.
ABIGAÏL. — Ah! madame, la Judée produira du froment au lieu de seigle, et on aura des chevaux au lieu d'ânes pour monter, avant que je sois réduite à cette ignominie : il appartient bien à une femme comme vous de faire l'impertinente avec moi!
BETHSABÉE. — Si je m'en croyais, une paire de soufflets....
ABIGAÏL. — Ne vous en avisez pas, madame; j'ai le bras bon, et je vous rosserais d'une manière....

SCÈNE II. — DAVID, BETHSABÉE, ABIGAÏL.

DAVID. — Paix là donc, paix là : êtes-vous folles, vous autres? Il est bien question de vous quereller, quand l'horreur des horreurs est sur ma maison!

BETHSABÉE. — Quoi donc, mon cher amant! qu'est-il arrivé?

ABIGAÏL. — Mon cher mari, y a-t-il quelque nouveau malheur?

DAVID. — Voilà-t-il pas que mon fils Ammon, que vous connaissez, s'est avisé de violer sa sœur Thamar[1], et l'a ensuite chassée de sa chambre à grands coups de pied dans le cul!

ABIGAÏL. — Quoi donc! n'est-ce que cela? je croyais à votre air effaré qu'il vous avait volé votre argent.

DAVID. — Ce n'est pas tout; mon autre fils Absalon, quand il a vu cette tracasserie, s'est mis à tuer[2] mon fils Ammon : je me suis fâché contre mon fils Absalon; il s'est révolté contre moi, m'a chassé de ma ville de Hérus-Chalaïm, et me voilà sur le pavé.

BETHSABÉE. — Oh! ce sont des choses sérieuses cela.

ABIGAÏL. — La vilaine famille que la famille de David! Tu n'as donc plus rien, brigand? ton fils est oint à ta place.

DAVID. — Hélas! oui; et, pour preuve qu'il est oint, il a couché[3] sur la terrasse du fort avec toutes mes femmes l'une après l'autre.

ABIGAÏL. — O ciel! que n'étais-je là! j'aurais bien mieux aimé coucher avec ton fils Absalon qu'avec toi, vilain voleur, que j'abandonne à jamais : il a des cheveux qui lui vont jusqu'à la ceinture, et dont il vend des rognures pour deux cents écus par an, au moins : il est jeune, il est aimable, et tu n'es qu'un barbare débauché, qui te moques de Dieu, des hommes, et des femmes : va, je renonce désormais à toi, et je me donne à ton fils Absalon, ou au premier Philistin que je rencontrerai. (*A Bethsabée, en lui faisant la révérence.*) Adieu, madame.

BETHSABÉE. — Votre servante, madame.

SCÈNE III. — DAVID, BETHSABÉE

DAVID. — Voilà donc cette Abigaïl que j'avais crue si douce! Ah! qui compte sur une femme compte sur le vent : et vous, ma chère Bethsabée, m'abandonnerez-vous aussi?

BETHSABÉE. — Hélas! c'est ainsi que finissent tous les mariages de cette espèce : que voulez-vous que je devienne si votre fils Absalon règne? et si Urie, mon mari, sait que vous avez voulu l'assassiner, vous voilà perdu, et moi aussi.

---

1. *Rois*, II, chap. XIII, versets 17, 18.
2. *Rois*, II, chap. XIII, versets 28, 29.
3. *Rois*, II, chap. XVI, verset 22.

DAVID. — Ne craignez rien ; Urie est dépêché ; mon ami Joab est expéditif.

BETHSABÉE. — Quoi ! mon pauvre mari est donc assassiné ? hi, hi, hi. (*Elle pleure.*) Ho, hi, ha.

DAVID. — Quoi ! vous pleurez le bonhomme ?

BETHSABÉE. — Je ne peux m'en empêcher.

DAVID. — La sotte chose que les femmes ! elles souhaitent la mort de leurs maris, elles la demandent ; et, quand elles l'ont obtenue, elles se mettent à pleurer.

BETHSABÉE. — Pardonnez cette petite cérémonie.

SCÈNE IV. — DAVID, BETHSABÉE, JOAB.

DAVID. — Eh bien ! Joab, en quel état sont les choses ? qu'est devenu ce coquin d'Absalon ?

JOAB. — Par Sabaoth, je l'ai envoyé avec Urie ; je l'ai trouvé qui pendait à un arbre par les cheveux, et je l'ai bravement percé de trois dards.

DAVID. — Ah ! Absalon mon fils ! hi, hi, ho, ho, hi.

BETHSABÉE. — Voilà-t-il pas que vous pleurez votre fils comme j'ai pleuré mon mari ! chacun a sa faiblesse.

DAVID. — On ne peut pas dompter tout à fait la nature, quelque Juif qu'on soit ; mais cela passe, et le train des affaires emporte bien vite ailleurs.

SCÈNE V. — LES PERSONNAGES PRÉCÉDENTS ET LE PROPHÈTE NATHAN.

BETHSABÉE. — Eh ! voilà Nathan le voyant, Dieu me pardonne ! que vient-il faire ici ?

NATHAN. — Sire, écoutez et jugez : il y avait un riche qui possédait[1] cent brebis, et il y avait un pauvre qui n'en avait qu'une : le riche a pris la brebis, et a tué le pauvre : que faut-il faire du riche ?

DAVID. — Certainement il faut qu'il rende quatre brebis.

NATHAN. — Sire, vous êtes le riche, Urie était le pauvre, et Bethsabée est la brebis.

BETHSABÉE. — Moi, brebis !

DAVID. — Ah ! j'ai péché, j'ai péché, j'ai péché[2].

NATHAN. — Bon, puisque vous l'avouez, le Seigneur va transférer[3] votre péché : c'est bien assez qu'Absalon ait couché avec toutes vos femmes : épousez la belle Bethsabée ; un des fils que vous aurez d'elle régnera sur tout Israël : je le nommerai aima-

---

1. *Rois*, II, chap. XII, versets 1, 2, 3, 4 et 5.
2. *Rois*, II, chap. XII, versets 13 et 14.
3. *Rois*, II, chap. VII, verset 12.

bles, et les enfants des femmes légitimes et honnêtes seront massacrés.

BETHSABÉE. — Par Adonaï, tu es un charmant prophète; viens çà que je t'embrasse.

DAVID. — Eh! là, là, doucement : qu'on donne à boire au prophète; réjouissons-nous, nous autres : allons, puisque tout va bien, je veux faire des chansons gaillardes; qu'on me donne ma harpe. (*Il joue de la harpe.*)

   Chers Hébreux, par le ciel envoyés[1],
   Dans le sang vous baignerez vos pieds;
    Et vos chiens s'engraisseront
    De ce sang qu'ils lécheront.
   Ayez soin, mes chers amis[2],
    De prendre tous les petits
    Encore à la mamelle;
   Vous écraserez leur cervelle
   Contre le mur de l'infidèle;
    Et vos chiens s'engraisseront
    De ce sang qu'ils lécheront.

BETHSABÉE. — Sont-ce là vos chansons gaillardes?

   DAVID, *en chantant et dansant.*
    Et vos chiens s'engraisseront
    De ce sang qu'ils lécheront.

BETHSABÉE. — Finissez donc vos airs de corps de garde; cela est abominable : il n'y a point de sauvage qui voulût chanter de telles horreurs[3] : les bouchers des peuples de Gog et de Magog en auraient honte.

   DAVID, *toujours sautant.*
    Et les chiens s'engraisseront
    De ce sang qu'ils lécheront.

BETHSABÉE. — Je m'en vais, si vous continuez à chanter ainsi, et à sauter comme un ivrogne : vous montrez tout ce que vous portez; fi! quelles manières!

DAVID. — Je danserai, oui, je danserai; je serai encore plus méprisable, je danserai devant des servantes; je montrerai tout ce que je porte, et ce me sera gloire devant les filles[4].

JOAB. — A présent que vous avez bien dansé, il faudrait mettre ordre à vos affaires.

---

 1. « Ut intingatur pes tuus in sanguine, lingua canum tuorum ex inimicis ab ipso. » *Ps.* LXVII, 24.
 2. « Beatus qui tenebit et allidet parvulos tuos ad petram ! » *Ps.* CXXXVI, 9.
 3. C'est à cette occasion que l'auteur appelle David ; *The Nero of the Hebrews*, page 37.
 4. *Rois*, II, chap. VI, versets 20, 21.

DAVID. — Oui, vous avez raison, il y a temps pour tout : retournons à Hérus-Chalaïm.

JOAB. — Vous aurez toujours la guerre ; il faudrait avoir quelque argent de réserve, et savoir combien vous avez de sujets qui puissent marcher en campagne, et combien il en restera pour la culture des terres.

DAVID. — Le conseil est très-sensé : allons, Bethsabée, allons régner, m'amour. (*Il danse, il chante.*)

Et les chiens s'engraisseront
De ce sang qu'ils lécheront.

ACTE CINQUIÈME.

SCÈNE I. — DAVID, *assis devant une table*; ses OFFICIERS *autour de lui.*

DAVID. — Six cent quatre-vingt-quatorze schellings et demi d'une part, et de l'autre cent treize un quart, font huit cent sept schellings trois quarts : c'est donc là tout ce qu'on a trouvé dans mon trésor; il n'y a pas là de quoi payer une journée à mes gens.

UN CLERC DE LA TRÉSORERIE. — Milord, le temps est dur.

DAVID. — Et vous l'êtes encore bien davantage : il me faut de l'argent, entendez-vous?

JOAB. — Milord, Votre Altesse Royale est volée comme tous les autres rois : les gens de l'échiquier, les fournisseurs de l'armée, pillent tous; ils font bonne chère à nos dépens, et le soldat meurt de faim.

DAVID. — Je les ferai scier en deux; en effet, aujourd'hui nous avons fait la plus mauvaise chère du monde.

JOAB. — Cela n'empêche pas que ces fripons-là ne vous comptent tous les jours pour votre table[1] trente bœufs gras, cent moutons gras, autant de cerfs, de chevreuils, de bœufs sauvages, et de chapons; trente tonneaux de fleur de farine, et soixante tonneaux de farine ordinaire.

DAVID. — Arrêtez donc, vous voulez rire; il y aurait là de quoi nourrir six mois toute la cour du roi d'Assyrie, et toute celle du roi des Indes.

JOAB. — Rien n'est pourtant plus vrai; car cela est écrit dans vos livres.

DAVID. — Quoi! tandis que je n'ai pas de quoi payer mon boucher?

---

1. *Rois*, II, chap. IV.

JOAB. — C'est qu'on vole Votre Altesse Royale, comme j'ai déjà eu l'honneur de vous le dire.

DAVID. — Combien crois-tu que je doive avoir d'argent comptant entre les mains de mon contrôleur général?

JOAB. — Milord, vos livres font foi que vous avez cent huit[1] mille talents d'or, deux millions vingt-quatre mille talents d'argent, et dix mille drachmes d'or; ce qui fait au juste, au plus bas prix du change, un milliard trois cent vingt millions cinquante mille livres sterling.

DAVID. — Tu es fou, je pense : toute la terre ne pourrait fournir le quart de ces richesses : comment veux-tu que j'aie amassé ce trésor dans un aussi petit pays qui n'a jamais fait le moindre commerce?

JOAB. — Je n'en sais rien; je ne suis pas financier.

DAVID. — Vous ne me dites que des sottises tous tant que vous êtes : je saurai mon compte avant qu'il soit peu; et vous, Yesès, a-t-on fait le dénombrement du peuple?

YESÈS. — Oui, milord; vous avez onze cent[2] mille hommes d'Israël, et quatre cent soixante-dix mille de Juda, d'enrôlés pour marcher contre vos ennemis.

DAVID. — Comment! j'aurais quinze cent soixante-dix mille hommes sous les armes? cela est difficile dans un pays qui, jusqu'à présent, n'a pu nourrir trente mille âmes : à ce compte, en prenant un soldat par dix personnes, cela ferait quinze millions sept cent mille sujets dans mon empire : celui de Babylone n'en a pas tant.

JOAB. — C'est là le miracle.

DAVID. — Ah! que de balivernes! je veux savoir absolument combien j'ai de sujets; on ne m'en fera pas accroire; je ne crois pas que nous soyons trente mille.

UN OFFICIER. — Voilà votre chapelain ordinaire, le révérend docteur Gag, qui vient de la part du Seigneur parler à Votre Altesse Royale.

DAVID. — On ne peut pas prendre plus mal son temps; mais qu'il entre.

SCÈNE II. — LES PERSONNAGES PRÉCÉDENTS, LE DOCTEUR GAG.

DAVID. — Que voulez-vous, docteur Gag?

GAG. — Je viens vous dire que vous avez commis un grand péché.

DAVID. — Comment? en quoi? s'il vous plaît.

GAG. — En faisant faire le dénombrement du peuple.

DAVID. — Que veux-tu donc dire, fou que tu es? Y a-t-il une

1. *Paralipomènes*, chap. XXIX, versets 4 et 7.
2. *Paralipomènes*, chap. XXI, verset 5

opération plus sage et plus utile que de savoir le nombre de ses sujets ? un berger n'est-il pas obligé de savoir le compte de ses moutons ?

GAG. — Tout cela est bel et bon ; mais Dieu vous donne à choisir de la famine¹, de la guerre, ou de la peste.

DAVID. — Prophète de malheur, je veux au moins que tu puisses être puni de ta belle mission : j'aurais beau faire choix de la famine, vous autres prêtres, vous faites toujours bonne chère ; si je prends la guerre, vous n'y allez pas : je choisis la peste ; j'espère que tu l'auras, que tu crèveras comme tu le mérites.

GAG. — Dieu soit béni²! (*Il s'en va criant : La peste ! la peste ! et tout le monde crie : La peste ! la peste !*)

JOAB. — Je ne comprends rien à tout cela : comment ! la peste, pour avoir fait son compte ?

SCÈNE III. — LES PERSONNAGES PRÉCÉDENTS, BETHSABÉE, SALOMON.

BETHSABÉE. — Eh ! milord ! il faut que vous ayez le diable dans le corps pour choisir la peste ; il est mort sur-le-champ³ soixante-dix mille personnes, et je crois que j'ai déjà le charbon : je tremble pour moi et pour mon fils Salomon, que je vous amène.

DAVID. — J'ai pis que le charbon⁴, je suis las de tout ceci : il faut donc que j'aie plus de pestiférés que de sujets : écoutez, je deviens vieux, vous n'êtes plus belle ; j'ai toujours froid aux pieds, il me faudrait une fille de quinze ans pour me réchauffer.

JOAB. — Parbleu, milord, j'en connais une qui sera votre fait ; elle s'appelle Abisag de Sunam.

DAVID. — Qu'on me l'amène, qu'on me l'amène, qu'elle m'échauffe.

BETHSABÉE. — En vérité, vous êtes un vilain débauché : fi ! à votre âge, que voulez-vous faire d'une petite fille ?

JOAB. — Milord, la voilà qui vient, je vous la présente.

DAVID. — Viens çà, petite fille, me réchaufferas-tu bien ?

ABISAG. — Oui da, milord, j'en ai bien réchauffé d'autres.

BETHSABÉE. — Voilà donc comme tu m'abandonnes ! tu ne m'aimes plus ! et que deviendra mon fils Salomon, à qui tu avais promis ton héritage ?

DAVID. — Oh ! je tiendrai ma parole ; c'est un petit garçon qui est tout à fait selon mon cœur, il aime déjà les femmes comme un fou ; approche, petit drôle, que je t'embrasse : je te fais roi, entends-tu ?

---

1. *Rois*, II, chap. IV. — 2. Il y a dans l'original *pox, pox*.
3. *Rois*, II, chap. XXIV. — 4. *Id., ibid.*

SALOMON. — Milord, j'aime bien mieux apprendre à régner sous vous.

DAVID. — Voilà une jolie réponse ; je suis très-content de lui : va, tu régneras bientôt, mon enfant ; car je sens que je m'affaiblis ; les femmes ont ruiné ma santé ; mais tu auras encore un plus beau sérail que moi.

SALOMON. — J'espère m'en tirer à mon honneur.

BETHSABÉE. — Que mon fils a d'esprit ! je voudrais qu'il fût déjà sur le trône.

SCÈNE IV. — LES PERSONNAGES PRÉCÉDENTS, ADONIAS.

ADONIAS. — Mon père, je viens me jeter à vos pieds.

DAVID. — Ce garçon-là ne m'a jamais plu.

ADONIAS. — Mon père, j'ai deux grâces à vous demander : la première, c'est de vouloir bien me nommer votre successeur, attendu que je suis le fils d'une princesse, et que Salomon est le fruit d'une bourgeoise adultère, auquel il n'est dû, par la loi, qu'une pension alimentaire, tout au plus : ne violez pas en sa faveur les lois de toutes les nations.

BETHSABÉE. — Ce petit oursin-là mériterait bien qu'on le jetât par la fenêtre.

DAVID. — Vous avez raison. Quelle est l'autre grâce que tu veux, petit misérable ?

ADONIAS. — Milord, c'est la jeune Abisag de Sunam qui ne vous sert à rien ; je l'aime éperdument et je vous prie de me la donner par testament.

DAVID. — Ce coquin-là me fera mourir de chagrin ; je sens que je m'affaiblis, je n'en puis plus : réchauffez-moi un peu, Abisag. (*Adonias sort.*)

ABISAG, *lui prenant la main*. — Je fais ce que je peux, mais vous êtes froid comme glace.

DAVID. — Je sens que je me meurs ; qu'on me jette sur mon lit de repos.

SALOMON, *se jetant à ses pieds*. — O roi ! vivez longtemps.

BETHSABÉE. — Puisse-t-il mourir tout à l'heure, le vilain ladre, et nous laisser régner en paix !

DAVID. — Ma dernière heure arrive, il faut faire mon testament, et pardonner en bon Juif à tous mes ennemis : Salomon, je vous fais roi, juif ; souvenez-vous d'être clément et doux ; ne manquez pas, dès que j'aurai les yeux fermés, d'assassiner[1] mon fils Adonias, quand même il embrasserait les cornes de l'autel.

SALOMON. — Quelle sagesse ! quelle bonté d'âme ! mon père, je n'y manquerai pas, sur ma parole.

DAVID. — Voyez-vous ce Joab qui m'a servi dans mes guerres,

---

1. Salomon fit assassiner Adonias son frère.

et à qui je dois ma couronne? je vous prie, au nom du Seigneur, de le faire assassiner¹ aussi, car il a mis du sang dans mes souliers.

JOAB. — Comment, monstre! je t'étranglerai de mes mains; va, va, je ferai bien casser ton testament, et ton Salomon verra quel homme je suis.

SALOMON. — Est-ce tout, mon cher père? n'avez-vous plus personne à expédier?

DAVID. — J'ai la mémoire mauvaise; attendez, il y a encore un certain Semeï² qui m'a dit autrefois des sottises; nous nous raccommodâmes; je lui jurai, par le Dieu vivant, que je lui pardonnerais; il m'a très-bien servi, il est de mon conseil privé; vous êtes sage, ne manquez pas de le faire tuer en traître.

SALOMON. — Votre volonté sera exécutée, mon cher père.

DAVID. — Va, tu seras le plus sage des rois, et le Seigneur te donnera mille femmes pour récompense : je me meurs! que je t'embrasse encore! Adieu.

BETHSABÉE. — Dieu merci, nous en voilà défaits.

UN OFFICIER. — Allons vite enterrer notre bon roi David.

TOUS ENSEMBLE. — Notre bon roi David, le modèle des princes, l'homme selon le cœur du Seigneur³!

ABISAG. — Que deviendrai-je, moi? qui réchaufferai-je?

SALOMON. — Viens çà, viens çà, tu seras plus contente de moi que de mon bonhomme de père.

1. *Rois*, III, chap. II. — 2. *Id., ibid.*
3. *The man after God's own heart.*

FIN DE SAÜL.

OLYMPIE[1].

TRAGÉDIE EN CINQ ACTES
(17 MARS 1764.)

PERSONNAGES.

CASSANDRE, fils d'Antipatre, roi de Macédoine.
ANTIGONE, roi d'une partie de l'Asie.
STATIRA, veuve d'Alexandre.
OLYMPIE, fille d'Alexandre et de Statira.
L'HIÉROPHANTE, ou grand prêtre, qui préside à la célébration des grands mystères.
SOSTÈNE, officier de Cassandre.
HERMAS, officier d'Antigone.
PRÊTRES.
INITIÉS.
PRÊTRESSES.
SOLDATS.
PEUPLE.

La scène est dans le temple d'Éphèse, où l'on célèbre les grands mystères. Le théâtre représente le temple, le péristyle, et la place qui conduit au temple.

ACTE PREMIER.

(Le fond du théâtre représente un temple dont les trois portes fermées sont ornées de larges pilastres : les deux ailes forment un vaste péristyle, Sostène est dans le péristyle, la grande porte s'ouvre. Cassandre, troublé et agité, vient à lui ; la grande porte se referme.)

SCÈNE I. — CASSANDRE, SOSTÈNE.

CASSANDRE.

Sostène, on va finir ces mystères terribles[2].
Cassandre espère enfin des dieux moins inflexibles :

---

1. *Avertissement des éditeurs de Kehl.* — Cette tragédie parut imprimée en 1763 ; elle fut jouée à Ferney, et sur le théâtre de l'électeur palatin. M. de Voltaire, alors âgé de soixante-neuf ans, la composa en six jours. *C'est l'ouvrage de six jours*, écrivait-il à un philosophe illustre, dont il voulait savoir l'opinion sur cette pièce. *L'auteur n'aurait pas dû se reposer le septième*, lui répondit son ami. *Aussi s'est-il repenti de son ouvrage*, répliqua M. de Voltaire, et quelque temps après il renvoya la pièce avec beaucoup de corrections.
Olympie a été traduite en italien et jouée à Venise, sur le théâtre de San-Salvator, avec un grand succès.

2. Ces mystères et ces expiations sont de la plus haute antiquité, et

ACTE I, SCÈNE I.

Mes jours seront plus purs, et mes sens moins troublés
Je respire.

SOSTÈNE.
Seigneur, près d'Éphèse assemblés,
Des guerriers qui servaient sous le roi votre père
Ont fait entre mes mains le serment ordinaire :
Déjà la Macédoine a reconnu vos lois;
De ses deux protecteurs Éphèse a fait le choix.
Cet honneur, qu'avec vous Antigone partage,
Est de vos grands destins un auguste présage :
Ce règne, qui commence à l'ombre des autels,
Sera béni des dieux, et chéri des mortels;
Ce nom d'initié, qu'on révère et qu'on aime,
Ajoute un nouveau lustre à la grandeur suprême.
Paraissez.

commençaient alors à devenir communs chez les Grecs. Philippe, père d'Alexandre, se fit initier aux mystères de la Samothrace avec la jeune Olympias, qu'il épousa depuis. C'est ce qu'on trouve dans Plutarque, au commencement de la vie d'Alexandre; et c'est ce qui peut servir à fonder l'initiation de Cassandre et d'Olympie.

Il est difficile de savoir chez quelle nation on inventa ces mystères. On les trouve établis chez les Perses, chez les Indiens, chez les Égyptiens, chez les Grecs. Il n'y a peut-être point d'établissement plus sage. La plupart des hommes, quand ils sont tombés dans de grands crimes, en ont naturellement des remords. Les législateurs qui établirent les mystères et les expiations, voulurent également empêcher les coupables repentants de se livrer au désespoir, et de retomber dans leurs crimes.

La créance de l'immortalité de l'âme était partout le fondement de ces cérémonies religieuses. Soit que la doctrine de la métempsycose fût admise, soit qu'on reçût celle de la réunion de l'esprit humain à l'esprit universel, soit que l'on crût, comme en Égypte, que l'âme serait un jour rejointe à son propre corps; en un mot, quelle que fût l'opinion dominante, celle des peines et des récompenses après la mort était universelle chez toutes les nations policées.

Il est vrai que les Juifs ne connurent point ces mystères, quoiqu'ils eussent pris beaucoup de cérémonies des Égyptiens. La raison en est que l'immortalité de l'âme était le fondement de la doctrine égyptienne, et n'était pas celui de la doctrine mosaïque. Le peuple grossier des Juifs, auquel Dieu daignait se proportionner, n'avait même aucun corps de doctrine; il n'avait pas une seule formule de prière générale établie par ses lois. On ne trouve, ni dans le Deutéronome, ni dans le Lévitique, qui sont les seules lois des Juifs, ni prière, ni dogme, ni créance de l'immortalité de l'âme, ni peines, ni récompenses après la mort. C'est ce qui les distinguait des autres peuples; et c'est ce qui prouve la divinité de la mission de Moïse, selon le sentiment de M. de Warburton, évêque de Worcester [de Glocester]. Ce prélat prétend que Dieu, daignant gouverner lui-même le peuple juif, et le récompensant ou le punissant par des bénédictions ou des peines temporelles, ne devait pas lui proposer le dogme de l'immortalité de l'âme, dogme admis chez tous les voisins de ce peuple.

Les Juifs furent donc presque les seuls dans l'antiquité chez qui les mystères furent inconnus. Zoroastre les avait apportés en Perse, Orphée en Thrace, Osiris en Égypte, Minos en Crète, Cyniras en Chypre, Érechthée dans Athènes. Tous différaient, mais tous étaient fondés sur la créance d'une vie à venir, et sur celle d'un seul Dieu. C'est surtout ce dogme de l'unité de l'Être suprême qui fit donner partout le nom de

CASSANDRE.

Je ne puis ; tes yeux seront témoins
De mes premiers devoirs, et de mes premiers soins
Demeure en ces parvis.... Nos augustes prêtresses
Présentent Olympie aux autels des déesses ;
Elle expie en secret, remise entre leurs bras,
Mes malheureux forfaits, qu'elle ne connaît pas.
D'aujourd'hui je commence une nouvelle vie.
Puisses-tu pour jamais, chère et tendre Olympie,
Ignorer ce grand crime avec peine effacé,
Et quel sang t'a fait naître, et quel sang j'ai versé!

SOSTÈNE.

Quoi! seigneur, une enfant vers l'Euphrate enlevée,
Jadis par votre père à servir réservée,
Sur qui vous étendiez tant de soins généreux,
Pourrait jeter Cassandre en ces troubles affreux!

mystères à ces cérémonies. On laissait le peuple adorer des dieux secondaires, des petits dieux, comme les appelle Ovide, *vulgus deorum* (*Vos quoque, plebs superum*. *Fauni, Satyrique, Laresque*. Ovide, *Ibis*, 81), c'est-à-dire les âmes des héros, que l'on croyait participantes de la Divinité, et des êtres mitoyens entre Dieu et nous. Dans toutes les célébrations des mystères en Grèce, soit à Eleusis, soit à Thèbes, soit dans la Samothrace, ou dans les autres îles, on chantait l'hymne d'Orphée :

« Marchez dans la voie de la justice, contemplez le seul maître du monde, le Démiourgos. Il est unique, il existe seul par lui-même, tous les autres êtres ne sont que par lui ; il les anime tous ; il n'a jamais été vu par des yeux mortels, et il voit au fond de nos cœurs. »

Dans presque toutes les célébrations de ces mystères, on représentait, sur une espèce de théâtre, une nuit à peine éclairée, et des hommes à moitié nus, errant dans ces ténèbres, poussant des gémissements et des plaintes, et levant les mains au ciel. Ensuite venait la lumière, et l'on voyait le Démiourgos, qui représentait le maître et le fabricateur du monde, consolant les mortels, et les exhortant à mener une vie pure.

Ceux qui avaient commis de grands crimes les confessaient à l'hiérophante, et juraient devant Dieu de n'en plus commettre. On les appelait dans toutes les langues d'un nom qui répond à *initiatus*, *initié*, *celui qui commence une nouvelle vie*, et qui entre en communication avec les dieux, c'est-à-dire avec les héros et les demi-dieux, qui ont mérité par leurs exploits bienfaisants d'être admis après leur mort auprès de l'Être suprême.

Ce sont là les particularités principales qu'on peut recueillir des anciens mystères, dans Platon, dans Cicéron, dans Porphyre, Eusèbe, Strabon, et d'autres.

Les parricides n'étaient point reçus à ces expiations; le crime était trop énorme. Suétone (*Néron*, xxxiv) rapporte que Néron, après avoir assassiné sa mère, ayant voyagé en Grèce, n'osa assister aux mystères d'Éleusine. Zosime (*Hist.*, II, ix) prétend que Constantin, après avoir fait mourir sa femme, son fils, son beau-père, et son neveu, ne put jamais trouver d'hiérophante qui l'admît à la participation des mystères.

On pourrait remarquer ici que Cassandre est précisément dans le cas où il doit être admis au nombre des initiés. Il n'est point coupable de l'empoisonnement d'Alexandre ; il n'a répandu le sang de Statira que dans l'horreur tumultueuse d'un combat, et en défendant son père. Ses remords sont plutôt d'une âme sensible et née pour la vertu, que d'un criminel qui craint la vengeance céleste.

ACTE I, SCÈNE I.

CASSANDRE.
Respecte cette esclave à qui tout doit hommage :
Du sort qui l'avilit je répare l'outrage.
Mon père eut ses raisons pour lui cacher le rang
Que devait lui donner la splendeur de son sang...
Que dis-je ? ô souvenir ! ô temps ! ô jour de crimes !
Il la comptait, Sostène, au nombre des victimes
Qu'il immolait alors à notre sûreté...
Nourri dans le carnage et dans la cruauté,
Seul je pris pitié d'elle, et je fléchis mon père ;
Seul je sauvai la fille, ayant frappé la mère.
Elle ignora toujours mon crime et ma fureur,
Olympie, à jamais conserve ton erreur !
Tu chéris dans Cassandre un bienfaiteur, un maître,
Tu me détesteras, si tu peux te connaître.

SOSTÈNE.
Je ne pénètre point ces étonnants secrets,
Et ne viens vous parler que de vos intérêts.
Seigneur, de tous ces rois que nous voyons prétendre
Avec tant de fureur au trône d'Alexandre,
L'inflexible Antigone est seul votre allié....

CASSANDRE.
J'ai toujours avec lui respecté l'amitié ;
Je lui serai fidèle.

SOSTÈNE.
Il doit aussi vous l'être :
Mais depuis qu'en ces murs nous le voyons paraître
Il semble qu'en secret un sentiment jaloux
Ait altéré son cœur, et l'éloigne de vous.

CASSANDRE.
(A part.)
Et qu'importe Antigone ?... O mânes d'Alexandre !
Mânes de Statira ! grande ombre ! auguste cendre !
Restes d'un demi-dieu, justement courroucés,
Mes remords et mes feux vous vengent-ils assez ?
Olympie, obtenez de leur ombre apaisée
Cette paix à mon cœur si longtemps refusée ;
Et que votre vertu, dissipant mon effroi,
Soit ici ma défense, et parle aux dieux pour moi....
Eh quoi ! vers ces parvis, à peine ouverts encore,
Antigone s'approche et devance l'aurore !

SCÈNE II. — CASSANDRE, SOSTÈNE, ANTIGONE, HERMAS.

ANTIGONE, à Hermas, au fond du théâtre.
Ce secret m'importune, il le faut arracher :
Je lirai dans son cœur ce qu'il croit me cacher.
Va, ne t'écarte pas.

CASSANDRE, *à Antigone.*
Quand le jour luit à peine,
Quel sujet si pressant près de moi vous amène?
ANTIGONE.
Nos intérêts, Cassandre; après que dans ces lieux
Vos expiations ont satisfait les dieux,
Il est temps de songer à partager la terre.
D'Éphèse en ces grands jours ils écartent la guerre:
Vos mystères secrets des peuples respectés
Suspendent la discorde et les calamités;
C'est un temps de repos pour les fureurs des princes:
Mais ce repos est court; et bientôt nos provinces
Retourneront en proie aux flammes, aux combats
Que ces dieux arrêtaient, et qu'ils n'éteignent pas.
Antipatre n'est plus : vos soins, votre courage,
Sans doute, achèveront son important ouvrage;
Il n'eût jamais permis que l'ingrat Séleucus,
Le Lagide insolent, le traître Antiochus,
D'Alexandre au tombeau dévorant les conquêtes,
Osassent nous braver et marcher sur nos têtes.
CASSANDRE.
Plût aux dieux qu'Alexandre à ces ambitieux
Fît du haut de son trône encor baisser les yeux!
Plût aux dieux qu'il vécût!
ANTIGONE.
Je ne puis vous comprendre;
Est-ce au fils d'Antipatre à pleurer Alexandre?
Qui peut vous inspirer un remords si pressant?
De sa mort, après tout, vous êtes innocent.
CASSANDRE.
Ah! j'ai causé sa mort.
ANTIGONE.
Elle était légitime :
Tous les Grecs demandaient cette grande victime;
L'univers était las de son ambition.
Athène, Athène même envoya le poison;
Perdiccas le reçut, on en chargea Cratère;
Il fut mis dans vos mains, des mains de votre père,
Sans qu'il vous confiât cet important dessein :
Vous étiez jeune encor; vous serviez au festin,
A ce dernier festin du tyran de l'Asie.
CASSANDRE.
Non, cessez d'excuser ce sacrilége impie.
ANTIGONE.
Ce sacrilége!... Eh quoi! vos esprits abattus
Érigent-ils en dieu l'assassin de Clitus,
Du grand Parménion le bourreau sanguinaire,

Ce superbe insensé qui, flétrissant sa mère,
Au rang du fils des dieux osa bien aspirer,
Et se déshonora pour se faire adorer ?
Seul il fut sacrilége ; et, lorsqu'à Babylone
Nous avons renversé ses autels et son trône,
Quand la coupe fatale a fini son destin,
On a vengé les dieux comme le genre humain.

CASSANDRE.

J'avouerai ses défauts ; mais, quoi qu'il en puisse être,
Il était un grand homme, et c'était notre maître.

ANTIGONE.

Un grand homme !!

CASSANDRE.

Oui, sans doute.

ANTIGONE.

Ah ! c'est notre valeur,
Notre bras, notre sang, qui fonda sa grandeur ;
Il ne fut qu'un ingrat.

CASSANDRE.

O mes dieux tutélaires !
Quels mortels ont été plus ingrats que nos pères ?
Tous ont voulu monter à ce superbe rang.
Mais de sa femme enfin pourquoi percer le flanc ?
Sa femme !... ses enfants !... Ah ! quel jour, Antigone !

ANTIGONE.

Après quinze ans entiers ce scrupule m'étonne.
Jaloux de ses amis, gendre de Darius,
Il devenait Persan ; nous étions les vaincus :
Auriez-vous donc voulu que, vengeant Alexandre,
La fière Statira, dans Babylone en cendre,
Soulevant ses sujets, nous eût immolés tous
Au sang de sa famille, au sang de son époux ?
Elle arma tout le peuple : Antipatre avec peine

---

1. Il est bon d'opposer ici le jugement de Plutarque sur Alexandre à tous les paradoxes et aux lieux communs qu'il a plu à Juvénal (Sat. x, 168-172 ; XIV, 311-14) et à ses imitateurs (Boileau, Sat. XII, 100-108) de débiter contre ce héros. Plutarque, dans sa belle comparaison d'Alexandre et de César, dit que « le héros de la Macédoine semblait né pour le bonheur du monde, et le héros romain pour sa ruine. » En effet, rien n'est plus juste que la guerre d'Alexandre, général de la Grèce, contre les ennemis de la Grèce, et rien de plus injuste que la guerre de César contre sa patrie.

Remarquez surtout que Plutarque ne décide qu'après avoir pesé les vertus et les vices d'Alexandre et de César. J'avoue que Plutarque, qui donne toujours la préférence aux Grecs, semble avoir été trop loin. Qu'aurait-il dit de plus de Titus, de Trajan, des Antonins, de Julien même, sa religion à part ? Voilà ceux qui paraissaient être nés pour le bonheur du monde, plutôt que le meurtrier de Clitus, de Callisthène, et de Parménion.

Echappa dans ce jour aux fureurs de la reine;
Vous sauvâtes un père.
CASSANDRE.
Il est vrai; mais enfin
La femme d'Alexandre a péri par ma main.
ANTIGONE.
C'est le sort des combats; le succès de nos armes
Ne doit point nous coûter de regrets et de larmes.
CASSANDRE.
J'en versai, je l'avoue, après ce coup affreux;
Et, couvert de ce sang auguste et malheureux,
Étonné de moi-même, et confus de la rage
Où mon père emporta mon aveugle courage,
J'en ai longtemps gémi.
ANTIGONE.
Mais quels motifs secrets
Redoublent aujourd'hui de si cuisants regrets?
Dans le cœur d'un ami j'ai quelque droit de lire:
Vous dissimulez trop.
CASSANDRE.
Ami..., que puis-je dire?
Croyez qu'il est des temps où le cœur combattu
Par un instinct secret revole à la vertu,
Où de nos attentats la mémoire passée
Revient avec horreur effrayer la pensée.
ANTIGONE.
Oubliez, croyez-moi, des meurtres expiés;
Mais que nos intérêts ne soient point oubliés:
Si quelque repentir trouble encor votre vie,
Repentez-vous surtout d'abandonner l'Asie
A l'insolente loi du traître Antiochus.
Que mes braves guerriers et vos Grecs invaincus
Une seconde fois fassent trembler l'Euphrate;
De tous ces nouveaux rois dont la grandeur éclate
Nul n'est digne de l'être, et dans ses premiers ans
N'a servi, comme nous, le vainqueur des Persans.
Tous nos chefs ont péri.
CASSANDRE.
Je le sais, et peut-être
Dieu les immola tous aux mânes de leur maître.
ANTIGONE.
Nous restons, nous vivons, nous devons rétablir
Ces débris tout sanglants qu'il nous faut recueillir:
Alexandre, en mourant, les laissait au plus digne;
Si j'ose les saisir, son ordre me désigne.
Assurez ma fortune ainsi que votre sort:
Le plus digne de tous, sans doute, est le plus fort.

Relevons de nos Grecs la puissance détruite;
Que jamais parmi nous la discorde introduite
Ne nous expose en proie à ces tyrans nouveaux,
Eux qui n'étaient pas nés pour marcher nos égaux.
Me le promettez-vous?

CASSANDRE.

Ami, je vous le jure;
Je suis prêt à venger notre commune injure.
Le sceptre de l'Asie est en d'indignes mains,
Et l'Euphrate et le Nil ont trop de souverains :
Je combattrai pour moi, pour vous, et pour la Grèce.

ANTIGONE.

J'en crois votre intérêt; j'en crois votre promesse;
Et surtout je me fie à la noble amitié
Dont le nœud respectable avec vous m'a lié.
Mais de cette amitié je vous demande un gage;
Ne me refusez pas.

CASSANDRE.

Ce doute est un outrage.
Ce que vous demandez est-il en mon pouvoir?
C'est un ordre pour moi, vous n'avez qu'à vouloir.

ANTIGONE.

Peut-être vous verrez avec quelque surprise
Le peu qu'à demander l'amitié m'autorise :
Je ne veux qu'une esclave.

CASSANDRE.

Heureux de vous servir,
Ils sont tous à vos pieds; c'est à vous de choisir.

ANTIGONE.

Souffrez que je demande une jeune étrangère[1]
Qu'aux murs de Babylone enleva votre père :
Elle est votre partage; accordez-moi ce prix
De tant d'heureux travaux pour vous-même entrepris.
Votre père, dit-on, l'avait persécutée;
J'aurai soin qu'en ma cour elle soit respectée :
Son nom est.... Olympie.

CASSANDRE.

Olympie!

ANTIGONE.

Oui, seigneur.

CASSANDRE, à part.

De quels traits imprévus il vient percer mon cœur!...
Que je livre Olympie!

ANTIGONE.

Écoutez; je me flatte
Que Cassandre envers moi n'a point une âme ingrate :

---

1. L'acteur doit ici regarder attentivement Cassandre.

Sur les moindres objets un refus peut blesser,
Et vous ne voulez pas sans doute m'offenser?
          CASSANDRE.
Non; vous verrez bientôt cette jeune captive;
Vous-même jugerez s'il faut qu'elle vous suive,
S'il peut m'être permis de la mettre en vos mains.
Ce temple est interdit aux profanes humains;
Sous les yeux vigilants des dieux et des déesses,
Olympie est gardée au milieu des prêtresses.
Les portes s'ouvriront quand il en sera temps.
Dans ce parvis ouvert au reste des vivants,
Sans vous plaindre de moi, daignez au moins m'attendre:
Des mystères nouveaux pourront vous y surprendre;
Et vous déciderez si la terre a des rois
Qui puissent asservir Olympie à leurs lois.
          (Il rentre dans le temple, et Sostène sort.)

SCÈNE III. — ANTIGONE, HERMAS, *dans le péristyle.*

          HERMAS.
Seigneur, vous m'étonnez : quand l'Asie en alarmes
Voit cent trônes sanglants disputés par les armes,
Quand des vastes États d'Alexandre au tombeau
La fortune prépare un partage nouveau,
Lorsque vous prétendez au souverain empire,
Une esclave est l'objet où ce grand cœur aspire!
          ANTIGONE.
Tu dois t'en étonner. J'ai des raisons, Hermas,
Que je n'ose encor dire, et qu'on ne connaît pas :
Le sort de cette esclave est important peut-être
A tous les rois d'Asie, à quiconque veut l'être,
A quiconque en son sein porte un assez grand cœur
Pour oser d'Alexandre être le successeur.
Sur le nom de l'esclave et sur ses aventures
J'ai formé dès longtemps d'étranges conjectures :
J'ai voulu m'éclaircir; mes yeux dans ces remparts
Ont quelquefois sur elle arrêté leurs regards;
Ses traits, les lieux, le temps où le ciel la fit naître,
Les respects étonnants que lui prodigue un maître,
Les remords de Cassandre, et ses obscurs discours,
A ces soupçons secrets ont prêté des secours.
Je crois avoir percé ce ténébreux mystère.
          HERMAS.
On dit qu'il la chérit, et qu'il l'élève en père.
          ANTIGONE.
Nous verrons.... Mais on ouvre, et ce temple sacré
Nous découvre un autel de guirlandes paré :

Je vois des deux côtés les prêtresses paraître;
Au fond du sanctuaire est assis le grand-prêtre;
Olympie et Cassandre arrivent à l'autel!

SCÈNE IV. — *Les trois portes du temple sont ouvertes. On découvre tout l'intérieur. Les* PRÊTRES *d'un côté, et les* PRÊTRESSES *de l'autre, s'avancent lentement. Ils sont tous vêtus de robes blanches, avec des ceintures bleues dont les bouts pendent à terre.* CASSANDRE *et* OLYMPIE *mettent la main sur l'autel;* ANTIGONE *et* HERMAS *restent dans le péristyle, avec une partie du* PEUPLE, *qui entre par les côtés*[1].

CASSANDRE.

Dieu des rois et des dieux, être unique, éternel!
Dieu qu'on m'a fait connaître en ces fêtes augustes,
Qui punis les pervers, et qui soutiens les justes,
Près de qui les remords effacent les forfaits,
Confirme, Dieu clément, les serments que je fais!

---

1. Ce spectacle ferait peut-être un bel effet au théâtre, si jamais la pièce pouvait être représentée. Ce n'est pas qu'il y ait aucun mérite à faire paraître des prêtres et des prêtresses, un autel, des flambeaux, et toute la cérémonie d'un mariage : cet appareil, au contraire, ne serait qu'une misérable ressource, si d'ailleurs il n'excitait pas un grand intérêt, s'il ne formait pas une situation, s'il ne produisait pas de l'étonnement et de la colère dans Antigone, s'il n'était pas lié avec les desseins de Cassandre, s'il ne servait à expliquer le véritable sujet de ses expiations. C'est tout cela ensemble qui forme une situation. Tout appareil dont il ne résulte rien est puéril. Qu'importe la décoration au mérite d'un poëme? Si le succès dépendait de ce qui frappe les yeux, il n'y aurait qu'à montrer des tableaux mouvants. La partie qui regarde la pompe du spectacle est sans doute la dernière: on ne doit pas la négliger, mais il ne faut pas trop s'y attacher.

Il faut que les situations théâtrales forment des tableaux animés. Un peintre qui met sur la toile la cérémonie d'un mariage, n'aura fait qu'un tableau assez commun, s'il n'a peint que deux époux, un autel, et des assistants; mais s'il y ajoute un homme dans l'attitude de l'étonnement et de la colère, qui contraste avec la joie des deux époux, son ouvrage aura de la vie et de la force. Ainsi, au second acte, Statira qui embrasse Olympie avec des larmes de joie, et l'hiérophante attendri et affligé; ainsi, au troisième acte, Cassandre reconnaissant Statira avec effroi, et Olympie dans l'embarras et dans la douleur; ainsi, au quatrième acte, Olympie au pied d'un autel, désespérée de sa faiblesse, et repoussant Cassandre qui se jette à ses genoux; ainsi, au cinquième, la même Olympie s'élançant dans le bûcher, aux yeux de ses amants épouvantés et des prêtres, qui, tous ensemble, sont dans cette attitude douloureuse, empressée, égarée, qui annonce une marche précipitée, les bras étendus, et prêts à courir au secours : toutes ces peintures vivantes, formées par des acteurs pleins d'âme et de feu, pourraient donner au moins quelque idée de l'excès où peuvent être poussées la terreur et la pitié, qui sont le seul but, la seule constitution de la tragédie. Mais il faudrait un ouvrage dramatique qui, étant susceptible de toutes ces hardiesses, eût aussi les beautés qui rendent ces hardiesses respectables.

Si le cœur n'est pas ému par la beauté des vers, par la vérité des sen-

Recevez ces serments, adorable Olympie;
Je soumets à vos lois et mon trône et ma vie,
Je vous jure un amour aussi pur, aussi saint,
Que ce feu de Vesta qui n'est jamais éteint ¹.
Et vous, filles des cieux, vous, augustes prêtresses,
Portez avec l'encens mes vœux et mes promesses
Au trône de ces dieux qui daignent m'écouter,
Et détournez les traits que je peux mériter.
OLYMPIE.
Protégez à jamais, ô dieux en qui j'espère,
Le maître généreux qui m'a servi de père,
Mon amant adoré, mon respectable époux;
Qu'il soit toujours chéri, toujours digne de vous!
Mon cœur vous est connu. Son rang et sa couronne
Sont les moindres des biens que son amour me donne
Témoins des tendres feux à mon cœur inspirés,
Soyez-en les garants, vous qui les consacrez;
Qu'il m'apprenne à vous plaire, et que votre justice
Me prépare aux enfers un éternel supplice,
Si j'oublie un moment, infidèle à vos lois,
Et l'état où je fus, et ce que je lui dois.
CASSANDRE.
Rentrons au sanctuaire où mon bonheur m'appelle.
Prêtresses, disposez la pompe solennelle
Par qui mes jours heureux vont commencer leur cours;
Sanctifiez ma vie, et nos chastes amours.
J'ai vu les dieux au temple, et je les vois en elle;
Qu'ils me haïssent tous, si je suis infidèle!...
Antigone, en ces lieux vous m'avez entendu;
Aux vœux que vous formiez ai-je assez répondu?
Vous-même prononcez si vous deviez prétendre
A voir entre vos mains l'esclave de Cassandre :
Sachez que ma couronne et toute ma grandeur
Sont de faibles présents, indignes de son cœur.

timents, les yeux ne seront pas contents de ces spectacles prodigués;
et, loin de les applaudir, on les tournera en ridicule, comme de vains
suppléments qui ne peuvent jamais remplacer le génie de la poésie.
Il est à croire que c'est cette crainte du ridicule qui a presque toujours resserré la scène française dans le petit cercle des dialogues, des
monologues, et des récits. Il nous a manqué de l'action; c'est un défaut que les étrangers nous reprochent, et dont nous osons à peine nous
corriger. On ne présente cette tragédie aux amateurs que comme une
esquisse légère et imparfaite d'un genre absolument nécessaire.

1. Le feu de Vesta était allumé dans presque tous les temples de la
terre connue. Vesta signifiait *feu* chez les anciens Perses, et tous les
savants en conviennent. Il est à croire que les autres nations firent une
divinité de ce feu, que les Perses ne regardèrent jamais que comme le
symbole de la divinité. Ainsi, une erreur de nom produisit la déesse
Vesta, comme elle a produit tant d'autres choses.

Quelque étroite amitié qui tous deux nous unisse,
Jugez si j'ai dû faire un pareil sacrifice.
(Ils rentrent dans le temple; les portes se ferment, le peuple sort
du parvis.)

SCÈNE V. — ANTIGONE, HERMAS, dans le péristyle.

ANTIGONE.

Va, je n'en doute plus, et tout m'est découvert ;
Il m'a voulu braver ; mais sois sûr qu'il se perd.
Je reconnais en lui la fougueuse imprudence
Qui tantôt sert les dieux, et tantôt les offense ;
Ce caractère ardent qui joint la passion
Avec la politique et la religion ;
Prompt, facile, superbe, impétueux, et tendre,
Prêt à se repentir, prêt à tout entreprendre.
Il épouse une esclave ! Ah ! tu peux bien penser
Que l'amour à ce point ne saurait l'abaisser :
Cette esclave est d'un sang que lui-même il respecte.
De ses desseins cachés la trame est trop suspecte ;
Il se flatte en secret qu'Olympie a des droits
Qui pourront l'élever au rang de roi des rois.
S'il n'était qu'un amant, il m'eût fait confidence
D'un feu qui l'emportait à tant de violence.
Va, tu verras bientôt succéder sans pitié
Une haine implacable à sa faible amitié.

HERMAS.

A son cœur égaré vous imputez peut-être
Des desseins plus profonds que l'amour n'en fait naître ;
Dans nos grands intérêts souvent nos actions
Sont, vous le savez trop, l'effet des passions ;
On se déguise en vain leur pouvoir tyrannique,
Le faible quelquefois passe pour politique ;
Et Cassandre n'est pas le premier souverain
Qui chérit une esclave et lui donna la main ;
J'ai vu plus d'un héros, subjugué par sa flamme,
Superbe avec les rois, faible avec une femme.

ANTIGONE.

Tu ne dis que trop vrai ; je pèse tes raisons ;
Mais tout ce que j'ai vu confirme mes soupçons.
Te le dirai-je enfin ? les charmes d'Olympie
Peut-être dans mon cœur portent la jalousie.
Tu n'entrevois que trop mes sentiments secrets :
L'amour se joint peut-être à ces grands intérêts ;
Plus que je ne pensais leur union me blesse.
Cassandre est-il le seul en proie à la faiblesse ?

HERMAS.

Mais il comptait sur vous. Les titres les plus saints

Ne pourront-ils jamais unir les souverains?
L'alliance, les dons, la fraternité d'armes,
Vos périls partagés, vos communes alarmes,
Vos serments redoublés, tant de soins, tant de vœux,
N'auraient-ils donc servi qu'au malheur de tous deux?
De la sainte amitié n'est-il donc plus d'exemples?
ANTIGONE.
L'amitié, je le sais, dans la Grèce a des temples;
L'intérêt n'en a point, mais il est adoré.
D'ambition, sans doute, et d'amour enivré,
Cassandre m'a trompé sur le sort d'Olympie :
De mes yeux éclairés Cassandre se défie;
Il n'a que trop raison. Va, peut-être aujourd'hui
L'objet de tant de vœux n'est pas encore à lui
HERMAS.
Il a reçu sa main.... Cette enceinte sacrée
Voit déjà de l'hymen la pompe préparée;
(Les initiés, les prêtres et les prêtresses traversent le fond de la scène, ayant des palmes ornées de fleurs dans les mains.)
Tous les initiés, de leurs prêtres suivis,
Les palmes dans les mains, inondent ces parvis,
Et l'amour le plus tendre en ordonne la fête.
ANTIGONE.
Non, te dis-je; on pourra lui ravir sa conquête....
Viens, je confierai tout à ton zèle, à ta foi;
J'aurai les lois, les dieux, et les peuples pour moi.
Fuyons pour un moment ces pompes qui m'outragent.
Entrons dans la carrière où mes desseins m'engagent.
Arrosons, s'il le faut, ces asiles si saints,
Moins du sang des taureaux que du sang des humains.

ACTE SECOND.

SCENE I. — L'HIÉROPHANTE, LES PRÊTRES, LES PRÊTRESSES.

(Quoique cette scène et beaucoup d'autres se passent dans l'intérieur du temple, cependant, comme les théâtres sont rarement construits d'une manière favorable à la voix, les acteurs sont obligés d'avancer dans le péristyle ; mais les trois portes du temple, ouvertes, désignent qu'on est dans le temple.)

L'HIÉROPHANTE.
Quoi! dans ces jours sacrés! quoi! dans ce temple auguste
Où dieu pardonne au crime, et console le juste,
Une seule prêtresse oserait nous priver
Des expiations qu'elle doit achever!
Quoi! d'un si saint devoir Arzane se dispense?

ACTE II, SCÈNE I.

UNE PRÊTRESSE [1].

Arzane en sa retraite, obstinée au silence,
Arrosant de ses pleurs les images des dieux,
Seigneur, vous le savez, se cache à tous les yeux;
En proie à ses chagrins, de langueurs affaiblie,
Elle implore la fin d'une mourante vie.

L'HIÉROPHANTE.

Nous plaignons son état, mais il faut obéir;
Un moment aux autels elle pourra servir.
Depuis que dans ce temple elle s'est enfermée,
Ce jour est le seul jour où le sort l'a nommée :
Qu'on la fasse venir [2]. La volonté du ciel
Demande sa présence, et l'appelle à l'autel.
De guirlandes de fleurs par elle couronnée,
Olympie en triomphe aux dieux sera menée.
Cassandre, initié dans nos secrets divins,
Sera purifié par ses augustes mains.
Tout doit être accompli. Nos rites, nos mystères,
Ces ordres que les dieux ont donnés à nos pères,
Ne peuvent point changer, ne sont point incertains
Comme ces faibles lois qu'inventent les humains.

SCÈNE II. — L'HIÉROPHANTE, PRÊTRES, PRÊTRESSES, STATIRA.

L'HIÉROPHANTE, à Statira.

Venez, vous ne pouvez, à vous-même contraire,
Refuser de remplir votre saint ministère.
Depuis l'instant sacré qu'en cet asile heureux
Vous avez prononcé d'irrévocables vœux,
Ce grand jour est le seul où Dieu vous a choisie
Pour annoncer ses lois aux vainqueurs de l'Asie.
Soyez digne du Dieu que vous représentez.

STATIRA, couverte d'un voile qui accompagne son visage sans le cacher, et vêtue comme les autres prêtresses.

O ciel! après quinze ans qu'en ces murs écartés,
Dans l'ombre du silence, au monde inaccessible,
J'avais enseveli ma destinée horrible,
Pourquoi me tires-tu de mon obscurité?
Tu veux me rendre au jour, à la calamité....

(A l'hiérophante.)

Ah! seigneur, en ces lieux lorsque je suis venue,
C'était pour y pleurer, pour mourir inconnue,
Vous le savez.

---

1. Ce rôle doit être joué par la prêtresse inférieure, qui est attachée à Statira.
2. La prêtresse inférieure va chercher Arzane.

L'HIÉROPHANTE.
          Le ciel vous prescrit d'autres lois;
Et quand vous présidez pour la première fois
Aux pompes de l'hymen, à notre grand mystère,
Votre nom, votre rang, ne peuvent plus se taire;
Il faut parler.
          STATIRA.
          Seigneur, qu'importe qui je sois ?
Le sang le plus abject, le sang des plus grands rois,
Ne sont-ils pas égaux devant l'Être suprême ?
On est connu de lui bien plus que de soi-même.
De grands noms autrefois avaient pu me flatter;
Dans la nuit de la tombe il les faut emporter.
Laissez-moi pour jamais en perdre la mémoire.
          L'HIÉROPHANTE.
Nous renonçons sans doute à l'orgueil, à la gloire,
Nous pensons comme vous ; mais la Divinité
Exige un aveu simple, et veut la vérité.
Parlez.... Vous frémissez !
          STATIRA.
          Vous frémirez vous-même....
(Aux prêtres et aux prêtresses.)
Vous qui servez d'un Dieu la majesté suprême,
Qui partagez mon sort, à son culte attachés,
Qu'entre vous et ce Dieu mes secrets soient cachés !
          L'HIÉROPHANTE
Nous vous le jurons tous.
          STATIRA.
          Avant que de m'entendre
Dites-moi s'il est vrai que le cruel Cassandre
Soit ici dans le rang de nos initiés ?
          L'HIÉROPHANTE.
Oui, madame.
          STATIRA.
          Il a vu ses forfaits expiés !...
          L'HIÉROPHANTE.
Hélas ! tous les humains ont besoin de clémence.
Si Dieu n'ouvrait ses bras qu'à la seule innocence,
Qui viendrait dans ce temple encenser les autels ?
Dieu fit du repentir la vertu des mortels.
Ce juge paternel voit du haut de son trône
La terre trop coupable, et sa bonté pardonne.
          STATIRA.
Eh bien ! si vous savez pour quel excès d'horreur
Il demande sa grâce et craint un Dieu vengeur;
Si vous êtes instruit qu'il fit périr son maître;
Et quel maître, grands dieux ! si vous pouvez connaître

Quel sang il répandit dans nos murs enflammés,
Quand aux yeux d'Alexandre, à peine encor fermés,
Ayant osé percer sa veuve gémissante,
Sur le corps d'un époux il la jeta mourante;
Vous serez plus surpris lorsque vous apprendrez
Des secrets jusqu'ici de la terre ignorés.
Cette femme élevée au comble de la gloire,
Dont la Perse sanglante honore la mémoire,
Veuve d'un demi-dieu, fille de Darius....
Elle vous parle ici, ne l'interrogez plus [1].
(Les prêtres et les prêtresses élèvent les mains, et s'inclinent.)

L'HIÉROPHANTE.

O dieux! qu'ai-je entendu? dieux, que le crime outrage,
De quels coups vous frappez ceux qui sont votre image!
Statira dans ce temple! Ah! souffrez qu'à genoux,
Dans mes profonds respects....

STATIRA.

Grand prêtre, levez-vous.
Je ne suis plus pour vous la maîtresse du monde;
Ne respectez ici que ma douleur profonde.

1. Non-seulement les défauts de cette tragédie ont empêché l'auteur d'oser la faire jouer sur le théâtre de Paris; mais la crainte que le peu de beautés qui peut y être ne fût exposé à la raillerie, a retenu l'auteur encore plus que ses défauts. La même légèreté qui fit condamner *Athalie* pendant plus de vingt années, par ce même peuple qui applaudissait à la *Judith* de Boyer, les mêmes prétextes qui servirent à jeter du ridicule sur un prêtre et sur un enfant, peuvent subsister aujourd'hui. Il est à croire qu'on dirait: « Voilà une tragédie jouée dans un couvent; Statira est religieuse, Cassandre a fait une confession générale, l'hiérophante est un directeur, etc. »

Mais aussi il se trouvera des lecteurs éclairés et sensibles qui pourront être attendris de ces mêmes ressemblances, dans lesquelles d'autres ne trouveront que des sujets de plaisanterie. Il n'y a point de royaume en Europe qui n'ait vu des reines s'ensevelir, les derniers jours de leur vie, dans des monastères, après les plus horribles catastrophes. Il y avait de ces asiles chez les anciens, comme parmi nous. La Calprenède (dans son roman intitulé *Cassandre*) fait retrouver Statira dans un puits; ne vaut-il pas mieux la retrouver dans un temple?

Quant à la confession de ses fautes dans les cérémonies de la religion, elle est de la plus haute antiquité, et est expressément ordonnée par les lois de Zoroastre, qu'on trouve dans le *Sadder*. Les initiés n'étaient point admis aux mystères sans avoir exposé le secret de leurs cœurs en présence de l'Être suprême. S'il y a quelque chose qui console les hommes sur la terre, c'est de pouvoir être réconcilié avec le ciel et avec soi-même. En un mot, on a tâché de représenter ici ce que les malheurs des grands de la terre ont jamais eu de plus terrible, et ce que la religion ancienne a jamais eu de plus consolant et de plus auguste. Si ces mœurs, ces usages, ont quelque conformité avec les nôtres, ils doivent porter plus de terreur et de pitié dans nos âmes.

Il y a quelquefois dans le cloître je ne sais quoi d'attendrissant et d'auguste. La comparaison que fait secrètement le lecteur entre le silence de ces retraites et le tumulte du monde, entre la piété paisible qu'on suppose y régner, et les discordes sanglantes qui désolent la terre, émeut et transporte une âme vertueuse et sensible.

Des grandeurs d'ici-bas voyez quel est le sort.
Ce qu'éprouva mon père au moment de sa mort,
Dans Babylone en sang je l'éprouvai de même.
Darius, roi des rois, privé du diadème,
Fuyant dans des déserts, errant, abandonné,
Par ses propres amis se vit assassiné;
Un étranger, un pauvre, un rebut de la terre,
De ses derniers moments soulagea la misère.
(Montrant la prêtresse inférieure.)
Voyez-vous cette femme étrangère en ma cour?
Sa main, sa seule main m'a conservé le jour;
Seule elle me tira de la foule sanglante
Où mes lâches amis me laissaient expirante.
Elle est Éphésienne, elle guida mes pas
Dans cet auguste asile, au bout de mes Etats.
Je vis par mille mains ma dépouille arrachée,
De mourants et de morts la campagne jonchée;
Les soldats d'Alexandre érigés tous en rois,
Et les larcins publics appelés grands exploits.
J'eus en horreur le monde et les maux qu'il enfante,
Loin de lui pour jamais je m'enterrai vivante.
Je pleure, je l'avoue, une fille, une enfant
Arrachée à mes bras sur mon corps tout sanglant.
Cette étrangère ici me tient lieu de famille.
J'ai perdu Darius, Alexandre, et ma fille;
Dieu seul me reste.

L'HIÉROPHANTE.
Hélas! qu'il soit donc votre appui!
Du trône où vous étiez, vous montez jusqu'à lui;
Son temple est votre cour : soyez-y plus heureuse
Que dans cette grandeur auguste et dangereuse,
Sur ce trône terrible, et par vous oublié,
Devenu pour la terre un objet de pitié.

STATIRA.
Ce temple quelquefois, seigneur, m'a consolée;
Mais vous devez sentir l'horreur qui m'a troublée
En voyant que Cassandre y parle aux mêmes dieux
Contre sa tête impie implorés par mes vœux.

L'HIÉROPHANTE.
Le sacrifice est grand; je sens trop ce qu'il coûte;
Mais notre loi vous parle; et votre cœur l'écoute :
Vous l'avez embrassée.

STATIRA.
Aurais-je pu prévoir
Qu'elle dût m'imposer cet horrible devoir?
Je sens que de mes jours, usés dans l'amertume,
Le flambeau pâlissant s'éteint et se consume;

ACTE II, SCÈNE II.

Et ces derniers moments que Dieu veut me donner,
A quoi vont-ils servir ?

L'HIÉROPHANTE.
Peut-être à pardonner.
Vous-même vous avez tracé votre carrière ;
Marchez-y sans jamais regarder en arrière.
Les mânes, affranchis d'un corps vil et mortel,
Goûtent sans passions un repos éternel ;
Un nouveau jour leur luit ; ce jour est sans nuage ;
Ils vivent pour les dieux : tel est notre partage.
Une retraite heureuse amène au fond des cœurs
L'oubli des ennemis et l'oubli des malheurs.

STATIRA.
Il est vrai, je fus reine, et ne suis que prêtresse ;
Dans mon devoir affreux soutenez ma faiblesse.
Que faut-il que je fasse ?

L'HIÉROPHANTE.
Olympie à genoux
Doit d'abord en ces lieux se jeter devant vous ;
C'est à vous de bénir cet illustre hyménée.

STATIRA.
Je vais la préparer à vivre infortunée ;
C'est le sort des humains.

L'HIÉROPHANTE.
Le feu sacré, l'encens,
L'eau lustrale, les dons offerts aux dieux puissants,
Tout sera présenté par vos mains respectables.

STATIRA.
Et pour qui, malheureuse ! Ah ! mes jours déplorables
Jusqu'au dernier moment sont-ils chargés d'horreur ?
J'ai cru dans la retraite éviter mon malheur ;
Le malheur est partout, je m'étais abusée :
Allons, suivons la loi par moi-même imposée.

L'HIÉROPHANTE.
Adieu : je vous admire autant que je vous plains.
Elle vient près de vous.
(Il sort.)

SCÈNE III. — STATIRA, OLYMPIE.

(Le théâtre tremble.)

STATIRA.
Lieux funèbres et saints,
Vous frémissez !... J'entends un horrible murmure ;
Le temple est ébranlé !... Quoi ! toute la nature
S'émeut à son aspect ! et mes sens éperdus
Sont dans le même trouble, et restent confondus !

OLYMPIE, *effrayée*.

Ah! madame!

STATIRA.
                Approchez, jeune et tendre victime;
Cet augure effrayant semble annoncer le crime;
Vos attraits semblent nés pour la seule vertu.

OLYMPIE.
Dieux justes, soutenez mon courage abattu!
Et vous, de leurs décrets auguste confidente,
Daignez conduire ici ma jeunesse innocente;
Je suis entre vos mains, dissipez mon effroi.

STATIRA.
Ah! j'en ai plus que vous!... Ma fille, embrassez-moi....
Du sort de votre époux êtes-vous informée?
Quel est votre pays? quel sang vous a formée?

OLYMPIE.
Humble dans mon état, je n'ai point attendu
Ce rang où l'on m'élève, et qui ne m'est pas dû.
Cassandre est roi, madame; il daigna dans la Grèce
A la cour de son père élever ma jeunesse.
Depuis que je tombai dans ses augustes mains,
J'ai vu toujours en lui le plus grand des humains.
Je chéris un époux; et je révère un maître.
Voilà mes sentiments, et voilà tout mon être.

STATIRA.
Qu'aisément, juste ciel, on trompe un jeune cœur!
De l'innocence en vous que j'aime la candeur!
Cassandre a donc pris soin de votre destinée?
Quoi! d'un prince ou d'un roi vous ne seriez pas née?

OLYMPIE.
Pour aimer la vertu, pour en suivre les lois,
Faut-il donc être né dans la pourpre des rois?

STATIRA.
Non, je ne vois que trop le crime sur le trône.

OLYMPIE.
Je n'étais qu'une esclave.

STATIRA.
                Un tel destin m'étonne.
Les dieux sur votre front, dans vos yeux, dans vos traits,
Ont placé la noblesse ainsi que les attraits
Vous esclave!

OLYMPIE.
            Antipatre, en ma première enfance,
Par le sort des combats me tint sous sa puissance :
Je dois tout à son fils.

STATIRA.
            Ainsi vos premiers jours

ACTE II, SCÈNE III.

Ont senti l'infortune, et vu finir son cours!
Et la mienne a duré tout le temps de ma vie!...
En quels temps, en quels lieux fûtes-vous poursuivie
Par cet affreux destin qui vous mit dans les fers?

OLYMPIE.
On dit que d'un grand roi, maître de l'univers,
On termina la vie, on disputa le trône,
On déchira l'empire, et que dans Babylone
Cassandre conserva mes jours infortunés,
Dans l'horreur du carnage au glaive abandonnés.

STATIRA.
Quoi! dans ces temps marqués par la mort d'Alexandre,
Captive d'Antipatre, et soumise à Cassandre?

OLYMPIE.
C'est tout ce que j'ai su. Tant de malheurs passés
Par mon bonheur nouveau doivent être effacés.

STATIRA.
Captive à Babylone!... Ô puissance éternelle!
Vous faites-vous un jeu des pleurs d'une mortelle?
Le lieu, le temps, son âge, ont excité dans moi
La joie et les douleurs, la tendresse et l'effroi.
Ne me trompé-je point? Le ciel sur son visage
Du héros mon époux semble imprimer l'image....

OLYMPIE.
Que dites-vous?

STATIRA.
            Hélas! tels étaient ses regards
Quand, moins fier et plus doux, loin des sanglants hasards,
Relevant ma famille au glaive dérobée,
Il la remit au rang dont elle était tombée,
Quand sa main se joignit à ma tremblante main.
Illusion trop chère, espoir flatteur et vain!
Serait-il bien possible?... Écoutez-moi, princesse;
Ayez quelque pitié du trouble qui me presse.
N'avez-vous d'une mère aucun ressouvenir?

OLYMPIE.
Ceux qui de mon enfance ont pu m'entretenir
M'ont tous dit qu'en ce temps de trouble et de carnage,
Au sortir du berceau, je fus en esclavage.
D'une mère jamais je n'ai connu l'amour;
J'ignore qui je suis, et qui m'a mise au jour....
Hélas! vous soupirez, vous pleurez, et mes larmes
Se mêlent à vos pleurs, et j'y trouve des charmes....
Eh quoi! vous me serrez dans vos bras languissants!
Vous faites pour parler des efforts impuissants!
Parlez-moi.

STATIRA.
Je ne puis.... je succombe.... Olympie!
Le trouble que je sens va me coûter la vie.

SCÈNE IV. — STATIRA, OLYMPIE, L'HIÉROPHANTE.

L'HIÉROPHANTE.
O prêtresse des dieux! ô reine des humains!
Quel changement nouveau dans vos tristes destins!
Que nous faudra-t-il faire et qu'allez-vous entendre?

STATIRA.
Des malheurs : je suis prête, et je dois tout attendre.

L'HIÉROPHANTE.
C'est le plus grand des biens, d'amertume mêlé;
Mais il n'en est point d'autre. Antigone troublé,
Antigone, les siens, le peuple, les armées,
Toutes les voix enfin, par le zèle animées,
Tout dit que cet objet à vos yeux présenté,
Qui longtemps comme vous fut dans l'obscurité,
Que vos royales mains vont unir à Cassandre,
Qu'Olympie....

STATIRA.
Achevez..

L'HIÉROPHANTE.
Est fille d'Alexandre.

STATIRA, *courant embrasser Olympie*.
Ah! mon cœur déchiré me l'a dit avant vous,
O ma fille! ô mon sang! ô nom fatal et doux!
De vos embrassements faut-il que je jouisse,
Lorsque par votre hymen vous faites mon supplice!

OLYMPIE.
Quoi! vous seriez ma mère, et vous en gémissez!

STATIRA.
Non, je bénis les dieux trop longtemps courroucés;
Je sens trop la nature et l'excès de ma joie;
Mais le ciel me ravit le bonheur qu'il m'envoie :
Il te donne à Cassandre!

OLYMPIE.
Ah! si dans votre flanc
Olympie a puisé la source de son sang,
Si j'en crois mon amour, si vous êtes ma mère
Le généreux Cassandre a-t-il pu vous déplaire?

L'HIÉROPHANTE.
Oui, vous êtes son sang vous n'en pouvez douter;
Cassandre enfin l'avoue, il vient de l'attester.
Puissiez-vous toutes deux avec lui réunies
Concilier enfin deux races ennemies!

ACTE II, SCÈNE V

OLYMPIE.
Qui ? lui ? votre ennemi ! tel serait mon malheur !

STATIRA.
D'Alexandre ton père il est l'empoisonneur.
Au sein de Statira dont tu tiens la naissance,
Dans ce sein malheureux qui nourrit ton enfance,
Que tu viens d'embrasser pour la première fois,
Il plongea le couteau dont il frappa les rois.
Il me poursuit enfin jusqu'au temple d'Éphèse ;
Il y brave les dieux, et feint qu'il les apaise !
A mes bras maternels il ose te ravir ;
Et tu peux demander si je dois le haïr !

OLYMPIE.
Quoi ! d'Alexandre ici le ciel voit la famille !
Quoi ! vous êtes sa veuve ! Olympie est sa fille !
Et votre meurtrier, ma mère, est mon époux !
Je ne suis dans vos bras qu'un objet de courroux !
Quoi ! cet hymen si cher était un crime horrible !

L'HIÉROPHANTE.
Espérez dans le ciel.

OLYMPIE.
                Ah ! sa haine inflexible
D'aucune ombre d'espoir ne peut flatter mes vœux ;
Il m'ouvrait un abîme en éclairant mes yeux.
Je vois ce que je suis, et ce que je dois être.
Le plus grand de mes maux est donc de me connaître !
Je devais, à l'autel où vous nous unissiez,
Expirer en victime, et tomber à vos pieds.

SCÈNE V. — STATIRA, OLYMPIE, L'HIÉROPHANTE,
UN PRÊTRE.

LE PRÊTRE.
On menace le temple, et les divins mystères
Sont bientôt profanés par des mains téméraires ;
Les deux rois désunis disputent à nos yeux
Le droit de commander où commandent les dieux.
Voilà ce qu'annonçaient ces voûtes gémissantes,
Et sous nos pieds craintifs nos demeures tremblantes.
Il semble que le ciel veuille nous informer
Que la terre l'offense, et qu'il faut le calmer !
Tout un peuple éperdu, que la discorde excite,
Vers les parvis sacrés vole et se précipite ;
Éphèse est divisée entre deux factions.
Nous ressemblons bientôt aux autres nations.
La sainteté, la paix, les mœurs, vont disparaître ;
Les rois l'emporteront, et nous aurons un maître.

L'HIÉROPHANTE.

Ah! qu'au moins loin de nous ils portent leurs forfaits!
Qu'ils laissent sur la terre un asile de paix!
Leur intérêt l'exige.... Ô mère auguste et tendre,
Et vous.... dirai-je, hélas! l'épouse de Cassandre?
Aux pieds de ces autels vous pouvez vous jeter,
Aux rois audacieux je vais me présenter;
Je connais le respect qu'on doit à leur couronne;
Mais ils en doivent plus à ce Dieu qui la donné.
S'ils prétendent régner, qu'ils ne l'irritent pas.
Nous sommes, je le sais, sans armes, sans soldats,
Nous n'avons que nos lois, voilà notre puissance.
Dieu seul est mon appui, son temple est ma défense;
Et, si la tyrannie osait en approcher,
C'est sur mon corps sanglant qu'il lui faudra marcher.
(L'hiérophante sort avec le prêtre inférieur.

SCÈNE VI. — STATIRA, OLYMPIE.

STATIRA.

O destinée! ô Dieu des autels et du trône!
Contre Cassandre au moins favorise Antigone :
Il me faut donc, ma fille, au déclin de mes jours,
De nos seuls ennemis attendre des secours,
Et chercher un vengeur, au sein de ma misère
Chez les usurpateurs du trône de ton père!
Chez nos propres sujets, dont les efforts jaloux
Disputent cent États que j'ai possédés tous!
Ils rampaient à mes pieds, ils sont ici mes maîtres.
O trône de Cyrus! ô sang de mes ancêtres!
Dans quel profond abîme êtes-vous descendus!
Vanité des grandeurs, je ne vous connais plus.

OLYMPIE.

Ma mère, je vous suis.... Ah! dans ce jour funeste,
Rendez-moi digne au moins du grand nom qui vous reste :
Le devoir qu'il prescrit est mon unique espoir.

STATIRA.

Fille du roi des rois, remplissez ce devoir.

ACTE TROISIÈME.

SCÈNE I. — CASSANDRE, SOSTÈNE, *dans le péristyle.*
(Le temple est fermé.)

CASSANDRE.

La vérité l'emporte, il n'est plus temps de taire
Ce funeste secret qu'avait caché mon père;
Il a fallu céder à la publique voix.
Oui, j'ai rendu justice à la fille des rois;
Devais-je plus longtemps, par un cruel silence,
Faire encore à son sang cette mortelle offense?
Je fus coupable assez.

SOSTÈNE.

Mais un rival jaloux
Du grand nom d'Olympie abuse contre vous :
Il anime le peuple; Éphèse est alarmée;
De la religion la fureur animée,
Qu'Antigone méprise, et qu'il sait exciter,
Vous fait un crime affreux, un crime à détester,
De posséder la fille, ayant tué la mère.

CASSANDRE.

Les reproches sanglants qu'Éphèse peut me faire,
Vous le savez, grand Dieu! n'approchent pas des miens.
J'ai calmé, grâce au ciel, les cœurs des citoyens;
Le mien sera toujours victime des furies,
Victime de l'amour et de mes barbaries.
Hélas! j'avais voulu qu'elle tînt tout de moi,
Qu'elle ignorât un sort qui me glaçait d'effroi.
De son père en ses mains je mettais l'héritage
Conquis par Antipatre, aujourd'hui mon partage.
Heureux par mon amour, heureux par mes bienfaits,
Une fois en ma vie avec moi-même en paix,
Tout était réparé, je lui rendais justice.
D'aucun crime, après tout, mon cœur ne fut complice;
J'ai tué Statira, mais c'est dans les combats,
C'est en sauvant mon père, en lui prêtant mon bras;
C'est dans l'emportement du meurtre et du carnage,
Où le devoir d'un fils égarait mon courage;
C'est dans l'aveuglement que la nuit et l'horreur
Répandait sur mes yeux troublés par la fureur.
Mon âme en frémissait avant d'être punie
Par ce fatal amour qui la tient asservie.
Je me crois innocent au jugement des dieux,

Devant le monde entier, mais non pas à mes yeux;
Non pas pour Olympie, et c'est là mon supplice,
C'est là mon désespoir. Il faut qu'elle choisisse,
Ou de me pardonner, ou de percer mon cœur,
Ce cœur désespéré, qui brûle avec fureur.

SOSTÈNE.

On prétend qu'Olympie, en ce temple amenée,
Peut retirer la main qu'elle vous a donnée.

CASSANDRE.

Oui, je le sais, Sostène; et si de cette loi
L'objet que j'idolâtre abusait contre moi,
Malheur à mon rival, et malheur à ce temple!
Du culte le plus saint je donne ici l'exemple;
J'en donnerais bientôt de vengeance et d'horreur.
Écartons loin de moi cette vaine terreur :
Je suis aimé; son cœur est à moi dès l'enfance,
Et l'amour est le dieu qui prendra ma défense.
Courons vers Olympie.

SCÈNE II. — CASSANDRE, SOSTÈNE; L'HIÉROPHANTE,
sortant du temple.

CASSANDRE.

Interprète du ciel,
Ministre de clémence, en ce jour solennel
J'ai de votre saint temple écarté les alarmes;
Contre Antigone encor je n'ai point pris les armes;
J'ai respecté ces temps à la paix consacrés;
Mais donnez cette paix à mes sens déchirés.
J'ai plus d'un droit ici, je saurai les défendre.
Je meurs sans Olympie, et vous devez la rendre.
Achevons cet hymen.

L'HIÉROPHANTE.

Elle remplit, seigneur,
Des devoirs bien sacrés, et bien chers à son cœur.

CASSANDRE.

Tout le mien les partage. Où donc est la prêtresse
Qui doit m'offrir ma femme, et bénir ma tendresse?

L'HIÉROPHANTE.

Elle va l'amener. Puissent de si beaux nœuds.
Ne point faire aujourd'hui le malheur de tous deux!

CASSANDRE.

Notre malheur!... Hélas! cette seule journée
Voyait de tant de maux la course terminée.
Pour la première fois un moment de douceur
De mes affreux chagrins dissipait la noirceur.

ACTE III, SCÈNE II.

L'HIÉROPHANTE.
Peut-être plus que vous Olympie est à plaindre.
CASSANDRE.
Comment ? que dites-vous ?... Eh ! que peut-elle craindre ?
L'HIÉROPHANTE, *s'en allant.*
Vous l'apprendrez trop tôt.
CASSANDRE.
Non, demeurez. Eh quoi !
Du parti d'Antigone êtes-vous contre moi ?
L'HIÉROPHANTE.
Me préservent les cieux de passer les limites
Que mon culte paisible à mon zèle a prescrites !
Les intrigues des cours, les cris des factions,
Des humains que je fuis les tristes passions,
N'ont point encor troublé nos retraites obscures ¹ !

¹ Cet exemple d'un prêtre qui se renferme dans les bornes de son ministère de paix nous a paru d'une très-grande utilité, et il serait à souhaiter qu'on ne les représentât jamais autrement sur un théâtre public qui doit être l'école des mœurs. Il est vrai qu'un personnage qui se borne à prier le ciel et à enseigner la vertu n'est pas assez agissant pour la scène, mais aussi il ne doit pas être au nombre des personnages dont les passions font mouvoir la pièce. Les héros, emportés par leurs passions, agissent, et un grand prêtre instruit. Ce mélange, heureusement employé par des mains plus habiles, pourra faire un jour un grand effet sur le théâtre.

On ose dire que le grand prêtre Joad, dans la tragédie d'*Athalie*, semble s'éloigner trop de ce caractère de douceur et d'impartialité qui doit faire l'essence de son ministère. On pourrait l'accuser d'un fanatisme trop féroce, lorsque, rencontrant Mathan en conférence avec Josabet, au lieu de s'adresser à Mathan avec la bienséance convenable, il s'écrie :

Quoi ! fille de David, vous parlez à ce traître !
Vous souffrez qu'il vous parle ! Et vous ne craignez pas
Que, du fond de l'abîme entr'ouvert sous ses pas,
Il ne sorte à l'instant des feux qui vous embrasent,
Ou qu'en tombant sur lui ces murs ne vous écrasent !
Que veut-il ? de quel front cet ennemi de Dieu
Vient-il infecter l'air qu'on respire en ce lieu ?

Mathan semble lui répondre très-pertinemment en disant :

On reconnaît Joad à cette violence.
Toutefois il devrait montrer plus de prudence
Respecter une reine, etc.
(Acte III, scène v.)

On ne voit pas non plus pour quelle raison Joad, ou Joïada, s'obstine à ne vouloir pas que la reine Athalie adopte le petit Joas. Elle dit en propres termes à cet enfant : « Je n'ai point d'héritier,... je prétends vous traiter comme mon propre fils. »

Athalie n'avait certainement alors aucun intérêt à faire tuer Joas. Elle pouvait lui servir de mère, et lui laisser son petit royaume. Il est très-naturel qu'une vieille femme s'intéresse au seul rejeton de sa famille. Athalie, en effet, était dans la décrépitude de l'âge. Les *Paralinomènes* disent que son fils Ochosias ou Achazia avait quarante-deux

Au Dieu que nous servons nous levons des mains pures.
Les débats des grands rois prompts à se diviser,
Ne sont connus de nous que pour les apaiser ;
Et nous ignorerions leurs grandeurs passagères,

ans* quand il fut déclaré *melk* ou *roitelet*. Il régna environ un an. Sa mère, Athalie, lui survécut six ans. Supposons qu'elle fût mariée à quinze ans, il est clair qu'elle avait au moins soixante-quatre ans. Il y a bien plus ; il est dit dans le quatrième livre des *Rois*, que Jéhu égorgea quarante-deux frères d'Ochosias, et cet Ochosias était le cadet de tous ses frères : à ce compte, pour peu qu'un des quarante-deux frères eût été majeur, Athalie devait être âgée de cent six ans quand le prêtre Joad la fit assassiner**.

Je n'examine point ici comment le prêtre Ochosias pouvait avoir quarante ans et son fils quarante-deux, quand il lui succéda, je n'examine que la tragédie. Je demande seulement de quel droit le prêtre Joad arme ses lévites contre la reine, à laquelle il a fait serment de fidélité ; de quel droit trompe-t-il Athalie en lui promettant un trésor ? de quel droit fait-il massacrer sa reine dans la plus extrême vieillesse ?

Athalie n'était certainement pas aussi coupable que Jéhu, qui avait fait mourir soixante et dix fils du roi Achab, et mis leurs têtes dans des corbeilles, à ce que dit le quatrième livre des *Rois*. Le même livre rapporte qu'il fit exterminer tous les amis d'Achab, tous ses courtisans et tous ses prêtres.

Cette reine avait à la vérité usé de représailles ; mais appartenait-il à Joad de conspirer contre elle et de la tuer ? Il était son sujet ; et certainement, dans nos mœurs et dans nos lois, il n'est pas plus permis à Joad de faire assassiner sa reine, qu'il n'eût été permis à l'archevêque de Canterbery d'assassiner Élisabeth, parce qu'elle avait fait condamner Marie Stuart.

Il eût fallu, pour qu'un tel assassinat ne révoltât pas tous les esprits, que Dieu, qui est le maître de notre vie et des moyens de nous l'ôter, fût descendu lui-même sur la terre d'une manière visible et sensible, et qu'il eût ordonné ce meurtre ; or, c'est certainement ce qu'il n'a pas fait. Il n'est pas même dit que Joad ait consulté le Seigneur, ni qu'il lui ait fait la moindre prière, avant de mettre sa reine à mort. L'Écriture dit seulement qu'il conspira avec ses lévites, qu'il leur donna des lances, et qu'il fit assassiner Athalie à *la porte aux chevaux****, sans dire que le Seigneur approuvât cette conduite.

N'est-il donc pas clair, après cette exposition, que le rôle et le caractère de Joad, dans *Athalie*, peuvent être du plus mauvais exemple, s'ils n'excitent pas la plus violente indignation ? Car pourquoi l'action de Joad serait-elle consacrée ?

Dieu n'approuve certainement pas tout ce que l'histoire des Juifs rapporte. L'Esprit saint a présidé à la vérité avec laquelle tous ces livres ont été écrits, il n'a pas présidé aux actions perverses dont on y rend compte. Il ne loue ni les mensonges d'Abraham, d'Isaac et de Jacob, ni la circoncision imposée aux Sichimites pour les égorger plus aisément,

---

* Vingt-deux ans. Cf. IV Rois, VIII, 26. (Éd.)

** Voici le compte :

Athalie se marie à quinze ans............................	15
Elle a quarante-deux fils................................	42
Ochosias, le quarante-troisième, commence à régner à quarante-deux ans..	42
Il règne un an..	1
Athalie règne, après lui six ans........................	6
Somme totale.......	106

*** IV *Rois*, XI, 10, 16. (Éd.)

ACTE III, SCÈNE III.   151

Sans le fatal besoin qu'ils ont de nos prières.
Pour vous, pour Olympie, et pour d'autres, seigneur,
Je vais des immortels implorer la faveur.

CASSANDRE.

Olympie!...

ni l'inceste de Juda avec Thamar, sa belle-fille, ni même le meurtre de l'Égyptien par Moïse. Il n'est point dit que le Seigneur approuve l'assassinat d'Églon, roi des Moabites, par Aod ou Eud; il n'est point dit qu'il approuve l'assassinat de Sizara par Jaël, ni qu'il ait été content que Jephté, encore teint du sang de sa fille, fît égorger quarante-deux mille hommes d'Ephraïm, au passage du Jourdain, parce qu'ils ne pouvaient pas bien prononcer *Schibboleth*. Si les Benjamites du village de Gabaa voulurent violer un lévite, si on massacra toute la tribu de Benjamin, à six cents personnes près, ces actions ne sont point citées avec éloge.

Le Saint-Esprit ne donne aucune louange à David pour s'être mis, avec cinq cents brigands chargés de dettes, du parti du roitelet Akis, ennemi de sa patrie, ni pour avoir égorgé les vieillards, les femmes, les enfants et les bestiaux des villages alliés du roitelet, auquel il avait juré fidélité, et qui lui avait accordé sa protection.

L'Écriture ne donne point d'éloge à Salomon pour avoir fait assassiner son frère Adonias; ni à Bahasa pour avoir assassiné Nadab; ni à Zimri, ou Zamri, pour avoir assassiné Éla et toute sa famille; ni à Amri, ou Homri, pour avoir fait périr Zimri; ni à Jéhu pour avoir assassiné Joram.

Le Saint-Esprit n'approuve point que les habitants de Jérusalem assassinent le roi Amasias, fils de Joas; ni que Sellum, fils de Jabès, assassine Zacharias, fils de Jéroboam; ni que Manahem assassine Sellum, fils de Jabès; ni que Facée, fils de Roméli, assassine Facéia, fils de Manahem; ni qu'Osée, fils d'Éla, assassine Facée, fils de Roméli. Il semble, au contraire, que ces abominations du peuple de Dieu sont punies par une suite continuelle de désastres presque aussi grands que ses forfaits.

Si donc tant de crimes et tant de meurtres ne sont point excusés dans l'Écriture, pourquoi le meurtre d'Athalie serait-il consacré par le théâtre?

Certes, quand Athalie dit à l'enfant: « Je prétends vous traiter comme mon propre fils, » Josabet pouvait lui répondre: « Eh bien! madame, traitez-le donc comme votre fils, car il l'est; vous êtes sa grand'mère; vous n'avez que lui d'héritier: je suis sa tante; vous êtes vieille; vous n'avez que peu de temps à vivre; cet enfant doit faire votre consolation. Si un étranger et un scélérat comme Jéhu, melk de Samarie, assassina votre père et votre mère, s'il fit égorger soixante et dix fils de vos frères, et quarante-deux de vos enfants, il n'est pas possible que, pour vous venger de cet abominable étranger, vous prétendiez massacrer le seul petit-fils qui vous reste. Vous n'êtes pas capable d'une démence si exécrable et si absurde; ni moi ni mon mari ne pouvons avoir la fureur insensée de vous en soupçonner; ni un tel crime ni un tel soupçon ne sont dans la nature. Au contraire, on élève ses petits-fils pour avoir un jour en eux des vengeurs. Ni moi ni personne ne pouvons croire que vous ayez été à la fois dénaturée et insensée. Élevez donc le petit Joas; j'en aurai soin, moi qui suis sa tante, sous les yeux de sa grand'-mère. »

Voilà qui est naturel, voilà qui est raisonnable; mais ce qui ne l'est peut-être pas, c'est qu'un prêtre dise: « J'aime mieux exposer le petit enfant à périr que de le confier à sa grand'mère; j'aime mieux tromper ma reine, et lui promettre indignement de l'argent, pour l'assassiner, et risquer la vie de tous les lévites par cette conspiration, que de rendre à la reine son petit-fils; je veux garder cet enfant et égorger sa grand'-

L'HIÉROPHANT.
En ces lieux ce moment la rappelle.
Voyez si vous avez encor des droits sur elle.
Je vous laisse.

(Il sort, et le temple s'ouvre.)

SCÈNE III. — CASSANDRE, SOSTÈNE, STATIRA, OLYMPIE.

CASSANDRE.
Elle tremble, ô ciel ! et je frémis !...
Quoi ! vous baissez les yeux de vos larmes remplis !
Vous détournez de moi ce front où la nature
Peint l'âme la plus noble et l'ardeur la plus pure !

OLYMPIE, *se jetant dans les bras de sa mère.*
Ah, barbare !... Ah ! madame !

CASSANDRE.
Expliquez-vous, parlez.
Dans quels bras fuyez-vous mes regards désolés ?
Que m'a-t-on dit ? pourquoi me causer tant d'alarmes ?
Qui donc vous accompagne, et vous baigne de larmes ?

STATIRA, *se dévoilant et se retournant vers Cassandre.*
Regarde qui je suis.

CASSANDRE.
A ses traits.... à sa voix....
Mon sang se glace !... Où suis-je ? et qu'est-ce que je vois ?

STATIRA.
Tes crimes.

CASSANDRE.
Statira peut ici reparaître !

STATIRA.
Malheureux ! reconnais la veuve de ton maître,
La mère d'Olympie.

CASSANDRE.
O tonnerre du ciel,
Grondez sur moi, tombez sur ce front criminel !

STATIRA.
Que n'as-tu fait plus tôt cette horrible prière ?
Eternel ennemi de ma famille entière,
Si le ciel l'a voulu, si par tes premiers coups
Toi seul as fait tomber mon trône et mon époux ;

mère, pour conserver plus longtemps mon autorité. » C'est là, au fond, la conduite de ce prêtre.

J'admire, comme je le dois, la difficulté surmontée dans la tragédie d'*Athalie*, la force, la pompe, l'élégance de la versification, le beau contraste du guerrier Abner et du prêtre Mathan. J'excuse la faiblesse du rôle de Josabet, j'excuse quelques longueurs ; mais je crois que, si un roi avait dans ses États un homme tel que Joad, il ferait fort bien de l'enfermer

ACTE III, SCÈNE III.

Si dans ce jour de crime, au milieu du carnage,
Tu te sentis, barbare, assez peu de courage
Pour frapper une femme, et, lui perçant le flanc
La plonger de tes mains dans les flots de son sang,
De ce sang malheureux laisse-moi ce qui reste.
Faut-il qu'en tous les temps ta main me soit funeste?
N'arrache point ma fille à mon cœur, à mes bras;
Quand le ciel me la rend, ne me l'enlève pas.
Des tyrans de la terre à jamais séparée,
Respecte au moins l'asile où je suis enterrée;
Ne viens point, malheureux, par d'indignes efforts,
Dans ces tombeaux sacrés persécuter les morts.

CASSANDRE.

Vous m'avez plus frappé que n'eût fait le tonnerre;
Et mon front à vos pieds n'ose toucher la terre.
Je m'en avoue indigne après mes attentats;
Et si je m'excusais sur l'horreur des combats,
Si je vous apprenais que ma main fut trompée,
Quand des jours d'un héros la trame fut coupée,
Que je servais mon père en m'armant contre vous,
Je ne fléchirais point votre juste courroux.
Rien ne peut m'excuser.... Je pourrais dire encore
Que je sauvai ce sang que ma tendresse adore,
Que je mets à vos pieds mon sceptre et mes États.
Tout est affreux pour vous!... Vous ne m'écoutez pas!
Ma main m'arracherait ma malheureuse vie,
Moins pleine de forfaits que de remords punie,
Si votre propre sang, l'objet de tant d'amour,
Malgré lui, malgré moi, ne m'attachait au jour.
Avec un saint respect j'élevai votre fille;
Je lui tins lieu quinze ans de père et de famille;
Elle a mes vœux, mon cœur, et peut-être les dieux
Ne nous ont assemblés dans ces augustes lieux
Que pour y réparer, par un saint hyménée,
L'épouvantable horreur de notre destinée.

STATIRA.

Quel hymen!... O mon sang! tu recevrais la foi
De qui? de l'assassin d'Alexandre et de moi?

OLYMPIE.

Non.... ma mère, éteignez ces flambeaux effroyables,
Ces flambeaux de l'hymen entre nos mains coupables;
Éteignez dans mon cœur l'affreux ressouvenir
Des nœuds, des tristes nœuds qui devaient nous unir
Je préfère (et ce choix n'a rien qui vous étonne)
La cendre qui vous couvre au sceptre qu'il me donne.
Je n'ai point balancé; laissez-moi dans vos bras
Oublier tant d'amour avec tant d'attentats.

Votre fille en l'aimant devenait sa complice.
Pardonnez, acceptez mon juste sacrifice;
Séparez, s'il se peut, mon cœur de ses forfaits;
Empêchez-moi surtout de le revoir jamais.

STATIRA.

Je reconnais ma fille, et suis moins malheureuse.
Tu rends un peu de vie à ma langueur affreuse;
Je renais.... Ah! grands dieux! vouliez-vous que ma main
Présentât Olympie à ce monstre inhumain?
Qu'exigiez-vous de moi? quel affreux ministère
Et pour votre prêtresse, hélas! et pour sa mère!
Vous en avez pitié; vous ne prétendiez pas
M'arrêter dans le piége où vous guidiez mes pas.
Cruel, n'insulte plus et l'autel et le trône:
Tu souillas de mon sang les murs de Babylone;
J'aimerais mieux encore une seconde fois
Voir ce sang répandu par l'assassin des rois,
Que de voir mon quiet, mon ennemi.... Cassandre,
Aimer insolemment la fille d'Alexandre.

CASSANDRE.

Je me condamne encore avec plus de rigueur;
Mais j'aime, mais céder à l'amour en fureur,
Olympie est à moi; je sais quel fut son père;
Je suis roi comme lui, j'en ai le caractère.
J'en ai les droits, la force; elle est ma femme enfin;
Rien ne peut séparer mon sort et son destin.
Ni ses frayeurs, ni vous, ni les dieux, ni mes crimes,
Rien ne rompra jamais des nœuds si légitimes.
Le ciel de mes remords ne s'est point détourné;
Et, puisqu'il nous unit, il a tout pardonné.
Mais si l'on veut m'ôter cette épouse adorée,
Sa main qui m'appartient, sa foi qu'elle a jurée,
Il faut verser ce sang, il faut m'ôter ce cœur,
Qui ne connaît plus qu'elle, et qui vous fait horreur.
Vos autels à mes yeux n'ont plus de privilége;
Si je fus meurtrier, je serai sacrilége.
J'enlèverai ma femme à ce temple, à vos bras,
Aux dieux même, à nos dieux, s'ils ne m'exauçaient pas.
Je demande la mort, je la veux, je l'envie,
Mais je n'expirerai que l'époux d'Olympie.
Il faudra, malgré vous, que j'emporte au tombeau
Et l'amour le plus tendre, et le nom le plus beau,
Et les remords affreux d'un crime involontaire,
Qui fléchiront du moins les mânes de son père.

(Cassandre sort avec Sostène.)

ACTE III, SCÈNE IV.

SCÈNE IV. — STATIRA, OLYMPIE.

STATIRA.

Quel moment! quel blasphème! ô ciel! qu'ai-je entendu?
Ah! ma fille, à quel prix mon sang m'est-il rendu?
Tu ressens, je le vois, les horreurs que j'éprouve;
Dans tes yeux effrayés ma douleur se retrouve;
Ton cœur répond au mien; tes chers embrassements,
Tes soupirs enflammés consolent mes tourments;
Ils sont moins douloureux, puisque tu les partages.
Ma fille est mon asile en ces nouveaux naufrages.
Je peux tout supporter, puisque je vois en toi
Un cœur digne en effet d'Alexandre et de moi.

OLYMPIE.

Ah! le ciel m'est témoin si mon âme est formée
Pour imiter la vôtre, et pour être animée
Des mêmes sentiments et des mêmes vertus.
O veuve d'Alexandre! ô sang de Darius!
Ma mère!... Ah! fallait-il qu'à vos bras enlevée,
Par les mains de Cassandre on me vît élevée?
Pourquoi votre assassin, prévenant mes souhaits,
A-t-il marqué pour moi ses jours par ses bienfaits?
Que sa cruelle main ne m'a-t-elle opprimée!
Bienfaits trop dangereux! pourquoi m'a-t-il aimée?

STATIRA.

Ciel! qui vois-je paraître en ces lieux retirés?
Antigone lui-même!

SCÈNE V. — STATIRA, OLYMPIE, ANTIGONE.

ANTIGONE.

O reine! demeurez.
Vous voyez un des rois formés par Alexandre,
Qui respecte sa veuve, et qui vient la défendre;
Vous pourriez remonter, du pied de cet autel,
Au premier rang du monde où vous plaça le ciel,
Y mettre votre fille, et prendre au moins vengeance
Du ravisseur altier qui tous trois nous offense.
Votre sort est connu, tous les cœurs sont à vous;
Ils sont las des tyrans que votre auguste époux
Laissa par son trépas maîtres de son empire.
Pour ce grand changement votre nom peut suffire.
M'avouerez-vous ici pour votre défenseur?

STATIRA.

Oui, si c'est la pitié qui conduit votre cœur,
Si vous servez mon sang, si votre offre est sincère.

ANTIGONE.
Je ne souffrirai pas qu'un jeune téméraire
Des mains de votre fille et de tant de vertus
Obtienne un double droit au trône de Cyrus ;
Il en est trop indigne ; et pour un tel partage
Je n'ai pas présumé qu'il ait votre suffrage.
Je n'ai point au grand prêtre ouvert ici mon cœur ;
Je me suis présenté comme un adorateur
Qui des divinités implore la clémence.
Je me présente à vous armé de la vengeance.
La veuve d'Alexandre, oubliant sa grandeur,
De sa famille au moins n'oubliera point l'honneur.

STATIRA.
Mon cœur est détaché du trône et de la vie ;
L'un me fut enlevé, l'autre est bientôt finie.
Mais si vous arrachez aux mains d'un ravisseur
Le seul bien que les dieux rendaient à ma douleur,
Si vous la protégez, si vous vengez son père,
Je ne vois plus en vous que mon dieu tutélaire.
Seigneur, sauvez ma fille, au bord de mon tombeau,
Du crime et du danger d'épouser mon bourreau.

ANTIGONE.
Digne sang d'Alexandre, approuvez-vous mon zèle ?
Acceptez-vous mon offre, et pensez-vous comme elle ?

OLYMPIE.
Je dois haïr Cassandre.

ANTIGONE.
　　　　　　Il faut donc m'accorder
Le prix, le noble prix que je viens demander.
Contre mon allié je prends votre défense ;
Je crois vous mériter ; soyez ma récompense.
Tout autre est un outrage, et c'est vous que je veux.
Cassandre n'est pas fait pour obtenir vos vœux
Parlez, et je tiendrai cette gloire suprême
De mon bras, de la reine, et surtout de vous-même ;
Prononcez : daignez-vous m'honorer d'un tel prix ?

STATIRA.
Décidez.

OLYMPIE.
　　　　Laissez-moi reprendre mes esprits.
J'ouvre à peine les yeux. Tremblante, épouvantée,
Du sein de l'esclavage en ce temple jetée ;
Fille de Statira, fille d'un demi-dieu,
Je retrouve une mère en cet auguste lieu,
De son rang, de ses biens, de son nom dépouillée,
Et d'un sommeil de mort à peine réveillée ;
J'épouse un bienfaiteur.... il est un assassin.

Mon époux de ma mère a déchiré le sein.
Dans cet entassement d'horribles aventures,
Vous m'offrez votre main pour venger mes injures.
Que puis-je vous répondre?... Ah! dans de tels moments,
(Embrassant sa mère.)
Voyez à qui je dois mes premiers sentiments;
Voyez si les flambeaux des pompes nuptiales
Sont faits pour éclairer ces horreurs si fatales,
Quelle foule de maux m'environne en un jour,
Et si ce cœur glacé peut écouter l'amour.

STATIRA.

Ah! je vous réponds d'elle, et le ciel vous la donne.
La majesté, peut-être, ou l'orgueil de mon trône
N'avait pas destiné, dans mes premiers projets,
La fille d'Alexandre à l'un de mes sujets;
Mais vous la méritez en osant la défendre.
C'est vous qu'en expirant désignait Alexandre;
Il nomma le plus digne, et vous le devenez:
Son trône est votre bien, quand vous le soutenez.
Que des dieux immortels la faveur vous seconde!
Que leur main vous conduise à l'empire du monde!
Alexandre et sa veuve, ensevelis tous deux,
Lui dans la tombe, et moi dans ces murs ténébreux,
Vous verront sans regret au trône de mes pères;
Et puissent désormais les destins, moins sévères,
En écarter pour vous cette fatalité
Qui renversa toujours ce trône ensanglanté!

ANTIGONE.

Il sera relevé par la main d'Olympie.
Montrez-vous avec elle aux peuples de l'Asie,
Sortez de cet asile, et je vais tout presser
Pour venger Alexandre, et pour le remplacer.

(Il sort.)

SCÈNE VI. — STATIRA, OLYMPIE.

STATIRA.

Ma fille, c'est par toi que je romps la barrière
Qui me sépare ici de la nature entière;
Et je rentre un moment dans ce monde pervers,
Pour venger mon époux, ton hymen, et tes fers.
Dieu donnera la force à mes mains maternelles
De briser avec toi tes chaînes criminelles.
Viens remplir ma promesse, et me faire oublier,
Par des serments nouveaux, le crime du premier.

OLYMPIE.

Hélas!...

OLYMPIE.

STATIRA.

Quoi ! tu gémis ?

OLYMPIE.

Cette même journée
Allumerait deux fois les flambeaux d'hyménée ?

STATIRA.

Que dis-tu ?

OLYMPIE.

Permettez, pour la première fois,
Que je vous fasse entendre une timide voix.
Je vous chéris, ma mère, et je voudrais répandre
Le sang que je reçus de vous et d'Alexandre,
Si j'obtenais des dieux, en le faisant couler,
De prolonger vos jours ou de les consoler.

STATIRA.

O ma chère Olympie !

OLYMPIE.

Oserai-je encor dire
Que votre asile obscur est le trône où j'aspire ?
Vous m'y verrez soumise, et foulant à vos pieds
Ces trônes malheureux, pour vous seule oubliés.
Alexandre mon père, enfermé dans la tombe,
Veut-il que de nos mains son ennemi succombe ?
Laissons là tous ces rois, dans l'horreur des combats,
Se punir l'un par l'autre, et venger son trépas ;
Mais nous, de tant de maux victimes innocentes,
A leurs bras forcenés joignant nos mains tremblantes,
Faudra-t-il nous charger d'un meurtre infructueux ?
Les larmes sont pour nous, les crimes sont pour eux.

STATIRA.

Des larmes ! Et pour qui les vois-je ici répandre ?
Dieux, m'avez-vous rendu la fille d'Alexandre ?
Est-ce elle que j'entends ?

OLYMPIE.

Ma mère....

STATIRA.

O ciel vengeur !

OLYMPIE.

Cassandre !

STATIRA.

Explique-toi ; tu me glaces d'horreur.
Parle.

OLYMPIE.

Je ne le puis.

STATIRA.

Va, tu m'arraches l'âme,
Finis ce trouble affreux ; parle, dis-je.

ACTE III, SCÈNE VI.

OLYMPIE.
                    Ah ! madame,
Je sens trop de quels coups je viens de vous frapper ;
Mais je vous chéris trop pour vouloir vous tromper.
Prête à me séparer d'un époux si coupable,
Je le fuis.... mais je l'aime.

STATIRA.
            O parole exécrable !
Dernier de mes moments ! cruelle fille, hélas !
Puisque tu peux l'aimer, tu ne le fuiras pas.
Tu l'aimes ! tu trahis Alexandre et ta mère !
Grand Dieu ! j'ai vu périr mon époux et mon père ;
Tu m'arrachas ma fille, et ton ordre inhumain
Me la fait retrouver pour mourir de sa main !

OLYMPIE.
Je me jette à vos pieds....

STATIRA.
            Fille dénaturée !

Fille trop chère !...

OLYMPIE.
            Hélas ! de douleurs dévorée,
Tremblante à vos genoux, je les baigne de pleurs.
Ma mère, pardonnez.

STATIRA.
    Je pardonne.... et je meurs.

OLYMPIE.
Vivez, écoutez-moi.

STATIRA.
    Que veux-tu ?

OLYMPIE.
                Je vous jure
Par les dieux, par mon nom, par vous, par la nature,
Que je m'en punirai, qu'Olympie aujourd'hui
Répandra tout son sang avant que d'être à lui.
Mon cœur vous est connu. Je vous ai dit que j'aime ;
Jugez par ma faiblesse, et par cet aveu même,
Si ce cœur est à vous, et si vous l'emportez
Sur mes sens éperdus que l'amour a domptés.
Ne considérez point ma faiblesse et mon âge ;
De mon père et de vous je me sens le courage :
J'ai pu les offenser, je ne peux les trahir ;
Et vous me connaîtrez en me voyant mourir.

STATIRA.
Tu peux mourir, dis-tu, fille inhumaine et chère,
Et tu ne peux haïr l'assassin de ton père !

OLYMPIE.
Arrachez-moi ce cœur, vous verrez qu'un époux,

Quelque cher qu'il me fût, y régnait moins que vous ;
Vous y reconnaîtrez ce pur sang qui m'anime.
Pour me justifier prenez votre victime,
Immolez votre fille.

STATIRA.
　　　　　　　Ah ! j'en crois tes vertus ;
Je te plains, Olympie, et ne t'accuse plus :
J'espère en ton devoir, j'espère en ton courage.
Moi-même j'ai pitié d'un amour qui m'outrage.
Tu déchires mon cœur, et tu sais l'attendrir ;
Console au moins ta mère en la faisant mourir.
Va, je suis malheureuse, et tu n'es point coupable.

OLYMPIE.
Qui de nous deux, ô ciel ! est la plus misérable ?

ACTE QUATRIÈME.

SCÈNE I. — ANTIGONE, HERMAS, *dans le péristyle*.

HERMAS.
Vous me l'aviez bien dit, les saints lieux profanés
Aux horreurs des combats vont être abandonnés :
Vos soldats près du temple occupent ce passage :
Cassandre, ivre d'amour, de douleur, et de rage,
Des dieux qu'il invoquait défiant le courroux,
Par cet autre chemin s'avance contre vous.
Le signal est donné ; mais, dans cette entreprise,
Entre Cassandre et vous le peuple se divise.

ANTIGONE, *en sortant*.
Je le réunirai.

SCÈNE II. — ANTIGONE, HERMAS, CASSANDRE, SOSTÈNE.

CASSANDRE, *arrêtant Antigone*.
　　Demeure, indigne ami,
Infidèle allié, détestable ennemi :
M'oses-tu disputer ce que le ciel me donne ?

ANTIGONE.
Oui. Quelle est la surprise où ton cœur s'abandonne ?
La fille d'Alexandre a des droits assez grands
Pour faire armer l'Asie, et trembler nos tyrans.
Babylone est sa dot, et son droit est l'empire.
Je prétends l'un et l'autre ; et je veux bien te dire
Que tes pleurs, tes regrets, tes expiations,
N'en imposeront pas aux yeux des nations.

Ne crois pas qu'à présent l'amitié considère
Si tu fus innocent de la mort de son père :
L'opinion fait tout, elle t'a condamné.
Aux faiblesses d'amour ton cœur abandonné
Séduisait Olympie en cachant sa naissance ;
Tu crus ensevelir dans l'éternel silence
Ce funeste secret dont je suis informé ;
Ce n'est qu'en la trompant que tu pus être aimé.
Ses yeux s'ouvrent enfin, c'en est fait ; et Cassandre
N'ose lever les siens, n'a plus rien à prétendre.
De quoi t'es-tu flatté ? pensais-tu que ses droits
T'élèveraient un jour au rang de roi des rois ?
Je peux de Statira prendre ici la défense ;
Mais veux-tu conserver notre antique alliance ?
Veux-tu régner en paix dans tes nouveaux États,
Me revoir ton ami, t'appuyer de mon bras ?

CASSANDRE.

Eh bien ?

ANTIGONE.

Cède Olympie, et rien ne nous sépare ;
Je périrai pour toi ! sinon je te déclare
Que je suis le plus grand de tous tes ennemis.
Connais tes intérêts, pèse-les, et choisis.

CASSANDRE.

Je n'aurai pas de peine, et je venais te faire
Une offre différente, et qui pourra te plaire.
Tu ne connais ni loi, ni remords, ni pitié,
Et c'est un jeu pour toi de trahir l'amitié.
J'ai craint le ciel du moins : tu ris de sa justice
Tu jouis des forfaits dont tu fus le complice ;
Tu n'en jouiras pas, traître....

ANTIGONE.

Que prétends-tu ?

CASSANDRE.

Si dans ton âme atroce il est quelque vertu,
N'employons pas les mains du soldat mercenaire
Pour assouvir ta rage et servir ma colère.
Qu'a de commun le peuple avec nos factions ?
Est-ce à lui de mourir pour nos divisions ?
C'est à nous, c'est à toi, si tu te sens l'audace
De braver mon courage, ainsi que ma disgrâce.
Je ne fus pas admis au commerce des dieux
Pour aller égorger mon ami sous leurs yeux ;
C'est un crime nouveau, c'est toi qui le prépares.
Va, nous étions formés pour être des barbares.
Marchons ; viens décider de ton sort et du mien,
T'abreuver de mon sang, ou verser tout le tien.

ANTIGONE.

J'y consens avec joie, et sois sûr qu'Olympie
Acceptera la main qui t'ôtera la vie.

(Ils mettent l'épée à la main.)

SCÈNE III. — CASSANDRE, ANTIGONE, HERMAS, SOSTÈNE;
L'HIÉROPHANTE *sort du temple précipitamment, avec les
PRÊTRES et les INITIÉS, qui se jettent avec une foule de peuple
entre Cassandre et Antigone, et les désarment.*

L'HIÉROPHANTE.

Profanes, c'en est trop. Arrêtez, respectez
Et le Dieu qui vous parle, et ses solennités [1].
Prêtres, initiés, peuple, qu'on les sépare;
Bannissez du lieu saint la discorde barbare;
Expiez vos forfaits.... Glaives, disparaissez.
Pardonne, Dieu puissant! vous, rois, obéissez.

CASSANDRE.

Je cède au ciel, à vous.

ANTIGONE.

Je persiste; et j'atteste
Les mânes d'Alexandre, et le courroux céleste,
Que tant que je vivrai, je ne souffrirai pas
Qu'Olympie à mes yeux passe ici dans ses bras,
Et que cet hyménée illégitime, impie,
Soit la honte d'Éphèse, et l'horreur de l'Asie.

CASSANDRE.

Sans doute il le serait, si tu l'avais formé.

L'HIÉROPHANTE.

D'un esprit plus remis, d'un cœur moins enflammé,
Rendez-vous à la loi, respectez sa justice;
Elle est commune à tous, il faut qu'on l'accomplisse.
La cabane du pauvre et le trône des rois,
Également soumis, entendent cette voix;
Elle aide la faiblesse, elle est le frein du crime,

---

1. Il serait à souhaiter que cette scène pût être représentée dans la place qui conduit au péristyle du temple; mais alors cette place occupant un grand espace, le vestibule un autre, et l'intérieur du temple ayant une assez grande profondeur, les personnages qui paraissent dans ce temple ne pourraient être entendus : il faut donc que le spectateur supplée à la décoration qui manque.
On a balancé longtemps si on laisserait l'idée de ce combat subsister, ou si on la retrancherait. On s'est déterminé à la conserver, parce qu'elle paraît convenir aux mœurs des personnages, à la pièce, qui est toute en spectacles, et que l'hiérophante semble y soutenir la dignité de son caractère. Les duels sont plus fréquents dans l'antiquité qu'on ne pense. Le premier combat, dans Homère, est un duel à la tête des deux armées, qui le regardent, et qui sont oisives; et c'est précisément ce que propose Cassandre.

Et délie à l'autel l'innocente victime.
Si l'époux, quel qu'il soit, et quel que soit son rang,
Des parents de sa femme a répandu le sang,
Fût-il purifié dans nos sacrés mystères
Par le feu de Vesta, par les eaux salutaires,
Et par le repentir, plus nécessaire qu'eux,
Son épouse en un jour peut former d'autres nœuds;
Elle le peut sans honte, à moins que sa clémence,
A l'exemple des dieux, ne pardonne l'offense.
La loi donne un seul jour; elle accourcit les temps
Des chagrins attachés à ces grands changements :
Mais surtout attendez les ordres d'une mère;
Elle a repris ses droits, le sacré caractère
Que la nature donne, et que rien n'affaiblit.
A son auguste voix Olympie obéit.
Qu'osez-vous attenter, quand c'est à vous d'attendre
Les arrêts de la veuve et du sang d'Alexandre?
(Il sort avec sa suite.)

ANTIGONE.
C'est assez, j'y souscris, pontife; elle est à moi.
(Antigone sort avec Hermas.)

SCÈNE IV. — CASSANDRE, SOSTÈNE, dans le péristyle.

CASSANDRE.
Elle n'y sera pas, cœur barbare et sans foi.
Arrachons-la, Sostène, à ce fatal asile,
A l'espoir insolent de ce coupable habile,
Qui rit de mes remords, insulte à ma douleur,
Et tranquille et serein vient m'arracher le cœur.

SOSTÈNE.
Il séduit Statira, seigneur; il s'autorise
Et des lois qu'il viole, et des dieux qu'il méprise.

CASSANDRE.
Enlevons-la, te dis-je, aux dieux que j'ai servis,
Et par qui désormais tous mes soins sont trahis.
J'accepterais la mort, je bénirais la foudre;
Mais qu'enfin mon épouse ose ici se résoudre
A passer en un jour à cet autel fatal
De la main de Cassandre à la main d'un rival!
Tombe en cendres ce temple avant que je l'endure!
Ciel! tu me pardonnais. Plus tranquille et plus pure,
Mon âme à cet espoir osait s'abandonner :
Tu m'ôtes Olympie, est-ce là pardonner?

SOSTÈNE.
Il ne vous l'ôte point : ce cœur docile et tendre,
Si soumis à vos lois, si content de se rendre,

Ne peut jusqu'à l'oubli passer en un moment;
Le cœur ne connaît point un si prompt changement.
Elle peut vous aimer sans trahir la nature.
Vos coups dans les combats portés à l'aventure
Ont versé, je l'avoue, un sang bien précieux :
C'est un malheur pour vous que permirent les dieux.
Vous n'avez point trempé dans la mort de son père;
Vos pleurs ont effacé tout le sang de sa mère;
Ses malheurs sont passés, vos bienfaits sont présents.

CASSANDRE.
Vainement cette idée apaise mes tourments.
Ce sang de Statira, ces mânes d'Alexandre,
D'une voix trop terrible ici se font entendre.
Sostène, elle est leur fille, elle a le droit affreux
De haïr sans retour un époux malheureux.
Je sens qu'elle m'abhorre, et moi je la préfère
Au trône de Cyrus, au trône de la terre.
Ces expiations, ces mystères cachés,
Indifférents aux rois, et par moi recherchés,
Elle en était l'objet; mon âme criminelle
Ne s'approchait des dieux que pour s'approcher d'elle.

SOSTÈNE, *apercevant Olympie.*
Hélas! la voyez-vous en proie à ses douleurs?
Elle embrasse un autel, et le baigne de pleurs.

CASSANDRE.
Au temple, à cet autel, il est temps qu'on l'enlève.
Va, cours, que tout soit prêt.
(Sostène sort.)

SCÈNE V. — CASSANDRE, OLYMPIE.

OLYMPIE, *courbée sur l'autel sans voir Cassandre.*
Que mon cœur se soulève !
Qu'il est désespéré !... qu'il se condamne ! hélas !
(*Apercevant Cassandre.*)
Que vois-je ?

CASSANDRE.
Votre époux.

OLYMPIE.
Non, vous ne l'êtes pas.
Non, Cassandre.... jamais ne prétendez à l'être.

CASSANDRE.
Eh bien ! j'en suis indigne, et je dois me connaître.
Je sais tous les forfaits que mon sort inhumain,
Pour nous perdre tous deux, a commis par ma main;
J'ai cru les expier, j'en comble la mesure;
Ma présence est un crime, et ma flamme une injure....
Mais, daignez me répondre.... ai-je par mes secours
Aux fureurs de la guerre arraché vos beaux jours?

ACTE IV, SCÈNE V

Pourquoi les conserver?
OLYMPIE.

CASSANDRE.
Au sortir de l'enfance
Ai-je assez respecté votre aimable innocence?
Vous ai-je idolâtrée?
OLYMPIE.
Ah! c'est là mon malheur.
CASSANDRE.
Après le tendre aveu de la plus pure ardeur,
Libre dans vos bontés, maîtresse de vous-même,
Cette voix favorable à l'époux qui vous aime,
Aux lieux où je vous parle, à ces mêmes autels,
A joint à mes serments vos serments solennels!
OLYMPIE.
Hélas! il est trop vrai.... Que le courroux céleste
Ne me punisse pas d'un serment si funeste!
CASSANDRE.
Vous m'aimiez, Olympie!
OLYMPIE.
Ah! pour comble d'horreur,
Ne me reproche pas ma détestable erreur.
Il te fut trop aisé d'éblouir ma jeunesse;
D'un cœur qui s'ignorait tu trompas la faiblesse:
C'est un forfait de plus.... Fuis-moi; ces entretiens
Sont un crime pour moi plus affreux que les tiens.
CASSANDRE.
Craignez d'en commettre un plus funeste peut-être
En acceptant les vœux d'un barbare et d'un traître,
Et si pour Antigone....
OLYMPIE.
Arrête, malheureux!
D'Antigone et de toi je rejette les vœux.
Après que cette main, lâchement abusée,
S'est pu joindre à la main de mon sang arrosée,
Nul mortel désormais n'aura droit sur mon cœur.
J'ai l'hymen, et le monde, et la vie en horreur.
Maîtresse de mon choix, sans que je délibère,
Je choisis les tombeaux qui renferment ma mère;
Je choisis cet asile où Dieu doit posséder
Ce cœur qui se trompa quand il put te céder.
J'embrasse les autels, et déteste ton trône,
Et tous ceux de l'Asie.... et surtout d'Antigone.
Va-t'en, ne me vois plus.... Va, laisse-moi pleurer
L'amour que j'ai promis, et qu'il faut abhorrer.
CASSANDRE.
Eh bien! de mon rival si l'amour vous offense,

Vous ne sauriez m'ôter un rayon d'espérance;
Et quand votre vertu rejette un autre époux,
Ce refus est ma grâce, et je me crois à vous.
Tout souillé que je suis du sang qui vous fit naître,
Vous êtes, vous serez la moitié de mon être,
Moitié chère et sacrée, et de qui les vertus
Ont arrêté sur moi les foudres suspendus,
Ont gardé sur mon cœur un empire suprême,
Et devraient désarmer votre mère elle-même.

OLYMPIE.

Ma mère !... Quoi ! ta bouche a prononcé son nom !
Ah ! si le repentir, si la compassion,
Si ton amour, au moins, peut fléchir ton audace,
Fuis les lieux qu'elle habite, et l'autel que j'embrasse.
Laisse-moi.

CASSANDRE.

Non, sans vous je n'en saurais sortir.
A me suivre à l'instant vous devez consentir.
(Il la prend par la main.)
Chère épouse, venez.

OLYMPIE, la retirant avec transport.

Traite-moi donc comme elle ;
Frappe une infortunée à son devoir fidèle ;
Dans ce cœur désolé porte un coup plus certain :
Tout mon sang fut formé pour couler sous ta main ;
Frappe, dis-je.

CASSANDRE.

Ah ! trop loin vous portez la vengeance ;
J'eus moins de cruauté, j'eus moins de violence.
Le ciel sait faire grâce, et vous savez punir ;
Mais c'est trop être ingrate, et c'est trop me haïr.

OLYMPIE.

Ma haine est-elle juste, et l'as-tu méritée ?
Cassandre, si ta main féroce, ensanglantée,
Ta main qui de ma mère osa percer le flanc,
N'eût frappé que moi seule, et versé que mon sang,
Je te pardonnerais, je t'aimerais... barbare.
Va, tout nous désunit.

CASSANDRE.

Non, rien ne nous sépare.
Quand vous auriez Cassandre encor plus en horreur,
Quand vous m'épouseriez pour me percer le cœur,
Vous me suivrez... Il faut que mon sort s'accomplisse.
Laissez-moi mon amour, du moins pour mon supplice !
Ce supplice est sans terme, et j'en jure par vous.
Haïssez, punissez, mais suivez votre époux.

ACTE IV, SCÈNE VI.

SCÈNE VI. — CASSANDRE, OLYMPIE, SOSTÈNE.

SOSTÈNE.

Paraissez, ou bientôt Antigone l'emporte.
Il parle à vos guerriers, il assiège la porte,
Il séduit vos amis près du temple assemblés,
Par sa voix redoutable ils semblent ébranlés :
Il atteste Alexandre, il atteste Olympie.
Tremblez pour votre amour, tremblez pour votre vie.
Venez.

CASSANDRE.

A mon rival ainsi vous m'immolez !
Je vais chercher la mort, puisque vous le voulez.

OLYMPIE.

Moi, vouloir ton trépas !.....va, j'en suis incapable....
Vis loin de moi.

CASSANDRE.

Sans vous, le jour m'est exécrable ;
Et, s'il m'est conservé, je revole en ces lieux,
Je vous arrache au temple, où j'y meurs à vos yeux.
(Il sort avec Sostène.)

SCÈNE VII. — OLYMPIE.

Malheureuse !... Et c'est lui qui cause mes alarmes !
Ah ! Cassandre, est-ce à toi de me coûter des larmes !
Faut-il tant de combats pour remplir son devoir ?
Vous aurez sur mon âme un absolu pouvoir,
O sang dont je naquis, ô voix de la nature !
Je m'abandonne à vous, c'est par vous que je jure
De vous sacrifier mes plus chers sentiments....
Sur cet autel, hélas ! j'ai fait d'autres serments....
Dieux ! vous les receviez ; ô dieux ! votre clémence
A du plus tendre amour approuvé l'innocence.
Vous avez tout changé.... mais changez donc mon cœur,
Donnez-lui la vertu conforme à son malheur....
Ayez quelque pitié d'une âme déchirée,
Qui périt infidèle, ou meurt dénaturée.
Hélas ! j'étais heureuse en mon obscurité,
Dans l'oubli des humains, dans la captivité ;
Sans parents, sans état, à moi-même inconnue....
Le grand nom que je porte est ce qui m'a perdue.
J'en serai digne au moins.... Cassandre, il faut te fuir,
Il faut t'abandonner.... mais comment te haïr ?...
Que peut donc sur soi-même une faible mortelle ?
Je déchire en pleurant ma blessure cruelle ;
Et ce trait malheureux, que ma main va chercher,
Je l'enfonce en mon cœur au lieu de l'arracher.

SCÈNE VIII. — OLYMPIE, L'HIÉROPHANTE, PRÊTRES, PRÊTRESSES.

OLYMPIE.

Pontife, où courez-vous? protégez ma faiblesse.
Vous tremblez!... vous pleurez!...

L'HIÉROPHANTE.
                    Malheureuse princesse!
Je pleure votre état.

OLYMPIE.
        Ah! soyez-en l'appui.

L'HIÉROPHANTE.
Résignez-vous au ciel; vous n'avez plus que lui.

OLYMPIE.
Hélas! que dites-vous?

L'HIÉROPHANTE.
        O fille auguste et chère!
La veuve d'Alexandre....

OLYMPIE.
            Ah! justes dieux!... ma mère!
Eh bien?...

L'HIÉROPHANTE.
        Tout est perdu. Les deux rois furieux,
Foulant aux pieds les lois, armés contre les dieux,
Jusque dans les parvis de l'enceinte sacrée,
Encourageaient leur troupe au meurtre préparée.
Déjà coulait le sang; déjà, le fer en main,
Cassandre jusqu'à vous se frayait un chemin :
J'ai marché contre lui, n'ayant pour ma défense
Que nos lois qu'il oublie, et nos dieux qu'il offense.
Votre mère éperdue, et s'offrant à ses coups,
L'a cru maître à la fois et du temple et de vous :
Lasse de tant d'horreurs, lasse de tant de crimes,
Elle a saisi le fer qui frappe les victimes,
L'a plongé dans ce flanc où le ciel irrité
Vous fit puiser la vie et la calamité.

OLYMPIE, *tombant entre les bras d'une prêtresse.*
Je meurs.... soutenez-moi.... marchons.... Vit-elle encore?

L'HIÉROPHANTE.
Cassandre est à ses pieds; il gémit, il l'implore;
Il ose encor prêter ses funestes secours
Aux innocentes mains qui raniment ses jours;
Il s'écrie, il s'accuse, il jette au loin ses armes.

OLYMPIE, *se relevant.*
Cassandre à ses genoux!

L'HIÉROPHANTE.
                Il les baigne de larmes.
A ses cris, à nos voix, elle rouvre les yeux;

ACTE IV, SCÈNE VIII.

Elle ne voit en lui qu'un monstre audacieux
Qui lui vient arracher les restes de sa vie,
Par cette main funeste en tout temps poursuivie :
Faible, et se soulevant par un dernier effort,
Elle tombe, elle touche au moment de la mort;
Elle abhorre à la fois Cassandre et la lumière;
Et, levant à regret sa débile paupière :
« Allez, m'a-t-elle dit, ministre infortuné
D'un temple malheureux par le sang profané;
Consolez Olympie. Elle m'aime, et j'ordonne
Que, pour venger sa mère, elle épouse Antigone. »

OLYMPIE.

Allons mourir près d'elle.... Exaucez-moi, grands dieux !
Venez, guidez mes pas, venez fermer nos yeux.

L'HIÉROPHANTE.

Armez-vous de courage, il doit ici paraître.

OLYMPIE.

J'en ai besoin, seigneur, et j'en aurai peut-être

ACTE CINQUIÈME.

SCÈNE I. — ANTIGONE, HERMAS, *dans le péristyle.*

HERMAS.

La pitié doit parler, et la vengeance est vaine ;
Un rival malheureux n'est pas digne de haine.
Fuyez ce lieu funeste : Olympie aujourd'hui
Seigneur, sera perdue et pour vous et pour lui.

ANTIGONE.

Quoi ! Statira n'est plus !

HERMAS.

C'est le sort de Cassandre
D'être toujours funeste au grand nom d'Alexandre :
Statira, succombant au poids de sa douleur,
Dans les bras de sa fille expire avec horreur;
La sensible Olympie, à ses pieds étendue,
Semble exhaler son âme à peine retenue.
Les ministres des dieux, les prêtresses en pleurs,
En mêlant leurs regrets, accroissent leurs douleurs.
Cassandre épouvanté sent toutes leurs atteintes;
Le temple retentit de sanglots et de plaintes :
On prépare un bûcher, et ces vains ornements
Qui rappellent la mort aux regards des vivants :
On prétend qu'Olympie, en ce lieu solitaire,
Habitera l'asile où s'enfermait sa mère;

Qu'au monde, à l'hyménée, arrachant ses beaux jours,
Elle consacre aux dieux leur déplorable cours ;
Et qu'elle doit pleurer dans l'éternel silence
Sa famille, sa mère, et jusqu'à sa naissance.
          ANTIGONE.
Non, non; de son devoir elle suivra les lois ;
J'ai sur elle à la fin d'irrévocables droits ;
Statira me la donne ; et ses ordres suprêmes
Au moment du trépas sont les lois des dieux mêmes.
Ce forcené Cassandre et sa funeste ardeur
Au sang de Statira font une juste horreur.
          HERMAS.
Seigneur, le croyez-vous ?
                    ANTIGONE.
                Elle-même déclare
Que son cœur désolé renonce à ce barbare.
S'il ose encor l'aimer, j'ai promis son trépas :
Je tiendrai ma parole, et tu n'en doutes pas.
          HERMAS.
Mêleriez-vous du sang aux pleurs qu'on voit répandre,
Aux flammes du bûcher, à cette auguste cendre ?
Frappés d'un saint respect, sachez que vos soldats
Reculeront d'horreur, et ne vous suivront pas.
          ANTIGONE.
Non, je ne puis troubler la pompe funéraire ;
J'en ai fait le serment ; Cassandre la révère.
Je sais qu'il est des lois qu'il me faut respecter ;
Que pour gagner le peuple il le faut imiter :
Vengeur de Statira, protecteur d'Olympie,
Je dois ici l'exemple au reste de l'Asie.
Tout parle en ma faveur, et mes coups différés
En auront plus de force, et sont plus assurés.
                              (Le temple s'ouvre.)

SCÈNE II. — ANTIGONE, HERMAS, L'HIÉROPHANTE, PRÊTRES, *s'avançant lentement ;* OLYMPIE, *soutenue par les prêtresses : elle est en deuil.*

          HERMAS.
On amène Olympie à peine respirante :
Je vois du temple saint l'auguste hiérophante
Qui mouille de ses pleurs les traces de ses pas ;
Les prêtresses des dieux la tiennent dans leurs bras.
          ANTIGONE.
Ces objets toucheraient le cœur le plus farouche,
              (A Olympie.)
Je veux bien l'avouer.... Permettez que ma bouche
En mêlant mes regrets à mes tristes soupirs,

ACTE V, SCÈNE II.

Jure encor de venger tant d'affreux déplaisirs :
L'ennemi qui deux fois vous priva d'une mère
Nourrit dans sa fureur un espoir téméraire ;
Sachez que tout est prêt pour sa punition.
N'ajoutez point la crainte à votre affliction ;
Contre ses attentats soyez en assurance.

OLYMPIE.
Ah ! seigneur, parlez moins de meurtre et de vengeance.
Elle a vécu... je meurs au reste des humains.

ANTIGONE.
Je déplore sa perte autant que je vous plains :
Je pourrais rappeler sa volonté sacrée,
Si chère à mon espoir, et par vous révérée ;
Mais je sais ce qu'on doit, dans ce premier moment,
A son ombre, à sa fille, à votre accablement.
Consultez-vous, madame, et gardez sa promesse.
(Il sort avec Hermas.)

SCÈNE III. — OLYMPIE, L'HIÉROPHANTE, PRÊTRES, PRÊTRESSES.

OLYMPIE.
Vous qui compatissez à l'horreur qui me presse,
Vous, ministre d'un Dieu de paix et de douceur,
Des cœurs infortunés le seul consolateur,
Ne puis-je, sous vos yeux, consacrer ma misère
Aux autels arrosés des larmes de ma mère ?
Auriez-vous bien, seigneur, assez de dureté
Pour fermer cet asile à ma calamité ?
Du sang de tant de rois c'est l'unique héritage ;
Ne me l'enviez pas, laissez-moi mon partage.

L'HIÉROPHANTE.
Je pleure vos destins ; mais que puis-je pour vous ?
Votre mère en mourant a nommé votre époux :
Vous avez entendu sa volonté dernière,
Tandis que de nos mains nous fermions sa paupière ;
Et si vous résistez à sa mourante voix,
Cassandre est votre maître, il rentre en tous ses droits.

OLYMPIE.
J'ai juré, je l'avoue, à Statira mourante
De détourner ma main de cette main sanglante ;
Je garde mes serments.

L'HIÉROPHANTE.
Libre encor dans ces lieux,
Votre main ne dépend que de vous et des dieux.
Bientôt tout va changer : vous pouvez, Olympie,
Ordonner maintenant du sort de votre vie :

On ne doit pas sans doute allumer en un jour
Et les bûchers des morts, et les flambeaux d'amour.
Ce mélange est affreux, mais un mot peut suffire,
Et j'attendrai ce mot sans oser le prescrire.
C'est à vous à sentir, dans ces extrémités,
Ce que doit votre cœur au sang dont vous sortez.

OLYMPIE.
Seigneur, je vous l'ai dit, cet hymen, et tout autre,
Est horrible à mon cœur, et doit déplaire au vôtre.
Je ne veux point trahir ces mânes courroucés ;
J'abandonne un époux... c'est obéir assez.
Laissez-moi fuir l'hymen, et l'amour, et le trône.

L'HIÉROPHANTE.
Il faut suivre Cassandre ou choisir Antigone.
Ces deux héros armés, si fiers et si jaloux,
Sont forcés maintenant à s'en remettre à vous.
Vous préviendrez d'un mot le trouble et le carnage
Dont nos yeux reverraient l'épouvantable image,
Sans le respect profond qu'inspirent aux mortels
Cet appareil de mort, ce bûcher, ces autels,
Et ces derniers devoirs, et ces honneurs suprêmes,
Qui les font pour un temps rentrer tous en eux-mêmes.
La piété se lasse, et surtout chez les grands.
J'ai du sang avec peine arrêté les torrents ;
Mais ce sang, dès demain, va couler dans Éphèse,
Décidez-vous, princesse, et le peuple s'apaise.
Ce peuple, qui toujours est du parti des lois,
Quand vous aurez parlé, soutiendra votre choix ;
Sinon, le fer en main, dans ce temple, à ma vue,
Cassandre, en réclamant la foi qu'il a reçue,
D'un bien qu'il possédait a droit de s'emparer
Malgré la juste horreur qu'il vous semble inspirer.

OLYMPIE.
Il suffit : je conçois vos raisons et vos craintes.
Je ne m'emporte plus en d'inutiles plaintes ;
Je subis mon destin, vous voyez sa rigueur ;
Il me faut faire un choix.... il est fait dans mon cœur ;
Je suis déterminée.

L'HIÉROPHANTE.
Ainsi donc d'Antigone
Vous acceptez les vœux, et la main qu'il vous donne?

OLYMPIE.
Seigneur, quoi qu'il en soit, peut-être ce moment
N'est point fait pour conclure un tel engagement.
Vous-même l'avouez, et cette heure dernière,
Où ma mère a vécu doit m'occuper entière....
Au bûcher qui l'attend vous allez la port. ?

ACTE V, SCÈNE III.

L'HIÉROPHANTE.

De ces tristes devoirs il faut nous acquitter :
Une urne contiendra sa dépouille mortelle ;
Vous la recueillerez.

OLYMPIE.

Sa fille criminelle
A causé son trépas.... Cette fille du moins
A ses mânes vengeurs doit encor quelques soins.

L'HIÉROPHANTE.

Je vais tout préparer.

OLYMPIE.

Par vos lois que j'ignore,
Sur ce lit embrasé puis-je la voir encore ?
Du funèbre appareil pourrai-je m'approcher ?
Pourrai-je de mes pleurs arroser son bûcher ?

L'HIÉROPHANTE.

Hélas ! vous le devez ; nous partageons vos larmes :
Vous n'avez rien à craindre ; et ces rivaux en armes
Ne pourront point troubler ces devoirs douloureux.
Présentez des parfums, vos voiles, vos cheveux,
Et des libations la triste et pure offrande.

(Les prêtresses placent tout cela sur un autel.)

OLYMPIE, *à l'hiérophante.*

C'est l'unique faveur que sa fille demande....

(A la prêtresse inférieure.)

Toi qui la conduisis dans ce séjour de mort,
Qui partageas quinze ans les horreurs de son sort,
Va, reviens m'avertir quand cette cendre aimée
Sera prête à tomber dans la fosse enflammée ;
Que mes derniers devoirs, puisqu'ils me sont permis,
Satisfassent son ombre.... Il le faut.

LA PRÊTRESSE.

J'obéis.

(Elle sort.)

OLYMPIE, *à l'hiérophante.*

Allez donc : élevez cette pile fatale,
Préparez les cyprès et l'urne sépulcrale,
Faites venir ici ces deux rivaux cruels ;
Je prétends m'expliquer aux pieds de ces autels,
A l'aspect de ma mère, aux yeux de ces prêtresses,
Témoins de mes malheurs, témoins de mes promesses.
Mes sentiments, mon choix, vont être déclarés :
Vous les plaindrez peut-être, et les approuverez.

L'HIÉROPHANTE.

De vos destins encor vous êtes la maîtresse,
Vous n'avez que ce jour ; il fuit, et le temps presse.

(Il sort avec les prêtres.)

SCÈNE IV. — OLYMPIE, *sur le trône*; LES PRÊTRESSES, *on voit le cercle du trône.*

OLYMPIE.

Ô toi qui dans mon cœur, à ce choix résolu,
Usurpas à ma honte un pouvoir absolu,
Qui triomphes encor de Statira mourante,
D'Alexandre au tombeau, de leur fille tremblante,
De la terre et des cieux contre toi conjurés,
Règne, amant malheureux, sur mes sens déchirés;
Si tu m'aimes, hélas! si j'ose encor le croire,
Va, tu payeras bien cher ta funeste victoire.

SCÈNE V. — OLYMPIE, CASSANDRE, LES PRÊTRESSES.

CASSANDRE.

Eh bien! je viens remplir mon devoir et vos vœux;
Mon sang doit arroser ce bûcher malheureux;
Acceptez mon trépas, c'est ma seule espérance;
Que ce soit par pitié plutôt que par vengeance.

OLYMPIE.

Cassandre!

CASSANDRE.

    Objet sacré! chère épouse!

OLYMPIE.

            Ah! cruel!

CASSANDRE.

Il n'est plus de pardon pour ce grand criminel;
Esclave infortuné du destin qui me guide,
Mon sort en tous les temps est d'être parricide.
    (Il se jette à genoux.)
Mais je suis ton époux; mais, malgré ses forfaits,
Cet époux t'idolâtre encor plus que jamais.
Respecte, en m'abhorrant, cet hymen que j'atteste:
Dans l'univers entier Cassandre seul te reste;
La mort est le seul dieu qui peut nous séparer;
Je veux, en périssant, te voir et t'adorer.
Venge-toi, punis-moi, mais ne sois point parjure:
Va, l'hymen est encor plus saint que la nature.

OLYMPIE.

Levez-vous, et cessez de profaner du moins
Cette cendre fatale, et mes funèbres soins.
Quand sur l'affreux bûcher dont les flammes s'allument
De ma mère en ces lieux les membres se consument,
Ne souillez pas ces dons que je dois présenter;
N'approchez pas, Cassandre, et sachez m'écouter.

SCÈNE VI. — OLYMPIE, CASSANDRE, ANTIGONE, PRÊTRESSES.

ANTIGONE.

Enfin votre vertu ne peut plus s'en défendre ;
Statira vous dictait l'arrêt qu'il vous faut rendre.
J'ai respecté les morts et ce jour de terreur ;
Vous en pouvez juger, puisque mon bras vengeur
N'a point encor de sang inondé cet asile,
Puisqu'un moment encore à vos ordres docile,
Je vous prends en ces lieux pour son juge et le mien,
Prononcez notre arrêt, et ne redoutez rien.
On vous verra, madame, et du moins je l'espère,
Distinguer l'assassin du vengeur d'une mère.
La nature a des droits. Statira, dans les cieux,
A côté d'Alexandre, arrête ici ses yeux.
Vous êtes dans ce temple encore ensevelie ;
Mais la terre et le ciel observent Olympie.
Il faut entre nous deux que vous vous déclariez.

OLYMPIE.

J'y consens ; mais je veux que vous me respectiez.
Vous voyez ces apprêts, ces dons que je dois faire
A nos dieux infernaux, aux mânes d'une mère ;
Vous choisissez ce temps, impétueux rivaux,
Pour me parler d'hymen au milieu des tombeaux !
Jurez-moi seulement, soldats du roi mon père,
Rois après son trépas, que, si je vous suis chère,
Dans ce moment du moins, reconnaissant mes lois,
Vous ne troublerez point mes devoirs et mon choix.

CASSANDRE.

Je le dois, je le jure ; et vous devez connaître
Combien je vous respecte, et dédaigne ce traître.

ANTIGONE.

Oui, je le jure aussi, bien sûr que votre cœur
Pour ce rival barbare est pénétré d'horreur.
Prononcez ; j'y souscris.

OLYMPIE.

　　　　　Songez, quoi qu'il en coûte.
Vous-même l'avez dit, qu'Alexandre m'écoute.

ANTIGONE.

Décidez devant lui.

CASSANDRE.

　　　　　J'attends vos volontés.

OLYMPIE.

Connaissez donc ce cœur que vous persécutez,
Et vous-mêmes jugez du parti qui me reste.
Quelque choix que je fasse, il doit m'être funeste.
Vous sentez tout l'excès de ma calamité :

Apprenez plus ; sachez que je l'ai mérité.
J'ai trahi mes parents, quand j'ai pu les connaître ;
J'ai porté le trépas au sein qui m'a fait naître :
Je trouvais une mère en ce séjour d'effroi ;
Elle est morte en mes bras, elle est morte pour moi.
Elle a dit à sa fille, à ses pieds désolée :
« Épouser Antigone, et je meurs consolée. »
Elle était expirante ; et moi, pour l'achever,
Je la refuse.

            ANTIGONE.
                Ainsi vous pouvez me braver,
Outrager votre mère, et trahir la nature !

            OLYMPIE.
A ses mânes, à vous, je ne fais point d'injure ;
Je rends justice à tous, et je la rends à moi.
Cassandre, devant lui je vous donnai ma foi ;
Voyez si nos liens ont été légitimes ;
Je vous laisse en juger ; vous connaissez vos crimes ;
Il serait superflu de vous les reprocher :
Réparez-les un jour.

            CASSANDRE.
                Je ne puis vous toucher !
Je ne puis adoucir cette horreur qui vous presse !

            OLYMPIE.
Il faut vous éclairer : gardez votre promesse.
            (Le temple s'ouvre ; on voit le bûcher enflammé.)

SCÈNE VII. — OLYMPIE, CASSANDRE, ANTIGONE, L'HIÉRO-
    PHANTE, PRÊTRES, PRÊTRESSES.

            LA PRÊTRESSE INFÉRIEURE.
Pricesse, il en est temps.

            OLYMPIE, à Cassandre.
                Vois ce spectacle affreux :
Cassandre, en ce moment, plains-toi, si tu le peux ;
Contemple ce bûcher, contemple cette cendre ;
Souviens-toi de mes fers, souviens-toi d'Alexandre :
Voilà sa veuve, parle, et dis ce que je dois.

            CASSANDRE.
M'immoler.

            OLYMPIE.
                Ton arrêt est dicté par ta voix....
Attends ici le mien¹. Vous, mânes de ma mère,
Mânes à qui je rends ce devoir funéraire,

---

1. Elle monte sur l'estrade de l'autel qui est près du bûcher. Les prêtresses lui présentent les offrandes.

ACTE V, SCÈNE VII.

Vous, qu'un juste courroux doit encore animer;
Vous recevrez des dons qui pourront vous calmer.
De mon père et de vous ils sont dignes peut-être....
Toi, l'époux d'Olympie, et qui ne dus pas l'être;
Toi, par qui j'ai perdu les auteurs de mes jours;
Toi, qui m'as tant chérie, et pour qui ma faiblesse
Du plus fatal amour a senti la tendresse,
Tu crois mes lâches feux de mon âme bannis....
Apprends.... que je t'adore.... et que je m'en punis [1].

---

1. Le suicide est une chose très-commune sur la scène française. Il n'est pas à craindre que ces exemples soient imités par les spectateurs. Cependant, si on mettait sur le théâtre un homme tel que le Caton d'Addison, philosophe et citoyen, qui, ayant dans une main le *Traité de l'immortalité de l'âme*, de Platon, et une épée dans l'autre, prouve par les raisonnements les plus forts qu'il est des conjonctures où un homme de courage doit finir sa vie, il est à croire que les grands noms de Platon et de Caton réunis, la force des raisonnements, et la beauté des vers, pourraient faire un assez puissant effet sur des âmes vigoureuses et sensibles pour les porter à l'imitation, dans ces moments malheureux où tant d'hommes éprouvent le dégoût de la vie.

Le suicide n'est pas permis parmi nous. Il n'était autorisé, ni chez les Grecs, ni chez les Romains, par aucune loi; mais aussi n'y en avait-il aucune qui le punît. Au contraire, ceux qui se sont donné la mort, comme Hercule, Cléomène, Brutus, Cassius, Arria, Pætus, Caton, l'empereur Othon, ont tous été regardés comme des grands hommes et comme des demi-dieux.

La coutume de finir ses jours volontairement sur un bûcher a été respectée de temps immémorial dans toute la haute Asie; et aujourd'hui même encore, on en a de fréquents exemples dans les Indes orientales.

On a tant écrit sur cette matière, que je me bornerai à un petit nombre de questions.

Si le suicide fait tort à la société, je demande si ces homicides volontaires, et légitimés par toutes les lois, qui se commettent dans la guerre, ne font pas un peu plus de tort au genre humain.

Je n'entends pas, par ces homicides, ceux qui, s'étant voués au service de leur patrie et de leur prince, affrontent la mort dans les batailles; je parle de ce nombre prodigieux de guerriers auxquels il est indifférent de servir sous une puissance ou sous une autre, qui trafiquent de leur sang comme un ouvrier vend son travail à sa journée, qui combattront demain pour celui contre qui ils étaient armés hier, et qui, sans considérer ni leur patrie ni leur famille, tuent et se font tuer pour des étrangers. Je demande en bonne foi si cette espèce d'héroïsme est comparable à celui de Caton, de Cassius et de Brutus. Tel soldat, et même tel officier a combattu tour à tour pour la France, pour l'Autriche, et pour la Prusse.

Il y a un peuple sur la terre dont la maxime, non encore démentie, est de ne se jamais donner la mort, et de ne la donner à personne; ce sont les Philadelphiens, qu'on a si sottement nommés quakers. Ils ont même longtemps refusé de contribuer aux frais de la dernière guerre qu'on faisait vers le Canada, pour décider à quels marchands d'Europe appartiendrait un coin de terre endurci sous la glace pendant sept mois, et stérile pendant les cinq autres. Ils disaient pour leurs raisons, que des vases d'argile, tels que les hommes, ne devaient pas se briser les uns contre les autres pour de si misérables intérêts.

Je passe à une seconde question.

Que pensent ceux qui, parmi nous, périssent par une mort volontaire?
Il y en a beaucoup dans toutes les grandes villes. J'en ai connu une

Cendres de Statira, recevez Olympie.
(Elle se frappe, et se jette dans le bûcher.)

TOUS ENSEMBLE.

Ciel !

CASSANDRE, *courant au bûcher.*

Olympie !

LES PRÊTRES.

O ciel !

ANTIGONE.

O fureur inouïe !

CASSANDRE.

Elle n'est déjà plus, tous nos efforts sont vains.
(Revenant dans le péristyle.)
En est-ce assez, grands dieux !... Mes exécrables mains
Ont fait périr mon roi, sa veuve, et mon épouse !...
Antigone, ton âme est-elle encor jalouse ?
Insensible témoin de cette horrible mort,
Envieras-tu toujours la douceur de mon sort ?
De ma félicité si ton grand cœur s'irrite,
Partage-la, crois-moi, prends ce fer, et m'imite.
(Il se tue.)

L'HIÉROPHANTE.

Arrêtez !... O saint temple ! ô Dieu juste et vengeur !
Dans quel palais profane a-t-on vu plus d'horreur !

ANTIGONE.

Ainsi donc Alexandre, et sa famille entière,
Successeurs, assassins, tout est cendre et poussière !
Dieux, dont le monde entier éprouve le courroux,
Maîtres des vils humains, pourquoi les formiez-vous ?
Qu'avait fait Statira ? qu'avait fait Olympie ?
A quoi réservez-vous ma déplorable vie ?

petits où il y avait une douzaine de suicides par an. Ceux qui sortent ainsi de la vie pensent-ils avoir une âme immortelle ? espèrent-ils que cette âme sera plus heureuse dans une autre vie ? croient-ils que notre entendement se réunit après notre mort à l'âme générale du monde ? imaginent-ils que l'entendement est une faculté, un résultat des organes, qui périt avec les organes mêmes, comme la végétation, dans les plantes, est détruite quand les plantes sont arrachées ; comme la sensibilité, dans les animaux, lorsqu'ils ne respirent plus ; comme la force, cet être métaphysique, cesse d'exister dans un ressort qui a perdu son élasticité ?

Il serait à désirer que tous ceux qui prennent le parti de sortir de la vie laissassent par écrit leurs raisons, avec un petit mot de leur philosophie : cela ne serait pas inutile aux vivants et à l'histoire de l'esprit humain.

1. L'hiérophante, les prêtres et les prêtresses témoignent leur étonnement et leur consternation.

FIN D'OLYMPIE.

JULES CÉSAR.

TRAGÉDIE EN TROIS ACTES, DE SHAKSPEARE.

AVERTISSEMENT DU TRADUCTEUR.

Ayant entendu souvent comparer Corneille à Shakspeare, j'ai cru convenable de faire voir la manière différente qu'ils emploient l'un et l'autre dans les sujets qui peuvent avoir quelque ressemblance. J'ai choisi les premiers actes de *la Mort de César*, où l'on voit une conspiration comme dans *Cinna*, et dans lesquels il ne s'agit que d'une conspiration jusqu'à la fin du troisième acte. Le lecteur pourra aisément comparer les pensées, le style, et le jugement de Shakspeare, avec les pensées, le style, et le jugement de Corneille. C'est aux lecteurs de toutes les nations de prononcer entre l'un et l'autre. Un Français et un Anglais seraient peut-être suspects de quelque partialité. Pour bien instruire ce procès, il a fallu faire une traduction exacte. On a mis en prose ce qui est en prose dans la tragédie de Shakspeare : on a rendu en vers blancs ce qui est en vers blancs, et presque toujours vers pour vers ; ce qui est familier et bas est traduit avec familiarité et avec bassesse. On a tâché de s'élever avec l'auteur quand il s'élève ; et lorsqu'il est enflé et guindé, on a eu soin de ne l'être ni plus ni moins que lui.

On peut traduire un poëte en exprimant seulement le fond de ses pensées ; mais, pour le bien faire connaître, pour donner une idée juste de sa langue, il faut traduire non-seulement ses pensées, mais tous les accessoires. Si le poëte a employé une métaphore, il ne faut pas lui substituer une autre métaphore ; s'il se sert d'un mot qui soit bas dans sa langue, on doit le rendre par un mot qui soit bas dans la nôtre. C'est un tableau dont il faut copier exactement l'ordonnance, les attitudes, le coloris, les défauts et les beautés, sans quoi vous donnez votre ouvrage pour le sien.

Nous avons en français des imitations, des esquisses, des extraits de Shakspeare, mais aucune traduction : on a voulu apparemment ménager notre délicatesse. Par exemple, dans la traduction du *Maure de Venise*, Iago, au commencement de la pièce, vient avertir le sénateur Brabantio que le Maure a enlevé sa fille. L'auteur français fait parler ainsi Iago à la française :

« Je dis, monsieur, que vous êtes trahi, et que le Maure est actuellement possesseur des charmes de votre fille. »

Mais voici comme Iago s'exprime dans l'original anglais :

« Tête de sang, monsieur, vous êtes un de ceux qui ne serviraient pas Dieu, si le diable vous le commandait : parce que nous venons vous rendre service, vous nous traitez de ruffiens. Vous avez une fille couverte par un cheval de Barbarie ; vous aurez des petits-fils qui henniront, des chevaux de course pour cousins germains, et des chevaux de manége pour beaux-frères.

« LE SÉNATEUR. — Qui es-tu, misérable profane?
« IAGO. — Je suis, monsieur, un homme qui viens vous dire que le Maure et votre fille font maintenant la bête à deux dos.
« LE SÉNATEUR. — Tu es un coquin. » etc.

Je ne dis pas que le traducteur ait mal fait d'épargner à nos yeux la lecture de ce morceau ; je dis seulement qu'il n'a pas fait connaître Shakspeare, et qu'on ne peut deviner quel est le génie de cet auteur, celui de son temps, celui de sa langue, par les imitations qu'on nous en a données sous le nom de *traduction*. Il n'y a pas six lignes de suite dans le *Jules César* français qui se trouvent dans le *César* anglais. La traduction qu'on donne ici de ce *César* est la plus fidèle qu'on ait jamais faite en notre langue d'un poète ancien ou étranger. On trouve, à la vérité, dans l'original quelques mots qui ne peuvent se rendre littéralement en français, de même que nous en avons que les Anglais ne peuvent traduire ; mais ils sont en très-petit nombre.

Je n'ai qu'un mot à ajouter, c'est que les vers blancs ne coûtent que la peine de les dicter ; cela n'est pas plus difficile à faire qu'une lettre. Si on s'avise de faire des tragédies en vers blancs, et de les jouer sur notre théâtre, la tragédie est perdue. Dès que vous ôtez la difficulté, vous ôtez le mérite.

PERSONNAGES.

JULES CÉSAR.
ANTOINE, } qui devinrent triumvirs avec Octave César, après la
LÉPIDE, } mort de Jules César.
CICÉRON,
PUBLIUS, } sénateurs.
POPILIUS,
BRUTUS,
CASSIUS,
TRÉBONIUS,
CASCA,
LIGARIUS, } conjurés.
DÉCIUS,
MÉTELLUS,
CIMBER,
CINNA,
FLAVIUS ET MARULLUS, tribuns.
ARTÉMIDORE de Cnide ; devin ; AUTRE DEVIN.
UN ASTROLOGUE.
UN HOMME DU PEUPLE ET UN SAVETIER.
CALPHURNIA, femme de César.
PORCIA, femme de Brutus.
UN DOMESTIQUE DE CÉSAR.
LUCIUS, l'un des domestiques de Brutus.
SÉNATEURS, CITOYENS, GARDES, SUITE, etc.

ACTE PREMIER.

SCÈNE I[1]. — FLAVIUS, MARULLUS, UN HOMME DU PEUPLE, UN SAVETIER.

FLAVIUS. — Hors d'ici ; à la maison ; retournez chez vous, fainéants : est-ce aujourd'hui jour de fête? ne savez-vous pas, vous qui êtes des ouvriers, que vous ne devez pas vous promener dans les rues un jour ouvrable sans les marques de votre profession [2]? Parle, toi, quel est ton métier?

L'HOMME DU PEUPLE. — Eh! mais, monsieur, je suis charpentier.

MARULLUS. — Où est ton tablier de cuir? où est ta règle? pourquoi portes-tu ton bel habit? (*En s'adressant à un autre.*) Et toi, de quel métier es-tu?

LE SAVETIER. — En vérité.... pour ce qui regarde les bons ouvriers.... je suis.... comme qui dirait un savetier.

MARULLUS. — Mais, dis-moi, quel est ton métier? te dis-je ; réponds positivement.

LE SAVETIER. — Mon métier, monsieur? mais j'espère que je peux l'exercer en bonne conscience. Mon métier est, monsieur, raccommodeur d'âmes [3].

MARULLUS. — Quel métier, faquin, quel métier, te dis-je, vilain salope?

LE SAVETIER. — Eh! monsieur, ne vous mettez pas hors de vous ; je pourrais vous raccommoder.

FLAVIUS. — Qu'appelles-tu me raccommoder? que veux-tu dire par là?

LE SAVETIER. — Eh, mais! vous ressemeler.

FLAVIUS. — Ah! tu es donc en effet savetier? l'es-tu? parle.

LE SAVETIER. — Il est vrai, monsieur, je vis de mon alène ; je ne me mêle point des affaires des autres marchands, ni de celles des femmes ; je suis un chirurgien de vieux souliers ; lorsqu'ils sont en grand danger, je les rétablis.

1. Il y a trente-huit acteurs dans cette pièce, sans compter les assistants. Les trois premiers actes se passent à Rome. Le quatrième et le cinquième se passent à Modène et en Grèce. La première scène représente des rues de Rome. Une foule de peuple est sur le théâtre. Deux tribuns, Marullus et Flavius, leur parlent. Cette première scène est en prose.
2. C'était alors la coutume en Angleterre.
3. Il prononce ici le mot de *semelle* comme on prononce celui d'*âme* en anglais.
Il faut savoir que Shakspeare avait eu peu d'éducation, qu'il avait le malheur d'être réduit à être comédien, qu'il fallait plaire au peuple ; que le peuple, plus riche en Angleterre qu'ailleurs, fréquente les spectacles, et que Shakspeare le servait selon son goût.

FLAVIUS. — Mais pourquoi n'es-tu pas dans ta boutique? pourquoi es-tu avec tant de monde dans les rues?

LE SAVETIER. — Eh! monsieur, c'est pour user leurs souliers, afin que j'aie plus d'ouvrage. Mais la vérité, monsieur, est que nous nous faisons une fête de voir passer César, et que nous nous réjouissons de son triomphe.

MARULLUS.

(Il parle en vers blancs.)

Pourquoi vous réjouir? quelles sont ses conquêtes?
Quels rois par lui vaincus, enchaînés à son char,
Apportent des tributs aux souverains du monde?
Idiots, insensés, cervelles sans raison,
Cœurs durs, sans souvenir et sans amour de Rome,
Oubliez-vous Pompée, et toutes ses vertus?
Que de fois dans ces lieux, dans les places publiques,
Sur les tours, sur les toits, et sur les cheminées,
Tenant des jours entiers vos enfants dans vos bras,
Attendiez-vous le temps où le char de Pompée
Traînait cent rois vaincus au pied du Capitole!
Le ciel retentissait de vos voix, de vos cris,
Les rivages du Tibre et ses eaux s'en émurent.
Quelle fête, grands dieux! vous assemble aujourd'hui?
Quoi! vous couvrez de fleurs le chemin d'un coupable,
Du vainqueur de Pompée, encor teint de son sang!
Lâches, retirez-vous; retirez-vous, ingrats;
Implorez à genoux la clémence des dieux;
Tremblez d'être punis de tant d'ingratitude!

FLAVIUS.

Allez, chers compagnons, allez, compatriotes;
Assemblez vos amis, et les pauvres surtout:
Pleurez aux bords du Tibre, et que ces tristes bords
Soient couverts de ses flots qu'auront enflés vos larmes.

(Le peuple s'en va.)

Tu les vois, Marullus, à peine repentants;
Mais ils n'osent parler, ils ont senti leurs crimes.
Va vers le Capitole, et moi par ce chemin;
Renversons d'un tyran les images sacrées.

MARULLUS.

Mais quoi! le pouvons-nous, le jour des lupercales?

FLAVIUS.

Oui, te dis-je, abattons ces images funestes.
Aux ailes de César il faut ôter ces plumes;
Il volerait trop haut, et trop loin de nos yeux;
Il nous tiendrait de loin dans un lâche esclavage.

1. Si le commencement de la scène est pour le populace, ce morceau est pour la cour, pour les hommes d'État, pour les connaisseurs.

ACTE I, SCÈNE II.

SCÈNE II. — CÉSAR, ANTOINE, *habillés comme l'étaient ceux qui couraient dans la fête des lupercales, avec un fouet à la main pour toucher les femmes grosses;* CALPHURNIA, *femme de César;* PORCIA, *femme de Brutus;* DECIUS, CICÉRON, BRUTUS, CASSIUS, CASCA, ET UN ASTROLOGUE.

(Cette scène est moitié en vers et moitié en prose.)

CÉSAR. — Écoute, Calphurnia.
CASCA. — Paix, messieurs, holà! César parle.
CÉSAR. — Calphurnia!
CALPHURNIA. — Quoi, milord?
CÉSAR. — Ayez soin de vous mettre dans le chemin d'Antoine quand il courra.
ANTOINE. — Pourquoi, milord?

CÉSAR.
Quand vous courrez, Antoine, il faut toucher ma femme.
Nos aïeux nous ont dit qu'en cette course sainte
C'est ainsi qu'on guérit de la stérilité.

ANTOINE.
C'est assez; César parle, on obéit soudain.

CÉSAR.
Va, cours, acquitte-toi de la cérémonie.

L'ASTROLOGUE, *avec une voix grêle*. — César!
CÉSAR. — Qui m'appelle?
CASCA. — Ne faites donc pas tant de bruit; paix, encore une fois.
CÉSAR. — Qui donc m'a appelé dans la foule? J'ai entendu une voix, plus claire que de la musique, qui fredonnait César. Parle, qui que tu sois, parle; César se tourne pour t'écouter.
L'ASTROLOGUE. — César, prends garde aux ides de mars[2].
CÉSAR. — Quel homme est-ce là?
BRUTUS. — C'est un astrologue qui vous dit de prendre garde aux ides de mars.
CÉSAR. — Qu'il paraisse devant moi, que je voie son visage.
CASCA, *à l'astrologue*.— L'ami, fends la presse, regarde César.
CÉSAR. — Que disais-tu tout à l'heure? répète encore.
L'ASTROLOGUE. — Prends garde aux ides de mars.
CÉSAR. — C'est un rêveur, laissons-le aller; passons.
(César s'en va avec toute sa suite.)

1. Shakspeare fait de Casca, sénateur, une espèce de bouffon.
2. Cette anecdote est dans Plutarque, ainsi que la plupart des incidents de la pièce. Shakspeare l'avait donc lu; comment donc a-t-il pu avilir la majesté de l'histoire romaine jusqu'à faire parler quelquefois ces maîtres du monde comme des insensés, des bouffons, des crocheteurs? On l'a déjà dit: il voulait plaire à la populace de son temps.

SCÈNE III. — BRUTUS, CASSIUS.

CASSIUS. — Voulez-vous venir voir les courses des lupercales ?
BRUTUS. — Non pas moi.
CASSIUS. — Ah ! je vous en prie, allons-y.

BRUTUS.
(En vers.)
Je n'aime point ces jeux ; les goûts, l'esprit d'Antoine
Ne sont point faits pour moi : courez si vous voulez.

CASSIUS.
Brutus, depuis un temps je ne vois plus en vous
Cette affabilité, ces marques de tendresse,
Dont vous flattiez jadis ma sensible amitié.

BRUTUS.
Vous vous êtes trompé : quelques ennuis secrets,
Des chagrins peu connus, ont changé mon visage ;
Ils me regardent seul, et non pas mes amis.
Non, n'imaginez point que Brutus vous néglige ;
Plaignez plutôt Brutus en guerre avec lui-même ;
J'ai l'air indifférent, mais mon cœur ne l'est pas.

CASSIUS.
Cet air sévère et triste, où je m'étais mépris,
M'a souvent avec vous imposé le silence.
Mais, parle-moi, Brutus ; peux-tu voir ton visage ?

BRUTUS.
Non, l'œil ne peut se voir, à moins qu'un autre objet [1]
Ne réfléchisse en lui les traits de son image.

CASSIUS.
Oui, vous avez raison : que n'avez-vous, Brutus,
Un fidèle miroir qui vous peigne à vous-même,
Qui déploie à vos yeux vos mérites cachés,
Qui vous montre votre ombre ! Apprenez, apprenez
Que les premiers de Rome ont les mêmes pensées ;
Tous disent, en plaignant ce siècle infortuné :
Ah ! si du moins Brutus pouvait avoir des yeux !

BRUTUS.
A quel écueil étrange oses-tu me conduire ?
Et pourquoi prétends-tu que, me voyant moi-même,
J'y trouve des vertus que le ciel me refuse ?

CASSIUS.
Ecoute, cher Brutus, avec attention.
Tu ne saurais te voir que par réflexion.
Supposons qu'un miroir puisse *avec modestie*

[1] Rien n'est plus naturel que le fond de cette scène, rien n'est même plus adroit. Mais comment peut-on exprimer un sentiment si naturel et si vrai par des tours qui le sont si peu ? C'est que le goût n'était pas formé.

Te montrer quelques traits à toi-même inconnus;
Pardonne : tu le sais, je ne suis point flatteur;
Je ne fatigue point par d'indignes serments
D'infidèles amis qu'en secret je méprise;
Je n'embrasse personne afin de le trahir :
Mon cœur est tout ouvert, et Brutus y peut lire.
(On entend des acclamations et le son des trompettes.)

BRUTUS.
Que peuvent annoncer ces trompettes, ces cris?
Le peuple voudrait-il choisir César pour roi?

CASSIUS.
Tu ne voudrais donc pas voir César sur le trône?

BRUTUS.
Non, ami, non, jamais, quoique j'aime César.
Mais pourquoi si longtemps me tenir incertain?
Que ne t'expliques-tu? que voulais-tu me dire?
D'où viennent tes chagrins dont tu cachais la cause?
Si l'amour de l'État les fait naître en ton sein,
Parle, ouvre-moi ton cœur, montre-moi sans frémir
La gloire dans un œil, et le trépas dans l'autre.
Je regarde la gloire, et brave le trépas;
Car le ciel m'est témoin que ce cœur tout romain
Aima toujours l'honneur plus qu'il n'aima le jour.

CASSIUS.
Je n'en doutai jamais; je connais ta vertu,
Ainsi que je connais ton amitié fidèle.
Oui, c'est l'honneur, ami, qui fait tous mes chagrins.
J'ignore de quel œil tu regardes la vie;
Je n'examine point ce que le peuple en pense.
Mais pour moi, cher ami, j'aime mieux n'être pas
Que d'être sous les lois d'un mortel mon égal.
Nous sommes nés tous deux libres comme César :
Bien nourris comme lui, comme lui nous savons
Supporter la fatigue, et braver les hivers.
Je me souviens qu'un jour, au milieu d'un orage,
Quand le Tibre en courroux luttait contre ses bords.
« Veux-tu, me dit César, te jeter dans le fleuve?
Oseras-tu nager, malgré tout son courroux? »
Il dit; et dans l'instant, sans ôter mes habits,
Je plonge, et je lui dis : « César, ose me suivre. »
Il me suit en effet, et de nos bras nerveux
Nous combattons les flots, nous repoussons les ondes.
Bientôt j'entends César qui me crie : « Au secours!
Au secours! ou j'enfonce; » et moi, dans le moment,
Semblable à notre aïeul, à notre auguste Énée,
Qui, dérobant Anchise aux flammes dévorantes,
L'enleva sur son dos dans les débris de Troie,

J'arrachai ce César aux vagues en fureur ¹
Et maintenant cet homme est un dieu parmi nous!
Il tonne, et Cassius doit se courber à terre,
Quand ce dieu par hasard daigne le regarder!
Je me souviens encor qu'il fut pris en Espagne
D'un grand accès de fièvre, et que, dans le frisson,
Je crois le voir encore, il tremblait comme un homme;
Je vis ce dieu trembler. La couleur des rubis
S'enfuyait tristement de ses lèvres poltronnes.
Ces yeux, dont un regard fait fléchir les mortels,
Ces yeux étaient éteints : j'entendis ces soupirs,
Et cette même voix qui commande à la terre.
Cette terrible voix, remarque bien, Brutus,
Remarque, et que ces mots soient écrits dans tes livres,
Cette voix qui tremblait, disait : « Titinius,
Titinius ², à boire! » Une fille, un enfant,
N'eût pas été plus faible : et c'est donc ce même homme,
C'est ce corps faible et mou qui commande aux Romains!
Lui, notre maître! ô dieux!

BRUTUS

J'entends un nouveau bruit.
J'entends des cris de joie. Ah! Rome trop séduite
Surcharge encor César et de biens et d'honneurs.

CASSIUS.

Quel homme! quel prodige! il enjambe ce monde
Comme un vaste colosse; et nous, petits humains,
Rampants entre ses pieds, nous sortons notre tête
Pour chercher, en tremblant, des tombeaux sans honneur.
Ah! l'homme est quelquefois le maître de son sort :
La faute est dans son cœur, et non dans les étoiles;
Qu'il s'en prenne à lui seul s'il rampe dans les fers.
César! Brutus! eh bien! quel est donc ce César?
Son nom sonne-t-il mieux que le mien ou le vôtre?
Écrivez votre nom; sans doute il vaut le sien :
Prononcez-les; tous deux sont égaux dans la bouche :
Pesez-les; tous les deux ont un poids bien égal.
Conjurez en ces noms les démons du Tartare,
Les démons évoqués viendront également ³.

1. Tous ces contes que fait Cassius ressemblent à un discours de *Gilles à la Foire*. Cela est naturel; oui : mais c'est le naturel d'un homme de la populace qui s'entretient avec son compère dans un cabaret. Ce n'est pas ainsi que parlaient les plus grands hommes de la république romaine.
2. L'acteur autrefois prenait en cet endroit le ton d'un homme qui a la fièvre, et qui parle d'une voix grêle.
3. Ces idées sont prises des contes de sorciers, qui étaient plus communs dans la superstitieuse Angleterre qu'ailleurs, avant que cette nation fût devenue philosophe, grâce aux Bacon, aux Shaftesbury, aux

Je voudrais bien savoir ce que ce César mange
Pour s'être fait si grand. O siècle ! ô jours honteux !
O Rome ! c'en est fait, tes enfants ne sont plus.
Tu formes des héros, et, depuis le déluge,
Aucun temps ne te vit sans mortels généreux ;
Mais tes murs aujourd'hui contiennent un seul homme.

(Cassius continue, et dit :)

Ah ! c'est aujourd'hui que Roume existe en effet ; car il n'y a
de roum (de place) que pour César[1].

(Cassius achève son récit par ces vers :)

Ah ! dans Rome jadis il était un Brutus,
Qui se serait soumis au grand diable d'enfer
Aussi facilement qu'aux ordres d'un monarque.

BRUTUS.

Va, je me fie à toi ; tu me chéris, je t'aime :
Je vois ce que tu veux ; j'y pensai plus d'un jour :
Nous en pourrons parler ; mais, dans ces conjonctures,
Je te conjure, ami, de n'aller pas plus loin.
J'ai pesé tes discours ; tout mon cœur s'en occupe ;
Nous en reparlerons ; je ne t'en dis pas plus.
Va, sois sûr que Brutus aimerait mieux cent fois
Être un vil paysan, que d'être un sénateur,
Un citoyen romain menacé d'esclavage.

SCÈNE IV. — CÉSAR *rentre avec tous ses courtisans;* BRUTUS, CASSIUS.

BRUTUS.

César est de retour. Il a fini son jeu.

CASSIUS.

Crois-moi, tire Casca doucement par la manche ;
Il passe : il te dira, dans son étrange humeur,
Avec son ton grossier, tout ce qu'il aura vu.

BRUTUS.

Je n'y manquerai pas. Mais observe avec moi
Combien l'œil de César annonce de colère ;
Vois tous ses courtisans près de lui consternés ;
La pâleur se répand au front de Calphurnie.
Regarde Cicéron, comme il est inquiet,
Impatient, troublé ; tel que, dans nos comices,
Nous l'avons vu souvent, quand quelques sénateurs,

Collins, aux Wollaston, aux Dodwel, aux Middleton, aux Bolingbroke, et à tant d'autres génies hardis.

1. Il y a ici une plaisante pointe ; Rome, en anglais, se prononce *Roum*; et *room*, qui signifie place, se prononce aussi *roum*. Cela n'est pas tout à fait dans le style de *Cinna* : mais chaque peuple et chaque siècle ont leur style et leur sorte d'éloquence.

Réfutant ses raisons, bravent son éloquence.

CASSIUS.
Tu sauras de Casca tout ce qu'il faut savoir.

CÉSAR, *dans le fond.* — Eh bien, Antoine !
ANTOINE. — Eh bien, César !

CÉSAR, *regardant Cassius et Brutus, qui sont sur le devant.*
Puissé-je désormais n'avoir autour de moi
Que ceux dont l'embonpoint marque des mœurs aimables !
Cassius est trop maigre ; il a les yeux trop creux ;
Il pense trop : je crains ces sombres caractères.

ANTOINE.
Ne le crains point, César, il n'est pas dangereux ;
C'est un noble Romain qui t'est fort attaché.

CÉSAR [1].
Je le voudrais plus gras, mais je ne puis le craindre.
Cependant si César pouvait craindre un mortel,
Cassius est celui dont j'aurais défiance :
Il lit beaucoup ; je vois qu'il veut tout observer ;
Il prétend par les faits juger du cœur des hommes ;
Il fuit l'amusement, les concerts, les spectacles,
Tout ce qu'Antoine et moi nous goûtons sans remords ;
Il sourit rarement et, dans son dur sourire,
Il semble se moquer de son propre génie ;
Il paraît insulter au sentiment secret
Qui malgré lui l'entraîne, et le force à sourire.
Un esprit de sa trempe est toujours en colère,
Quand il voit un mortel qui s'élève sur lui.
D'un pareil caractère il faut qu'on se défie.
Je te dis, après tout, ce qu'on peut redouter,
Non pas ce que je crains ; je suis toujours moi-même.
Passe à mon côté droit ; je suis sourd d'une oreille :
Dis-moi sur Cassius ce que je dois penser.
(*César sort avec Antoine et sa suite.*)

SCÈNE V. — BRUTUS, CASSIUS, CASCA.

(*Brutus tire Casca par la manche.*)

CASCA, *à Brutus.*
César sort, et Brutus par la manche me tire ;
Voudrait-il me parler ?

BRUTUS.
Oui : je voudrais savoir
Quel sujet à César cause tant de tristesse.

1. Cela est encore tiré de Plutarque.

CASCA.
Vous le savez assez : ne le suiviez-vous pas ?
BRUTUS.
Eh ! si je le savais, vous le demanderais-je ?
(Cette scène est continuée en prose.)

CASCA. — Oui-da ! eh bien ! on lui a offert une couronne, et cette couronne lui étant présentée, il l'a rejetée du revers de la main. (Il fait ici le geste qu'a fait César.) Alors le peuple a applaudi par mille acclamations.

BRUTUS. — Pourquoi ce bruit a-t-il redoublé ?

CASCA. — Pour la même raison.

CASSIUS. — Mais on a applaudi trois fois : pourquoi ce troisième applaudissement ?

CASCA. — Pour cette même raison-là, vous dis-je.

BRUTUS. — Quoi ! on lui a offert trois fois la couronne ?

CASCA. — Eh ! pardieu oui, et à chaque fois il l'a toujours doucement refusée, et, à chaque signe qu'il faisait de n'en vouloir point, tous mes honnêtes voisins l'applaudissaient à haute voix.

CASSIUS. — Qui lui a offert la couronne ?

CASCA. — Eh ! qui donc ? Antoine.

BRUTUS. — De quelle manière s'y est-il pris, cher Casca ?

CASCA. — Je veux être pendu, si je sais précisément la manière ; c'était une pure farce : je n'ai pas tout remarqué. J'ai vu Marc Antoine lui offrir la couronne ; ce n'était pourtant pas une couronne tout à fait, c'était un petit coronet[1] ; mais, selon mon jugement, il aurait bien voulu le prendre. On le lui a offert encore, il l'a rejeté encore ; mais, à mon avis, il était bien fâché de ne pas mettre les doigts dessus. On le lui a encore présenté, il l'a encore refusé ; et, à ce dernier refus, la canaille a poussé de si hauts cris, et a battu de ses vilaines mains avec tant de fracas, et a tant jeté en l'air ses sales bonnets, et a laissé échapper tant de bouffées de sa puante haleine, que César en a été presque étouffé : il s'est évanoui, il est tombé par terre ; et, pour ma part, je n'osais rire, de peur qu'en ouvrant ma bouche je ne reçusse le mauvais air infecté par la racaille.

CASSIUS. — Doucement, doucement. Dis-moi, je te prie, César s'est évanoui ?

CASCA. — Il est tombé tout au milieu du marché ; sa bouche écumait ; il ne pouvait parler.

BRUTUS. — Cela est vraisemblable ; il est sujet à tomber du haut mal.

---

1. Les coronets sont de petites couronnes que les pairesses d'Angleterre portent sur la tête au sacre des rois et des reines, et dont les pairs ornent leurs armoiries. Il est bien étrange que Shakspeare ait traité en comique un récit dont le fond est si noble et si intéressant ; mais il s'agit de la populace de Rome : et Shakspeare cherchait les suffrages de celle de Londres.

CASSIUS. — Non, César ne tombe point du haut mal; c'est vous et moi qui tombons; c'est nous, honnête Casca, qui sommes en épilepsie.

CASCA. — Je ne sais pas ce que vous entendez par là, mais je suis sûr que Jules César est tombé, et regardez-moi comme un menteur, si tout ce peuple en guenilles ne l'a pas claqué et sifflé, selon qu'il lui plaisait ou déplaisait, comme il fait les comédiens sur le théâtre.

BRUTUS. — Mais qu'a-t-il dit quand il est revenu à lui?

CASCA. — Jarni! avant de tomber, quand il a vu la populace si aise de son refus de la couronne, il m'a ouvert son manteau, et leur a offert de se couper la gorge.... Quand il a eu repris ses sens, il a dit à l'assemblée : « Messieurs, si j'ai dit ou fait quelque chose de peu convenable, je prie Vos Seigneuries de ne l'attribuer qu'à mon infirmité. » Trois ou quatre filles qui étaient auprès de moi se sont mises à crier : « Hélas! la bonne âme! » Mais il ne faut pas prendre garde à elles; car s'il avait égorgé leurs mères, elles en auraient dit autant.

BRUTUS. — Et après tout cela il s'en est retourné tout triste?

CASCA. — Oui.

CASSIUS. — Cicéron a-t-il dit quelque chose?

CASCA. — Oui, il a parlé grec.

CASSIUS. — Pourquoi?

CASCA. — Ma foi, je ne sais; je ne pourrai plus guère vous regarder en face. Ceux qui l'ont entendu se sont regardés en souriant, et ont branlé la tête. Tout cela était du grec pour moi. Je n'ai plus de nouvelles à vous dire. Marullus et Flavius, pour avoir dépouillé les images de César de leurs ornements, sont réduits au silence. Adieu : il y a eu encore bien d'autres sottises; mais je ne m'en souviens pas.

CASSIUS. — Casca, veux-tu souper avec moi ce soir?

CASCA. — Non, je suis engagé.

CASSIUS. — Veux-tu dîner avec moi demain?

CASCA. — Oui, si je suis en vie, si tu ne changes pas d'avis, et si ton dîner vaut la peine d'être mangé.

CASSIUS. — Fort bien, nous t'attendrons.

CASCA. — Attends-moi. Adieu, tous deux.

(Le reste de cette scène est en vers.)

BRUTUS.
L'étrange compagnon! qu'il est devenu brute!
Je l'ai vu tout de feu jadis dans ma jeunesse.

CASSIUS.
Il est le même encor quand il faut accomplir
Quelque illustre dessein, quelque noble entreprise.
L'apparence est chez lui rude, lente, et grossière;
C'est la sauce, crois-moi, qu'il met à son esprit,
Pour faire avec plaisir digérer ses paroles.

ACTE I, SCÈNE V.

BRUTUS.

Oui, cela me paraît ; ami, séparons-nous ;
Demain, si vous voulez, nous parlerons ensemble.
Je viendrai vous trouver, ou vous viendrez chez moi :
J'y resterai pour vous.

CASSIUS.

Volontiers, j'y viendrai.
Allez ; en attendant, souvenez-vous de Rome.

SCÈNE VI. — CASSIUS.

Brutus, ton cœur est bon, mais cependant je vois
Que ce riche métal peut d'une adroite main
Recevoir aisément des formes différentes.
Un grand cœur doit toujours fréquenter ses semblables :
Le plus beau naturel est quelquefois séduit.
César me veut du mal, mais il aime Brutus ;
Et si j'étais Brutus, et qu'il fût Cassius,
Je sens que sur mon cœur il aurait moins d'empire.
Je prétends, cette nuit, jeter à sa fenêtre
Des billets sous le nom de plusieurs citoyens ;
Tous lui diront que Rome espère en son courage,
Et tous obscurément condamneront César ;
Son joug est trop affreux, songeons à le détruire,
Ou songeons à quitter le jour que je respire.
(Il sort.)

(Les deux derniers vers de cette scène sont rimés dans l'original.)

SCÈNE VII. — *On entend le tonnerre ; on voit des éclairs.* CASCA *entre l'épée à la main.* CICÉRON *entre par un autre côté, et rencontre Casca.*

CICÉRON.

Bonsoir, mon cher Casca. César est-il chez lui ?
Tu parais sans haleine, et les yeux effarés.

CASCA.

N'êtes-vous pas troublé quand vous voyez la terre
Trembler avec effroi jusqu'en ses fondements ?
J'ai vu cent fois les vents et les fières tempêtes
Renverser les vieux troncs des chênes orgueilleux ;
Le fougueux Océan, tout écumant de rage,
Élever jusqu'au ciel ses flots ambitieux ;
Mais, jusqu'à cette nuit, je n'ai point vu d'orage
Qui fît pleuvoir ainsi les flammes sur nos têtes.
Ou la guerre civile est dans le firmament,
Ou le monde impudent met le ciel en colère,
Et le force à frapper les malheureux humains.

CICÉRON.

Casca, n'as-tu rien vu de plus épouvantable ?

CASCA.
Un esclave, je crois qu'il est connu de vous,
A levé sa main gauche; elle a flambé soudain,
Comme si vingt flambeaux s'allumaient tous ensemble,
Sans que sa main brûlât, sans qu'il sentît les feux :
Bien plus (depuis ce temps j'ai ce fer à la main),
Un lion a passé tout près du Capitole;
Ses yeux étincelants se sont tournés sur moi;
Il s'en va fièrement, sans me faire de mal.
Cent femmes en ces lieux, immobiles, tremblantes,
Jurent qu'elles ont vu des hommes enflammés
Parcourir, sans brûler, la ville épouvantée.
Le triste et sombre oiseau qui préside à la nuit
A dans Rome, en plein jour, poussé ses cris funèbres
Croyez-moi, quand le ciel assemble ces prodiges,
Gardons-nous d'en chercher d'inutiles raisons,
Et de vouloir sonder les lois de la nature.
C'est le ciel qui nous parle, et qui nous avertit.

CICÉRON.
Tous ces événements paraissent effroyables;
Mais, pour les expliquer, chacun suit ses pensées :
On s'écarte du but en croyant le trouver.
Casca, César demain vient-il au Capitole?

CASCA.
Il y viendra; sachez qu'Antoine de sa part
Doit vous faire avertir de vous y rendre aussi.

CICÉRON.
Bonsoir donc, cher Casca; les cieux chargés d'orages
Ne nous permettent pas de demeurer : adieu.

SCÈNE VIII. — CASSIUS, CASCA.

CASSIUS.
Qui marche dans ces lieux à cette heure?

CASCA.
Un Romain.

CASSIUS.
C'est la voix de Casca.

CASCA.
Votre oreille est fort bonne.
Quelle effroyable nuit!

CASSIUS.
Ne vous en plaignez pas;
Pour les honnêtes gens cette nuit a des charmes.

CASCA.
Quelqu'un vit-il jamais les cieux plus courroucés?

CASSIUS.
Oui, celui qui connaît les crimes de la terre.

ACTE I, SCÈNE VIII.

Pour moi, dans cette nuit, j'ai marché dans les rues;
J'ai présenté mon corps à la foudre, aux éclairs;
La foudre et les éclairs ont épargné ma vie.

CASCA.

Mais pourquoi tentiez-vous la colère des dieux?
C'est à l'homme à trembler lorsque le ciel envoie
Ses messagers de mort à la terre coupable.

CASSIUS.

Que tu parais grossier! que ce feu du génie,
Qui luit chez les Romains, est éteint dans tes sens!
Ou tu n'as point d'esprit, ou tu n'en uses pas.
Pourquoi ces yeux hagards, et ce visage pâle?
Pourquoi tant t'étonner des prodiges des cieux?
De ce bruyant courroux veux-tu savoir la cause?
Pourquoi ces feux errants, ces mânes déchaînés,
Ces monstres, ces oiseaux, ces enfants qui prédisent?
Pourquoi tout est sorti de ses bornes prescrites?
Tant de monstres, crois-moi, doivent nous avertir
Qu'il est dans la patrie un plus grand monstre encore;
Et si je te nommais un mortel, un Romain,
Non moins affreux pour nous que cette nuit affreuse,
Que la foudre, l'éclair, et les tombeaux ouverts;
Un insolent mortel, dont les rugissements
Semblent ceux du lion qui marche au Capitole;
Un mortel par lui-même aussi faible que nous,
Mais que le ciel élève au-dessus de nos têtes,
Plus terrible pour nous, plus odieux cent fois,
Que ces feux, ces tombeaux, et ces affreux prodiges!

CASCA.

C'est César; c'est de lui que tu prétends parler.

CASSIUS.

Qui que ce soit, n'importe. Eh, quoi donc! les Romains
N'ont-ils pas aujourd'hui des bras comme leurs pères?
Ils n'en ont point l'esprit, ils n'en ont point les mœurs,
Ils n'ont que la faiblesse et l'esprit de leurs mères.
Les Romains, dans nos jours, ont donc cessé d'être hommes!

CASCA.

Oui, si l'on m'a dit vrai, demain les sénateurs
Accordent à César ce titre affreux de roi;
Et sur terre et sur mer il doit porter le sceptre,
En tous lieux, hors de Rome, où déjà César règne.

CASSIUS.

Tant que je porterai ce fer à mon côté,
Cassius sauvera Cassius d'esclavage.
Dieux! c'est vous qui donnez la force aux faibles cœurs,
C'est vous qui des tyrans punissez l'injustice.
Ni les superbes tours, ni les portes d'airain,

VOLTAIRE. — V

Ni les gardes armés, ni les chaînes de fer,
Rien ne retient un bras que le courage anime ;
Rien n'ôte le pouvoir qu'un homme a sur soi-même.
N'en doute point, Casca, tout mortel courageux,
Peut briser à son gré les fers dont on le charge.

CASCA.

Oui, je m'en sens capable ; oui, tout homme en ses mains
Porte la liberté de sortir de la vie.

CASSIUS.

Et pourquoi donc César nous peut-il opprimer ?
Il n'eût jamais osé régner sur les Romains ;
Il ne serait pas loup, s'il n'était des moutons.
Il nous trouva chevreuils, quand il s'est fait lion.
Qui veut faire un grand feu se sert de faible paille.
Que de paille dans Rome ! et que d'ordure, ô ciel !
Notre indigne bassesse a fait toute sa gloire.
Mais que dis-je ? ô douleurs ! où vais-je m'emporter ?
Devant qui mes regrets se sont-ils fait entendre ?
Êtes-vous un esclave ? êtes-vous un Romain ?
Si vous servez César, ce fer est ma ressource :
Je ne crains rien de vous, je brave tout danger.

CASCA.

Vous parlez à Casca, que ce mot vous suffise :
Je ne sais point flatter César par des rapports.
Prends ma main, parle, agis, fais tout pour sauver Rome.
Si quelqu'un fait un pas dans ce noble dessein,
Je le devancerai ; compte sur ma parole.

CASSIUS.

Voilà le marché fait : je veux te confier
Que de plus d'un Romain j'ai soulevé la haine.
Ils sont prêts à former une grande entreprise,
Un terrible complot, dangereux, important.
Nous devons nous trouver au porche de Pompée :
Allons, car à présent, dans cette horrible nuit,
On ne peut se tenir, ni marcher dans les rues.
Les éléments armés, ensemble confondus,
Sont, comme mes projets, fiers, sanglants, et terribles.

CASCA.

Arrête, quelqu'un vient à pas précipités.

CASSIUS.

C'est Cinna ; sa démarche est aisée à connaître :
C'est un ami[2].

1. Le loup et les moutons ne gâtent point les beautés de ce morceau parce que les Anglais n'attachent point à ces mots une idée basse : ils n'ont point le proverbe : *Qui se fait brebis, le loup le mange.*
2. Presque toute cette scène me paraît pleine de grandeur, de force, et de beautés vraies.

SCÈNE IX. — CASSIUS, CASCA, CINNA.

CASSIUS.
Cinna, qui vous hâte à ce point ?
CINNA.
Je vous cherchais. Cimber serait-il avec vous ?
CASSIUS.
Non, c'est Casca : je peux répondre de son zèle ;
C'est un des conjurés.
CINNA.
J'en rends grâces au ciel.
Mais quelle horrible nuit ! Des visions étranges
De quelques-uns de nous ont glacé les esprits.
CASSIUS.
M'attendiez-vous ?
CINNA.
Sans doute, avec impatience.
Ah ! si le grand Brutus était gagné par vous !
CASSIUS.
Il le sera, Cinna. Va porter ce papier [1]
Sur la chaire où se sied le préteur de la ville ;
Et jette adroitement cet autre à sa fenêtre ;
Mets cet autre papier aux pieds de la statue
De l'antique Brutus, qui sut punir les rois ;
Tu te rendras après au porche de Pompée.
Avons-nous Décius avec Trébonius ?
CINNA.
Tous, excepté Cimber, au porche vous attendent,
Et Cimber est allé chez vous pour vous parler.
Je cours exécuter vos ordres respectables.
CASSIUS.
Allons, Casca ; je veux parler avant l'aurore
Au généreux Brutus : les trois quarts de lui-même
Sont déjà dans nos mains ; nous l'aurons tout entier,
Et deux mots suffiront pour subjuguer son âme.
CASCA.
Il nous est nécessaire, il est aimé dans Rome ;
Et ce qui dans nos mains peut paraître un forfait,
Quand il nous aidera, passera pour vertu.
Son crédit dans l'État est la riche alchimie,
Qui peut changer ainsi les espèces des choses.
CASSIUS.
J'attends tout de Brutus, et tout de son mérite.
Allons : il est minuit ; et devant qu'il soit jour
Il faudra l'éveiller, et s'assurer de lui.

1. Un papier, du temps de César, n'est pas trop dans le costume ; mais il n'y faut pas regarder de si près ; il faut songer que Shakspeare n'avait point eu d'éducation, qu'il devait tout à son seul génie.

ACTE SECOND.

SCÈNE I. — BRUTUS, ET LUCIUS, *l'un de ses domestiques, dans le jardin de la maison de Brutus.*

BRUTUS.

Ho! Lucius! holà! j'observe en vain les astres;
Je ne puis deviner quand le jour paraîtra.
Lucius! je voudrais dormir comme cet homme.
Hé! Lucius! debout; éveille-toi, te dis-je.

LUCIUS.

M'appelez-vous, milord?

BRUTUS.

Va chercher un flambeau,
Va, tu le porteras dans ma bibliothèque,
Et, dès qu'il y sera, tu viendras m'avertir.
(*Brutus reste seul.*)
Il faut que César meure.... oui, Rome enfin l'exige.
Je n'ai point, je l'avoue, à me plaindre de lui;
Et la cause publique est tout ce qui m'anime.
Il prétend être roi! Mais quoi! le diadème
Change-t-il, après tout, la nature de l'homme?
Oui, le brillant soleil fait croître les serpents.
Pensons-y : nous allons l'armer d'un dard funeste,
Dont il peut nous piquer sitôt qu'il le voudra.
Le trône et la vertu sont rarement ensemble.
Mais quoi! je n'ai point vu que César jusqu'ici
Ait à ses passions accordé trop d'empire.
N'importe; on sait assez quelle est l'ambition.
L'échelle des grandeurs à ses yeux se présente;
Elle y monte en cachant son front aux spectateurs;
Et quand elle est au haut, alors elle se montre;
Alors, jusques au ciel élevant ses regards,
D'un coup d'œil méprisant sa vanité dédaigne
Les premiers échelons qui firent sa grandeur.
C'est ce que peut César : il le faut prévenir.
Oui, c'est là son destin, c'est là son caractère;
C'est un œuf de serpent, qui, s'il était couvé,
Serait aussi méchant que tous ceux de sa race.
Il le faut dans sa coque écraser sans pitié.

LUCIUS *rentre.*

Les flambeaux sont déjà dans votre cabinet :
Mais lorsque je cherchais une pierre à fusil,
J'ai trouvé ce billet, monsieur, sur la fenêtre,
Cacheté comme il est; et je suis très-certain

ACTE II, SCÈNE I.   197

Que ce papier n'est là que depuis cette nuit.
BRUTUS.
Va-t'en te reposer; il n'est pas jour encore.
Mais à propos, demain n'avons-nous pas les ides[1]?
LUCIUS.
Je n'en sais rien, monsieur[2].
BRUTUS.
                    Prends le calendrier,
Et viens m'en rendre compte.
LUCIUS.
                    Oui, j'y cours à l'instant.
BRUTUS, *décachetant le billet.*
Ouvrons; car les éclairs et les exhalaisons
Font assez de clarté pour que je puisse lire.
                    (Il lit.)
Tu dors; éveille-toi, Brutus, et songe à Rome;
Tourne les yeux sur toi, tourne les yeux sur elle.
Es-tu Brutus encor? peux-tu dormir, Brutus?
Debout; sers ton pays; parle, frappe, et nous venge.
J'ai reçu quelquefois de semblables conseils;
Je les ai recueillis. On me parle de Rome;
Je pense à Rome assez. — Rome, c'est de tes rues
Que mon aïeul Brutus osa chasser Tarquin.
Tarquin! c'était un roi.... *Parle, frappe, et nous venge.*
Tu veux donc que je frappe....oui, je te le promets,
Je frapperai; ma main vengera tes outrages;
Ma main, n'en doute point, remplira tous tes vœux.
LUCIUS *rentre.*
Nous avons ce matin le quinzième du mois.
BRUTUS.
C'est fort bien; cours ouvrir; quelqu'un frappe à la porte.
                    (Lucius va ouvrir.)
Depuis que Cassius m'a parlé de César,
Mon cœur s'est échauffé, je n'ai pas pu dormir.
Tout le temps qui s'écoule entre un projet terrible
Et l'accomplissement, n'est qu'un fantôme affreux,
Un rêve épouvantable, un assaut du génie,
Qui dispute en secret avec cet attentat[3];
C'est la guerre civile en notre âme excitée.
LUCIUS.
Cassius votre frère[4] est là qui vous demande.

1. Ce sont ces fameuses ides de mars, 15 du mois, où César fut assassiné.
2. Il l'appelle tantôt milord, tantôt monsieur, *sir*.
3. Il y a dans l'original : *Le génie tient conseil avec ces instruments de mort.* Cet endroit se retrouve dans une note de *Cinna*, mais moins exactement traduit.
4. *Votre frère* veut dire ici *votre ami*.

BRUTUS.

Est-il seul?

LUCIUS.

Non, monsieur, sa suite est assez grande.

BRUTUS.

En connais-tu quelqu'un?

LUCIUS.

Je n'en connais pas un.
Couverts de leurs chapeaux[1] jusques à leurs oreilles,
Ils ont dans leurs manteaux enterré leurs visages,
Et nul à Lucius ne s'est fait reconnaître :
Pas la moindre amitié.

BRUTUS.

Ce sont nos conjurés.
O conspiration! quoi! dans la nuit tu trembles,
Dans la nuit favorable aux autres attentats!
Ah! quand le jour viendra, dans quels antres profonds
Pourras-tu donc cacher ton monstrueux visage?
Va, ne te montre point; prends le masque imposant
De l'affabilité, des respects, des caresses.
Si tu ne sais cacher tes traits épouvantables,
Les ombres de l'enfer ne sont pas assez fortes
Pour dérober ta marche aux regards de César.

SCÈNE II. — CASSIUS, CASCA, DÉCIUS, CINNA, METELLUS, TRÉBONIUS, *enveloppés dans leurs manteaux.*

TRÉBONIUS, *en se découvrant.*

Nous venons hardiment troubler votre repos.
Bonjour, Brutus; parlez, sommes-nous importuns?

BRUTUS.

Non, le sommeil me fuit; non, vous ne pouvez l'être.
(A part, à Cassius.)
Ceux que vous amenez sont-ils connus de moi?

CASSIUS.

Tous le sont; chacun d'eux vous aime et vous honore.
Puissiez-vous seulement, en vous rendant justice,
Vous estimer, Brutus, autant qu'ils vous estiment!
Voici Trébonius.

BRUTUS.

Qu'il soit le bienvenu.

CASSIUS.

Celui qui l'accompagne est Décius Brutus.

BRUTUS.

Très bienvenu de même.

---

1. *Hats*, chapeaux.

ACTE III, SCÈNE II.

CASSIUS.
Et cet autre est Casca.
Celui-là, c'est Cimber, et celui-ci, Cinna.

BRUTUS.
Tous les très-bienvenus. Quels projets importants
Les mènent dans ces lieux entre vous et la nuit?

CASSIUS.
Puis-je vous dire un mot?
(Il lui parle à l'oreille, et pendant ce temps-là les conjurés se retirent un peu.)

DÉCIUS.
L'orient est ici; le soleil va paraître.

CASCA.
Non.

DÉCIUS.
Pardonnez, monsieur; déjà quelques rayons,
Messagers de l'aurore, ont blanchi les nuages.

CASCA.
Avouez que tous deux vous vous êtes trompés :
Tenez, le soleil est au bout de mon épée;
Il s'avance de loin vers le milieu du ciel,
Amenant avec lui les beaux jours du printemps.
Vous verrez dans deux mois qu'il s'approche de l'ourse;
Mais ses traits à présent frappent au Capitole¹.

BRUTUS.
Donnez-moi tous la main, amis, l'un après l'autre.

CASSIUS.
Jurez tous d'accomplir vos desseins généreux.

BRUTUS.
Laissons là les serments. Si la patrie en larmes,
Si d'horribles abus, si nos malheurs communs,
Ne sont pas des motifs assez puissants sur vous,
Rompons tout; hors d'ici, retournez dans vos lits;
Dormez, laissez veiller l'affreuse tyrannie,
Que sous son bras sanglant chacun tombe à son tour.
Mais si tant de malheurs, ainsi que je m'en flatte,
Doivent remplir de feu les cœurs froids des poltrons,
Inspirer la valeur aux plus timides femmes,
Qu'avons-nous donc besoin d'un nouvel éperon?
Quel lien nous faut-il que notre propre cause,
Et quel autre serment que l'honneur, la parole?
L'amour de la patrie est notre engagement;
La vertu, mes amis, se fie à la vertu².

1. On a traduit cette dissertation, parce qu'il faut tout traduire.
2. Y a-t-il rien de plus beau que le fond de ce discours? Il est vrai que la grandeur en est un peu avilie par quelques idées un peu basses; mais toutes sont naturelles et fortes, sans épithètes et sans langueur.

Les prêtres, les poltrons, les fripons, et les faibles,
Ceux dont on se défie, aux serments ont recours.
Ne souillez pas l'honneur d'une telle entreprise;
Ne faites pas la honte à votre juste cause,
De penser qu'un serment soutienne vos grands cœurs.
Un Romain est bâtard s'il manque à sa promesse.

CASSIUS.

Aurons-nous Cicéron ? voulez-vous le sonder ?
Je crois qu'avec vigueur il sera du parti.

CASCA.

Ah! ne l'oublions pas.

CINNA.

Ne faisons rien sans lui.

CIMBER.

Pour nous faire approuver, ses cheveux blancs suffisent;
Il gagnera des voix; on dira que nos bras
Ont été dans ce jour guidés par sa prudence :
Notre âge, jeune encore, et notre emportement,
Trouveront un appui dans sa grave vieillesse.

BRUTUS.

Non, ne m'en parlez point; ne lui confiez rien :
Il n'achève jamais ce qu'un autre commence;
Il prétend que tout vienne et dépende de lui.

CASSIUS.

Laissons donc Cicéron.

CASCA.

Il nous servirait mal.

CIMBER.

César est-il le seul que nous devions frapper?

CASSIUS.

Je crois qu'il ne faut pas qu'Antoine lui survive,
Il est trop dangereux : vous savez ses mesures;
Il peut les pousser loin, il peut nous perdre tous;
Il faut le prévenir : que César et lui meurent.

BRUTUS.

Cette *course*[1] aux Romains paraîtrait trop sanglante.
On nous reprocherait la colère et l'envie,
Si nous coupons la tête, et puis hachons les membres;
Car Antoine n'est rien qu'un membre de César :
Ne soyons point bouchers, mais sacrificateurs[2].
Qui voulons-nous punir? c'est l'esprit de César :

1. Le mot *course* fait peut-être allusion à la course des lupercales. *Course* signifie aussi *service de plats sur table*.
2. Observez que c'est ici un morceau des plus admirés sur le théâtre de Londres. Pope et l'évêque Warburton l'ont imprimé avec des guillemets, pour en faire mieux remarquer les beautés. Il est traduit vers pour vers avec exactitude.

Mais dans l'esprit d'un homme on ne voit point de sang.
Ah! que ne pouvons-nous, en punissant cet homme,
Exterminer l'esprit sans démembrer le corps!
Hélas! il faut qu'il meure. O généreux amis!
Frappons avec audace, et non pas avec rage;
Faisons de la victime un plat digne des dieux,
Non pas une carcasse aux chiens abandonnée :
Que nos cœurs aujourd'hui soient comme un maître habile
Qui fait par ses laquais commettre quelque crime,
Et qui les gronde ensuite. Ainsi notre vengeance
Paraîtra nécessaire, et non pas odieuse.
Nous serons médecins, et non pas assassins.
Ne pensons plus, amis, à frapper Marc Antoine :
Il ne peut, croyez-moi, rien de plus contre nous,
Que le bras de César, quand la tête est coupée.

CASSIUS.

Cependant je le crains; je crains cette tendresse
Qu'en son cœur pour César il porte enracinée.

BRUTUS.

Hélas! bon Cassius, ne le redoute point;
S'il aime tant César, il pourrait tout au plus
S'en occuper, le plaindre, et peut-être mourir :
Il ne le fera pas, car il est trop livré
Aux plaisirs, aux festins, aux jeux, à la débauche.

TRÉBONIUS.

Non, il n'est point à craindre; il ne faut point qu'il meure;
Nous le verrons bientôt rire de tout ceci.

(On entend sonner l'horloge; ce n'est pas que les Romains eussent des horloges sonnantes, mais le *costume* est observé ici comme dans tout le reste.)

BRUTUS.

Paix, comptons.

CASSIUS.

Vous voyez qu'il est déjà trois heures.

TRÉBONIUS.

Il faut nous séparer.

CASCA.

Il est douteux encore
Si César osera venir au Capitole.
Il change, il s'abandonne aux superstitions;
Il ne méprise plus les revenants, les songes;
Et l'on dirait qu'il croit à la religion.
L'horreur de cette nuit, ces effrayants prodiges,
Les discours des devins, les rêves des augures,
Pourraient le détourner de marcher au sénat.

DÉCIUS.

Ne crains rien; si telle est sa résolution,
Je l'en ferai changer. Il aime tous les contes;

Il parle volontiers de la chasse aux licornes ;
Il dit qu'avec du bois on prend ces animaux,
Qu'à l'aide d'un miroir on attrape les ours,
Et que dans des filets on saisit les lions ;
Mais les flatteurs, dit-il, sont les filets des hommes.
Je le louerai surtout de haïr les flatteurs ;
Il dira qu'il les hait, étant flatté lui-même[1] ;
Je lui tendrai ce piége, et le gouvernerai ;
J'engagerai César à sortir sans rien craindre.

CASSIUS.
Allons tous le prier d'aller au Capitole.

BRUTUS.
A huit heures, amis, à ce temps au plus tard.

CINNA.
N'y manquons pas au moins ; au plus tard à huit heures.

CIMBER.
Caïus Ligarius veut du mal à César.
César, vous le savez, l'avait persécuté,
Pour avoir noblement dit du bien de Pompée.
Pourquoi Ligarius n'est-il pas avec nous ?

BRUTUS.
Va le trouver, Cimber ; je le chéris, il m'aime :
Qu'il vienne ; à nous servir je saurai l'engager.

CASSIUS.
L'aube du jour paraît ; nous vous laissons, Brutus.
Amis, dispersez-vous ; songez à vos promesses ;
Qu'on reconnaisse en vous des Romains véritables.

BRUTUS.
Paraissez gais, contents, mes braves gentilshommes[2],
Gardez que vos regards trahissent vos desseins ;
Imitez les acteurs du théâtre de Rome ;
Ne vous rebutez point, soyez fermes, constants.
Adieu ; je donne à tous le bonjour, et partez.
(Lucius est endormi dans un coin.)
Hé ! garçon ! Lucius ! Il dort profondément.
Ah ! de ce doux sommeil goûte bien la rosée.
Tu n'as point en dormant de ces rêves cruels
Dont notre inquiétude accable nos pensées :
Nous sommes agités, ton âme est en repos.

1. L'évêque Warburton, dans son commentaire sur Shakspeare, dit que cela est admirablement imaginé.
2. On traduit exactement.

SCÈNE III. — BRUTUS, ET PORCIA *sa femme*.

PORCIA.

Brutus!... Milord!

BRUTUS.

Pourquoi paraître si matin?
Que voulez-vous? songez que rien n'est plus malsain
Pour une santé faible ainsi que vous l'avez,
D'affronter, le matin, la crudité de l'air.

PORCIA.

Si l'air est si malsain, il doit l'être pour vous.
Ah! Brutus! ah! pourquoi vous dérober du lit?
Hier, quand nous soupions, vous quittâtes la table,
Et vous vous promeniez pensif et soupirant;
Je vous dis : « Qu'avez-vous? » Mais en croisant les mains,
Vous fixâtes sur moi des yeux sombres et tristes.
J'insistai, je pressai; mais ce fut vainement :
Vous frappâtes du pied en vous grattant la tête;
Je redoublai d'instance; et vous, sans dire un mot,
D'un revers de la main, signe d'impatience,
Vous fîtes retirer votre femme interdite.
Je craignis de choquer les ennuis d'un époux,
Et je pris ce moment pour un moment d'humeur
Que souvent les maris font sentir à leurs femmes [1].
Non, je ne puis, Brutus, ni vous laisser parler,
Ni vous laisser manger, ni vous laisser dormir,
Sans savoir le sujet qui tourmente votre âme.
Brutus, mon cher Brutus! Ah! ne me cachez rien.

BRUTUS.

Je me porte assez mal; c'est là tout mon secret.

PORCIA.

Brutus est homme sage; et s'il se portait mal,
Il prendrait les moyens d'avoir de la santé.

BRUTUS.

Aussi fais-je : ma femme, allez vous mettre au lit.

PORCIA.

Quoi! vous êtes malade; et pour vous restaurer,
A l'air humide et froid vous marchez presque nu,
Et vous sortez du lit pour amasser un rhume!
Pensez-vous vous guérir en étant plus malade?
Non, Brutus, votre esprit roule de grands projets;
Et moi, par ma vertu, par les droits d'une épouse,
Je dois en être instruite, et je vous en conjure.
Je tombe à vos genoux... Si jadis ma beauté

---

1. C'est encore un des endroits qu'on admire, et qui sont marqués avec des guillemets.

Vous fît sentir l'amour, et si notre hyménée
M'incorpore avec vous, fait un être de deux,
Dites-moi ce secret, à moi votre moitié,
A moi qui vis pour vous, à moi qui suis vous-même.
Eh bien ! vous soupirez ! parlez ; quels inconnus
Sont venus vous chercher en voilant leurs visages ?
Se cacher dans la nuit ! pourquoi ? quelles raisons ?
Que voulaient-ils ?

BRUTUS.
     Hélas ! Porcia, levez-vous.

PORCIA.
Si vous étiez encor le bon, l'humain Brutus,
Je n'aurais pas besoin de me mettre à vos pieds.
Parlez ; dans mon contrat est-il donc stipulé
Que je ne saurai rien des secrets d'un mari ?
N'êtes-vous donc à moi, Brutus, qu'avec réserve ?
Et moi, ne suis-je à vous que comme une compagne,
Soit au lit, soit à table, ou dans vos entretiens,
Vivant dans les faubourgs de votre volonté ?
S'il est ainsi, Porcie est votre concubine[1],
Et non pas votre femme.

BRUTUS.
     Ah ! vous êtes ma femme,
Femme tendre, honorable, et plus chère à mon cœur
Que les gouttes de sang dont il est animé.

PORCIA.
S'il est ainsi, pourquoi me cacher vos secrets ?
Je suis femme, il est vrai, mais femme de Brutus,
Mais fille de Caton ; pourriez-vous bien douter
Que je sois élevée au-dessus de mon sexe,
Voyant qui m'a fait naître, et qui j'ai pour époux[2] ?
Confiez-vous à moi, soyez sûr du secret.
J'ai déjà sur moi-même essayé ma constance ;
J'ai percé d'un poignard ma cuisse en cet endroit :
J'ai souffert sans me plaindre, et ne saurais me taire !

BRUTUS.
Dieux, qu'entends-je ? grands dieux ! rendez-moi digne d'elle.

---

1. Il y a dans l'original *whore*, putain.
2. Corneille dit la même chose dans *Pompée*. César parle ainsi à Cornélie (acte III, scène IV) :

 Certes, nos sentiments font assez reconnaître
 Qui vous donna la main, et qui vous donna l'être :
 Et l'on juge aisément, au cœur que vous portez,
 Où vous êtes entrée, et de qui vous sortez.

Il est vrai qu'un vers suffisait, que cette noble pensée perd de son prix en étant répétée, retournée ; mais il est beau que Shakspeare et Corneille aient eu la même idée.

Écoute, écoute; on frappe, on frappe; écarte-toi.
Bientôt tous mes secrets dans mon cœur enfermés
Passeront dans le tien. Tu sauras tout, Porcie :
Va, mes sourcils froncés prennent un air plus doux.

SCÈNE IV. — BRUTUS, LUCIUS, LIGARIUS.

LUCIUS, *courant à la porte.*
Qui va là? répondez.
(*En entrant, et adressant la parole à Brutus.*)
Un homme languissant,
Un malade qui vient pour vous dire deux mots.
BRUTUS.
C'est ce Ligarius dont Cimber m'a parlé.
(*A Lucius.*)
Garçon, retire-toi. Eh bien! Ligarius?
LIGARIUS.
C'est d'une faible voix que je te dis bonjour.
BRUTUS.
Tu portes une écharpe! hélas, quel contre-temps!
Que ta santé n'est-elle égale à ton courage!
LIGARIUS.
Si le cœur de Brutus a formé des projets
Qui soient dignes de nous, je ne suis plus malade.
BRUTUS.
J'ai formé des projets dignes d'être écoutés,
Et d'être secondés par un homme en santé.
LIGARIUS.
Je sens, par tous les dieux vengeurs de ma patrie,
Que je me porte bien. O toi, l'âme de Rome!
Toi, brave descendant du vainqueur des Tarquins,
Qui, comme un exorciste[1], as conjuré dans moi
L'esprit de maladie à qui j'étais livré,
Ordonne, et mes efforts combattront l'impossible;
Ils en viendront à bout. Que faut-il faire? dis.
BRUTUS.
Un exploit qui pourra guérir tous les malades.
LIGARIUS.
Je crois que des gens sains pourront s'en trouver mal.
BRUTUS.
Je le crois bien aussi. Viens, je te dirai tout.
LIGARIUS.
Je te suis; ce seul mot vient d'enflammer mon cœur.

---

1. L'exorciste dans la bouche des Romains est singulier. Toute cette pièce pourrait être chargée de pareilles notes; mais il faut laisser faire les réflexions au lecteur.

Je ne sais pas encor ce que tu veux qu'on fasse;
Mais viens, je le ferai ; tu parles ; il suffit.

(Ils s'en vont.)

SCÈNE V. — *Le théâtre représente le palais de* CÉSAR. *La foudre gronde, les éclairs étincellent.*

CÉSAR.

La terre avec le ciel est cette nuit en guerre;
Calphurnie a trois fois crié dans cette nuit :
« Au secours! César meurt ; venez ; on l'assassine. »
Holà ! quelqu'un.

UN DOMESTIQUE.

Milord.

CÉSAR.

Va-t'en dire à nos prêtres
De faire un sacrifice, et tu viendras soudain
M'avertir du succès.

LE DOMESTIQUE.

Je n'y manquerai pas.

CALPHURNIE.

Où voulez-vous aller ? vous ne sortirez point,
César; vous resterez ce jour à la maison.

CÉSAR.

Non, non, je sortirai; tout ce qui me menace
Ne s'est jamais montré que derrière mon dos[1];
Tout s'évanouira quand il verra ma face.

CALPHURNIE.

Je n'assistai jamais à ces cérémonies;
Mais je tremble à présent. Les gens de la maison
Disent que l'on a vu des choses effroyables :
Une lionne a fait ses petits dans la rue ;
Des tombeaux qui s'ouvraient des morts sont échappés;
Des bataillons armés, combattant dans les nues
Ont fait pleuvoir du sang sur le mont Tarpéien ;
Les airs ont retenti des cris des combattants;
Les chevaux hennissaient; les mourants soupiraient;
Des fantômes criaient et hurlaient dans les places.
On n'avait jamais vu de pareils accidents :
Je les crains.

CÉSAR.

Pourquoi craindre ? on ne peut éviter
Ce que l'arrêt des dieux a prononcé sur nous.
César prétend sortir. Sachez que ces augures
Sont pour le monde entier autant que pour César.

---

1. Encore une fois, la traduction est fidèle.

ACTE II, SCÈNE V.

CALPHURNIE.
Quand les gueux vont mourir, il n'est point de comètes;
Mais le ciel enflammé prédit la mort des princes.

CÉSAR.
Un poltron meurt cent fois avant de mourir une;
Et le brave ne meurt qu'au moment du trépas.
Rien n'est plus étonnant, rien ne me surprend plus,
Que lorsque l'on me dit qu'il est des gens qui craignent.
Que craignent-ils ? la mort est un but nécessaire,
Mourons quand il faudra.

(Le domestique revient.)
Que disent les augures?

LE DOMESTIQUE.
Gardez-vous, disent-ils, de sortir de ce jour;
En sondant l'avenir dans le sein des victimes,
Vainement de leur bête ils ont cherché le cœur.
(Il s'en va.)

CÉSAR.
Le ciel prétend ainsi se moquer des poltrons.
César serait lui-même une bête sans cœur,
S'il était au logis arrêté par la crainte.
Il sortira, vous dis-je, et le danger sait bien
Que César est encor plus dangereux que lui.
Nous sommes deux lions de la même portée;
Je suis l'aîné : je suis le plus vaillant des deux;
Je ne sortirais point!

CALPHURNIE.
Hélas! mon cher milord,
Votre témérité détruit votre prudence.
Ne sortez point ce jour. Songez que c'est ma crainte,
Et non la vôtre enfin qui doit vous retenir.
Nous enverrons Antoine au sénat assemblé;
Il dira que César est aujourd'hui malade.
J'embrasse vos genoux; faites-moi cette grâce.

CÉSAR.
Antoine dira donc que je me trouve mal;
Et pour l'amour de vous je reste à la maison.

SCÈNE VI. — DÉCIUS entre.

CÉSAR à *Décius*.
Ah! voilà Décius; il fera le message.

DÉCIUS.
Serviteur et bonjour, noble et vaillant César :
Je viens pour vous chercher; le sénat vous attend.

1. Traduit mot à mot.

CÉSAR.
Vous venez à propos, cher Décius Brutus.
A tous les sénateurs faites mes compliments;
Dites-leur qu'au sénat je ne saurais aller.
(A part.)   (A part.)
Je ne peux (c'est très-faux), je n'ose (encor plus faux)
Dites-leur, Décius, que je ne le veux pas.
CALPHURNIE.
Dites qu'il est malade.
CÉSAR.
Eh quoi! César mentir!
Ai-je au nord de l'Europe étendu mes conquêtes
Pour n'oser dire vrai devant ces vieilles barbes?
Vous direz seulement que je ne le veux pas.
DÉCIUS.
Grand César, dites-moi du moins quelque raison;
Si je n'en disais pas, on me rirait au nez.
CÉSAR.
La raison, Décius, est dans ma volonté :
Je ne veux pas, ce mot suffit pour le sénat.
Mais César vous chérit ; mais je vous aime, vous;
Et, pour vous satisfaire, il faut vous avouer
Qu'au logis aujourd'hui je suis, malgré moi-même,
Retenu par ma femme : elle a rêvé la nuit.
Qu'elle a vu ma statue, en fontaine changée,
Jeter par cent canaux des ruisseaux de pur sang.
De vigoureux Romains accouraient en riant;
Et dans ce sang, dit-elle, ils ont lavé leurs mains.
Elle croit que ce songe est un avis des dieux :
Elle m'a conjuré de demeurer chez moi.
DÉCIUS.
Elle interprète mal ce songe favorable;
C'est une vision très-belle et très-heureuse :
Tous ces ruisseaux de sang sortant de la statue,
Ces Romains se baignant dans ce sang précieux,
Figurent que par vous Rome vivifiée
Reçoit un nouveau sang et de nouveaux destins.
CÉSAR.
C'est très-bien expliquer le songe de ma femme.
DÉCIUS.
Vous en serez certain lorsque j'aurai parlé.
Sachez que le sénat va vous couronner roi;
Et, s'il apprend par moi que vous ne venez pas,
Il est à présumer qu'il changera d'avis.
C'est se moquer de lui, César, que de lui dire :
« Sénat, séparez-vous; vous vous rassemblerez
Lorsque sa femme aura des rêves plus heureux. »

ACTE II, SCÈNE VI.

Ils diront tous : « César est devenu timide. »
Pardonnez-moi, César, excusez ma tendresse ;
Vos refus m'ont forcé de vous parler ainsi.
L'amitié, la raison, vous font ces remontrances.

CÉSAR.

Ma femme, je rougis de vos sottes terreurs,
Et je suis trop honteux de vous avoir cédé.
Qu'on me donne ma robe, et je vais au sénat.

SCÈNE VII. — CÉSAR, BRUTUS, LIGARIUS, CIMBER, TRÉBONIUS, CINNA, CASCA, CALPHURNIE, PUBLIUS.

CÉSAR.

Ah ! voilà Publius qui vient pour me chercher.

PUBLIUS.

Bonjour, César.

CÉSAR.

Soyez bienvenu, Publius.
Eh quoi ! Brutus aussi, vous venez si matin !
Bonjour, Casca ; bonjour, Caïus Ligarius.
Je vous ai fait, je crois, moins de mal que la fièvre
Qui ne vous a laissé que la peau sur les os.
Quelle heure est-il ?

BRUTUS.

César, huit heures sont sonnées.

CÉSAR.

Je vous suis obligé de votre courtoisie.
(Antoine entre, et César continue.)
Antoine dans les jeux passe toutes les nuits,
Et le premier debout ! Bonjour, mon cher Antoine.

ANTOINE.

Bonjour, noble César.

CÉSAR.

Va, fais tout préparer :
On doit fort me blâmer de m'être fait attendre.
Cinna, Cimber, et vous, mon cher Trébonius,
J'ai pour une heure entière à vous entretenir.
Au sortir du sénat venez à ma maison ;
Mettez-vous près de moi pour que je m'en souvienne.

TRÉBONIUS.

(A part.)

Je n'y manquerai pas.... Va, j'en serai si près
Que tes amis voudraient que j'eusse été bien loin.

CÉSAR.

Allons tous au logis, buvons bouteille ensemble[1],
Et puis en bons amis nous irons au sénat.

1. Toujours la plus grande fidélité dans la traduction.

BRUTUS, *à part.*

Ce qui paraît semblable est souvent différent.
Mon cœur saigne en secret de ce que je vais faire.

(Ils sortent tous, et César reste avec Calphurnia.)

SCÈNE VIII. — *Le théâtre représente une rue près du Capitole. Un devin, nommé* ARTÉMIDORE, *arrive en lisant un papier dans le fond du théâtre.*

ARTÉMIDORE, *lisant.* — *César, garde-toi de Brutus, prends garde à Cassius; ne laisse point Casca t'approcher; observe bien Cinna; défie-toi de Trébonius; examine bien Cimber; Décius Brutus ne t'aime point; tu as outragé Ligarius : tous ces gens-là sont animés du même esprit; ils sont aigris contre César. Si tu n'es pas immortel, prends garde à toi. La sécurité enhardit la conspiration. Que les dieux tout-puissants te défendent!*

Ton fidèle ARTÉMIDORE.

Prenons mon poste ici. Quand César passera,
Présentons cet écrit ainsi qu'une requête.
Je suis outré de voir que toujours la vertu
Soit exposée aux dents de la cruelle envie.
Si César lit cela, ses jours sont conservés;
Sinon, la destinée est du parti des traîtres.

(Il sort et se met dans un coin.)

(Porcia arrive avec Lucius.)

PORCIA, *à Lucius.*

Garçon, cours au sénat, ne me réponds point, vole.
Quoi! tu n'es pas parti?

LUCIUS.

Donnez-moi donc vos ordres.

PORCIA.

Je voudrais que déjà tu fusses de retour
Avant que t'avoir dit ce que tu dois y faire.
O constance! ô courage! animez mes esprits,
Séparez par un roc mon cœur d'avec ma langue.
Je ne suis qu'une femme et pense comme un homme.

(A Lucius.)

Quoi! tu restes ici?

LUCIUS.

Je ne vous comprends pas;
Que j'aille au Capitole, et puis que je revienne,
Sans me dire pourquoi, ni ce que vous voulez!

PORCIA.

Garçon.... tu me diras.... comment Brutus se porte;
Il est sorti malade.... attends.... observe bien
Tout ce que César fait, quels courtisans l'entourent....
Reste un moment, garçon. Quel bruit, quels cris j'entends!

ACTE II, SCÈNE VIII.

LUCIUS.
Je n'entends rien, madame.
PORCIA.
Ouvre l'oreille, écoute;
J'entends des voix, des cris, un bruit de combattants,
Que le vent porte ici du haut du Capitole.
LUCIUS.
Madame, en vérité, je n'entends rien du tout.

(Artémidore entre.)

SCÈNE IX. — PORCIA, ARTÉMIDORE.

PORCIA.
Approche ici, l'ami; que fais-tu? d'où viens-tu?
ARTÉMIDORE.
Je viens de ma maison.
PORCIA.
Sais-tu quelle heure il est?
ARTÉMIDORE.
Neuf heures.
PORCIA.
Mais César est-il au Capitole?
ARTÉMIDORE.
Pas encor; je l'attends ici sur son chemin.
PORCIA.
Tu veux lui présenter quelque placet, sans doute?
ARTÉMIDORE.
Oui; puisse ce placet plaire aux yeux de César!
Que César s'aime assez pour m'écouter, madame!
Mon placet est pour lui beaucoup plus que pour moi.
PORCIA.
Que dis-tu? l'on ferait quelque mal à César?
ARTÉMIDORE.
Je ne sais ce qu'on fait; je sais ce que je crains.
Bonjour, madame, adieu; la rue est fort étroite;
Les sénateurs, préteurs, courtisans, demandeurs,
Font une telle foule, une si grande presse,
Qu'en ce passage étroit ils pourraient m'étouffer;
Et j'attendrai plus loin César à son passage.

(Il sort.)

PORCIA.
Allons, il faut le suivre.... Hélas! quelle faiblesse
Dans le cœur d'une femme! Ah! Brutus! ah! Brutus!
Puissent les immortels hâter ton entreprise!
Mais cet homme, grands dieux! m'aurait-il écoutée?
Ah! Brutus à César va faire une requête
Qui ne lui plaira pas. Ah! je m'évanouis.

(A Lucius.)
Va, Lucius, cours vite, et dis bien à Brutus....

Que je suis très-joyeuse, et revole me dire....
LUCIUS.
Quoi ?
PORCIA.
Tout ce que Brutus t'aura dit pour Porcie.

ACTE TROISIÈME.

SCÈNE I. — *Le théâtre représente une rue qui mène au Capitole ; le Capitole est ouvert.* CÉSAR *marche au son des trompettes, avec* BRUTUS, CASSIUS, CILBER, DÉCIUS, CASCA, CINNA, TRÉBONIUS, ANTOINE, LÉPIDE, POPILIUS, PUBLIUS, ARTÉMIDORE, ET UN AUTRE DEVIN.

CÉSAR, *à l'autre devin.*
Eh bien! nous avons donc ces ides si fatales
LE DEVIN.
Oui, ce jour est venu, mais il n'est pas passé.
ARTÉMIDORE, *d'un autre côté.*
Salut au grand César, qu'il lise ce mémoire.
DÉCIUS, *du côté opposé.*
Trébonius par moi vous en présente un autre ;
Daignez le parcourir quand vous aurez le temps.
ARTÉMIDORE.
Lisez d'abord le mien ; il est de conséquence ;
Il vous touche de près ; lisez, noble César.
CÉSAR.
L'affaire me regarde ? elle est donc la dernière
ARTÉMIDORE.
Eh! ne différez pas, lisez dès ce moment.
CÉSAR.
Je pense qu'il est fou.
PUBLIUS, *à Artémidore.*
Allons, maraud, fais place.
CASSIUS.
Peut-on donner ici des placets dans les rues !
Va-t'en au Capitole.
POPILIUS, *s'approchant de Cassius.*
Ecoutez, Cassius ;
Puisse votre entreprise avoir un bon succès !
CASSIUS, *étonné.*
Comment ! quelle entreprise ?
POPILIUS.
Adieu ; portez-vous bien.
BRUTUS, *à Cassius.*
Que vous a dit tout bas Popilius Léna ?

CASSIUS.
Il parle de succès, et de notre entreprise.
Je crains que le projet n'ait été découvert.
BRUTUS.
Il aborde César, il lui parle; observons.
CASSIUS, à *Casca*.
Sois donc prêt à frapper, de peur qu'on nous prévienne.
Mais si César sait tout, qu'allons-nous devenir?
Cassius à César tournerait-il le dos?
Non, j'aime mieux mourir.
CASCA, à *Cassius*.
Va, ne prends point d'alarme;
Popilius Léna ne parle point de nous.
Vois comme César rit; son visage est le même.
CASSIUS, à *Brutus*.
Ah! que Trébonius agit adroitement!
Regarde bien, Brutus, comme il écarte Antoine.
DÉCIUS.
Que Métellus commence, et que, dès ce moment,
Pour occuper César, il lui donne un mémoire.
BRUTUS.
Le mémoire est donné. Serrons-nous près de lui.
CINNA, à *Casca*.
Souviens-toi de frapper, et de donner l'exemple.

CÉSAR *s'assied ici, et on suppose qu'ils sont tous dans la salle du sénat.*

Eh bien! tout est-il prêt? est-il quelques abus
Que le sénat et moi nous puissions corriger?
CIMBER, *se mettant à genoux devant César.*
O très-grand, très-puissant, très-redouté César!
Je mets très-humblement ma requête à vos pieds.
CÉSAR.
Cimber, je t'avertis que ces prosternements,
Ces génuflexions, ces basses flatteries,
Peuvent sur un cœur faible avoir quelque pouvoir,
Et changer quelquefois l'ordre éternel des choses
Dans l'esprit des enfants. Ne t'imagine pas
Que le sang de César puisse se fondre ainsi.
Les prières, les cris, les vaines simagrées,
Les airs d'un chien couchant peuvent toucher un sot;
Mais le cœur de César résiste à ces bassesses.
Par un juste décret ton frère est exilé;
Flatte, prie à genoux, et lèche-moi les pieds;
Va, je te rosserai comme un chien, loin d'ici[1]!

---

1. Traduit fidèlement

Lorsque César fait tort, il a toujours raison.
                    CIMBER, *en se retournant vers les conjurés.*
N'est-il point quelque voix plus forte que la mienne,
Qui puisse mieux toucher l'oreille de César,
Et fléchir son courroux en faveur de mon frère?
                    BRUTUS, *en baisant la main de César.*
Je baise cette main, mais non par flatterie;
Je demande de toi que Publius Cimber
Soit dans le même instant rappelé de l'exil.
                    CÉSAR.
Quoi! Brutus!
                    CASSIUS.
            Ah! pardon, César; César, pardon!
Oui, Cassius s'abaisse à te baiser les pieds
Pour obtenir de toi qu'on rappelle Cimber.
                    CÉSAR.
On pourrait me fléchir si je vous ressemblais :
Qui ne saurait prier résiste à des prières.
Je suis plus affermi que l'étoile du Nord,
Qui dans le firmament n'a point de compagnon[1]
Constant de sa nature, immobile comme elle.
Les vastes cieux sont pleins d'étoiles innombrables :
Ces astres sont de feu, tous sont étincelants,
Un seul ne change point, un seul garde sa place.
Telle est la terre entière : on y voit des mortels,
Tous de chair et de sang, tous formés pour la crainte.
Dans leur nombre infini, sachez qu'il n'est qu'un homme
Qu'on ne puisse ébranler, qui soit ferme en son rang;
Qui sache résister; et cet homme, c'est moi.
Je veux vous faire voir que je suis inflexible :
Tel je parus à tous quand je bannis Cimber,
Et tel je veux paraître en ne pardonnant point.
                    CIMBER.
O César!
                    CÉSAR.
        Prétends-tu faire ébranler l'Olympe?
                    DÉCIUS, *à genoux.*
Grand César!
                    CÉSAR, *repoussant Décius.*
        Va, Brutus en vain l'a demandé.
                    CASCA, *levant la robe de César.*
Poignards, parlez pour nous.
        (Il le frappe; les autres conjurés le secondent. César se débat contre eux, il marche en chancelant, tout percé de coups, et vient jusqu'auprès de Brutus, qui, en détournant le corps, le frappe comme à regret. César tombe, en s'écriant :)
                    Et toi, Brutus, aussi?

1. Traduit avec la plus grande exactitude.

ACTE III, SCÈNE I.

CINNA.

Liberté, liberté!

CIMBER.

La tyrannie est morte.
Courons tous, et crions : Liberté! dans les rues.

CASSIUS.

Allez à la tribune, et criez : Liberté!

BRUTUS, *aux sénateurs et au peuple, qui arrivent.*

Ne vous effrayez point, ne fuyez point, restez,
Peuple, l'ambition vient de payer ses dettes.

CASSIUS.

Brutus, à la tribune.

CIMBER.

Et vous aussi, volez.

BRUTUS.

Où donc est Publius?

CINNA.

Il est tout confondu.

CIMBER.

Soyons fermes, unis; les amis de César
Nous peuvent assaillir.

BRUTUS.

Non, ne m'en parlez pas.
Ah! c'est vous, Publius; allons, prenez courage,
Soyez en sûreté, vous n'ayez rien à craindre,
Ni vous, ni les Romains; parlez au peuple, allez

CASSIUS.

Publius, laissez-nous; la foule qui s'empresse
Pourrait vous faire mal; vous êtes faible et vieux.

BRUTUS.

Allez; qu'aucun Romain ne prenne ici l'audace
De soutenir ce meurtre, et de parler pour nous;
C'est un droit qui n'est dû qu'aux seuls vengeurs de Rome.

SCÈNE II. — LES CONJURÉS, TRÉBONIUS.

CASSIUS.

Que fait Antoine?

TRÉBONIUS.

Il fuit interdit, égaré;
Il fuit dans sa maison : pères, mères, enfants,
L'effroi dans les regards, et les cris à la bouche,
Pensent qu'ils sont au jour du jugement dernier.

BRUTUS.

O destin! nous saurons bientôt tes volontés,
On connaît qu'on mourra; l'heure en est inconnue;
On compte sur des jours dont le temps est le maître.

CASSIUS.
Eh bien! lorsqu'en mourant on perd vingt ans de vie,
On ne perd que vingt ans de craintes de la mort.
BRUTUS.
Je l'avoue : ainsi donc la mort est un bienfait;
Ainsi César en nous a trouvé des amis;
Nous avons abrégé le temps qu'il eut à craindre.
CASCA.
Arrêtez; baissons-nous sur le corps de César;
Baignons tous dans son sang nos mains jusques au coude [1];
Trempons-y nos poignards, et marchons à la place :
Là, brandissant en l'air ces glaives sur nos têtes,
Crions à haute voix : « Paix! liberté! franchise! »
CASSIUS.
Baissons-nous, lavons-nous dans le sang de César.
(Ils trempent tous leurs épées dans le sang du mort.)
Cette superbe scène un jour sera jouée
Dans de nouveaux États en accents inconnus.
BRUTUS.
Que de fois on verra César sur les théâtres,
César mort et sanglant aux pieds du grand Pompée,
Ce César si fameux, plus vil que la poussière!
CASSIUS.
Oui, lorsque l'on jouera cette pièce terrible,
Chacun nous nommera vengeurs de la patrie.

OBSERVATIONS

SUR LE *JULES CÉSAR* DE SHAKSPEARE.

Voilà tout ce qui regarde la conspiration contre César. On peut la comparer à celle de Cinna et d'Émilie contre Auguste, et mettre en parallèle ce qu'on vient de lire avec le récit de Cinna et la délibération du second acte : on trouvera quelque différence entre ces deux ouvrages. Le reste de la pièce est une suite de la mort de César. On apporte son corps dans la place publique; Brutus harangue le peuple; Antoine le harangue à son tour; il soulève le peuple contre les conjurés : et le comique est encore joint à la terreur dans ces scènes comme dans les autres. Mais il y a des beautés de tous les temps et de tous les lieux.

On voit ensuite Antoine, Octave et Lépide délibérer sur leur triumvirat et sur les proscriptions. De là on passe à Sardis sans aucun intervalle. Brutus et Cassius se querellent : Brutus repro-

1. C'est ici qu'on voit principalement l'esprit différent des nations. Cette horrible barbarie de Casca ne serait jamais tombée dans l'idée d'un auteur français; nous ne voulons point qu'on ensanglante le théâtre, si ce n'est dans les occasions extraordinaires, dans lesquelles on sauve tant qu'on peut cette atrocité dégoûtante.

che à Cassius qu'il vend tout pour de l'argent, et qu'il a *des démangeaisons dans les mains*. On passe de Sardis en Thessalie ; la bataille de Philippes se donne ; Cassius et Brutus se tuent l'un après l'autre.

On s'étonne qu'une nation célèbre par son génie et par ses succès dans les arts et dans les sciences puisse se plaire à tant d'irrégularités monstrueuses, et voie souvent encore avec plaisir, d'un côté, César s'exprimant quelquefois en héros, quelquefois en capitan de farce ; et de l'autre, des charpentiers, des savetiers, et des sénateurs même, parlant comme on parle aux halles.

Mais on sera moins surpris quand on saura que la plupart des pièces de Lope de Vega et de Caldéron, en Espagne, sont dans le même goût. Nous donnerons la traduction de l'*Héraclius* de Caldéron, qu'on pourra comparer à l'*Héraclius* de Corneille : on y verra le même génie que dans Shakspeare, la même ignorance, la même grandeur, des traits d'imagination pareils, la même enflure, des grossièretés toutes semblables ; des inconséquences aussi frappantes, et le même mélange du béguin de Gilles et du cothurne de Sophocle.

Certainement l'Espagne et l'Angleterre ne se sont pas donné le mot pour applaudir pendant près d'un siècle à des pièces qui révoltent les autres nations. Rien n'est plus opposé d'ailleurs que le génie anglais et le génie espagnol. Pourquoi donc ces deux nations différentes se réunissent-elles dans un goût si étrange ? Il faut qu'il y en ait une raison, et que cette raison soit dans la nature.

Premièrement, les Anglais, les Espagnols, n'ont jamais rien connu de mieux ; secondement, il y a un grand fonds d'intérêt dans ces pièces si bizarres et si sauvages. J'ai vu jouer le *César* de Shakspeare, et j'avoue que, dès la première scène, quand j'entendis le tribun reprocher à la populace de Rome son ingratitude envers Pompée, et son attachement à César, vainqueur de Pompée, je commençai à être intéressé, à être ému. Je ne vis ensuite aucun conjuré sur la scène qui ne me donnât de la curiosité ; et, malgré tant de disparates ridicules, je sentis que la pièce m'attachait.

Troisièmement, il y a beaucoup de naturel ; ce naturel est souvent bas, grossier et barbare. Ce ne sont point des Romains qui parlent ; ce sont des campagnards des siècles passés qui conspirent dans un cabaret ; et César, qui leur propose de boire bouteille, ne ressemble guère à César. Le ridicule est outré, mais il n'est point languissant ; des traits sublimes y brillent de temps en temps comme des diamants répandus sur de la fange.

J'avoue qu'en tout j'aimais mieux encore ce monstrueux spectacle que de longues confidences d'un froid amour, ou des raisonnements de politique encore plus froids.

Enfin, une quatrième raison, qui, jointe aux trois autres, est d'un poids considérable, c'est que les hommes, en général, aiment le spectacle ; ils veulent qu'on parle à leurs yeux : le peuple se plaît à voir des cérémonies pompeuses, des objets extraordinaires, des orages, des armées rangées en bataille, des épées nues, des combats, des meurtres, du sang répandu ; et beaucoup de grands, comme on l'a déjà dit, sont peuple. Il faut avoir l'esprit très-cultivé, et le goût formé comme les Italiens l'ont eu au xvi° siècle, et les Français au xvii°, pour ne vouloir rien que de raisonnable, rien que de sagement écrit, et pour exiger qu'une pièce de théâtre soit digne de la cour des Médicis ou de celle de Louis XIV.

Malheureusement, Lope de Vega et Shakspeare eurent du génie dans un temps où le goût n'était point du tout formé; ils corrompirent celui de leurs compatriotes, qui, en général, étaient alors extrêmement ignorants. Plusieurs auteurs dramatiques, en Espagne et en Angleterre, tâchèrent d'imiter Lope et Shakspeare; mais, n'ayant pas leurs talents, ils n'imitèrent que leurs fautes; et par là ils servirent encore à établir la réputation de ceux qu'ils voulaient surpasser.

Nous ressemblerions à ces nations, si nous avions été dans le même cas. Leur théâtre est resté dans une enfance grossière, et le nôtre a peut-être acquis trop de raffinement. J'ai toujours pensé qu'un heureux et adroit mélange de l'action qui règne sur le théâtre de Londres et de Madrid, avec la sagesse, l'élégance, la noblesse, la décence du nôtre, pourrait produire quelque chose de parfait, si pourtant il est possible de rien ajouter à des ouvrages tels qu'*Iphigénie* et *Athalie*.

Je nomme ici *Iphigénie* et *Athalie*, qui me paraissent être, de toutes les tragédies qu'on ait jamais faites, celles qui approchent le plus de la perfection. Corneille n'a aucune pièce parfaite; on l'excuse sans doute; il était presque sans modèle et sans conseil; il travaillait trop rapidement; il négligeait sa langue, qui n'était pas perfectionnée encore : il ne luttait pas assez contre les difficultés de la rime, qui est le plus pesant de tous les jougs, et qui force si souvent à ne point dire ce qu'on veut dire. Il était inégal comme Shakspeare, et plein de génie comme lui ; mais le génie de Corneille était à celui de Shakspeare ce qu'un seigneur est à l'égard d'un homme du peuple né avec le même esprit que lui.

FIN DE JULES CÉSAR.

L'HÉRACLIUS ESPAGNOL,

ou

LA COMÉDIE FAMEUSE :

DANS CETTE VIE TOUT EST VÉRITÉ ET TOUT MENSONGE.

Fête représentée devant Leurs Majestés dans le salon royal du palais;

PAR DON PEDRO CALDERON DE LA BARCA.

PRÉFACE DU TRADUCTEUR[1].

Il s'est élevé depuis longtemps une dispute assez vive pour savoir quel était l'original, ou l'*Héraclius* de Corneille, ou celui de Calderon. N'ayant rien vu de satisfaisant dans les raisons que chaque parti alléguait, j'ai fait venir d'Espagne l'*Héraclius* de Calderon, intitulé : *En esta vida todo es verdad y todo mentira*, imprimé séparément in-4 avant que le recueil de Calderon parût au jour. C'est un exemplaire extrêmement rare, et que le savant don Gregorio Mayans y Siscar[2], ancien bibliothécaire du roi d'Espagne, a bien voulu m'envoyer. J'ai traduit cet ouvrage, et le lecteur attentif verra aisément quelle est la différence du genre employé par Corneille et de celui de Calderon; et il découvrira au premier coup d'œil quel est l'original.

Le lecteur a déjà fait la comparaison des théâtres français et anglais, en lisant la conspiration de Brutus et de Cassius après avoir lu celle de Cinna[3]. Il comparera de même le théâtre espagnol avec le français. Si, après cela, il reste des disputes, ce ne sera pas entre les personnes éclairées.

PERSONNAGES.

PHOCAS.
HÉRACLIUS, fils de Maurice.
LÉONIDE, fils de Phocas.
ISMÉNIE.
ASTOLPHE, montagnard de Sicile, autrefois ambassadeur de Maurice vers Phocas.
CINTIA, reine de Sicile.

1. Voltaire donna cette traduction et analyse d'*Héraclius* dans son édition du *Théâtre* de P. Corneille. (ED.)
2. Voy., dans la *Correspondance*, la lettre que Voltaire lui adressa le 15 juin 1762. (ED.)
3. Voltaire avait donné sa traduction du *Jules César* de Shakspeare à la suite de *Cinna*. (ED.)

LISIPPO, sorcier.
FRÉDÉRIC, prince de Calabre.
LIBIA, fille du sorcier.
LUQUET, paysan gracieux ou bouffon.
SABANION, autre bouffon ou gracieux.
MUSICIENS ET SOLDATS.

PREMIÈRE JOURNÉE.

(Le théâtre représente une partie du mont Etna : d'un côté, on bat le tambour et on sonne de la trompette ; de l'autre, on joue du luth et du téorbe ; des soldats s'avancent à droite, et Phocas paraît le dernier ; des dames s'avancent à gauche, et Cintia, reine de Sicile, paraît la dernière. Les soldats crient : « Phocas vive ! » Phocas répond : « Vive Cintia ! allons, soldats, dites en la voyant, Vive Cintia ! » Alors les soldats et les dames crient de toute leur force : « Vive Cintia et Phocas ! »
Quand on a bien crié, Phocas ordonne à ses tambours et à ses trompettes de battre et de sonner en l'honneur de Cintia. Cintia ordonne à ses musiciens de chanter en l'honneur de Phocas ; la musique chante ce couplet :

Sicile, en cet heureux jour [*],
Vois ce héros plein de gloire,
Qui règne par la victoire,
Mais encor plus par l'amour.

Après qu'on a chanté ces beaux vers, Cintia rend hommage de la Sicile à Phocas ; elle se félicite d'être la première à lui baiser la main. « Nous sommes tous heureux, lui dit-elle, de nous mettre aux pieds d'un héros si glorieux. » Ensuite cette belle reine, se tournant vers les spectateurs, leur dit : « C'est la crainte qui me fait parler ainsi ; il faut bien faire des compliments à un tyran. » La musique recommence alors, et on répète que Phocas est venu en Sicile par un heureux hasard. L'empereur Phocas prend alors la parole, et fait ce récit, qui, comme on voit, est très à propos.)

PHOCAS. — Il est bien forcé que je vienne ici, belle Cintia, dans une heure fortunée ; car j'y trouve des applaudissements, et je pouvais y attendre des injures. Je suis né en Sicile, comme vous savez ; et, quoique couronné de tant de lauriers, j'ai craint qu'en voulant revoir les montagnes qui ont été mon berceau, je ne trouvasse ici plus d'opposition que de fêtes, attendu que personne n'est aussi heureux dans sa patrie que chez les étrangers, surtout quand il revient dans son pays après tant d'années d'absence. Mais voyant que vous êtes politique et avisée, et que vous me recevez si bien dans votre royaume de Sicile, je vous donne ici ma parole, Cintia, que je vous maintiendrai en paix chez vous,

---

[*] Il y a dans l'original, mot à mot :

Que ce Mars jamais vaincu,
Que ce César toujours vainqueur,
Vienne dans une heure fortunée
Aux montagnes de Trinacrie.

et que je n'étancherai ni sur vous ni sur la Sicile la soif hydropique de sang de mon superbe héritage ; et afin que vous sachiez qu'il n'y a jamais eu de si grande clémence, et que personne jusqu'à présent n'a joui d'un tel privilége, écoutez attentivement.

J'ai la vanité d'avouer que ces montagnes et ces bruyères m'ont donné la naissance, et que je ne dois qu'à moi seul, non à un sang illustre, les grandeurs où je suis monté. Avorton de ces montagnes, c'est grâce à ma grandeur que j'y suis revenu. Vous voyez ces sommets du mont Etna, dont le feu et la neige se disputent la cime ; c'est là que j'ai été nourri, comme je vous l'ai dit ; je n'y connus point de père, je ne fus entouré que de serpents ; le lait des louves fut la nourriture de mon enfance ; et dans ma jeunesse, je ne mangeai que des herbes. Élevé comme une brute, la nature douta longtemps si j'étais homme ou bête, et résolut enfin, en voyant que j'étais l'un et l'autre, de me faire commander aux hommes et aux bêtes. Mes premiers vassaux furent les griffes des oiseaux, et les armes des hommes contre lesquels je combattis : leurs corps me servirent de viande, et leurs peaux de vêtements.

Comme je menais cette belle vie, je rencontrai une troupe de bandits qui, poursuivis par la justice, se retiraient dans les épaisses forêts de ces montagnes, et qui y vivaient de rapine et de carnage. Voyant que j'étais une brute raisonnable, ils me choisirent pour leur capitaine ; nous mîmes à contribution le plat pays ; mais bientôt, nous élevant à de plus grandes entreprises, nous nous emparâmes de quelques villes bien peuplées. Mais ne parlons pas des violences que j'exerçai. Votre père régnait alors en Sicile, et il était assez puissant pour me résister ; parlons de l'empereur Maurice qui régnait alors à Constantinople. Il passa en Italie pour se venger de ce qu'on lui disputait la souveraineté des fiefs du saint empire romain. Il ravagea toutes les campagnes, et il n'y eut ni hameau ni ville qui ne tremblât en voyant les aigles de ses étendards.

Votre père le roi de Sicile, qui voyait l'orage approcher de ses États, nous accorda un pardon général à nos voleurs et à moi : ô sottes raisons d'État ! il eut recours à mes bandits comme à des troupes auxiliaires, et bientôt mon métier infâme devint une occupation glorieuse. Je combattis l'empereur Maurice avec tant de succès qu'il mourut de ma main dans une bataille. Toutes ses grandeurs, tous ses triomphes s'évanouirent ; son armée me nomma son capitaine par terre et par mer : alors je les menai à Constantinople, qui se mit en défense ; je mis le siége devant ses murs pendant cinq années, sans que la chaleur des étés, ni le froid des hivers, ni la colère de la neige, ni la violence du soleil, me fissent quitter mes tranchées : enfin les habitants, presque ensevelis sous leurs ruines, et demi-morts de faim, se soumirent à regret et me nommèrent César. Depuis ma première entreprise jusqu'à la dernière, qui a été la réduction de l'Orient, j'ai combattu pendant trente années : vous pouvez vous en apercevoir à mes cheveux blancs, que ma main ridée et malpropre peigne assez rarement.

Me voilà à présent revenu en Sicile ; et, quoiqu'on puisse présumer que j'y reviens par la petite vanité de montrer à mes concitoyens celui qu'ils ont vu bandit, et qui est à présent empereur, j'ai pourtant encore deux autres raisons de mon retour : ces deux raisons sont des propositions contraires ; l'une est la rancune, et l'autre l'amour. C'est ici, Cintia, qu'il faut me prêter attention.

Eudoxe, qui était femme et amante de Maurice, et qui le suivait dans toutes ses courses, la nuit comme le jour (à ce que m'ont dit plusieurs de ses sujets), fut surprise des douleurs de l'enfantement le jour que j'avais tué son mari dans la bataille : elle accoucha dans les bras d'un vieux gentilhomme, nommé Astolphe, qui était venu en ambassade vers moi de la part de l'empereur Maurice, un peu avant la bataille, je ne sais pour quelle affaire. Je me souviens très-bien de cet Astolphe ; et, si je le voyais, je le reconnaîtrais. Quoi qu'il en soit, l'impératrice Eudoxe donna le jour à un petit enfant, si pourtant on peut donner le jour dans les ténèbres. La mère mourut en accouchant de lui. Le bonhomme Astolphe, se voyant maître de cet enfant, craignit qu'on ne le remît entre mes mains : on prétend qu'il s'est enfermé avec lui dans les cavernes du mont Etna, et on ne sait aujourd'hui s'il est mort ou vivant.

Mais laissons cela, et passons à une autre aventure : elle n'est pas moins étrange, et cependant elle ne paraîtra pas invraisemblable ; car deux aventures pareilles peuvent fort bien arriver. On n'admire les historiens, et on ne tire du profit de leur lecture, que quand la vérité de l'histoire tient du prodige.

Il faut que vous sachiez qu'il y avait une jeune paysanne nommée Eryphile. L'amour aurait juré qu'elle était reine, puisque en effet l'empire est dans la beauté ; elle fut dame de mes pensées : il n'y a, comme vous savez, si fière beauté qui ne se rende à l'amour. Or, madame, le jour qu'elle me donna rendez-vous dans son village, je la laissai grosse. Je mis auprès d'elle un confident attentif.

Quand j'eus vaincu et tué l'empereur Maurice, ce confident m'apprit qu'à peine la nouvelle en était venue aux oreilles d'Eryphile, que, ne pouvant supporter mon absence, elle résolut de venir me trouver ; elle prit le chemin des montagnes ; les douleurs de l'enfantement la surprirent en chemin dans un désert : mon confident, qui l'accompagnait, alla chercher du secours ; et, voyant de loin une petite lumière, il y courut. Pendant ce temps-là un habitant de ces lieux incultes arriva aux cris d'Eryphile : elle lui dit qui elle était, et ne lui cacha point que j'étais le père de l'enfant : elle crut l'intéresser davantage par cette confidence, et craignant de mourir dans les douleurs qu'elle ressentait, elle remit entre les mains de cet inconnu mon chiffre gravé sur une lame d'or, dont je lui avais fait présent.

Cependant mon confident revenait avec du monde : l'inconnu disparut aussitôt, emportant avec lui mon fils, et le signe avec lequel on pouvait le reconnaître. La belle Eryphile mourut, sans qu'il nous ait été jamais possible de retrouver ni le voleur ni le vol. Je vous ai déjà dit que la guerre et mes victoires ne m'ont pas laissé le temps de faire les recherches nécessaires. Aujourd'hui, comme tout l'Orient est calme, ainsi que je vous l'ai dit, je reviens dans ma patrie, rempli des deux sentiments de tendresse et de haine, pour m'informer de deux vies qui me tourmentent : l'une est celle du fils de Maurice, l'autre de mon propre fils.

Je crains qu'un jour le fils de Maurice n'hérite de l'empire, je crains que le mien ne périsse ; j'ignore même encore si cet enfant est un fils ou une fille. Je veux n'épargner ni soins ni peine ; je chercherai par toute l'île, arbre par arbre, branche par branche, feuille par feuille, pierre par pierre, jusqu'à ce que je trouve ou que je ne trouve pas, et que mes espérances et mes craintes finissent.

CINTIA. — Si j'avais su votre secret plus tôt, j'aurais fait toutes les diligences possibles ; mais je vais vous seconder.

PHOCAS. — Quel repos peut avoir celui qui craint et qui souhaite? Allons, ne différons point.

CINTIA, *à ses femmes*. — Allons, vous autres, pour prémices de la joie publique, recommencez vos chants.

PHOCAS. — Et vous autres, battez du tambour, et sonnez de la trompette.

CINTIA. — Faites redire aux échos.

PHOCAS. — Faites résonner vos différentes voix.

LE CHŒUR.
Sicile, en cet heureux jour,
Vois ce héros plein de gloire,
Qui règne par la victoire,
Mais encor plus par l'amour.

UNE PARTIE DU CHŒUR. — Que Cintia vive! vive Cintia!

L'AUTRE PARTIE. — Que Phocas vive! vive Phocas!

(On entend ici une voix qui crie derrière le théâtre : *Meurs*.)

PHOCAS. — Écoutez, suspendez vos chants : quelle est cette voix qui contredit l'écho, et qui fait entendre tout le contraire de ces cris : Vive Phocas !

LIBIA, *derrière le théâtre*. — Meurs de ma malheureuse main.

CINTIA. — Quelle est cette femme qui crie? Nous voilà tombés d'une peine dans une autre : c'est une femme qui paraît belle ;

elle est toute troublée; elle descend de la montagne; elle court; elle est prête à tomber.

PHOCAS. — Secourons-la; j'arriverai le premier.

LIBIA. — Meurs de ma main, malheureuse, et non pas des mains d'une bête.

PHOCAS, *en tendant les bras à Libia lorsqu'elle est prête à tomber du penchant de la montagne.* — Tu ne mourras pas; je te soutiendrai, je serai l'Atlas du ciel de ta beauté : tu es en sûreté; reprends tes esprits.

CINTIA, *à Libia.* — Dis-nous qui tu es.

LIBIA. — Je suis Libia, fille du magicien Lisippo, la merveille de la Calabre. Mon père a prédit des malheurs au duc de Calabre son maître; il s'est retiré depuis en Sicile, dans une cabane, où il a pour tout meuble, son almanach, des sphères, des astrolabes, et des quarts de cercle. Nous partageons entre nous deux le ciel et la terre : il fait des prédictions, et j'ai soin du ménage; je vais à la chasse; je suivais une biche que j'avais blessée, lorsque j'ai entendu des tambours et des trompettes d'un côté, et de la musique de l'autre. Etonnée de ce bruit de guerre et de paix, j'ai voulu m'approcher, lorsqu'au milieu de ces précipices j'ai vu une espèce de bête en forme d'homme, ou une espèce d'homme en forme de bête; c'est un squelette tout courbé, une anatomie ambulante; sa barbe et ses cheveux sales couvraient en partie un visage sillonné de ces rides que le Temps, ce maudit laboureur, imprime sur les sillons de notre vie pour n'y plus rien semer. Cet homme ressemblait à ces vieux étançons de bâtiments ruinés, qui, étant sans écorce et sans racine, sont prêts à tomber au moindre vent. Cette maigre face, en venant à moi, m'a toute remplie de crainte.

PHOCAS. — Femme, ne crains rien, ne poursuis pas : tu ne sais pas quelles idées tu rappelles dans ma mémoire; mais où ne trouve-t-on pas des hommes et des bêtes? Il y a là dedans quelque chose de prodigieux.

CINTIA. — Vous pourrez trouver aisément cet homme; car, si les tambours et la musique l'ont fait sortir de sa caverne, il n'y a qu'à recommencer, et il approchera.

PHOCAS. — Vous dites bien, faisons entendre encore nos instruments.

(La musique recommence, et on chante encore :

Sicile, en cet heureux jour,
Vois ce héros plein de gloire, etc.

Après cette reprise, l'empereur Phocas, la reine Cintia, et la fille du sorcier, s'en vont à la piste de cette vieille figure qui donne de l'inquiétude à Phocas, sans qu'on sache trop pourquoi il a cette inquiétude. Alors ce vieillard, qui est Astolphe lui-même, vient sur le théâtre avec Héraclius, fils de Maurice, et Léonide, fils de Phocas. Ils sont tous trois vêtus de peaux de bêtes.)

ASTOLPHE. — Est-il possible, téméraires, que vous soyez sortis de notre caverne sans ma permission, et que vous hasardiez ainsi votre vie et la mienne?

LÉONIDE. — Que voulez-vous? cette musique m'a charmé; je ne suis pas le maître de mes sens.

(On entend alors le son des tambours.)

HÉRACLIUS. — Ce bruit m'enflamme, me ravit hors de moi; c'est un volcan qui embrase toutes les puissances de mon âme.

LÉONIDE. — Quand, dans le beau printemps, les doux zéphyrs et le bruit des ruisseaux s'accordent ensemble, et que les gosiers harmonieux des oiseaux chantent la bienvenue des roses et des œillets, leur musique n'approche pas de celle que je viens d'entendre.

HÉRACLIUS. — J'ai entendu souvent, dans l'hiver, les gémissements de la croupe des montagnes, sous la rage des ouragans, le bruit de la chute des torrents, celui de la colère des nuées : mais rien n'approche de ce que je viens d'entendre; c'est un tonnerre dans un temps serein; il flatte mon cœur et l'embrase.

ASTOLPHE. — Ah! je crains bien que ces deux échos, dont l'un est si doux et l'autre si terrible, ne soient la ruine de tous trois.

HÉRACLIUS ET LÉONIDE, *ensemble*. — Comment l'entendez-vous?

ASTOLPHE. — C'est qu'en sortant de ma caverne pour voir où vous étiez, j'ai rencontré dans cette demeure obscure une femme, et je crains bien qu'elle ne dise qu'elle m'a vu.

HÉRACLIUS. — Et pourquoi, si vous avez vu une femme, ne m'avez-vous pas appelé pour voir comment une femme est faite? car, selon ce que vous m'avez dit, de toutes les choses du monde que vous m'avez nommées, rien n'approche d'une femme; je ne sais quoi de doux et de tendre se coule dans l'âme à son seul nom, sans qu'on puisse dire pourquoi.

LÉONIDE. — Moi, je vous remercie de ne m'avoir pas appelé pour la voir. Une femme excite en moi un sentiment tout contraire : car, d'après ce que vous en avez dit, le cœur tremble à son nom, comme s'apercevant de son danger; ce nom seul laisse dans l'âme je ne sais quoi qui la tourmente sans qu'elle le sache.

ASTOLPHE. — Ah! Héraclius, que tu juges bien! ah! Léonide, que tu penses à merveille!

HÉRACLIUS. — Mais comment se peut-il faire qu'en disant des choses si contraires nous ayons tous deux raison?

ASTOLPHE. — C'est qu'une femme est un tableau à deux visages. Regardez-la d'un sens, rien n'est si agréable; regardez-la d'un autre sens, rien n'est si terrible : c'est le meilleur ami de notre nature : c'est notre plus grand ennemi; la moitié de la vie de l'âme, et quelquefois la moitié de la mort; point de plaisir sans elle, point de douleur sans elle aussi : on a raison de la craindre, on a raison de l'estimer. Sage est qui s'y fie, et sage qui s'en défie. Elle donne la paix et la guerre, l'allégresse et la tristesse : elle blesse et elle guérit ; c'est de la thériaque et du poison. Enfin, elle est comme la langue ; il n'y a rien de si bon quand elle est bonne, et rien de si mauvais quand elle est mauvaise, etc.

LÉONIDE. — S'il y a tant de bien et tant de mal dans la femme, pourquoi n'avez-vous pas permis que nous connussions ce bien par expérience pour en jouir, et ce mal pour nous en garantir?

HÉRACLIUS. — Léonide a très-bien parlé. Jusqu'à quand, notre père, nous refuserez-vous notre liberté ; et quand nous instruirez-vous qui vous êtes et qui nous sommes?

ASTOLPHE. — Ah ! mes enfants, si je vous réponds, vous avancez ma mort. Vous demandez qui vous êtes ; sachez qu'il est dangereux pour vous de sortir d'ici. La raison qui m'a forcé à vous cacher votre sort, c'est l'empereur Héraclius, cet Atlas chrétien.

(Cette conversation est interrompue par un bruit de chasse. Héraclius et Léonide s'échappent, excités par la curiosité. Les deux paysans gracieux, c'est-à-dire les deux bouffons de la pièce, viennent parler au bonhomme Astolphe, qui craint toujours d'être découvert. Cintia et Héraclius sortent d'une grotte.)

HÉRACLIUS. — Qu'est-ce que je vois?
CINTIA. — Quel est cet objet?
HÉRACLIUS. — Quel bel animal!
CINTIA. — La vilaine bête!
HÉRACLIUS. — Quel divin aspect!
CINTIA. — Quelle horrible présence!
HÉRACLIUS. — Autant j'avais de courage, autant je deviens poltron près d'elle.
CINTIA. — Je suis arrivée ici très-irrésolue, et je commence à ne plus l'être.
HÉRACLIUS. — O vous ! poison de deux de mes sens, l'ouïe et la vue, avant de vous voir de mes yeux, je vous avais admirée de mes oreilles : qui êtes-vous?
CINTIA. — Je suis une femme, et rien de plus.
HÉRACLIUS. — Et qu'y a-t-il de plus qu'une femme? et, si toutes les autres sont comme vous, comment reste-t-il un homme en vie?
CINTIA. — Ainsi donc vous n'en avez pas vu d'autres?
HÉRACLIUS. — Non ; je présume pourtant que si : j'ai vu le ciel ; et, si l'homme est un petit monde, la femme est le ciel en abrégé.
CINTIA. — Tu as paru d'abord bien ignorant, et tu parais bien savant ; si tu as eu une éducation de brute, ce n'est point en brute que tu parles. Qui es-tu donc, toi qui as franchi le pas de cette montagne avec tant d'audace?
HÉRACLIUS. — Je n'en sais rien.

CINTIA. — Quel est ce vieillard qui écoutait, et qui a fait tant de peur à une femme?

HÉRACLIUS. — Je ne le sais pas.

CINTIA. — Pourquoi vis-tu de cette sorte dans les montagnes?

HÉRACLIUS. — Je n'en sais rien.

CINTIA. — Tu ne sais rien?

HÉRACLIUS. — Ne vous indignez pas contre moi; ce n'est pas peu savoir que de savoir qu'on ne sait rien du tout.

CINTIA. — Je veux apprendre qui tu es, ou je vais te percer de mes flèches.

(Cintia est armée d'un arc, et porte un carquois sur l'épaule; elle veut prendre ses flèches.)

HÉRACLIUS. — Si vous voulez m'ôter la vie, vous aurez peu de chose à faire.

CINTIA, *laissant tomber ses flèches et son carquois.* — La crainte me fait tomber les armes.

HÉRACLIUS. — Ce ne sont pas là les plus fortes.

CINTIA. — Pourquoi?

HÉRACLIUS. — Si vous vous servez de vos yeux pour faire des blessures, tenez-vous-en à leurs rayons; quel besoin avez-vous de vos flèches?

CINTIA. — Pourquoi y a-t-il tant de grâce dans ton style, lorsque tant de férocité est sur ton visage? Ou ta voix n'appartient pas à ta peau, ou ta peau n'appartient pas à ta voix. J'étais d'abord en colère, et je deviens une statue de neige.

HÉRACLIUS. — Et moi je deviens tout de feu.

(Au milieu de cette conversation arrivent Libia et Léonide, qui se disent à peu près les mêmes choses que Cintia et Héraclius se sont dites. Toutes ces scènes sont pleines de jeu de théâtre. Héraclius et Léonide sortent et rentrent. Pendant qu'ils sont hors de la scène, les deux femmes troquent leurs manteaux; les deux sauvages, en revenant, s'y méprennent, et concluent qu'Astolphe avait raison de dire que la femme est un tableau à double visage. Cependant on cherche de tous côtés le vieillard Astolphe, qui s'est retiré dans sa grotte. Enfin Phocas paraît avec sa suite, et trouve Cintia et Libia avec Héraclius et Léonide.)

CINTIA, *en montrant Héraclius à Phocas.* — J'ai rencontré dans les forêts cette figure épouvantable.

LIBIA. — Et moi, j'ai rencontré cette figure horrible; mais je ne trouve point cette vieille carcasse qui m'a fait tant de peur.

PHOCAS, *aux deux sauvages.* — Vous me faites souvenir de mon premier état : qui êtes-vous?

HÉRACLIUS. — Nous ne savons rien de nous, sinon que ces montagnes ont été notre berceau, et que leurs plantes ont été notre nourriture : nous tenons notre férocité des bêtes qui l'habitent.

PHOCAS. — Jusqu'aujourd'hui j'ai su quelque chose de moi-même; et vous autres, pourrai-je savoir aussi quelque chose de vous, si j'interroge ce vieillard qui en sait plus que vous deux?

LÉONIDE. — Nous n'en savons rien.
HÉRACLIUS. — Tu n'en sauras rien.
PHOCAS. — Comment! je n'en saurai rien? qu'on examine toutes les grottes, tous les buissons, et tous les précipices. Les endroits les plus impénétrables sont sans doute sa demeure; c'est là qu'il faut chercher.
UN SOLDAT. — Je vois ici l'entrée d'une caverne toute couverte de branches.
LIBIA. — Oui, je la reconnais; c'est de là qu'est sorti ce spectre qui m'a fait tant de peur.
PHOCAS, à *Libia*. — Eh bien! entrez-y avec des soldats, et regardez au fond.

(Héraclius et Léonide se mettent à l'entrée de la caverne.)

LÉONIDE. — Que personne n'ose en approcher, s'il n'a auparavant envie de mourir.
PHOCAS. — Qui nous en empêchera?
LÉONIDE. — Ma valeur.
HÉRACLIUS. — Mon courage. Avant que quelqu'un entre dans cette demeure sombre, il faudra que nous mourions tous deux.
PHOCAS. — Doubles brutes que vous êtes, ne voyez-vous pas que votre prétention est impossible?
HÉRACLIUS ET LÉONIDE, *ensemble*. — Va, va, arrive, arrive, tu verras si cela est impossible.
PHOCAS. — Voilà une impertinence trop effrontée; allons, qu'ils meurent.
CINTIA. — Qu'il ne reste pas dans les carquois une flèche qui ne soit lancée dans leur poitrine [1].

(Comme on est prêt à tirer sur ces deux jeunes gens, Astolphe sort de son antre, et s'écrie:)

Non pas à eux, mais à moi; il vaut mieux que ce soit moi qui meure; tuez-moi, et qu'ils vivent.

(Tout le monde reste en suspens, en s'écriant:)

Qu'est-ce que je vois? quel étonnement! quel prodige! quelle chose admirable!

(Les deux paysans gracieux prennent ce moment intéressant pour venir mêler leurs bouffonneries à cette situation, et ils croient que tout cela est de la magie. Phocas reste tout pensif.)

CINTIA. — Je n'ai jamais vu de léthargie pareille à celle dont le discours de ce bonhomme vient de frapper Phocas.
PHOCAS, à *Astolphe*. — Cadavre ambulant, en dépit de la

---

1. Le lecteur peut ici remarquer que, dans cet amas d'extravagances, ce discours de Cintia est peut-être ce qui révolte le plus : on ne s'étonne point que, dans un siècle où l'on était si loin du bon goût, un auteur se soit abandonné à son génie sauvage pour amuser une multitude plus ignorante que lui. Tout ce que nous avons vu jusqu'à présent n'est que contre le bon sens; mais que Cintia, qui a paru avoir quelques sentiments pour Héraclius, et qui doit l'épouser à la fin de la pièce, ordonne

PREMIÈRE JOURNÉE. 229

marche rapide du temps, de tes cheveux blancs, et de ton vieux visage brûlé par le soleil, je garde pourtant dans ma mémoire les traces de ta personne; je t'ai vu ambassadeur auprès de moi. Comment es-tu ici? je ne cherche point à t'effrayer par des rigueurs; je te promets au contraire ma faveur et mes dons : lève-toi, et dis-moi si l'un de ces deux jeunes gens n'est pas le fils de Maurice, que ta fidélité sauva de ma colère?

ASTOLPHE. — Oui, seigneur, l'un est le fils de mon empereur, que j'ai élevé dans ces montagnes, sans qu'il sache qui il est ni qui je suis ; il m'a paru plus convenable de le cacher ainsi que de le voir en votre pouvoir, ou dans celui d'une nation qui rendait obéissance à un tyran.

PHOCAS. — Eh bien! vois comment le destin commande aux précautions des hommes. Parle, qui des deux est le fils de Maurice?

ASTOLPHE. — Que c'est l'un des deux, je vous l'avoue; lequel c'est des deux, je ne vous le dirai pas.

PHOCAS. — Que m'importe que tu me le cèles? empêcheras-tu qu'il ne meure, puisqu'en les tuant tous deux je suis sûr de me défaire de celui qui peut un jour troubler mon empire?

HÉRACLIUS. — Tu peux te défaire de la crainte à moins de frais.

PHOCAS. — Comment?

LÉONIDE. — En assouvissant ta fureur dans mon sang; ce sera pour moi le comble des honneurs de mourir fils d'un empereur, et je te donnerai volontiers ma vie.

HÉRACLIUS. — Seigneur, c'est l'ambition qui parle en lui; mais en moi, c'est la vérité.

PHOCAS. — Pourquoi?

HÉRACLIUS. — Parce que c'est moi qui suis Héraclius.

PHOCAS. — En es-tu sûr?

HÉRACLIUS. — Oui.

PHOCAS. — Qui te l'a dit?

HÉRACLIUS. — Ma valeur [1]

PHOCAS. — Quoi! vous combattez tous deux pour l'honneur de mourir fils de Maurice?

TOUS DEUX, *ensemble*. — Oui.

PHOCAS, à *Astolphe*. — Dis, toi, qui des deux l'est.

HÉRACLIUS. — Moi.

LÉONIDE. — Moi.

ASTOLPHE. — Ma voix t'a dit que c'est l'un des deux; ma tendresse taira qui c'est des deux.

qu'on le tue, lui et Léonide, cela choque si étrangement tous les sentiments naturels, qu'on ne peut comprendre que *la Comédia fameuse* de don Pedro Calderon de La Barca n'ait pas, en cet endroit, excité la plus grande indignation.

1. On voit que, dans cet amas d'aventures et d'idées romanesques, il y a de temps en temps des traits admirables. Si tout ressemblait à ce morceau, la pièce serait au-dessus de nos meilleures.

PHOCAS. — Est-ce donc là aimer que de vouloir que deux périssent pour en sauver un ? Puisque tous deux sont également résolus à mourir, ce n'est point moi qui suis tyran. Soldats, qu'on frappe l'un et l'autre.

ASTOLPHE. — Tu y penseras mieux.

PHOCAS. — Que veux-tu dire ?

ASTOLPHE. — Si la vie de l'un te fait ombrage, la mort de l'autre te causerait bien de la douleur.

PHOCAS. — Pourquoi cela ?

ASTOLPHE. — C'est que l'un des deux est ton propre fils ; et, pour t'en convaincre, regarde cette gravure en or que me donna autrefois cette villageoise, qui m'avoua tout dans sa douleur, qui me donna tout, et qui ne se réserva pas même son fils. A présent que tu es sûr que l'un des deux est né de toi, pourras-tu les faire périr l'un et l'autre ?

PHOCAS. — Qu'ai-je entendu ? qu'ai-je vu ?

CINTIA. — Quel événement étrange !

PHOCAS. — Ô ciel ! où suis-je ? quand je suis prêt de me venger d'un ennemi qui pourrait me succéder, je trouve mon véritable successeur sans le connaître ; et le bouclier de l'amour repousse les traits de la haine. Ah ! tu me diras quel est le sang de Maurice, quel est le mien.

ASTOLPHE. — C'est ce que je ne te dirai pas. C'est à ton fils de servir de sauvegarde au fils de mon prince, de mon seigneur.

PHOCAS. — Ton silence ne te servira de rien ; la nature, l'amour paternel, parleront ; ils me diront sans toi quel est mon sang ; et celui des deux en faveur de qui la nature ne parlera pas sera conduit au supplice.

ASTOLPHE. — Ne te fie pas à cette voix trompeuse de la nature ; cet amour paternel est sans force et sans chaleur quand un père n'a jamais vu son fils, et qu'un autre l'a nourri. Crains que, dans ton erreur, tu ne donnes la mort à ton propre sang.

PHOCAS. — Tu me mets donc dans l'obligation de te donner la mort à toi-même si tu ne me déclares qui est mon fils.

ASTOLPHE. — La vérité en demeurera plus cachée. Tu sais que les morts gardent le secret.

PHOCAS. — Eh bien ! je ne te donnerai point la mort, vieil insensé, vieux traître ; je te ferai vivre dans la plus horrible prison ; et cette longue mort t'arrachera ton secret pièce à pièce.

(Phocas renverse le vieil Astolphe par terre ; les deux jeunes gens le relèvent.)

HÉRACLIUS ET LÉONIDE. — Non, ta fureur ne l'outragera pas ; que gagnes-tu à le maltraiter ?

PHOCAS. — Osez-vous le protéger contre moi ?

LES DEUX, *ensemble*. — S'il a sauvé notre vie, n'est-il pas juste que nous gardions la sienne ?

PHOCAS. — Ainsi donc l'honneur de pouvoir être mon fils ne pourra rien changer dans vos cœurs?

HÉRACLIUS. — Non pas dans le mien; il y a plus d'honneur à mourir fils légitime de l'empereur Maurice, qu'à vivre bâtard de Phocas et d'une paysanne.

LÉONIDE. — Et moi, quand je regarderais l'honneur d'être ton fils comme un suprême avantage, qu'Héraclius n'ait pas la présomption de vouloir être au-dessus de moi.

PHOCAS. — Quoi! l'empereur Maurice était-il donc plus que l'empereur Phocas?

LES DEUX. — Oui.

PHOCAS. — Et qu'est donc Phocas?

LES DEUX. — Rien.

PHOCAS. — O fortuné Maurice! ô malheureux Phocas! je ne peux trouver un fils pour régner, et tu en trouves deux pour mourir. Ah! puisque ce perfide reste le maître de ce secret impénétrable, qu'on le charge de fers, et que la faim, la soif, la nudité, les tourments, le fassent parler.

LES DEUX, *ensemble*. — Tu nous verras auparavant morts sur la place.

PHOCAS. — Ah! c'est là aimer. Hélas! je cherchais aussi à aimer l'un des deux. Que mon indignation se venge sur l'un et sur l'autre, et qu'elle s'en prenne à tous trois.

(Les soldats les entourent.)

HÉRACLIUS. — Il faudra auparavant me déchirer par morceaux.

LÉONIDE. — Je vous tuerai tous.

PHOCAS. — Qu'on châtie cette démence; qu'espèrent-ils? qu'on les traîne en prison, ou qu'ils meurent.

ASTOLPHE. — Mes enfants, ma vie est trop peu de chose; ne lui sacrifiez pas la vôtre.

LIBIA, *à Phocas*. — Seigneur....

PHOCAS. — Ne me dites rien; je sens un volcan dans ma poitrine, et un Etna dans mon cœur.

(Cette scène terrible, si étincelante de beautés naturelles, est interrompue par les deux paysans gracieux. Pendant ce temps-là, les deux sauvages se défendent contre les soldats de Phocas; Cintia et Libia restent présentes, sans rien dire. Le vieux sorcier Lisippo, père de Libia, arrive.)

LISIPPO. — Voilà des prodiges devant qui les miens sont peu de chose; je vais tâcher de les égaler. Que l'horreur des ténèbres enveloppe l'horreur de ce combat; que la nuit, les éclairs, les tonnerres, les nuées, le ciel, la lune, et le soleil, obéissent à ma voix.

(Aussitôt la terre tremble, le théâtre s'obscurcit, on voit les éclairs, on entend la foudre, et tous les acteurs se sauvent en tombant les uns sur les autres.

C'est ainsi que finit la première journée de la pièce de Calderon.)

SECONDE JOURNÉE.

(Il y a des beautés dans la seconde journée comme il y en a dans la première, au milieu de ce chaos de folies inconséquentes. Par exemple, Cintia, en parlant à Libia de ce sauvage qu'on appelle Héraclius, lui parle ainsi :)

Nous sommes les premières qui avons vu combien sa rudesse est traitable.... J'en ai eu compassion, j'en ai été troublée ; je l'ai vu d'abord si fier, et ensuite si soumis avec moi ! Il s'animait d'un si noble orgueil, en se croyant le fils d'un empereur ; il était si intrépide avec Phocas ; il aimait mieux mourir que d'être le fils d'un autre que de Maurice ; enfin sa piété envers ce vénérable vieillard ! Tout doit te plaire comme à moi.

(Cela est naturel et intéressant. Mais voici un morceau qui paraît sublime : c'est cette réponse de Phocas au sorcier Lisippo, quand celui-ci lui dit que ces deux jeunes gens ont fait une belle action, en osant se défendre seuls contre tant de monde. Phocas répond :)

C'est ainsi qu'en juge ma valeur ; et, en voyant l'excès de leur courage, je les ai crus tous deux mes fils.

(Phocas dit enfin au bonhomme Astolphe qu'il est content de lui et des deux enfants qu'il a élevés, et qu'il les veut adopter l'un et l'autre : mais il s'agit de les trouver dans les bois et dans les antres où ils se sont enfuis. On propose d'y envoyer de la musique au lieu de gardes.)

Car (dit Astolphe), puisque le son des instruments les a fait sortir de notre caverne, il les attirera une seconde fois.

(On détache donc des musiciens avec les deux paysans gracieux. Cependant le sorcier persuade à Phocas que toute cette aventure pourrait bien n'être qu'une illusion ; qu'on n'est sûr de rien dans ce monde ; que la vérité est partout jointe au mensonge.)

Pour vous en convaincre, dit-il, vous verrez tout à l'heure un palais superbe, élevé au milieu de ces déserts sauvages : sur quoi est-il fondé ? sur le vent ; c'est un portrait de la vie humaine.

(Bientôt après, Héraclius et Léonide reviennent au son de la musique, et Héraclius fait l'amour à Cintia à peu près comme Arlequin sauvage. Il lui avoue d'ailleurs qu'il se sent une secrète horreur pour Phocas. Les paysans gracieux apprennent à Héraclius et à Léonide que Phocas est à la chasse au tigre, et qu'il est dans un grand danger. Léonide s'attendrit au péril de Phocas : ainsi la nature s'explique dans Léonide et dans Héraclius ; mais elle se dément bien dans le reste de la pièce. On les fait tous deux entrer dans le palais magnifique que le sorcier fait paraître ; on leur donne des habits de gala. Cintia leur fait encore entendre de la musique : on répond, en chantant, à toutes leurs questions. On chante à deux chœurs ; le premier chœur dit : « On ne sait si leur origine royale est mensonge ou vérité. » Le second chœur dit : « Que leur bonheur soit vérité et mensonge. » Ensuite on leur présente à chacun une épée.)

Je ceins cette épée en frissonnant (dit Héraclius) : je me souviens qu'Astolphe me disait que c'est l'instrument de la gloire, le trésor de la renommée ; que c'est sur le crédit de son épée que la valeur, accepte toutes les ordonnances du trésor royal : plusieurs la prennent comme un ornement, et non comme le signe de leur devoir. Peu de gens oseraient accepter cette feuille blanche s'ils savaient à quoi elle oblige.

(Pour Léonide, quand il voit ce beau palais et ces riches habits dont on lui fait présent : « Tout cela est beau, dit-il, cependant je n'en suis point ébloui ; je sens qu'il faut quelque chose de plus pour mon ambition. » L'auteur a voulu ainsi développer dans le fils de Maurice l'instinct du courage, et dans le fils de Phocas l'instinct de l'ambition. Ce n'est pas sans génie et sans artifice ; et il faut avouer, pour parler le langage de Calderon, qu'il y a des traits de feu qui s'échappent au milieu de ces épaisses fumées.

Phocas vient voir les deux sauvages ainsi équipés ; ils se prosternent tous deux à ses pieds et les baisent. Phocas les traite tous deux comme ses enfants. Héraclius se jette encore une fois à ses pieds, et les baise encore ; avilissement qui n'était pas nécessaire. Léonide, au contraire, ne le remercie seulement pas : Phocas s'en étonne.)

De quoi aurais-je à te remercier ? (lui dit Léonide) ; si tu me donnes des honneurs, ils sont dus à ma naissance, quelle qu'elle soit ; si tu m'as accordé la vie, elle m'est odieuse quand je me crois fils de Maurice. — Je ne hais pas cette arrogance (répond Phocas).

(Les paysans gracieux se mêlent de la conversation. La reine Cintia et Libia arrivent, elles ne donnent aucun éclaircissement à Phocas, qui cherche en vain à découvrir la vérité.

Au milieu de toutes ces disputes arrive un ambassadeur du duc de Calabre, et cet ambassadeur est le duc de Calabre lui-même. Il baise aussi les pieds de Phocas, pour mériter, dit-il, de lui baiser la main. Phocas le relève ; le prétendu ambassadeur parle ainsi :)

Le grand-duc Frédéric sachant, ô empereur ! que vous êtes en Sicile, m'envoie devers vous et devers la reine Cintia pour vous féliciter tous deux, vous, de votre arrivée, et elle, de l'honneur qu'elle a de posséder un tel hôte ; il veut mériter de baiser sa main blanche. Mais, pour venir à des matières plus importantes, le grand-duc mon maître m'a chargé de vous dire qu'étant fils de Cassandra, sœur de l'empereur Maurice, dont le monde pleure la perte, il ne doit point vous payer les tributs qu'il payait autrefois à l'empire ; mais que, s'il ne se trouve point d'héritier plus proche que Maurice, c'est à mon maître qu'appartient le bonnet impérial et la couronne de laurier, comme un droit héréditaire. Il vous somme de les restituer.

PHOCAS. — Ne poursuis point, tais-toi ; tu n'as dit que des folies. De si sottes demandes ne méritent point de réponse ; c'est assez que tu les aies prononcées.

LÉONIDE. — Non, seigneur, ce n'est point assez ; ce palais n'a-t-il pas des fenêtres par lesquelles on peut faire sauter au plus vite monsieur l'ambassadeur ?

HÉRACLIUS. — Léonide, prends garde ; il vient sous le nom sacré d'ambassadeur : n'aggravons point les motifs de mécontentement que peut avoir son maître.

PHOCAS, *à l'ambassadeur.* — Pourquoi restes-tu ici? n'as-tu pas entendu ma réponse?

FRÉDÉRIC. — Je ne demeurais que pour vous dire que la dernière raison des princes est de la poudre, des canons, et des boulets[1].

PHOCAS. — Eh bien! soit. Que ferons-nous, Cintia?

CINTIA. — Pour moi, mon avis est qu'ayant l'honneur de vous avoir pour hôte, je continue à vous divertir par des festins, des bals, de la musique, et des danses.

PHOCAS. — Vous avez raison : entrons dans ces jardins et divertissons-nous, pendant que l'ambassadeur s'en ira.

(Léonide et Héraclius restent ensemble. Le vieux bonhomme Astolphe vient se jeter à leurs pieds. Ce vieillard, qui n'a pas un souffle de vie, dit qu'il a rompu les portes de sa prison. « Qu'on me donne mille morts, ajoute-t-il, j'y consens, puisque j'ai eu le bonheur de vous voir tous deux dans une si grande splendeur et une si grande majesté. »)

LÉONIDE. — En quelle majesté nous vois-tu donc, puisque tu nous laisses encore dans le doute où nous sommes, et que tu ôtes l'héritage à celui qui y doit prétendre, pour le donner sottement à celui qui n'y a point de droit?

HÉRACLIUS. — Léonide, tu lui payes fort mal ce que tu lui dois.

LÉONIDE. — Qu'est-ce donc que je lui dois? Il a été notre tyran dans une éducation rustique; il a été le voleur de ma vie au milieu des précipices et des cavernes. Ne devait-il pas, puisqu'il savait qui nous étions, nous élever dans des exercices dignes de notre naissance, nous apprendre à manier les armes?

PHOCAS, *qui entre doucement sur la pointe du pied pour écouter.* — En vérité, Léonide parle très-bien et avec un noble orgueil.

HÉRACLIUS. — Mais il est clair qu'il a protégé celui de nous deux qui est le fils de Maurice, qu'il s'est enfermé dans une caverne avec lui. Y a-t-il une fidélité comparable à cette conduite généreuse? et dis-moi, n'est-ce pas aussi une piété bien signalée d'avoir aussi conservé le fils de Phocas qu'il connaissait, et qui était en son pouvoir? N'a-t-il pas également pris soin de l'un et de l'autre?

PHOCAS, *derrière eux.* — En vérité, Héraclius parle fort sagement.

LÉONIDE. — Quelle est donc cette fidélité? Il a été compatissant envers l'un, tandis qu'il était cruel envers l'autre. Il eût bien mieux fait de s'expliquer, et de nous instruire de notre destinée : mourrait qui mourrait, et régnerait qui régnerait.

HÉRACLIUS. — Il aurait fait fort mal.

---

1. Le lecteur remarque assez ici l'érudition de Calderon, et celle des spectateurs à qui il avait affaire. De la poudre et des boulets au ve siècle sont dignes de la conduite de cette pièce.

PHOCAS. — Tais-toi, puisque tu prends son parti, tu me mets si fort en colère, que je suis prêt de...

ASTOLPHE. — De quoi ? ingrat, parle.

LÉONIDE. — D'être ingrat, puisque tu m'appelles ainsi, vieux traître, vieux tyran !

(Léonide lui saute à la gorge et le jette par terre; Héraclius le relève.)

ASTOLPHE. — Ah ! je suis tout brisé.

HÉRACLIUS. — Il faut que ma main, qui t'a secouru, punisse ce brutal.

(Les deux princes tirent alors l'épée avec de grands cris; les deux paysans gracieux s'en vont en disant chacun leur mot.)

ASTOLPHE. — Mes enfants, mes enfants, arrêtez !

(Phocas paraît alors : Cintia et le sorcier arrivent.)

PHOCAS, à *Héraclius*. Ne le tue pas.

CINTIA. — Ne te fais point une mauvaise affaire.

HÉRACLIUS. — Non, seigneur, je ne le tuerai pas, puisque vous le défendez. Il vivra, madame, puisque vous le voulez.

(Léonide, relevé, s'excuse devant Phocas et Cintia de sa chute; il dit qu'on n'en est pas moins valeureux pour être maladroit, et veut courir après Héraclius pour s'en venger ; Phocas l'en empêche, et, doutant toujours lequel des deux est son fils, il dit à Cintia :)

J'ai beaucoup vu dans ces jeunes gens, et je n'ai rien vu, mais, dans mes incertitudes, je sens que tous deux me plaisent également, qu'ils sont également dignes de moi, l'un par son courage opiniâtre, et l'autre par sa modération.

TROISIÈME JOURNÉE.

(La troisième journée ressemble aux deux autres. La reine Cintia donne toujours des concerts aux deux sauvages pour les polir, et ces deux princes, qui sont devenus les meilleurs amis du monde, s'épuisent en galanterie sur les yeux et sur la voix de Cintia et de Libia. Enfin Libia découvre à Héraclius, en présence de Léonide, qu'Héraclius est le fils de Maurice.)

Comment le savez-vous ? (dit Héraclius). C'est (répond Libia) que mon père me l'a dit quand il a craint que Phocas ne le fît mourir avec son secret.

LIBIA. — Oui, c'est à vous, Héraclius, qu'appartient l'empire invincible de Constantinople.

CINTIA. — Oui, non-seulement l'empire, mais aussi la Sicile où je règne, qui est une colonie feudataire.

LIBIA. — Mais tandis que Phocas vivra, il faut garder ce secret; il y va de votre vie.

CINTIA. — Gardons bien le secret tant qu'il vivra, car l'empereur est hydropique de mon sang, et il s'assouvirait du vôtre et du mien.

LIBIA. — Oui, gardons le secret, et voyez comment vous pourrez le déclarer par quelque belle action.

CINTIA. — Silence, et voyons comme vous pourrez vous y prendre.

LIBIA. — Si vous trouvez quelque chemin,

CINTIA. — Si vous trouvez quelque moyen,

LIBIA. — Je ne doute pas qu'au même moment

CINTIA. — Je ne doute pas que sur-le-champ

LIBIA. — Plusieurs ne vous suivent.

CINTIA. — Plusieurs ne vous proclament.

LIBIA. — Mais il me paraît impossible

CINTIA. — Je vois évidemment l'impossibilité

TOUTES DEUX, *ensemble*. — Que vous réussissiez tant que Phocas sera en vie.

LÉONIDE. — Écoutez, Libia.

HÉRACLIUS. — Cintia, attendez.

LÉONIDE. — Incertain sur tout ce que j'ai entendu,

HÉRACLIUS. — Étonné de tout ce que j'apprends,

LÉONIDE. — Je meurs de chagrin.

HÉRACLIUS. — Je vis dans la joie.

PHOCAS, *dans le fond du théâtre, ayant feint de dormir*. — Déjà ils sont informés de cette tromperie, et persuadés de la vérité à mon préjudice : il est bien force qu'entre deux sentiments si contraires et si distincts, celui d'ennemi et celui de père, le sang fasse son devoir. Je vais leur parler tout à l'heure : mais non ; il vaut mieux que je les observe finement, car il est clair qu'ils dissimulent avec moi, et qu'ils ne se confient qu'à elles ; de manière que je vais une seconde fois faire semblant d'avoir sommeil.

Je flotte toujours dans mes incertitudes ; mon cœur se partage nécessairement en deux sentiments contraires, celui de père et celui d'ennemi : allons, voyons si la nature se fera connaître. Je viens pour leur parler : mais non ; il vaut mieux les épier avec prudence ; il est clair qu'ils dissimulent avec moi, et qu'ils ne se confient qu'à des femmes. Il faudra bien enfin que ce songe finisse.

LÉONIDE, *sans voir Phocas*. — J'avoue que je me suis senti pour Phocas je ne sais quelle affection secrète ; mais je vois à présent que ce sentiment ne venait que de mon orgueil qui aspirait à l'empire. La même tendresse me prend actuellement pour Maurice, et je sens que ce faux amour que je croyais sentir pour Phocas n'était au fond que de la haine, quand j'imagine qu'il est un tyran, et qu'il m'ôte l'empire qui était à moi [1].

[1]. On sent combien ce discours est absurde : comment l'empire était-il à Léonide ? Parlerait-il autrement si on lui avait dit qu'il est le fils de Maurice ? Chacun d'eux croit-il que c'est à lui que Libia et Cintia ont parlé ? Tout cela paraît d'une démence inconcevable.

HÉRACLIUS. — Je vis abhorré de Phocas. Je me vois dans le plus grand danger : mais n'importe ; je triomphe d'avoir su quel noble sang échauffe mes veines, quoique à présent ce feu soit attiédi.

PHOCAS, *derrière eux*. — Je ne peux rien avérer sur ce qu'ils disent : approchons-nous pour les écouter ; peut-être que du mensonge on passera à la vérité. Je me sens trop troublé par les inquiétudes de tout ce songe, dont la rêverie est un vrai délire.

LÉONIDE. — Je n'ai ni frein, ni raison, ni jugement ; je ne veux que régner, et je ferai tout pour y parvenir.

HÉRACLIUS. — Et moi, je n'ai d'autre ambition, d'autre désir, que d'être digne de ce que je suis. Laissons au ciel l'accomplissement de mes desseins ; il soutiendra ma cause.

(Ici Héraclius se retire un moment sans qu'on en sache la raison.)

LÉONIDE. — Il est parti, et je reste seul. Non ; je ne suis pas seul ; mes inquiétudes, mes peines, sont avec moi ; je suis si saisi d'horreur en voyant le traître qui m'empêche de ceindre mon front du laurier sacré des empereurs, que je ne sais comment je résiste aux emportements de ma colère.

HÉRACLIUS, *revenant*. — J'avais fui de ces lieux pour calmer mes inquiétudes ; mais, ayant trouvé du monde dans le chemin, je rentre ici pour ne parler à personne.

LÉONIDE. — Cependant si Libia m'a fait entendre, en m'en disant davantage, que quand Phocas sera mort il faudra bien que tout le monde prenne mon parti, je dois espérer[1]. Mais quoi ! je me suis senti une secrète inclination pour Phocas. Un empire ne vaut-il pas mieux que cette secrète inclination ? Sans doute : donc, qu'est-ce que je crains ? pourquoi resté-je en suspens ?

HÉRACLIUS. — Que prétend là Léonide ?

(Léonide tire ici son poignard, Héraclius tire le sien, et Phocas qui était endormi s'éveille.)

LÉONIDE. — Qu'il meure !

HÉRACLIUS. — Qu'il ne meure pas !

PHOCAS. — Qu'est-ce que je vois ?

LÉONIDE. — Tu vois qu'Héraclius voulait te donner la mort, et que c'est moi qui me suis opposé à sa fureur.

HÉRACLIUS. — C'est Léonide qui voulait t'assassiner, et c'est moi qui te sauve la vie.

PHOCAS. — Ah ! malheureux ! je ne suis ni endormi ni éveillé ; j'entends crier : « Qu'il meure ! » j'entends crier : « Qu'il ne meure pas ! » je confonds ces deux voix ; aucune n'est distincte ; ce sont deux métaux fondus ensemble que je ne peux démêler : il m'est

---

1. Libia ne lui a rien dit de cela ; c'est à Héraclius qu'elle a tenu ce propos : apparemment qu'il y a dans cette scène un jeu de théâtre tel que chacun des deux princes puisse croire que Libia s'adresse à lui, l'appelle Héraclius, et déclare qu'il est fils de Maurice.

impossible de rien décider. Si je m'arrête à l'action et aux paroles, tout est égal de part et d'autre; chacun d'eux a un poignard dans la main.

HÉRACLIUS. — Je me suis armé de ce poignard, quand j'ai vu que Léonide tirait le sien pour te frapper.

PHOCAS. — Prenons garde; je ne peux, il est vrai, porter un jugement assuré sur les voix que j'ai entendues, sur l'action que j'ai vue; mais l'épouvante que j'ai ressentie dans mon cœur me dit par des cris étouffés que c'est toi, Héraclius, qui es le traître. Le fer que j'ai vu briller dans ta main, ce couteau, cet acier, le fil de ce poignard, font hérisser mes cheveux sur ma tête. Défends-moi, Léonide; toute ma valeur tremble encore à l'idée de cette fureur, de cette aveugle hardiesse, de cette sanglante audace; il me semble que je le vois encore escrimer avec cet aspic de métal et ces regards de basilic.

HÉRACLIUS. — Eh, seigneur! quand je mets à vos pieds, non-seulement ce poignard, mais aussi ma vie, pourquoi vous fais-je peur?

PHOCAS. — Lisippo, Cintia, Libia, puisque vous êtes mes amis et mes commensaux, sachez qu'Héraclius me veut faire périr.

HÉRACLIUS. — Ah! si une fois ils en sont persuadés, ils me tueront. Ah ciel! où m'enfuirai-je dans un si grand péril?

(Il s'en va, et on le laisse aller.)

PHOCAS, quand Héraclius est parti. — Défendez-moi contre lui.

(A part.)

LÉONIDE. — Moi, seigneur, je vous défendrai. Dieu merci, j'en suis tiré... Oui, seigneur, je le suivrai; son châtiment sera égal à sa trahison; je lui donnerai mille morts.

PHOCAS. — Cours, Léonide; la fuite du traître est un nouvel indice de son crime.

LISIPPO, LES FEMMES. — Quel mal vous prend subitement, seigneur?

PHOCAS. — Je ne sais ce que c'est; c'est une léthargie, un évanouissement, un tournement de tête, un spasme, une frénésie, une angoisse; mes idées sont toutes troublées, je ne sais si c'est un songe, si tout cela est vrai ou faux. C'est un crépuscule de la vie; je ne suis ni mort ni vivant; chacun d'eux prétend qu'il voulait me sauver au lieu de me tuer. Je ne sais quoi me dit au fond du cœur qu'Héraclius est coupable, et que, si Léonide ne m'avait secouru, Héraclius se serait baigné dans mon sang. Je jurerais que cet Héraclius est le fils de Maurice; toute ma colère crève sur lui. Dites-moi ce que vous en pensez, et si je juge bien ou mal.

CINTIA. — Tout cela est si obscur, qu'on ne peut pas juger de leur intention; il faut les entendre: notre jugement ne peut atteindre à ce qui n'est pas sur les lèvres.

PHOCAS, à *Lisippo*. — Et toi, magicien, ne nous diras-tu rien sur cette étrange aventure?

LISIPPO. — Si je pouvais parler, je vous aurais déjà tout dit; mais la déité qui m'inspire me menace si je parle.

PHOCAS. — Mais ne pourrais-tu pas forcer ta fille Libia, la reine Cintia, et les autres, à dire ce qu'ils savent de ces prodiges?

TOUS, *ensemble*. — On ne pourra nous y obliger, ni nous faire violence.

PHOCAS. — Pourquoi?

LIBIA. — Il faut céder à la fatalité.

CINTIA. — Le terme des destinées est arrivé.

ISMÉNIE. — Oui, ce jour même, cet instant même.

TOUS, *ensemble*. — Nous sommes entraînés par la force de l'enchantement.

(Ils disparaissent tous avec le palais. Phocas et Lisippo restent sur la scène.)

PHOCAS. — Écoute, espère tout de moi.

LISIPPO. — C'est en vain; je dois vous laisser dans la situation où vous êtes. Jugez par ce que vous avez vu des raisons de mon silence.

(Il sort.)

PHOCAS. — Eh bien! tu t'en vas aussi?

(On entend derrière la scène des cris de chasseurs.)

A la forêt, à la montagne, au buisson, au rocher!

(Libia et Cintia derrière la scène appellent Phocas.)

PHOCAS. — Ils m'ont tous laissé dans la plus grande incertitude; je n'ai pu savoir autre chose d'eux tous, sinon qu'Héraclius m'a voulu secourir, après que je l'ai vu le poignard à la main pour me tuer, et que Léonide est un assassin, quand mon cœur me dit qu'il volait à mon secours. O abîme impénétrable! que de choses tu me dis, et que de choses tu me caches!

(On entend derrière le théâtre:)

Voilà le tigre que Phocas a lancé qui va vers la montagne.

CINTIA, *dans le fond du théâtre*. — Allons, courons après lui. Sans doute, puisque Phocas n'a point paru depuis hier, le tigre l'a déchiré, et il revient pour chercher quelque nouvelle proie [1].

(Tous les chasseurs appellent ici leurs chiens, et les nomment par leurs noms.)

PHOCAS, *sur le devant du théâtre*. — Ainsi donc, afin que la conclusion de cette terrible aventure réponde à son commencement, voici mon tigre qui revient sur moi, poursuivi par les chiens, sans que j'aie le temps de me mettre en défense. J'ai des

---

[1]. Il y a dans l'original *hambriento*, qui veut dire *affamé*, de *hambre*, faim.

vassaux, des domestiques, des amis, et aucun d'eux ne vient à mon secours.

(Héraclius et Léonide arrivent chacun de leur côté, vêtus de peaux de bêtes, comme ils l'étaient à la première journée de cette pièce.)

TOUS DEUX, *ensemble.* — Je t'ai entendu; j'accours à ta voix
HÉRACLIUS. — Je reviens pour savoir.... Mais que vois-je?
LÉONIDE. — Je viens savoir.... Mais qu'aperçois-je?
HÉRACLIUS. — Tu aperçois mon ancien habit de peau.
LÉONIDE. — Tu vois aussi le mien.
HÉRACLIUS. — Mais ai-je vu ce que j'ai songé?
LÉONIDE. — Mais ai-je rêvé ce que j'ai vu?
HÉRACLIUS. — Qu'est devenu ce beau pays? où était-il?
LÉONIDE. — Qui a emporté cet édifice?
PHOCAS. — De quel palais, de quel édifice parlez-vous? Depuis hier jusqu'à cette heure, j'ai couru après mon tigre; les rochers ont été mon lit; aujourd'hui j'ai fait ce que j'ai pu pour retrouver le chemin, jusqu'à ce qu'enfin j'ai entendu les cris des bêtes sauvages, les aboiements des chiens : j'ai appelé, vous êtes venus; sûrement Cintia et Libia vous auront dit où j'étais, car elles vous auront trouvés à leur ordinaire au son de la musique. Soyez les bienvenus.

(Tous les chasseurs derrière le théâtre.)

Allons tous, allons tous; nous les découvrirons ici.

(Les dames arrivent avec les deux paysans gracieux et une suite nombreuse. Les paysans gracieux sont fort étonnés de voir qu'Héraclius et Léonide n'ont plus leurs beaux habits.)

Qu'avez-vous fait (dit un des gracieux) de tous ces ornements, de ces belles plumes, de ces joyaux?

LÉONIDE. — Je n'en sais rien.

(Les dames font des compliments à Phocas sur le bonheur qu'il a eu d'échapper au tigre. Les deux paysans gracieux soutiennent à Héraclius et à Léonide qu'ils les ont vus dans un beau palais; ni l'un ni l'autre n'en veut convenir.)

PHOCAS. — Quoi qu'il en soit de ce palais, qui sans doute est un enchantement, j'ai déjà dit que j'aimais mieux vous faire du bien à l'un et à l'autre que de me venger de l'un des deux; allons-nous-en dans un autre palais, où vous changerez vos vêtements de sauvages en habits royaux, et où nous ferons des festins et des réjouissances.

LÉONIDE. — O ciel! sera-ce une fiction? et ce que nous avons vu était-il une vérité? quel est le certain? quel est l'incertain? je n'y conçois rien; mais n'importe, allons-nous-en où nous serons bien logés, pompeusement vêtus, et bien servis : que ce soit une vérité ou un mensonge, qui jouit, jouit; soit que les choses soient vraies ou non, je me jette à tes pieds, je baise ta main pour l'honneur que je reçois.

PHOCAS. — Léonide parle très sagement. Et toi, Héraclius, ne me remercies-tu pas aussi des grâces que je te fais?

HÉRACLIUS. — Non, seigneur; quand je vois que la pourpre et l'émail de Tyr ne causent que des peines, et que les pompes royales sont si passagères qu'on ne sait pas si elles sont un mensonge ou une vérité, je vous prie de me rendre à ma première vie. Habitant des montagnes, compagnon des bêtes sauvages, citoyen des précipices, je n'envie point ces grandeurs qui paraissent et qui disparaissent, et qu'on ne sait si elles sont vraies ou fausses.

PHOCAS. — Je ne t'entends point.

HÉRACLIUS. — Et moi, je m'entends un peu.

(Le vieil Astolphe et Lisippo arrivent, et s'arrêtent au fond du théâtre.)

ASTOLPHE. — J'ai su que Léonide et Héraclius étaient avec Phocas : je viens les voir; mais je n'ose approcher.

LISIPPO. — Je veux savoir quel parti ils auront pris, et je vais de ce côté.

PHOCAS, à *Héraclius*. — Eh bien! ingrat, tu méprises donc mes bontés?

HÉRACLIUS. — Non; j'en fais tant de cas, que je ne veux pas les exposer à un nouveau danger. Je me jette à tes pieds, je te supplie de m'éloigner de toi : mon ambition ne veut d'autre royaume que celui de mon libre arbitre.

PHOCAS. — N'est-ce pas agir en désespéré, au mépris de mon honneur?

HÉRACLIUS. — Non, seigneur; il ne s'agit que du mien.

PHOCAS. — Tes refus sont une preuve de ta trahison. Que fais-je? je réprime ma colère.

CINTIA. — Quelle trahison pouvez-vous avoir découverte en lui, puisqu'il arrive tout à l'heure?

PHOCAS. — Va, ingrat, puisque tu abhorres mes faveurs, je vois bien que tu es le fils de mon ennemi.

HÉRACLIUS. — Eh bien! c'est la vérité, et, puisque tu sais le secret d'un prodige que je ne peux comprendre, que je me perde ou non, je suis le fils de Maurice, et je m'enorgueillis à tel point d'un si beau titre, que je dirai mille fois que Maurice est mon père.

PHOCAS. — Je m'en doutais assez; mais de qui le sais-tu?

HÉRACLIUS. — D'un témoin irréprochable; c'est Cintia qui me l'a dit.

CINTIA. — Moi! comment? quand? et de qui aurais-je pu le savoir?

HÉRACLIUS. — C'est Astolphe qui vous l'a dit, quand on l'a amené devant vous.

ASTOLPHE. — Ils vont me tuer! quel espoir me reste-t-il? Moi, madame, je vous l'ai dit?

CINTIA. — Non, Astolphe ne m'a rien dit; et moi, je ne l'ai point parlé.

HÉRACLIUS. — S'il vous a dit ce grand secret, je le paye assez par ma mort; et toi, charitable impie, qui m'as caché tant d'années la gloire de ma naissance, puisque tu l'as révélée aujourd'hui, pourquoi es-tu si hardi de la nier à présent, et de manquer de respect à Cintia?

CINTIA. — Je t'ai déjà dit que je ne sais rien du tout.

HÉRACLIUS, à Cintia. — Pour toi, je ne te réplique rien; mais à celui-ci, qui, après m'avoir ôté l'honneur, m'ôte le jugement, et la vie que je lui ai sauvée dans ce riche palais, je veux le planter là.

ASTOLPHE. — Quoi! quel palais?

LÉONIDE, à Héraclius. — Arrête, ne le maltraite point sans raison; car s'il est vrai que nous avons été dans ce palais, il ne l'est pas que nous soyons, toi le fils de Maurice, et moi le fils de Phocas. Libia m'a dit comme à toi que Maurice est mon père, et je n'en ai rien cru.

LIBIA. — Moi! je te l'ai dit? quand t'ai-je vu? quand t'ai-je parlé?

LÉONIDE. — Dans ce même palais où nous étions tous. Tu m'as dit que ton père le sorcier l'avait deviné par sa profonde science.

LISIPPO, à part. — Ah! voilà l'enchantement rompu.

(A Léonide.)

Et comment ma fille Libia a-t-elle pu flatter ainsi ton audace, et me faire dire ce que je n'ai point dit?

UN DES PAYSANS GRACIEUX. — Il faut que le diable s'en mêle, il est déchaîné.

PHOCAS. — Puisque cette confusion augmente, venons à bout de sortir de ce profond abîme. Astolphe, j'ai voulu savoir ton secret; j'ai employé des moyens qui m'ont instruit. On m'a appris qu'être Héraclius c'est être fils de Maurice.

ASTOLPHE. — Ce serait donc là la première vérité que le mensonge aurait dite.

PHOCAS. — Mais afin qu'il ne reste aucun scrupule dans l'esprit de Léonide, explique-toi clairement.

ASTOLPHE. — Seigneur, puisque vous le savez, que puis-je dire?

CINTIA. — Et toi, traître Lisippo, pourquoi viens-tu ici?

LISIPPO, à Phocas. — Seigneur, je vois la colère de la divinité pour laquelle je gardais le silence : ses sourcils froncés me menacent; il n'est plus temps de feindre : Léonide est votre fils; c'est assez que je l'affirme, et qu'Astolphe ne le nie pas.

PHOCAS. — C'est plus qu'il ne faut. Mes vassaux, mes sujets Léonide est votre prince.

(Tous les acteurs crient :)

Vive Léonide !

PHOCAS. — Vive Léonide, et meure Héraclius !
CINTIA. — Arrêtez !
PHOCAS. — Prétendez-vous empêcher la mort d'Héraclius ?
CINTIA. — Oui, je l'empêche : il est venu sur votre parole et sur la mienne ; il faut la tenir ; et, si vous voulez le faire mourir, commencez par enfoncer votre poignard dans mon sein.
PHOCAS. — Quelle parole ai-je donc donnée ?
CINTIA. — De ne le faire mourir ni de l'emprisonner.
PHOCAS. — Eh bien ! pour vous et pour moi j'accomplirai ma promesse. Allez, vous autres, faites démarrer cette barque qui est sur la rive, percez-en le fond. Madame, je le laisserai vivant, puisque je ne lui donne point la mort ; il ne sera point prisonnier, puisque je l'envoie courir la mer à son aise. Allez, qu'on l'enlève, qu'on le mette dans cette barque.
HÉRACLIUS, aux gens de Phocas. — Non, rustres, non, point de violence. J'irai moi-même à mon tombeau, puisque mon tombeau est dans ce bateau. Adieu, Cintia, charmant prodige, le premier et le dernier que j'ai vu. Adieu, Astolphe mon père : je vous laisse au pouvoir de mon ennemi, qui en mentant a dit la vérité, et qui a dit la vérité en mentant [1].
PHOCAS. — Espère mieux, et vois si j'ai de la compassion. Je ne t'envie point la consolation d'être avec cet Astolphe qui t'a servi de père. Qu'on entraîne aussi ce malheureux vieillard.
ASTOLPHE. — Allons, mon fils, je ne me soucie plus de la vie, puisque je vais mourir avec toi.
CINTIA. — Quelle pitié !
LIBIA. — Quel malheur !
LES PAYSANS GRACIEUX. — Quelle confusion !
PHOCAS. — A présent, afin que les échos de leurs gémissements ne viennent point jusqu'à nous, commençons nos réjouissances ; que Léonide vienne à ma cour, que tout le monde le reconnaisse ; que tous mes vassaux lui baisent la main ; et qu'ils disent à haute voix : « Vive Léonide. »
HÉRACLIUS. — O cieux, favorisez-moi !
ASTOLPHE. — O cieux, ayez pitié de nous !
(La musique chante : « Vive Léonide ! »)
LÉONIDE. — Que tout ceci soit une vérité ou un mensonge, que cela soit certain ou faux, que l'enchantement finisse ou qu'il dure, je me vois, en attendant, héritier de l'empire ; et quand le destin envieux voudrait reprendre le bien qu'il m'a fait, il ne m'empêchera pas d'avoir goûté une si grande félicité à côté d'un si grand péril.
HÉRACLIUS. — Ciel, favorisez-moi.

1. C'est que Phocas a fait semblant de savoir qu'Héraclius était fils de Maurice, n'en étant pas certain, et voulant tirer cet aveu d'Astolphe. Ainsi, selon Calderon, *tout est mensonge et vérité*.

ASTOLPHE. — Cieux, ayez pitié de nous!

(La musique recommence, et chante : « Vive Léonide! » On entend de l'artillerie, des tambours et des trompettes.)

PHOCAS, à *Héraclius et à Astolphe*. — Je vous crois exaucés. J'entends de loin des trompettes, des tambours, et du canon, qui paraissent vouloir changer nos divertissements en appareil de guerre.

CINTIA, *qui apparemment s'en était allée, et qui revient sur le théâtre.* — Je regardais d'une vue de compassion le combat des vents et des flots, et ce gonflement passager des vagues qui se jouent en bouillonnant sur ces vastes champs verts et salés, lorsque j'ai vu de loin dans le golfe une vaste cité de navires, qui ont fait une salve en venant reconnaître le port.

PHOCAS. — C'est apparemment quelque roi voisin, feudataire de l'empire (comme ils le sont tous), qui vient nous payer les tributs.

LISIPPO. — Seigneur, en observant de plus près ces voiles enflées, je penche à croire plutôt....

PHOCAS. — Quoi?

LISIPPO. — Que c'est la flotte du prince de Calabre, dont l'ambassadeur est venu nous menacer.

PHOCAS. — Que cette idée ne trouble point notre joie et nos divertissements. Cette flotte ne m'inspire aucune épouvante : je vais enrôler du monde; et, pendant que ces vaisseaux répéteront leur salve d'artillerie, qu'on répète nos chants d'allégresse.

LÉONIDE. — Vous verrez que Léonide remplira les devoirs où sa naissance l'engage.

CINTIA. — Je te suis, malgré moi, avec mes gens.

(Ils suivent Phocas; Astolphe et Héraclius restent. Tous deux ensemble s'écrient : « O cieux, ayez pitié de nous! » On voit avancer la flotte de Frédéric, et on entend : « A terre! à terre! aux armes! aux armes! guerre! guerre! »)

HÉRACLIUS ET ASTOLPHE. — Secourez-nous, ô pouvoirs divins!

TROUPE DE SOLDATS *de Phocas.* — Vive Léonide! vive Léonide!

FRÉDÉRIC, *grand-duc de Calabre*, *descendant de son vaisseau*. — Prenons terre; formons nos escadrons; que les ennemis surpris soient épouvantés, qu'ils ne sachent mon débarquement que par moi, puisque les eaux et les vents m'ont été si favorables; que le sang et le feu fassent voir un autre élément. Le destin m'a fait prince de Calabre : je suis neveu de Maurice; sa mort me donne droit à la pourpre impériale. Pourquoi payerais-je les tributs, au lieu de venger la perte des tributs qu'on me doit? surtout lorsque je sais que le fils posthume de Maurice est perdu, et qu'un vieillard, dont on n'a jamais entendu parler depuis qu'il arracha cet enfant à sa mère, l'a élevé dans les rochers de la Sicile. Les destinées ne m'appellent-elles pas à l'empire, puisque le tyran est ici mal accompagné? n'est-ce pas à moi de soutenir mes droits par mer et par terre, et de venger à la fois Frédéric et Maurice? Enfin, quand je n'aurais d'autre raison d'entreprendre cette guerre glorieuse que les prédictions sinistres de Lisippo, cette raison me suffirait; et je veux montrer à la terre que ma valeur l'emporte sur ses craintes.

(On voit de loin Astolphe sur le rivage, et Héraclius qui s'élance hors du bateau percé où on l'avait déjà porté. Le bateau s'enfonce dans la mer.)

FRÉDÉRIC. — Quelle voix entends-je sur les eaux? qu'arrive-t-il donc vers ces lieux horribles? quel bruit de destruction! Autant que ma vue peut s'étendre, autant que je peux prêter l'oreille, ceci est monstrueux. J'entends la voix d'un homme; mais il souffle comme un animal : ce n'est point un oiseau, car il ne vole pas; ce n'est point un poisson, car il ne nage pas : il est poussé par les vagues qui se brisent contre ces rochers.

(Astolphe sur le rivage embrasse Héraclius qui sort de la mer.)

HÉRACLIUS. — O cieux, ayez pitié de nous!

ASTOLPHE. — O cieux, nous implorons votre secours!

FRÉDÉRIC. — Il paraissait qu'il n'y en avait qu'un au milieu des ondes, et maintenant en voilà deux sur le rivage.

ASTOLPHE, à Héraclius. — Je rends grâce au ciel qui t'a délivré de la mer.

FRÉDÉRIC. — Par quel prodige ces deux créatures, au milieu des algues marines, des vents, des flots et du limon, au lieu d'être couverts d'écailles, sont-ils couverts de poil? Qui êtes-vous?

ASTOLPHE. — Deux hommes si infortunés, que le destin qui voulait nous donner la mort n'a pu en venir à bout.

HÉRACLIUS. — Nous sommes les enfants des rochers; la mer n'a pu nous souffrir, et nous rend à d'autres rochers. Si vous êtes des soldats de Phocas, usez contre nous du pouvoir que vous donne la fortune; ce serait une cruauté d'avoir pitié de nous : et afin que vous soyez obligés de nous ôter cette malheureuse vie, sachez que je suis le fils de Maurice. Ce vieillard, que sa fidélité a banni si longtemps de la cour, m'a sauvé deux fois la vie sur la terre et sur la mer. C'est le généreux Astolphe[1]. Je vous conjure, en me donnant la mort, d'épargner le peu de jours qui lui restent. Je me jette à vos pieds; accordez-moi la mort que j'implore. Pourquoi hésitez-vous? pourquoi refusez-vous de finir mes tourments?

1. Le fond de cette scène paraît intéressant et admirable : on aurait pu en faire un chef-d'œuvre, en y mettant plus de vraisemblance et de convenance. Il me semble qu'une telle scène donnerait l'idée de la vraie tragédie, c'est-à-dire d'une péripétie attendrissante, toute en action, sans aucun embarras, sans le froid recours des lettres écrites longtemps auparavant, sans rien de forcé, sans aucun de ces raisonnements alambiqués qui font languir le tragique.

FRÉDÉRIC. — Pour te tendre les bras. Ce que tu m'as dit attendrit tellement mon âme que je sauverais ta vie aux dépens de la mienne. Il est peut-être étrange que je te croie avec tant de facilité ; mais je sens une cause supérieure qui m'y force. Le ciel paraît ici manifester sa justice, et la vertu de ce noble vieillard que je respecte et que j'embrasse.

HÉRACLIUS ET ASTOLPHE. — Eh ! qui es-tu donc ? parle.

FRÉDÉRIC. — Je suis le duc de Calabre. Vous me voyez comblé de joie. Le sang qui coule dans mes veines, ô fils de Maurice ! est ton sang. Je suis le fils de Cassandre, sœur de Maurice : tes destins sont conformes aux miens, ton étoile est mon étoile.

HÉRACLIUS. — Je reprends mes esprits ; et plus je te considère, plus il me semble que je t'ai déjà vu.

FRÉDÉRIC. — Cela est impossible ; car je n'ai jamais approché des cavernes et des précipices où tu dis qu'on a élevé ta jeunesse.

HÉRACLIUS. — C'est la vérité ; mais je t'ai vu sans te voir.

FRÉDÉRIC. — Comment ? me voir sans me voir !

HÉRACLIUS. — Oui.

FRÉDÉRIC. — Ceci est une nouveauté égale à la première ; mais avant de l'approfondir, va, je te prie, à ma galère capitane ; et après qu'on t'aura donné des habits, et qu'on t'aura paré comme tu dois l'être, tu m'apprendras ce que je veux savoir, et qui me ravit déjà en admiration.

HÉRACLIUS. — Je t'ai déjà dit que je suis le fils des montagnes, accoutumé au travail et à la peine ; et, quoique j'aie beaucoup souffert, écoute-moi ; je me reposerai en te parlant.

FRÉDÉRIC. — Puisque c'est pour toi un soulagement, parle.

HÉRACLIUS. — Écoute ; tu vois ces rochers, ces montagnes, dont le faîte est défendu par les volcans de l'Etna....

(Ce discours d'Héraclius est interrompu par des cris derrière la scène.)

Aux armes ! aux armes ! aux combats ! aux combats !

PHOCAS. — Tombons sur eux avant que leurs escadrons soient formés.

UN SOLDAT de Frédéric, arrivant sur la scène. — Déjà on voit l'armée que Phocas a levée pour s'opposer à la hardiesse de votre débarquement.

FRÉDÉRIC. — On dit que c'est le premier bataillon, il faut s'empresser d'aller à sa rencontre.

HÉRACLIUS. — Je vous accompagnerai. Vous verrez que l'épée que vous ne m'avez donnée que comme un ornement vous rendra quelque service.

ASTOLPHE. — Quoique ma caducité ne me permette pas de vous servir, je peux mourir du moins, et vous me verrez mourir le premier à vos côtés.

FRÉDÉRIC. — J'espère en vous deux. J'attends de vous mon triomphe : déjà mes soldats s'avancent avec audace.

(Les troupes de Phocas paraissent; les trompettes et les clairons sonnent la charge; la bataille se donne; on entend d'un côté : « Vive Phocas! » et de l'autre : « Vive Frédéric! » Puis tous ensemble crient : « Aux armes! aux armes! combattons! combattons! »)

HÉRACLIUS, *l'épée à la main*. — Suivez-moi : je connais tous les sentiers; si vous marchez de ce côté, vous pourrez tout rompre.

CINTIA, *paraissant armée à la tête des siens*. — Non, vous ne romprez rien; c'est à moi de défendre ce poste.

HÉRACLIUS. — Qui pourra soutenir ma fureur?

CINTIA. — Moi.

HÉRACLIUS. — Quel objet frappe mes yeux?

CINTIA. — Qu'est-ce que je vois?

HÉRACLIUS. — Vous voyez le changement de nos destins : je défendais contre vous un passage quand je vous ai vue pour la première fois, et à présent vous en défendez un contre moi.

CINTIA. — Ajoute que tu me regardais alors avec des yeux d'admiration, et à présent c'est moi qui t'admire.

HÉRACLIUS. — Qu'admirez-vous en moi? rien que les vicissitudes incompréhensibles de ma vie. Je vous trouve ici; vous voulez que je fuie : moi, fuir! et fuir de vos yeux! ce sont deux choses si impossibles, que, si elles arrivaient, elles diraient qu'elles ne peuvent pas arriver.

CINTIA. — Sans te dire ici que mon bonheur est de te voir en vie, ce bonheur ne sera-t-il pas plus grand que si tu enfonces ce passage, et si tu restes victorieux?

HÉRACLIUS. — Je ne veux point vaincre à ce prix, en combattant contre vous.

CINTIA, *à Libia qui l'accompagne*. — Libia, ne m'abandonne point; j'ai soin de ma réputation et de la tienne.

HÉRACLIUS. — Je ne sais si je dois vous croire.

CINTIA. — Pourquoi non?

HÉRACLIUS. — Parce que, si vous me traitez avec tant de bonté à présent, vous direz peut-être, comme vous avez déjà fait, que vous ne vous en souvenez plus, et que mon bien et mon mal vous sont indifférents.

(Des voix s'élèvent au fond du théâtre.)

LES SOLDATS *de Frédéric*. — C'est par là qu'Héraclius a passé.

FRÉDÉRIC. — Passez tous après lui.

HÉRACLIUS, *à Cintia*. — Malheureux que je suis! quand je voudrais fuir[1], je ne pourrais; vos troupes reviennent avec les mien-

---

1. On ne conçoit rien à ce discours d'Héraclius; tantôt il parle en héros, tantôt en poltron. Si c'est une ironie avec Cintia, il est difficile de s'en apercevoir.

DES. Voyez-vous cette troupe qui s'effraye et qui abandonne le poste que vous gardiez? Fuyez, vous pourrez à peine sauver votre vie.

CINTIA. — Non; tu pourrais fuir; les autres ne fuiront pas.

LÉONIDE, *arrivant.* — Tournez tête, soldats : ils ont forcé le passage que gardait Cintia; défendons sa vie; je serai le premier à mourir.

HÉRACLIUS, *se jetant sur Léonide.* — Oui, tu mourras de ma main, ingrat, inhumain, cruel!

LÉONIDE. — Je ne suis point étonné de te voir en vie. Je suis persuadé que la mer n'a eu pitié de toi que pour préparer mon triomphe.

(Ils combattent tous deux.)

HÉRACLIUS. — Tout à l'heure tu vas le voir.

CINTIA. — Je ne peux me déclarer, malgré le désir que j'en ai. Je crains ma ruine si Héraclius est vainqueur, puisque son pouvoir détruira le mien. Si Léonide l'emporte, mes espérances sont superflues; il est contre mes intérêts. Que ferai-je? ô ciel! secourez-moi¹!

(On entend les tambours.)

PHOCAS. — Brute infidèle à ton maître, qui, en brisant ton frein, brises les lois et le devoir, puisque tu oses ainsi prendre le mors aux dents, demeure, et, en courant ainsi déchaîné, ne fuis pas.

FRÉDÉRIC, *à Héraclius.* — Charge-moi ce Phocas.

PHOCAS, *tombe en sautant aux ennemis.* — O ciel! ma vie est perdue!

HÉRACLIUS, *courant sur lui.* — C'est mon ennemi; qu'il meure.

LÉONIDE. — Qu'il ne meure pas!

PHOCAS. — Malheureux! qu'ai-je entendu? tout est toujours équivoque entre eux. Toujours ces voix : « Qu'il meure! qu'il ne meure pas! » Qui des deux me tue? qui des deux me défend? je suis toujours en doute, je suis confondu.

HÉRACLIUS. — Ne sois plus en doute à présent. Si tu as voulu faire ici l'essai de ta tragédie, la voici terminée. La vérité se montre. Nous avons changé de rôle, Léonide et moi.

PHOCAS. — Quel rôle?

---

1. On ne conçoit rien à ce discours de Cintia. Je l'ai traduit fidèlement :

*Pues
No me puedo declarar,
Aunque quisiera, al temer
Si vence Heraclio, mi ruina,
Pues es contra mi poder;
Si Leonido, mi esperanza;
Pues es contra mi interes,
Que he de hacer? cielos piadosos!*

Comment peut-elle craindre Héraclius, qui est amoureux d'elle?

HÉRACLIUS. — Celui de Léonide était d'être cruel; le mien d'être humain; il disait la première fois : « Qu'il meure ! » et moi « Qu'il ne meure pas ! » Tout est changé ; c'est lui qui te défend, et c'est moi qui te donne la mort.

CINTIA. — Héraclius, je suis à ton côté.

PHOCAS. — Ce n'était donc pas un vain présage quand j'ai cru voir ton glaive ensanglanté.

LÉONIDE. — Je ne me suis donc pas trompé non plus, en devinant que c'était cette femme avant de l'avoir vue.

(Libia, Frédéric et des soldats s'approchent.)

LIBIA. — C'est ici qu'est tombé Phocas.

FRÉDÉRIC. — C'est ici que son cheval l'a jeté par terre.

LÉONIDE. — Je ne suis donc venu ici que pour ma perte.

(Troupe de soldats.)

UN SOLDAT. — Accourez tous.... Mais que vois-je ?

HÉRACLIUS. — Vous voyez un tyran à mes pieds; vous voyez dans les mêmes campagnes où Maurice fut tué, la mort de Maurice vengée par son fils.

PHOCAS, à terre. — Non, tu n'es pas son fils.

LE SOLDAT. — Qu'est-il donc ?

PHOCAS. — Un hydropique de sang, qui, ne pouvant boire celui des autres, apaise sa soif dans le sien propre.

(Phocas meurt en disant ces paroles. Mais comment peut-il dire qu'Héraclius a versé son propre sang? il faut donc qu'il se croie son père; mais comment peut-il le croire ?)

CINTIA. — Déjà tous ses gens sont en fuite; et les miens, ayant secoué le joug de la tyrannie, disent et redisent :

Vive Héraclius ! qu'Héraclius vive !
Qu'il ceigne son front du sacré laurier !
Il doit régner, il est fils de Maurice.

(Les soldats et le peuple disent ces paroles avec Cintia; ils font une couronne.)

HÉRACLIUS. — Cette couronne appartient à Frédéric; il l'a méritée ; c'est à lui qu'on doit la victoire.

FRÉDÉRIC. — Je n'ai voulu que briser le joug du tyran, et non pas ravir la couronne au légitime possesseur. Vous l'êtes, c'est à vous de régner.

HÉRACLIUS. — Je ne sais si je l'oserai.

FRÉDÉRIC. — Pourquoi non ?

HÉRACLIUS. — C'est que j'ignore si tout ce que je vois est mensonge ou vérité.

FRÉDÉRIC. — Comment ?

HÉRACLIUS. — C'est que je me suis déjà vu traité et vêtu en prince, et qu'ensuite j'ai repris mes anciens habits de peau.

(Il veut parler du château enchanté et de son habit de gala.)

LISIPPO. — C'est moi qui vous ai trompé par mes enchantements; je vous ai menti; j'ai menti aussi à Frédéric, quand je lui prédis en Calabre des infortunes; Dieu lui a donné la victoire; je vous demande pardon à tous deux.

LIBIA. — J'implore à vos pieds sa grâce.

HÉRACLIUS. — Qu'il vive, pourvu qu'il n'use plus de sortiléges.

ASTOLPHE. — Et moi, si je peux mériter quelque chose de vous, je demande la grâce du fils de Phocas.

HÉRACLIUS. — Léonide fut mon frère; nous fûmes élevés ensemble, qu'il soit mon frère encore.

LÉONIDE. — Je serai votre sujet soumis et fidèle.

HÉRACLIUS. — Si par hasard une grandeur si inespérée s'évanouit, je veux goûter un bonheur que je ne perdrai pas. Je donne la main à Cintia.

CINTIA. — Je tombe à vos pieds.

(Les tambours battent, les clairons sonnent, le peuple et les soldats s'écrient :)

Vive Héraclius! qu'Héraclius vive !

FRÉDÉRIC. — Que ces applaudissements finissent.

HÉRACLIUS. — Espérons qu'un roi sera heureux quand il commencera son règne par être détrompé, quand il connaîtra qu'il n'y a point de félicité humaine qui ne paraisse une vérité, et qui ne puisse être un mensonge.

DISSERTATION DU TRADUCTEUR

SUR L'*HÉRACLIUS* DE CALDERON.

Quiconque aura eu la patience de lire cet extravagant ouvrage y aura vu aisément l'irrégularité de Shakspeare, sa grandeur et sa bassesse, des traits de génie aussi forts, un comique aussi déplacé, une enflure aussi bizarre, le même fracas d'action et de moments intéressants.

La grande différence entre l'*Héraclius* de Calderon et le *Jules César* de Shakspeare, c'est que l'*Héraclius* espagnol est un roman moins vraisemblable que tous les contes des *Mille et une Nuits*, fondé sur l'ignorance la plus crasse de l'histoire, et rempli de tout ce que l'imagination effrénée peut concevoir de plus absurde. La pièce de Shakspeare, au contraire, est un tableau vivant de l'histoire romaine depuis le premier moment de la conspiration de Brutus jusqu'à sa mort. Le langage, à la vérité, est souvent celui des ivrognes du temps de la reine Elisabeth; mais le fond est toujours vrai, et ce vrai est quelquefois sublime.

Il y a aussi des traits sublimes dans Calderon; mais presque jamais de vérité, ni de vraisemblance, ni de naturel. Nous avons beaucoup de pièces ennuyeuses dans notre langue, ce qui est encore pis; mais nous n'avons rien qui ressemble à cette démence barbare.

Il faudrait avoir les yeux de l'entendement bien bouchés pour ne pas apercevoir dans ce fameux Calderon la nature abandonnée à elle-même. Une imagination aussi déréglée ne peut être copiste, et sûrement il n'a rien pris ni pu prendre de personne.

On m'assure d'ailleurs que Calderon ne savait pas le français, et qu'il n'avait même aucune connaissance du latin, ni de l'histoire. Son ignorance paraît assez quand il suppose une reine de Sicile du temps de Phocas, un duc de Calabre, des fiefs de l'empire, et surtout quand il fait tirer du canon.

Un homme qui n'avait lu aucun auteur dans une langue étrangère aurait-il imité l'*Héraclius* de Corneille, pour le travestir d'une manière si horrible? Aucun écrivain espagnol ne traduisit, n'imita jamais un auteur français, jusqu'au règne de Philippe V; et ce n'est même que vers l'année 1725 qu'on a commencé en Espagne à traduire quelques-uns de nos livres de physique: nous, au contraire, nous prîmes plus de quarante pièces dramatiques des Espagnols du temps de Louis XIII et de Louis XIV. Pierre Corneille commença par traduire tous les beaux endroits du *Cid*; il traduisit *le Menteur*, *la suite du Menteur*; il imita *Don Sanche d'Aragon*. N'est-il pas vraisemblable qu'ayant vu quelques morceaux de la pièce de Calderon, il les ait insérés dans son *Héraclius*, et qu'il ait embelli le fond du sujet? Molière ne prit-il pas deux scènes du *Pédant joué* de Cyrano de Bergerac, son compatriote et son contemporain?

Il est bien naturel que Corneille ait tiré un peu d'or du fumier de Calderon; mais il ne l'est pas que Calderon ait déterré l'or de Corneille pour le changer en fumier.

L'*Héraclius* espagnol était très-fameux en Espagne, mais très-inconnu à Paris. Les troubles qui furent suivis de la guerre de la Fronde commencèrent en 1645. La guerre des auteurs se faisait quand tout retentissait des cris, *Point de Mazarin!* Pouvait-on s'aviser de faire venir une tragédie de Madrid pour faire de la peine à Corneille? et quelle mortification lui aurait-on donnée? Il aurait été avéré qu'il avait imité sept ou huit vers d'un ouvrage espagnol. Il l'eût avoué alors, comme il avait avoué ses traductions de Guillem de Castro, quand on les lui eut injustement reprochées, et comme il avait avoué la traduction du *Menteur*. C'est rendre service à sa patrie que de faire passer dans sa langue les beautés d'une langue étrangère. S'il ne parle pas de Calderon dans son examen, c'est que le peu de vers traduits de Calderon ne valait pas la peine qu'il en parlât.

Il dit dans cet examen que son *Héraclius* est un « original dont il s'est fait depuis de belles copies. » Il entend toutes nos pièces d'intrigue où les héros sont méconnus. S'il avait eu Calderon en vue, n'aurait-il pas dit que les Espagnols commençaient enfin à imiter les Français, et leur faisaient le même honneur qu'ils en avaient reçu? aurait-il surtout appelé l'*Héraclius* de Calderon une belle copie?

On ne sait pas précisément en quelle année la *Famosa Comedia* fut jouée; mais on est sûr que ce ne peut être plus tôt qu'en 1637, et plus tard qu'en 1640. Elle se trouve citée, dit-on, dans des romances de 1641. Ce qui est certain, c'est que le docteur maître Emmanuel de Guera, juge ecclésiastique, chargé de revoir tous les ouvrages de Calderon après sa mort, parle ainsi de lui en 1682 : *Lo que mas admiro y admire en este raro ingenio fué que á ninguno imitó.* Maître Emmanuel aurait-il dit que Calderon n'imita jamais personne, s'il avait pris le sujet d'*Héraclius* dans Corneille? Ce docteur était très-instruit de tout ce qui concernait Calderon; il avait travaillé à quelques-unes de ses comédies; tantôt ils faisaient ensemble des pièces galantes, tantôt ils composaient des actes sacramentaux, qu'on joue encore en Espagne. Ces actes sacramentaux ressemblent pour le fond aux anciennes pièces italiennes et françaises, tirées de l'Écriture; mais ils sont chargés de beaucoup d'épisodes et de fictions. Le peuple de Madrid y courait en foule. Le roi Philippe IV envoyait toutes ces pièces à Louis XIV les premières années de son mariage.

Au reste, il est très-inutile au progrès des arts de savoir qui est l'auteur original d'une douzaine de vers; ce qui est utile, c'est de savoir ce qui est bon ou mauvais, ce qui est bien ou mal conduit, bien ou mal exprimé, et de se faire des idées justes d'un art si longtemps barbare, cultivé aujourd'hui dans toute l'Europe, et presque perfectionné en France.

On fait quelquefois une objection spécieuse en faveur des irrégularités des théâtres espagnol et anglais : des peuples pleins d'esprit se plaisent, dit-on, à ces ouvrages; comment peuvent-ils avoir tort?

Pour répondre à cette objection tant rebattue, écoutons Lope de Vega lui-même, génie égal, pour le moins, à Shakspeare. Voici comme il parle à peu près dans son épître en vers, intitulée : *Nouvel Art de faire des comédies en ce temps.*

> Les Vandales, les Goths, dans leurs écrits bizarres,
> Dédaignèrent le goût des Grecs et des Romains :
> Nos aïeux ont marché dans ces nouveaux chemins;
>   Nos aïeux étaient des barbares [1].
>
> L'abus règne, l'art tombe, et la raison s'enfuit.
>   Qui veut écrire avec décence,
> Avec art, avec goût, n'en recueille aucun fruit :
> Il vit dans le mépris, et meurt dans l'indigence [2].
>
> Je me vois obligé de servir l'ignorance :
>   J'enferme sous quatre verrous [3]
>   Sophocle, Euripide, et Térence.
> J'écris en insensé; mais j'écris pour des fous.
>
> Le public est mon maître, il faut bien le servir,
> Il faut, pour son argent, lui donner ce qu'il aime.
>   J'écris pour lui, non pour moi-même,
> Et cherche des succès dont je n'ai qu'à rougir.

Il avoue ensuite qu'en France, en Italie, on regardait comme des barbares les auteurs qui travaillaient dans le goût qu'il se

---

1. *Mas como le sirvieron muchos bárbaros.*
   Che enseñaron al vulgo á sus rudezas.
2. *Muere sin fama y galardon.*
3. *Encierro los preceptos con seis llaves*, etc.

reproche; et il ajoute qu'au moment qu'il écrit cette épître, il en est à sa quatre cent quatre-vingt-troisième pièce de théâtre : il alla depuis jusqu'à plus de mille. Il est sûr qu'un homme qui a fait mille comédies n'en a pas fait une bonne.

Le grand malheur de Lope et de Shakspeare était d'être comédiens, mais Molière était comédien aussi; et, au lieu de s'asservir au détestable goût de son siècle, il le força à prendre le sien.

Il y a certainement un bon et un mauvais goût : si cela n'était pas, il n'y aurait aucune différence entre les chansons du pont Neuf et le second livre de Virgile : les chantres du pont Neuf seraient bien reçus à nous dire : « Nous avons notre goût; Auguste, Mécène, Pollion, Varius, avaient le leur, et la Samaritaine vaut bien l'Apollon palatin. »

Mais quels seront nos juges? diront les partisans de ces pièces irrégulières et bizarres. Qui? toutes les nations, excepté vous. Quand tous les hommes éclairés de tout pays, *quibus est equus et pater et res*[1], se réuniront à estimer le second, le troisième, le quatrième et le sixième livre de Virgile, et les sauront par cœur, soyez sûrs que ce sont là des beautés de tous les temps et de tous les lieux. Quand vous verrez les beaux morceaux de *Cinna* et d'*Athalie* applaudis sur les théâtres de l'Europe, depuis Pétersbourg jusqu'à Parme, concluez que ces tragédies sont admirables avec leurs défauts; mais si on ne joue jamais les vôtres que chez vous seuls, que pouvez-vous en conclure?

1. Horace, *de Arte poetica*, v. 248.

FIN DE LA COMÉDIE FAMEUSE.

LE TRIUMVIRAT.

TRAGÉDIE EN CINQ ACTES.

(5 juillet 1764.)

PRÉFACE DE L'ÉDITEUR[1].

Cette tragédie, assez ignorée, m'étant tombée entre les mains, j'ai été étonné d'y voir l'histoire presque entièrement falsifiée, et cependant les mœurs des Romains du temps du triumvirat représentées avec le pinceau le plus fidèle.

Ce contraste singulier m'a engagé à la faire imprimer avec des remarques que j'ai faites sur ces temps illustres et funestes d'un empire qui, tout détruit qu'il est, attirera toujours les regards de vingt royaumes élevés sur ses débris, et dont chacun se vante aujourd'hui d'avoir été une province des Romains, et une des pièces de ce grand édifice. Il n'y a point de petite ville qui ne cherche à prouver qu'elle a eu l'honneur autrefois d'être saccagée par quelque consul romain, et on va même jusqu'à supposer des titres de cette espèce de vanité humiliante. Tout vieux château dont on ignore l'origine a été bâti par César; du fond de l'Espagne au bord du Rhin, on voit partout une tour de César, qui ne fit élever aucune tour dans les pays qu'il subjugua, et qui préférait ses camps retranchés à des ouvrages de pierre et de ciment, qu'il n'avait pas le temps de construire dans la rapidité de ses expéditions. Enfin les temps des Scipion, de Sylla, de César, d'Auguste, sont beaucoup plus présents à notre mémoire que les premiers événements de nos propres monarchies. Il semble que nous soyons encore sujets des Romains.

J'ose dire dans mes notes ce que je pense de la plupart de ces hommes célèbres, tels que César, Pompée, Antoine, Auguste, Caton, Cicéron, en ne jugeant que par les faits, et en ne me préoccupant pour personne. Je ne prétends point juger la pièce. J'ai fait une étude particulière de l'histoire, et non pas du théâtre, que je connais assez peu, et qui me semble un objet de goût plutôt que de recherches. J'avoue que j'aime à voir dans un ouvrage dramatique les mœurs de l'antiquité, et à comparer les héros qu'on met sur le théâtre avec la conduite et le caractère que les historiens leur attribuent. Je ne demande pas qu'ils fassent sur la scène ce qu'ils ont réellement fait dans leur vie; mais je me crois en droit d'exiger qu'ils ne fassent rien qui ne soit dans leurs mœurs : c'est là ce qu'on appelle la vérité théâtrale.

Le public semble n'aimer que les sentiments tendres et touchants, les emportements et les craintes des amantes affligées. Une femme trahie intéresse plus que la chute d'un empire. J'ai trouvé dans cette pièce des objets qui se rapprochent plus de ma

---

1. Cet éditeur est Voltaire lui-même. (ÉD.)

PRÉFACE DE L'ÉDITEUR. 255

manière de penser et de celle de quelques lecteurs qui, sans exclure aucun genre, aiment les peintures des grandes révolutions, ou plutôt les hommes qui les ont faites. S'il n'avait été question que des amours d'Octave et du jeune Pompée dans cette pièce, je ne l'aurais ni commentée, ni imprimée. Je m'en suis servi comme d'un sujet qui m'a fourni des réflexions sur le caractère des Romains, sur ce qui intéresse l'humanité, et sur ce qu'on peut découvrir de vérités historiques.

J'aurais désiré qu'on eût commenté ainsi les tragédies de *Pompée*, de *Sertorius*, de *Cinna*, des *Horaces*, et qu'on eût démêlé ce qui appartient à la vérité et ce qui appartient à la fable. Il est certain, par exemple, que César ne tint à Ptolémée aucun des discours que lui prête le sublime et inégal auteur de *la Mort de Pompée*, et que Cornélie ne parla point à César comme on l'a fait parler, puisque Ptolémée était un enfant de douze à treize ans, et Cornélie une femme de dix-huit, qui ne vit jamais César, qui n'aborda point en Égypte, et qui ne joua aucun rôle dans les guerres civiles. Il n'y a jamais eu d'Émilie qui ait conspiré avec Cinna; tout cela est une invention du génie du poëte. La conspiration de Cinna n'est probablement qu'un sujet fabuleux de déclamation, inventé par Sénèque, comme je le dis dans mes notes.

De toutes les tragédies que nous avons, celle qui s'écarte le moins de la vérité historique, et qui peint le cœur le plus fidèlement, serait *Britannicus*, si l'intrigue n'était pas uniquement fondée sur les prétendus amours de Britannicus et de Junie, et sur la jalousie de Néron. J'espère que les éditeurs qui ont annoncé les commentaires des ouvrages de Racine par souscription n'oublieront pas de remarquer comment ce grand homme a fondu et embelli Tacite dans sa pièce. Je pense que, si Néron n'avait pas la puérilité de se cacher derrière une tapisserie pour écouter l'entretien de Britannicus et de Junie, et si le cinquième acte pouvait être plus animé, cette pièce serait celle qui plairait le plus aux hommes d'État et aux esprits cultivés.

En un mot, on voit assez quel est mon but dans l'édition que je donne. Le manuscrit de cette tragédie est intitulé : *Octave et le jeune Pompée*; j'y ai ajouté le titre du *Triumvirat* : il m'a paru que ce titre réveille plus l'attention, et présente à l'esprit une image plus forte et plus grande. Je sais gré à l'auteur d'avoir supprimé Lépide, et de n'avoir parlé de cet indigne Romain que comme il le méritait.

Encore une fois je ne prétends point juger de la pièce. Il faut toujours attendre le jugement du public; mais il me semble que l'auteur écrit plus pour les lecteurs que pour les spectateurs. Sa pièce m'a paru tenir beaucoup plus du terrible que du genre qui attendrit le cœur et qui le déchire.

On m'assure même que l'auteur n'a point prétendu faire une tragédie pour le théâtre de Paris, et qu'il n'a voulu que rendre odieux la plupart des personnages de ces temps atroces : c'est en quoi il m'a paru qu'il avait réussi. La pièce est peut-être dans le goût anglais. Il est bon d'avoir des ouvrages dans tous les genres.

Il m'importe peu de connaître l'auteur : je ne me suis occupé que de faire sur cet ouvrage des notes qui peuvent être utiles.

Les gens de lettres qui aiment ces recherches, et pour qui seuls j'écris, en seront les juges.

J'ai employé la nouvelle orthographe. Il m'a paru qu'on doit écrire, autant qu'on le peut, comme on parle; et quand il n'en coûte qu'un *a* au lieu d'un *o*, pour distinguer les Français de saint François d'Assise, comme dit l'auteur de *la Henriade*, et pour faire sentir qu'on prononce Anglais et Danois, ce n'est ni une grande peine ni une grande difficulté de mettre un *a* qui indique la vraie prononciation, à la place de cet *o* qui vous trompe.

PERSONNAGES.

OCTAVE, surnommé depuis Auguste.
MARC-ANTOINE.
Le jeune POMPÉE.
JULIE, fille de Lucius César.
FULVIE, femme de Marc-Antoine.
ALBINE, suivante de Fulvie.
AUFIDE, tribun militaire.
TRIBUNS, CENTURIONS, LICTEURS, SOLDATS.

ACTE PREMIER.

(Le théâtre représente l'île où les triumvirs firent les proscriptions et le partage du monde. La scène est obscurcie; on entend le tonnerre, on voit des éclairs. La scène découvre des rochers, des précipices, et des tentes dans l'éloignement.)

SCÈNE I. — FULVIE, ALBINE.

FULVIE.

Quelle effroyable nuit ! Que le couroux céleste
Éclate avec justice en cette île funeste [1] !

ALBINE.

Ces tremblements soudains, ces rochers renversés,
Ces volcans infernaux jusqu'au ciel élancés,
Ce fleuve soulevé roulant sur nous son onde,
Ont fait craindre aux humains les derniers jours du monde.
La foudre a dévoré ce détestable airain,

---

1. Cette île, où les triumvirs commencèrent les proscriptions, est dans la rivière de Reno, auprès de Bononia, que nous nommons Bologne. Elle n'est pas si grande qu'elle semble l'être dans cette tragédie, mais je crois qu'on peut très-bien supposer, surtout en poésie, que l'île et la rivière étaient plus considérables autrefois qu'aujourd'hui ; et surtout ce tremblement de terre dont il est parlé dans Pline peut avoir diminué l'une et l'autre. Il y a dans l'histoire plusieurs exemples de pareils changements produits par des volcans et par des tremblements de terre. Ce fut dans ce temps-là même que la nouvelle ville d'Epidaure, sur le golfe Adriatique, fut renversée de fond en comble, et le cours de la rivière sur laquelle elle était située fut changé et très-diminué.

Ces tables de vengeance où le fatal burin
Épouvantait nos yeux d'une liste de crimes,
De l'ordre du carnage, et des noms des victimes.
Vous voyez en effet que nos proscriptions
Sont en horreur au ciel ainsi qu'aux nations.

FULVIE.

Tombe sur nos tyrans cette foudre égarée,
Qui, frappant vainement une terre abhorrée,
A détruit dans les mains de nos maîtres cruels
Les instruments du crime, et non les criminels !
Je voudrais avoir vu cette île anéantie
Avec l'indigne affront dont on couvre Fulvie.
Que font nos trois tyrans dans ce désordre affreux?
Quelques remords au moins ont-ils approché d'eux ?

ALBINE.

Dans cette île tremblante aux éclats du tonnerre,
Tranquilles dans leur tente ils partageaient la terre;
Du sénat et du peuple ils ont réglé le sort,
Et dans Rome sanglante ils envoyaient la mort.

FULVIE.

Antoine me la donne, ô jour d'ignominie !
Il me quitte, il me chasse, il épouse Octavie [1];
D'un divorce odieux j'attends l'infâme écrit ;
Je suis répudiée, et c'est moi qu'on proscrit.

ALBINE.

Il nous brave à ce point ! il nous fait cette injure

FULVIE.

L'assassin des Romains craint-il d'être parjure ?
Je l'ai trop bien servi : tout barbare est ingrat.
Il prétexte envers moi l'intérêt de l'État;
Mais ce grand intérêt n'est que celui d'un traître,
Qui, ménageant Octave, en est trompé peut-être.

ALBINE.

Octave vous aima [2] : se peut-il qu'aujourd'hui
Vos malheurs, vos affronts, ne viennent que de lui ?

---

1. Il est bon d'observer qu'Antoine n'épousa Octavie que longtemps après; mais c'est assez qu'il ait été beau-frère d'Octave. Il ne répudia point Octavie; mais il fut sur le point de la répudier quand il fut amoureux de Cléopâtre, et elle mourut de chagrin et de colère.
2. Les historiens disent que Fulvie fit les avances à Octave, et qu'il ne la trouva pas assez belle : ce qui paraît en effet par les vers licencieux qu'il fit contre Fulvie.

    Quod f.... Glaphyram Antonius, hanc mihi pœnam
       Fulvia constituit, se quoque uti f....
    Aut f.... aut pugnemus, ait! quid quod mihi vita
       Carior est ipsa mentula? Signa canant.

Cette abominable épigramme est un des plus forts témoignages de l'infamie des mœurs d'Auguste. Peut-être l'auteur de la pièce en a-t-il

FULVIE.

Qui peut connaître Octave? et que son caractère
Est différent en tout du grand cœur de son père!
Je l'ai vu, dans l'erreur de ses égarements,
Passer Antoine même en ses emportements [1];
Je l'ai vu des plaisirs chercher la folle ivresse,
Je l'ai vu des Catons affecter la sagesse.
Après m'avoir offert un criminel amour,
Ce Protée à ma chaîne échappa sans retour.
Tantôt il est affable, et tantôt sanguinaire :
Il adore Julie, il a proscrit son père;

inféré qu'Octave s'était dégoûté de Fulvie; ce qui arrive toujours dans ces commerces scandaleux. Octave et Fulvie étaient également ennemis des mœurs, et prouvent l'un et l'autre la dépravation de ces temps exécrables; et cependant Auguste affecta depuis des mœurs sévères.

1. Il est très-vrai qu'Auguste fut longtemps livré à des débauches de toute espèce. Suétone nous en apprend quelques-unes. Ce même Sextus Pompée, dont nous parlerons, lui reprocha des faiblesses infâmes, *effeminatum insectatus est*. Antoine, avant le triumvirat, déclara que César, grand-oncle d'Auguste, ne l'avait adopté pour son fils que parce qu'il avait servi à ses plaisirs; *adoptionem avunculi stupro meritum*. Lucius lui fit le même reproche, et prétendit même qu'il avait poussé la bassesse jusqu'à vendre son corps à Hirtius pour une somme très-considérable. Son impudence alla depuis jusqu'à arracher une femme consulaire à son mari, au milieu d'un souper : il passa quelque temps avec elle dans un cabinet voisin, et la ramena ensuite à la table, sans que lui, ni elle, ni son mari, en rougissent.

Nous avons encore une lettre d'Antoine à Auguste, conçue en ces mots : *Ita valeas ut, hanc epistolam quum leges, non inieris Testulam, aut Terentillam, aut Russilam, aut Salviam, aut omnes. Anne refert ubi et in quam arrigas?* On n'ose traduire cette lettre licencieuse.

Rien n'est plus connu que ce scandaleux festin de cinq compagnons de ses plaisirs avec six principales femmes de Rome. Ils étaient habillés en dieux et en déesses, et ils en imitaient toutes les impudicités inventées dans les fables :

Dum nova divorum cœnat adulteria.
(Suet., *Oct.*. chap. LXX.)

Enfin on le désigna publiquement sur le théâtre par ce fameux vers

Videsne ut cinædus orbem digito temperat?
(*Id.*, LXVIII.)

Presque tous les auteurs latins qui ont parlé d'Ovide, prétendent qu'Auguste n'eut l'insolence d'exiler ce chevalier, qui était beaucoup plus honnête homme que lui, que parce qu'il avait été surpris par lui dans un inceste avec sa propre fille Julia, et qu'il ne relégua même sa fille que par jalousie. Cela est d'autant plus vraisemblable, que Caligula publiait hautement que sa mère était née de l'inceste d'Auguste et de Julie : c'est ce que dit Suétone dans la vie de Caligula (chap. XXIII).

On sait qu'Auguste avait répudié la mère de Julie le jour même qu'elle accoucha d'elle, et il enleva le même jour Livie à son mari, grosse de Tibère, autre monstre qui lui succéda. Voilà l'homme à qui Horace disait (livre II, épître I, vers 2-3) :

*Res Italas armis tuteris, moribus ornes,
Legibus emendes*, etc..

Antoine n'était pas moins connu par ses débordements effrénés. On le

ACTE I, SCÈNE I.

Il hait, il craint Antoine, et lui donne sa sœur ;
Antoine est forcené, mais Octave est trompeur.
Ce sont là les héros qui gouvernent la terre ;
Ils font, en se jouant, et la paix et la guerre ;
Du sein des voluptés ils nous donnent des fers.
A quels maîtres, grands dieux, livrez-vous l'univers !
Albine, les lions, au sortir des carnages,
Suivent, en rugissant, leurs compagnes sauvages ;
Les tigres font l'amour avec férocité :
Tels sont nos triumvirs. Antoine ensanglanté
Prépare de l'hymen la détestable fête.
Octave a de Julie entrepris la conquête ;
Et dans ce jour de sang, de tristesse, et d'horreur,
L'amour de tous côtés se mêle à la fureur ;

vit parcourir toute l'Apulie dans un char superbe traîné par des lions, avec la courtisane Cithéris, qu'il caressait publiquement en insultant au peuple romain. Cicéron lui reproche encore un pareil voyage fait aux dépens des peuples, avec une baladine nommée Hippias et des farceurs. C'était un soldat grossier, qui jamais dans ses débauches n'avait eu de respect pour la bienséance ; il s'abandonnait à la plus honteuse ivrognerie et aux plus infâmes excès. Le détail de toutes ces horreurs passera à la dernière postérité, dans les *Philippiques* de Cicéron : *Sed jam stupra et flagitia omittam ; sunt quædam quæ honeste non possum dicere*, etc. *Phil.* II. Voilà Cicéron qui n'ose dire devant le sénat ce qu'Antoine a osé faire ; preuve bien évidente que la dépravation des mœurs n'était point autorisée à Rome, comme on l'a prétendu. Il y avait même des lois contre les gitons, qui ne furent jamais abrogées. Il est vrai que ces lois ne punissaient point par le feu un vice qu'il faut tâcher de prévenir, et qu'il faut souvent ignorer. Antoine et Octave, le grand César et Sylla, furent atteints de ce vice ; mais on ne le reprocha jamais aux Scipion, aux Métellus, aux Caton, aux Brutus, aux Cicéron : tous étaient des gens de bien ; tous périrent cruellement.

Leurs vainqueurs furent des brigands plongés dans la débauche. On ne peut pardonner aux historiens flatteurs ou séduits qui ont mis de pareils monstres au rang des grands hommes ; et il faut avouer que Virgile et Horace ont montré plus de bassesse dans les éloges prodigués à Auguste, qu'ils n'ont déployé de goût et de génie dans ces tristes monuments de la plus lâche servitude.

Il est difficile de n'être pas saisi d'indignation en lisant, à la tête des *Géorgiques*, qu'Auguste est un des plus grands dieux, et qu'on ne sait quelle place il daignera occuper un jour dans le ciel, s'il régnera dans les airs, ou s'il sera le protecteur des villes, ou bien s'il acceptera l'empire des mers.

An deus immensi venias maris, ac tua nautæ
Numina sola colant : tibi serviat ultima Thule.

L'Arioste parle bien plus sensément, comme aussi avec plus de grâce, quand il dit dans son admirable XXXVe chant :

Non fu si santo, nè benigno Augusto,
Come la tuba di Virgilio suona ;
L'aver avuto in poesia buon gusto,
La proscrizione iniqua gli perdona, etc. (Ott. XXVI.)

Tacite fait aisément comprendre comment le peuple romain s'accoutuma enfin au joug de ce tyran habile et heureux, et comme les lâches fils des plus dignes républicains crurent être nés pour l'esclavage. « Nul d'eux, dit-il, n'avait vu la république. »

Julie abhorre Octave; elle n'est occupée
Que de livrer son cœur au fils du grand Pompée.
Si Pompée est écrit sur ce livre fatal,
Octave en l'immolant frappe en lui son rival.
Voilà donc les ressorts du destin de l'empire,
Ces grands secrets d'État, que l'ignorance admire !
Ils étonnent de loin les vulgaires esprits,
Ils inspirent de près l'horreur et le mépris.

ALBINE.

Que de bassesse, ô ciel ! et que de tyrannie !
Quoi ! les maîtres du monde en sont l'ignominie !
Je vous plains : je pensais que Lépide aujourd'hui
Contre ces deux ingrats vous servirait d'appui.
Vous unîtes vous-même Antoine avec Lépide.

FULVIE.

A peine est-il compté dans leur troupe homicide.
Subalterne tyran, pontife méprisé,
De son faible génie ils ont trop abusé;
Instrument odieux de leurs sanglants caprices,
C'est un vil scélérat soumis à ses complices;
Il signe leurs décrets sans être consulté,
Et pense agir encore avec autorité.
Mais, si dans mes chagrins quelques douceurs me restent,
C'est que mes deux tyrans en secret se détestent[1].
Cet hymen d'Octavie et ses faibles appas
Éloignent la rupture et ne l'empêchent pas.
Ils se connaissent trop; ils se rendent justice.
Un jour je les verrai, préparant leur supplice,
Allumer la discorde avec plus de fureur
Que leur fausse amitié n'étale ici d'horreur.

1. Non-seulement Octave et Antoine se haïssaient et se craignaient l'un et l'autre, non-seulement ils s'étaient déjà fait la guerre auprès de Modène, mais Octave avait voulu assassiner Antoine; et, quand ils conférèrent ensemble dans l'île de Réno, ils commencèrent par se fouiller réciproquement, se soupçonnant également l'un et l'autre d'être des assassins. Il est bien évident que la vengeance du meurtre de César ne fut jamais que le prétexte de leur ambition. Ils n'agirent que pour eux mêmes, soit quand ils furent ennemis, soit quand ils furent alliés. Il me semble que l'auteur de la tragédie a bien raison de dire :

A quels maîtres, grands dieux, livrez-vous l'univers !

Le monde fut ravagé, depuis l'Euphrate jusqu'au fond de l'Espagne, par deux scélérats sans pudeur, sans loi, sans honneur, sans probité, fourbes, ingrats, sanguinaires, qui, dans une république bien policée, auraient péri par le dernier supplice. Nous sommes encore éblouis de leur splendeur, et ne devrions être étonnés que de l'atrocité de leur conduite. Si on nous racontait de pareilles actions de deux citoyens d'une petite ville, elles nous dégoûteraient ; mais l'éclat de la grandeur de Rome se répand sur eux : elle nous en impose, et nous fait presque respecter ce que nous haïssons dans le fond du cœur.

Les derniers temps de l'empire d'Auguste sont encore cités avec admi-

ACTE I, SCÈNE II.   261

SCÈNE II. — FULVIE, ALBINE, AUFIDE.

FULVIE.
Aufide, qu'a-t-on fait ? quelle est ma destinée ?
A quel abaissement suis-je enfin condamnée ?

AUFIDE.
Le divorce est signé de cette même main
Que l'on voit à longs flots verser le sang romain ;
Et bientôt vos tyrans viendront sous cette tente
Partager des proscrits la dépouille sanglante.

FULVIE.
Puis-je compter sur vous ?

AUFIDE.
Né dans votre maison,
Si je sers sous Antoine, et dans sa légion,
Je ne suis qu'à vous seule. Autrefois mon épée
Aux champs thessaliens servit le grand Pompée :
Je rougis d'être ici l'esclave des fureurs
Des vainqueurs de Pompée et de vos oppresseurs.
Mais que résolvez-vous ?

FULVIE.
De me venger.

AUFIDE.
Sans doute,
Vous le devez, Fulvie.

FULVIE.
Il n'est rien qui me coûte,
Il n'est rien que je craigne ; et dans nos factions
On a compté Fulvie au rang des plus grands noms.
Je n'ai qu'une ressource, Aufide, en ma disgrâce ;
Le parti de Pompée est celui que j'embrasse ;
Et Lucius César a des amis secrets [1]

---

ration, parce que Rome goûta sous lui l'abondance, les plaisirs, et la paix. Il régna avec gloire ; mais enfin il ne fut jamais cité comme un bon prince. Quand le sénat complimentait les empereurs à leur avénement, que leur souhaitait-il ? d'être plus heureux qu'Auguste, meilleurs que Trajan, *felicior Augusto, melior Trajano*. L'opinion de l'empire romain fut donc qu'Auguste n'avait été qu'heureux, mais que Trajan avait été bon. En effet, comment peut-on tenir compte à un brigand enrichi d'avoir joui en paix du fruit de ses rapines et de ses cruautés ? *Clementiam non voco*, dit Sénèque, *lassam crudelitatem*.

[1]. Ce Lucius César avait épousé une tante d'Antoine, et Antoine le proscrivit. Il fut sauvé par les soins de sa femme, qui s'appelait Julie. Je n'ai trouvé dans aucun historien qu'il ait eu une fille du même nom ; je laisse à ceux qui connaissent mieux que moi les règles du théâtre et les priviléges de la poésie, à décider s'il est permis d'introduire sur la scène un personnage important qui n'a pas réellement existé. Je crois que, si cette Julie était aussi connue qu'Antoine et Octave, elle ferait un plus grand effet. Je propose cette idée moins comme une critique que comme un doute.

Qui sauront à ma cause unir ses intérêts.
Il est, vous le savez, le père de Julie;
Il fut proscrit; enfin tout me le concilie.
Julie est-elle à Rome?

AUFIDE.

On n'a pu l'y trouver.
Octave tout-puissant l'aura fait enlever;
Le bruit en a couru.

FULVIE.

Le rapt et l'homicide,
Ce sont là ses exploits! voilà nos lois, Aufide.
Mais le fils de Pompée est-il en sûreté?
Qu'en avez-vous appris?

AUFIDE.

Son arrêt est porté;
Et l'infâme avarice, au pouvoir asservie[1],
Doit trancher à prix d'or une si belle vie;
Tels sont les vils Romains.

FULVIE.

Quoi! tout espoir me fuit!
Non, je défie encor le sort qui me poursuit;
Les tumultes des camps ont été mes asiles:

---

1. Le prix de chaque tête était de cent mille sesterces, qui font aujourd'hui environ vingt-deux mille livres de notre monnaie. Mais il est très-probable que le sang de Sextus Pompée, de Cicéron, et des principaux proscrits, fut mis à un prix plus haut, puisque Popilius Lænas, assassin de Cicéron, reçut la valeur de deux cent mille francs pour sa récompense.

Au reste, le prix ordinaire de cent mille sesterces pour les hommes libres qui assassineraient des citoyens, fut réduit à quarante mille pour les esclaves. L'ordonnance en fut affichée dans toutes les places publiques de Rome. Il y eut trois cents sénateurs de proscrits, deux mille chevaliers, plus de cent négociants, tous pères de famille. Mais les vengeances particulières, et la fureur de la déprédation, firent périr beaucoup plus de citoyens que les triumvirs n'en avaient condamné. Tous ces meurtres horribles furent colorés des apparences de la justice. On assassinait en vertu d'un édit; et qui osait donner cet édit? trois citoyens qui alors n'avaient aucune prérogative que celle de la force.

L'avarice eut tant de part dans ces proscriptions, de la part même des triumvirs, qu'ils imposèrent une taxe exorbitante sur les femmes et sur les filles des proscrits, afin qu'il n'y eût aucun genre d'atrocité dont ces prétendus vengeurs de la mort de César ne souillassent leur usurpation.

Il y eut encore une autre espèce d'avarice dans Antoine et dans Octave; ce fut la rapine et la déprédation qu'ils exercèrent l'un et l'autre dans la guerre civile qui survint bientôt après entre eux.

Antoine dépouilla l'Orient, et Auguste força les Romains et tous les peuples d'Occident, soumis à Rome, de donner le quart de leurs revenus, indépendamment des impôts sur le commerce. Les affranchis payèrent le huitième de leurs fonds. Les citoyens romains, depuis le triomphe de Paul Émile jusqu'à la mort de César, n'avaient été soumis à aucun tribut; ils furent vexés et pillés lorsqu'ils combattirent pour savoir de qui ils seraient esclaves, ou d'Octave ou d'Antoine.

Les déprédateurs ne s'en tinrent pas là. Octave, immédiatement avant

ACTE I, SCÈNE II.

Mon génie était né pour les guerres civiles[1],
Pour ce siècle effroyable où j'ai reçu le jour.
Je veux.... Mais j'aperçois dans ce sanglant séjour
Les licteurs des tyrans, leurs lâches satellites,
Qui de ce camp barbare occupent les limites.
Vous qu'un emploi funeste attache ici près d'eux,
Demeurez; écoutez leurs complots ténébreux;
Vous m'en avertirez; et vous viendrez m'apprendre
Ce que je dois souffrir, ce qu'il faut entreprendre.
(Elle sort avec Albine.)

AUFIDE.

Moi, le soldat d'Antoine ! A quoi suis-je réduit !
De trente ans de travaux quel exécrable fruit !

(Tandis qu'il parle, on avance la tente où Octave et Antoine vont se placer. Les licteurs l'entourent et forment un demi-cercle. Aufide se range à côté de la tente.)

SCÈNE III. — OCTAVE, ANTOINE, *debout dans la tente, une table derrière eux.*

ANTOINE.

Octave, c'en est fait, et je la répudie;
Je resserre nos nœuds par l'hymen d'Octavie;

la guerre de Pérouse, donna à ses vétérans toutes les terres du territoire de Mantoue et de Crémone; il chassa de leurs foyers un nombre prodigieux de familles innocentes, pour enrichir les meurtriers qui étaient à ses gages. César, son père, n'en avait point usé ainsi; et même, quoique dans les Gaules il eût exercé tous les brigandages qui sont les suites de la guerre, on ne voit pas qu'il ait dépouillé une seule famille gauloise de son héritage. Nous ne savons pas si, lorsque les Bourguignons, et après eux les Francs, vinrent dans la Gaule, ils s'approprièrent les terres des vaincus. Il est bien prouvé que Clovis et les siens pillèrent tout ce qu'ils trouvèrent de précieux, et qu'ils mirent les anciens colons dans une dépendance qui approchait de la servitude; mais enfin ils ne les chassèrent pas des terres que leurs pères avaient cultivées. Ils le pouvaient, en qualité d'étrangers, de barbares, et de vainqueurs; mais Octave dépouillait ses compatriotes.

Remarquons encore que toutes ces abominations romaines sont du temps où les arts étaient perfectionnés en Italie, et que les brigandages des Francs et des Bourguignons sont d'un temps où les arts étaient absolument ignorés dans cette partie du monde, alors presque sauvage.

La philosophie morale, qui avait fait tant de progrès dans Cicéron, dans Atticus, dans Lucrèce, dans Memmius, et dans les esprits de tant d'autres dignes Romains, ne put rien contre les fureurs des guerres civiles. Il est absurde et abominable de dire que les belles-lettres avaient corrompu les mœurs. Antoine, Octave, et leurs suivants, ne furent pas méchants à cause de l'étude des lettres, mais malgré cette étude. C'est ainsi que, du temps de la Ligue, les Montaigne, les Charron, les de Thou, les L'Hospital, ne purent s'opposer au torrent de crimes dont la France fut inondée.

1. Fulvie se rend ici une exacte justice. Elle précipita le frère d'Antoine dans sa ruine; elle cabala avec Auguste et contre Auguste; elle fut l'ennemie mortelle de Cicéron; elle était digne de ces temps funestes. Il ne connais aucune guerre civile où quelque femme n'ait joué un rôle.

Mais ce n'est pas assez pour éteindre ces feux
Qu'un intérêt jaloux allume entre nous deux.
Deux chefs toujours unis sont un exemple rare;
Pour les concilier il faut qu'on les sépare.
Vingt fois votre Agrippa, vos confidents, les miens,
Depuis que nous régnons, ont rompu nos liens.
Un compagnon de plus, ou qui du moins croit l'être,
Sur le trône avec nous affectant de paraître,
Lépide, est un fantôme aisément écarté [1],
Qui rentre de lui-même en son obscurité.
Qu'il demeure pontife, et qu'il préside aux fêtes
Que Rome en gémissant consacre à nos conquêtes;
La terre n'est qu'à nous et qu'à nos légions.
Il est temps de fixer le sort des nations;
Réglons surtout le nôtre; et, quand tout nous seconde,
Cessons de différer le partage du monde.

(Ils s'asseyent à la table où ils doivent signer.)

OCTAVE.

Mes desseins dès longtemps ont prévenu vos vœux;
J'ai voulu que l'empire appartînt à tous deux.
Songez que je prétends la Gaule et l'Illyrie,
Les Espagnes, l'Afrique, et surtout l'Italie;
L'Orient est à vous [2].

ANTOINE.

Telle est ma volonté,
Tel est le sort du monde entre nous arrêté.
Vous l'emportez sur moi dans ce nouveau partage;
Je ne me cache point quel est votre avantage;
Rome va vous servir; vous aurez sous vos lois
Les vainqueurs de la terre, et je n'ai que des rois [3].

1. Il était en effet tel que l'auteur le dépeint ici. Le lâche proscrivit jusqu'à son propre frère, pour s'attirer l'affection de ses deux collègues, qu'il ne put jamais obtenir. Il fut obligé de se démettre de sa place de triumvir après la bataille de Philippes : il demeura pontife, comme l'auteur le dit, mais sans crédit et sans honneurs. Octave et lui moururent paisibles, l'un tout-puissant, l'autre oublié.

2. Ce ne fut point ainsi que fut fait le partage dans l'île de Reno. Ce ne fut qu'après la bataille de Philippes qu'Octave se réserva l'Italie; et ce nouveau partage même fut la source de tous les malheurs d'Antoine, et de la prospérité d'Auguste. Mais n'est-on pas étonné de voir deux citoyens débauchés, dont l'un même n'était pas guerrier, partager tranquillement tout ce que possèdent aujourd'hui le sultan des Turcs, l'empereur de Maroc, la maison d'Autriche, les rois de France, d'Angleterre, d'Espagne, de Naples, de Sardaigne, les républiques de Venise, de Suisse, et de Hollande? Et ce qui est encore plus singulier, c'est que cette vaste domination fut le fruit de sept cents ans de victoires consécutives, depuis Romulus jusqu'à César.

3. On remarque en effet qu'avant la bataille d'Actium il y eut un jour quatorze rois dans l'antichambre d'Antoine; mais ces rois ne valaient ni les légions romaines, ni même le seul Agrippa, qui gagna la bataille, et qui fit triompher le peu courageux Auguste de la valeur d'Antoine.

Je veux bien vous céder, j'exige en récompense
Que votre autorité, secondant ma puissance,
Extermine à jamais les restes abattus
Du parti de Pompée et du traître Brutus;
Qu'aucun n'échappe aux lois que nous avons portées.
OCTAVE.
D'assez de sang peut-être elles sont cimentées.
ANTOINE.
Comment! vous balancez! je ne vous connais plus.
Qui peut troubler ainsi vos vœux irrésolus?
OCTAVE.
Le ciel même a détruit ces tables si cruelles.
ANTOINE.
Le ciel qui nous seconde en permet de nouvelles.
Craignez-vous un augure!?
OCTAVE.
Et ne craignez-vous pas
De révolter la terre à force d'attentats?
Nous voulons enchaîner la liberté romaine.
Nous voulons gouverner; n'excitons plus la haine.
ANTOINE.
Nommez-vous la justice une inhumanité?
Octave, un triumvir par César adopté,
Quand je venge un ami, craint de venger un père!
Vous oublieriez son sang pour flatter le vulgaire!
A qui prétendez-vous accorder un pardon,
Quand vous m'avez vous-même immolé Cicéron?
OCTAVE.
Rome pleure sa mort.
ANTOINE.
Elle pleure en silence.

Le maître de l'Asie faisait peu de cas des rois qui le servaient : il fit fouetter le roi de Judée, Antigone, après quoi ce petit monarque fut mis en croix. Le prétendu royaume d'Antigone se bornait au territoire pierreux de Jérusalem et à la Galilée. Antoine avait donné le pays de Jéricho à Cléopatre, qui jouissait de la terre promise. Il dépouillait souvent un roi d'une province pour en gratifier un favori. Il est bon de faire attention à tant d'insolence d'un côté, et à tant d'abrutissement de l'autre.

1. Auguste feignit toujours d'être superstitieux; et peut-être le fut-il quelquefois. Il eut, au rapport de Suétone, la faiblesse de croire qu'un poisson qui sautait hors de la mer sur le rivage d'Actium lui présageait le gain de la bataille. Ayant ensuite rencontré un ânier, il lui demanda le nom de son âne; l'ânier lui répondit qu'il s'appelait *Vainqueur* : Octave ne douta plus qu'il ne dût remporter la victoire. Il fit faire des statues d'airain de l'ânier, de l'âne, et du poisson; il les plaça dans le Capitole. On rapporte de lui beaucoup d'autres petitesses qui, en contrastant avec tant de cruautés, forment le portrait d'un méchant méprisable, mais qui devint habile : et c'est à lui qu'on a dressé des autels de son vivant!

A quels maîtres, grands dieux, livrez-vous l'univers!

Cassius et Brutus, réduits à l'impuissance,
Inspireront peut-être aux autres nations
Une éternelle horreur de nos proscriptions.
Laissons-les en tracer d'effroyables images,
Et contre nos deux noms révolter tous les âges.
Assassins de leur maître et de leur bienfaiteur,
C'est leur indigne nom qui doit être en horreur :
Ce sont les cœurs ingrats qu'il est temps qu'on punisse ;
Seuls ils sont criminels, et nous faisons justice.
Ceux qui les ont servis, qui les ont approuvés,
Aux mêmes châtiments seront tous réservés.
De vingt mille guerriers, péris dans nos batailles,
D'un œil sec et tranquille on voit les funérailles ;
Sur leurs corps étendus, victimes du trépas,
Nous volons, sans pâlir, à de nouveaux combats ;
Et de la trahison cent malheureux complices
Seraient au grand César de trop chers sacrifices !

OCTAVE.

Dans Rome en ce jour même on venge encor sa mort ;
Mais sachez qu'à mon cœur il en coûte un effort.
Trop d'horreur à la fin peut souiller sa vengeance ;
Je serais plus son fils si j'avais sa clémence.

ANTOINE.

La clémence aujourd'hui peut nous perdre tous deux.

OCTAVE.

L'excès des cruautés serait plus dangereux.

ANTOINE.

Redoutez-vous le peuple ?

OCTAVE.

     Il faut qu'on le ménage ;
Il faut lui faire aimer le frein de l'esclavage.
D'un œil d'indifférence il voit la mort des grands ;
Mais quand il craint pour lui, malheur à ses tyrans !

ANTOINE.

J'entends : à mes périls vous cherchez à lui plaire,
Vous voulez devenir un tyran populaire.

OCTAVE.

Vous m'imputez toujours quelques secrets desseins.
Sacrifier Pompée¹ est-ce plaire aux Romains ?
Mes ordres aujourd'hui renversent leur idole.
Tandis que je vous parle, on le frappe, on l'immole :
Que voulez-vous de plus ?

---

1. Ce Sextus Pompéius, dont nous avons déjà parlé, était fils du grand Pompée. Son caractère était noble, violent et téméraire. Il se fit une réputation immortelle dans le temps des proscriptions ; il eut le courage de faire afficher dans Rome qu'il donnerait à ceux qui sauveraient les proscrits le double de ce que les triumvirs promettaient aux assassins.

ACTE I, SCÈNE III.

ANTOINE.
                    Vous ne m'abusez pas;
Il vous en coûta peu d'ordonner son trépas :
A nos vrais intérêts sa mort fut nécessaire.
Mais d'un rival secret vous voulez vous défaire;
Il adorait Julie, et vous étiez jaloux;
Votre amour outragé conduisait tous vos coups.
De nos engagements remplissez l'étendue :
De Lucius César la mort est suspendue;
Oui, Lucius César, contre nous conjuré....
                    OCTAVE.
Arrêtez.
            ANTOINE.
            Ce coupable est-il pour nous sacré?
Je veux qu'il meure....
            OCTAVE, *se levant.*
                    Lui? le père de Julie?
                    ANTOINE.
Oui, lui-même.
            OCTAVE.
            Écoutez : notre intérêt nous lie;
L'hymen étreint ces nœuds; mais si vous persistez
A demander le sang que vous persécutez,
Dès ce jour entre nous je romps toute alliance.
                    ANTOINE.
Octave, je sais trop que notre intelligence
Produira la discorde et trompera nos vœux.
Ne précipitons point des temps si dangereux.
Voulez-vous m'offenser?
                    OCTAVE.
                    Non; mais je suis le maître
D'épargner un proscrit qui ne devait pas l'être.
                    ANTOINE.
Mais vous-même avec moi vous l'aviez condamné :
De tous nos ennemis c'est le plus obstiné.
Qu'importe si sa fille un moment vous fut chère?
A notre sûreté je dois le sang du père.
Les plaisirs inconstants d'un amour passager
A nos grands intérêts n'ont rien que d'étranger.
Vous avez jusqu'ici peu connu la tendresse;
Et je n'attendais pas cet excès de faiblesse.
                    OCTAVE.
De faiblesse!... et c'est vous qui m'oseriez blâmer?

Il finit par être tué en Phrygie par ordre d'Antoine. Son frère Gnéius avait été tué en Espagne, à la bataille de Munda. Ainsi toute cette famille si chère aux Romains, et qui combattait pour les lois, périt malheureusement; et Auguste, si longtemps l'ennemi de toutes les lois, mourut dans la vieillesse la plus honorée.

C'est Antoine aujourd'hui qui me défend d'aimer?
ANTOINE.
Nous avons tous les deux mêlé dans les alarmes
Les fêtes, les plaisirs, à la fureur des armes :
César en fit autant¹ ; mais par la volupté
Le cours de ses exploits ne fut point arrêté.
Je le vis dans l'Égypte, amoureux et sévère,
Adorer Cléopatre en immolant son frère.
OCTAVE.
Ce fut pour la servir. Je puis vous voir un jour
Plus aveuglé que lui, plus faible à votre tour.
Je vous connais assez ; mais, quoi qu'il en arrive,
J'ai rayé Lucius, et je prétends qu'il vive.
ANTOINE.
Je n'y consentirai qu'en vous voyant signer
L'arrêt de ces proscrits qu'on ne peut épargner.
OCTAVE.
Je vous l'ai déjà dit, j'étais las du carnage
Où la mort de César a forcé mon courage.
Mais, puisqu'il faut enfin ne rien faire à demi,
Que le salut de Rome en doit être affermi,
Qu'il me faut consommer l'horreur qui nous rassemble ;
(Il s'assied et signe.)
Je cède, je me rends.... j'y souscris.... Ma main tremble
Allez, tribuns, portez ces malheureux édits :
(A Antoine qui s'assied et signe.)
Et nous, puissions-nous être à jamais réunis !
ANTOINE.
Vous, Aufide, demain vous conduirez Fulvie ;
Sa retraite est marquée aux champs de l'Apulie :
Que je n'entende plus ses cris séditieux.
OCTAVE.
Écoutons ce tribun qui revient en ces lieux ;

---

1. Cela est incontestable, et je crois qu'on peut remarquer que presque tous les chefs de parti, dans les guerres civiles, ont été des voluptueux, si l'on en excepte peut-être quelques guerres fanatiques, comme celle dans laquelle Cromwell se signala. Les chefs de la Fronde, ceux de la Ligue, ceux des maisons de Bourgogne et d'Orléans, ceux de la Rose blanche, et ceux de la Rose rouge, s'abandonnèrent aux plaisirs au milieu des horreurs de la guerre. Ils insultèrent toujours aux misères publiques, en se livrant à la plus énorme licence ; et les rapines les plus odieuses servirent toujours à payer leurs plaisirs. On en voit de grands exemples dans les *Mémoires du cardinal de Retz*. Lui-même s'abandonnait quelquefois à la plus basse débauche, et bravait les mœurs en donnant des bénédictions. Le duc de Borgia, fils du pape Alexandre VI, en usait ainsi dans le temps qu'il assassinait tous les seigneurs de la Romagne, et le peuple stupide osait à peine murmurer. Tout cela n'est pas étonnant : la guerre civile est le théâtre de la licence, et les mœurs y sont immolées avec les citoyens.

Il arrive de Rome, et pourra nous apprendre
Quel respect à nos lois le sénat a dû rendre.

SCÈNE IV. — OCTAVE, ANTOINE, AUFIDE, UN TRIBUN, LICTEURS.

ANTOINE, *au tribun.*
A-t-on des triumvirs accompli les desseins?
Le sang assure-t-il le repos des humains?

LE TRIBUN.
Rome tremble et se tait au milieu des supplices.
Il nous reste à frapper quelques secrets complices,
Quelques vils ennemis d'Antoine et des Césars;
Restes des conjurés de ces ides de Mars,
Qui, dans les derniers rangs cachant leur haine obscure,
Vont du peuple en secret exciter le murmure.
Paulus, Albin, Cotta, les plus grands sont tombés;
A la proscription peu se sont dérobés.

OCTAVE.
A-t-on de l'univers affermi la conquête?
Et du fils de Pompée apportez-vous la tête?
Pour le bien de l'État j'ai dû la demander.

LE TRIBUN.
Les dieux n'ont pas voulu, seigneur, vous l'accorder :
Trop chéri des Romains, ce jeune téméraire
Se parait à leurs yeux des vertus de son père;
Et lorsque, par mes soins, des têtes des proscrits
Aux murs du Capitole on affichait le prix,
Pompée à leur salut mettait des récompenses.
Il a par des bienfaits combattu vos vengeances
Mais, quand vos légions ont marché sur nos pas,
Alors, fuyant de Rome et cherchant les combats
Il s'avance à Césène, et vers les Pyrénées
Doit au fils de Caton joindre ses destinées;
Tandis qu'en Orient Cassius et Brutus,
Conjurés trop fameux par leurs fausses vertus,
A leur faible parti rendant un peu d'audace,
Osent vous défier dans les champs de la Thrace.

ANTOINE.
Pompée est échappé!

OCTAVE.
Ne vous alarmez pas;
En quelque endroit qu'il soit, la mort est sur ses pas
Si mon père a du sien triomphé dans Pharsale,
J'attends contre le fils une fortune égale;
Et le nom de César, dont je suis honoré,
De sa perte à mon bras fait un devoir sacré.

ANTOINE.
Préparons donc soudain cette grande entreprise;
Mais que notre intérêt jamais ne nous divise.
Le sang du grand César est déjà joint au mien;
Votre sœur est ma femme, et ce double lien
Doit affermir le joug où nos mains triomphantes
Tiendront à nos genoux les nations tremblantes.

SCÈNE V. — OCTAVE; LE TRIBUN, *éloigné*.

OCTAVE.
Que feront tous ces nœuds? nous sommes deux tyrans!
Puissances de la terre, avez-vous des parents?
Dans le sang des Césars Julie a pris naissance;
Et, loin de rechercher mon utile alliance,
Elle n'a regardé cette triste union
Que comme un des arrêts de la proscription.
(Au tribun.)
Revenez.... Quoi! Pompée échappe à ma vengeance?
Quoi! Julie avec lui serait d'intelligence?
On ignore en quels lieux elle a porté ses pas?

LE TRIBUN.
Son père en est instruit, et l'on n'en doute pas.
Lui-même de sa fille a préparé la fuite.

OCTAVE.
De quoi s'informe ici ma raison trop séduite?
Quoi! lorsqu'il faut régir l'univers consterné,
Entouré d'ennemis, du meurtre environné,
Teint du sang des proscrits, que j'immole à mon père,
Détesté des Romains, peut-être d'un beau-frère
Au milieu de la guerre, au sein des factions,
Mon cœur serait ouvert à d'autres passions!
Quel mélange inouï! quelle étonnante ivresse
D'amour, d'ambition, de crimes, de faiblesse!
Quels soucis dévorants viennent me consumer!
Destructeur des humains, t'appartient-il d'aimer?

ACTE SECOND.

SCÈNE I. — FULVIE, AUFIDE.

AUFIDE.
Oui, j'ai tout entendu; le sang et le carnage
Ne coûtaient rien, madame, à votre époux volage.
Je suis toujours surpris que ce cœur effréné,

ACTE II, SCÈNE I.

Plongé dans la licence, au vice abandonné,
Dans les plaisirs affreux qui partagent sa vie,
Garde une cruauté tranquille et réfléchie.
Octave même, Octave en paraît indigné ;
Il regrettait le sang où son bras s'est baigné ;
Il n'était plus lui-même : il semble qu'il rougisse
D'avoir eu si longtemps Antoine pour complice.
Peut-être aux yeux des siens il feint un repentir,
Pour mieux tromper la terre et mieux l'assujettir ;
Ou peut-être son âme, en secret révoltée,
De sa propre furie était épouvantée.
J'ignore s'il est né pour éprouver un jour
Vers l'humaine équité quelque faible retour [1] ;
Mais il a disputé sur le choix des victimes,
Et je l'ai vu trembler en signant tant de crimes.

1. Il faut avouer qu'Auguste eut de ces retours heureux, quand le crime ne lui fut plus nécessaire, et qu'il vit qu'étant maître absolu, il n'avait plus d'autre intérêt que celui de paraître juste ; mais il me semble qu'il fut toujours plus impitoyable que clément ; car, après la bataille d'Actium, il fit égorger le fils d'Antoine au pied de la statue de César, et il eut la barbarie de faire trancher la tête au jeune Césarion, fils de César et de Cléopâtre, que lui-même avait reconnu pour roi d'Égypte.

Ayant un jour soupçonné le préteur Gallius Quintus d'être venu à l'audience avec un poignard sous sa robe, il le fit appliquer en sa présence à la torture ; et, dans l'indignation où il fut de s'entendre appeler tyran par ce sénateur, il lui arracha lui-même les yeux, si on en croit Suétone.

On sait que César, son père adoptif, fut assez grand pour pardonner à presque tous ses ennemis ; mais je ne vois pas qu'Auguste ait pardonné à un seul. Je doute fort de sa prétendue clémence envers Cinna. Tacite ni Suétone ne disent rien de cette aventure. Suétone, qui parle de toutes les conspirations faites contre Auguste, n'aurait pas manqué de parler de la plus célèbre. La singularité du consulat donné à Cinna pour prix de la plus noire perfidie n'aurait pas échappé à tous les historiens contemporains. Dion Cassius n'en parle qu'après Sénèque, et ce morceau de Sénèque ressemble plus à une déclamation qu'à une vérité historique. De plus, Sénèque met la scène en Gaule, et Dion à Rome. Il y a là une contradiction qui achève d'ôter toute vraisemblance à cette aventure. Aucune de nos histoires romaines, compilées à la hâte et sans choix, n'a discuté ce fait intéressant. L'histoire de Laurent Échard est aussi fautive que tronquée. L'esprit d'examen a rarement conduit les écrivains.

Il se peut que Cinna ait été soupçonné ou convaincu par Auguste de quelque infidélité, et qu'après l'éclaircissement, Auguste lui eût accordé le vain honneur du consulat ; mais il n'est nullement probable que Cinna eût voulu, par une conspiration, s'emparer de la puissance suprême, lui qui n'avait jamais commandé d'armée, qui n'était appuyé d'aucun parti, qui n'était pas enfin un homme considérable dans l'empire. Il n'y a pas d'apparence qu'un simple courtisan ait eu la folie de vouloir succéder à un souverain affermi par un règne de vingt années, qui avait des héritiers ; et il n'est nullement probable qu'Auguste l'eût fait consul immédiatement après la conspiration.

Si l'aventure de Cinna est vraie, Auguste ne pardonna que malgré lui, vaincu par les raisons ou par les importunités de Livie, qui avait pris sur lui un grand ascendant, et qui lui persuada que le pardon lui

FULVIE.

Qu'importe à mes affronts ce faible et vain remord ?
Chacun d'eux tour à tour me donne ici la mort.
Octave, que tu crois moins dur et moins féroce,
Sous un air plus humain cache un cœur plus atroce ;
Il agit en barbare, et parle avec douceur :
Je vois de son esprit la profonde noirceur ;
Le sphinx est son emblème [1], et nous dit qu'il préfère
Ce symbole du fourbe aux aigles de son père.
A tromper l'univers il mettra tous ses soins.
De vertus incapable, il les feindra du moins ;
Et l'autre aura toujours dans sa vertu guerrière
Les vices forcenés de son âme grossière.
Ils osent me bannir ; c'est là ce que je veux.
Je ne demandais pas à gémir auprès d'eux,
A respirer encore un air qu'ils empoisonnent.
Remplissons sans tarder les ordres qu'ils me donnent ;
Partons. Dans quels pays, dans quels lieux ignorés
Ne les verrons-nous pas comme à Rome abhorrés ?
Je trouverai partout l'aliment de ma haine.

serait plus utile que le châtiment. Ce ne fut donc que par politique qu'on le vit une fois exercer la clémence ; ce ne fut certainement point par générosité.

Je sais que le public n'a pu souffrir, dans le *Cinna* de Corneille, que Livie lui inspirât la clémence qu'on a vantée. Je n'examine ici que la vérité des faits ; *une tragédie n'est pas une histoire*. On reprochait à Corneille d'avoir avili son héros, en donnant à Livie tout l'honneur du pardon. Je ne déciderai point si on a eu raison ou tort de supprimer cette partie de la pièce, qui est aujourd'hui regardée comme une vérité, sur la foi de la déclamation de Sénèque.

Je crois bien qu'Auguste a pu pardonner quelquefois par politique, et affecter de la grandeur d'âme ; mais je suis persuadé qu'il n'en avait pas ; et sous quelques traits héroïques qu'on puisse le représenter sur le théâtre, je ne puis avoir d'autre idée de lui que celle d'un homme uniquement occupé de son intérêt pendant toute sa vie. Heureux quand cet intérêt s'accordait avec la gloire ! Après tout, un trait de clémence est toujours grand au théâtre, et surtout quand cette clémence expose à quelque danger. Il faut, dit-on, sur la scène, être plus grand que nature.

1. Il est vrai qu'Auguste porta longtemps au doigt un anneau sur lequel un sphinx était gravé. On dit qu'il voulait marquer par là qu'il était impénétrable. Pline le naturaliste rapporte que, lorsqu'il fut seul maître de la république, les applications odieuses, trop souvent faites par les Romains à l'occasion du sphinx, le déterminèrent à ne plus se servir de ce cachet, et il y substitua la tête d'Alexandre : mais il me semble que cette tête d'Alexandre devait lui attirer des railleries encore plus fortes, et que la comparaison qu'on devait faire continuellement d'Alexandre et de lui n'était pas à son avantage. Celui qui, par son courage héroïque, vengea la Grèce de la tyrannie du plus puissant roi de la terre, n'avait rien de commun avec le petit-fils d'un simple chevalier qui se servit de ses concitoyens pour asservir sa patrie. Voyez les remarques suivantes.

SCÈNE II. — FULVIE, ALBINE, AUFIDE.

AUFIDE.

Madame, espérez tout; Pompée est à Césène :
Mille Romains en foule ont devancé ses pas;
Son nom et ses malheurs enfantent des soldats;
On dit qu'à la valeur joignant la diligence,
Dans cette île barbare il porte la vengeance;
Que les trois assassins à leur tour sont proscrits,
Que de leur sang impur on a fixé le prix.
On dit que Brutus même avance vers le Tibre,
Que la terre est vengée et qu'enfin Rome est libre.
Déjà dans tout le camp le bruit s'est répandu,
Et le soldat murmure, ou demeure éperdu.

FULVIE.

On en dit trop, Albine; un bien si désirable
Est trop prompt et trop grand pour être vraisemblable;
Mais ces rumeurs au moins peuvent me consoler,
Si mes persécuteurs apprennent à trembler.

AUFIDE.

Il est des fondements à ce bruit populaire.
Un peu de vérité fait l'erreur du vulgaire.
Pompée a su tromper le fer des assassins,
C'est beaucoup; tout le reste est soumis aux destins.
Je sais qu'il a marché vers les murs de Césène;
De son départ au moins la nouvelle est certaine,
Et le bruit qu'on répand nous confirme aujourd'hui
Que les cœurs des Romains se sont tournés vers lui;
Mais son danger est grand; des légions entières
Marchent sur son passage, et bordent les frontières;
Pompée est téméraire, et ses rivaux prudents.

FULVIE.

La prudence est surtout nécessaire aux méchants;
Mais souvent on la trompe; un heureux téméraire
Confond, en agissant, celui qui délibère.
Enfin Pompée approche. Unis par la fureur,
Nos communs intérêts m'annoncent un vengeur.
Les révolutions, fatales ou prospères,
Du sort qui conduit tout sont les jeux ordinaires :
La fortune à nos yeux fit monter sur son char
Sylla, deux Marius, et Pompée, et César;
Elle a précipité ces foudres de la guerre;
De leur sang tour à tour elle a rougi la terre.
Rome a changé de lois, de tyrans et de fers.
Déjà nos triumvirs éprouvent des revers.
Cassius et Brutus menacent l'Italie.
J'irais chercher Pompée aux sables de Libye

Après mes deux affronts, indignement soufferts,
Je me consolerais en troublant l'univers.
Rappelons et l'Espagne et la Gaule irritée
A cette liberté que j'ai persécutée;
Puissé-je, dans le sang de ces monstres heureux,
Expier les forfaits que j'ai commis pour eux!
Pardonne, Cicéron, de Rome heureux génie;
Mes destins t'ont vengé, ces bourreaux m'ont punie;
Mais je mourrai contente en des malheurs si grands,
Si je meurs comme toi le fléau des tyrans.
(A Aufide.)
Avant que de partir, tâchez de vous instruire
Si de quelque espérance un rayon peut nous luire.
Profitez des moments où les soldats troublés
Dans le camp des tyrans paraissent ébranlés.
Annoncez-leur Pompée; à ce grand nom peut-être
Ils se repentiront d'avoir un autre maître.
Allez.
(Ici on voit dans l'enfoncement Julie couchée entre des rochers.)

SCÈNE III. — FULVIE, ALBINE.

FULVIE.
Que vois-je au loin dans ces rochers déserts,
Sur ces bords escarpés d'abîmes entr'ouverts,
Que présente à mes yeux la terre encor tremblante?
ALBINE.
Je vois, ou je me trompe, une femme expirante
FULVIE.
Est-ce quelque victime immolée en ces lieux?
Peut-être les tyrans l'exposent à nos yeux,
Et par un tel spectacle, ils ont voulu m'apprendre
De leur triumvirat ce que je dois attendre.
Allez : j'entends d'ici ses sanglots et ses cris :
Dans son cœur oppressé rappelez ses esprits;
Conduisez-la vers moi.

FULVIE, *sur le devant du théâtre;* JULIE, *au fond, vers un des côtés, soutenue par* ALBINE.

JULIE.
Dieux vengeurs que j'adore!
Écoutez-moi, voyez pour qui je vous implore!
Secourez un héros, ou faites-moi mourir.
FULVIE.
De ses plaintifs accents je me sens attendrir.
JULIE.
Où suis-je? et dans quels lieux les flots m'ont-ils jetée?

ACTE II, SCÈNE IV.

Je promène en tremblant ma vue épouvantée.
Où marcher?... Quelle main m'offre ici son secours?
Et qui vient ranimer mes misérables jours?

FULVIE.
Ta gémissante voix ne m'est point inconnue.
Avançons.... Ciel! que vois-je? en croirai-je ma vue?
Destins qui vous jouez des malheureux mortels,
Amenez-vous Julie en ces lieux criminels?
Ne me trompé-je point?... N'en doutons plus, c'est elle.

JULIE.
Quoi! d'Antoine, grands dieux! c'est l'épouse cruelle
Je suis perdue!

FULVIE.
Hélas! que craignez-vous de moi?
Est-ce aux infortunés d'inspirer quelque effroi?
Voyez-moi sans trembler; je suis loin d'être à craindre;
Vous êtes malheureuse, et je suis plus à plaindre.

JULIE.
Vous!

FULVIE.
Quel événement et quels dieux irrités
Ont amené Julie en ces lieux détestés?

JULIE.
Je ne sais où je suis : un déluge effroyable
Qui semblait engloutir une terre coupable,
Des tremblements affreux, des foudres dévorants,
Dans les flots débordés ont plongé mes suivants.
Avec un seul guerrier de la mort échappée,
J'ai marché quelque temps dans cette île escarpée;
Mes yeux ont vu de loin des tentes, des soldats;
Ces rochers ont caché ma terreur et mes pas;
Celui qui me guidait a cessé de paraître.
A peine devant vous puis-je me reconnaître;
Je me meurs.

FULVIE.
Ah, Julie!

JULIE.
Eh quoi! vous soupirez!

FULVIE.
De vos maux et des miens mes sens sont déchirés.

JULIE.
Vous souffrez comme moi! quel malheur vous opprime?
Hélas! où sommes-nous?

FULVIE.
Dans le séjour du crime,
Dans cette île exécrable où trois monstres unis
Ensanglantent le monde, et restent impunis.

JULIE.
Quoi! c'est ici qu'Antoine et le barbare Octave
Ont condamné Pompée, et font la terre esclave?

FULVIE.
C'est sous ces pavillons qu'ils règlent notre sort;
De Pompée ici même ils ont signé la mort.

JULIE.
Soutenez-moi, grands dieux.

FULVIE.
De cet affreux repaire
Ces tigres sont sortis : leur troupe sanguinaire
Marche en ce même instant au rivage opposé.
L'endroit où je vous parle est le moins exposé;
Mes tentes sont ici; gardez qu'on ne nous voie.
Venez; calmez ce trouble où votre âme se noie.

JULIE.
Et la femme d'Antoine est ici mon appui!

FULVIE.
Grâces à ses forfaits je ne suis plus à lui.
Je n'ai plus désormais de parti que le vôtre.
Le destin par pitié nous rejoint l'une à l'autre.
Qu'est devenu Pompée?

JULIE.
Ah! que m'avez-vous dit?
Pourquoi vous informer d'un malheureux proscrit?

FULVIE.
Est-il en sûreté? parlez en assurance :
J'atteste ici les dieux, et Rome, et ma vengeance,
Ma haine pour Octave, et mes transports jaloux,
Que mes soins répondront de Pompée et de vous,
Que je vais vous défendre au péril de ma vie.

JULIE.
Hélas! c'est donc à vous qu'il faut que je me fie!
Si vous avez aussi connu l'adversité,
Vous n'aurez pas, sans doute, assez de cruauté
Pour achever ma mort, et trahir ma misère.
Vous voyez où des dieux me conduit la colère.
Vous avez dans vos mains, par d'étranges hasards,
Le destin de Pompée et du sang des Césars.
J'ai réuni ces noms; l'intérêt de la terre
A formé notre hymen au milieu de la guerre.
Rome, Pompée et moi, tout est prêt à périr;
Aurez-vous la vertu d'oser les secourir?

FULVIE.
J'oserai plus encor. S'il est sur ce rivage,
Qu'il daigne seulement seconder mon courage.
Oui, je crois que le ciel, si longtemps inhumain,

ACTE II, SCÈNE IV.

Pour nous venger tous trois l'a conduit par la main ;
Oui, j'armerai son bras contre la tyrannie.
Parlez : ne craignez plus.

JULIE.

Errante, poursuivie,
Je fuyais avec lui le fer des assassins
Qui de Rome sanglante inondaient les chemins,
Nous allions vers son camp : déjà sa renommée
Vers Césène assemblait les débris d'une armée ;
A travers les dangers près de nous renaissants
Il conduisait mes pas incertains et tremblants.
La mort était partout ; les sanglants satellites
Des plaines de Césène occupaient les limites.
La nuit nous égarait vers ce funeste bord
Où règnent les tyrans, où préside la mort.
Notre fatale erreur n'était point reconnue,
Quand la foudre a frappé notre suite éperdue.
La terre en mugissant s'entr'ouvre sous nos pas.
Ce séjour en effet est celui du trépas.

FULVIE.

Eh bien ! est-il encore en cette île terrible ?
S'il ose se montrer, sa perte est infaillible,
Il est mort.

JULIE.

Je le sais.

FULVIE.

Où dois-je le chercher ?
Dans quel secret asile a-t-il pu se cacher ?

JULIE.

Ah ! madame....

FULVIE.

Achevez ; c'est trop de défiance ;
Je pardonne à l'amour un doute qui m'offense.
Parlez, je ferai tout.

JULIE.

Puis-je le croire ainsi ?

FULVIE.

Je vous le jure encore.

JULIE.

Eh bien !... il est ici.

FULVIE.

C'en est assez ; allons.

JULIE.

Il cherchait un passage
Pour sortir avec moi de cette île sauvage ;
Et ne le voyant plus dans ces rochers déserts,
Des ombres du trépas mes yeux se sont couverts.

Je mourais, quand le ciel, une fois favorable,
M'a présenté par vous une main secourable.

SCÈNE V. — FULVIE, JULIE, ALBINE, UN TRIBUN.

LE TRIBUN, à *Fulvie*.
Madame, une étrangère est ici près de vous.
De leur autorité les triumvirs jaloux
De l'île à tout mortel ont défendu l'entrée.

JULIE.
Ah! j'atteste la foi que vous m'avez jurée!

LE TRIBUN.
Je la dois amener devant leur tribunal.

FULVIE, à *Julie*
Gardez-vous d'obéir à cet ordre fatal.

JULIE.
Avilirais-je ainsi l'honneur de mes ancêtres?
Soldats des triumvirs, allez dire à vos maîtres
Que Julie, entraînée en ce séjour affreux,
Attend, pour en sortir, des secours généreux;
Que partout je suis libre, et qu'ils peuvent connaître
Ce qu'on doit de respect au sang qui m'a fait naître
A mon rang, à mon sexe, à l'hospitalité,
Aux droits des nations et de l'humanité
Conduisez-moi chez vous, magnanime Fulvie.

FULVIE.
Votre noble fierté ne s'est point démentie;
Elle augmente la mienne; et ce n'est pas en vain
Que le sort vous conduit sur ce bord inhumain.
Puissé-je en mes desseins ne m'être point trompée!

JULIE.
O dieux! prenez ma vie, et veillez sur Pompée!
Dieux! si vous me livrez à mes persécuteurs,
Armez-moi d'un courage égal à leurs fureurs.

ACTE TROISIÈME.

SCÈNE I. — SEXTUS POMPÉE.

Je ne la trouve plus : quoi! mon destin fatal
L'amène à mes tyrans, la livre à mon rival!
Les voilà, je les vois, ces pavillons horribles
Où nos trois meurtriers, retirés et paisibles,
Ordonnent le carnage avec des yeux sereins,
Comme on donne une fête et des jeux aux Romains.

ACTE III, SCÈNE I.

O Pompée! ô mon père! infortuné grand homme!
Quel est donc le destin des défenseurs de Rome?
O dieux! qui des méchants suivez les étendards,
D'où vient que l'univers est fait pour les Césars?
J'ai vu périr Caton¹, leur juge et votre image :
Les Scipions sont morts aux déserts de Carthage²;

1. Je propose quelques réflexions sur la vie et sur la mort de Caton. Il ne commanda jamais d'armée; il ne fut que simple préteur; et cependant nous prononçons son nom avec plus de vénération que celui des César, des Pompée, des Brutus, des Cicéron, et des Scipion même : c'est que tous ont eu beaucoup d'ambition ou de grandes faiblesses. C'est comme citoyen vertueux, c'est comme stoïcien rigide, qu'on révère Caton malgré soi; tant l'amour de la patrie est respecté par ceux même à qui les vertus patriotiques sont inconnues; tant la philosophie stoïcienne force à l'admiration ceux même qui en sont le plus éloignés. Il est certain que Caton fit tout pour le devoir, tout pour la patrie, et jamais rien pour lui. Il est presque le seul Romain de son temps qui mérite cet éloge. Lui seul, quand il fut questeur, eut le courage non-seulement de refuser aux exécuteurs des proscriptions de Sylla l'argent qu'ils redemandaient encore en vertu des rescriptions que Sylla leur avait laissées sur le trésor public, mais il les accusa de concussion et d'homicide, et les fit condamner à mort, donnant ainsi un terrible exemple aux triumvirs, qui dédaignèrent d'en profiter. Il fut ennemi de quiconque aspirait à la tyrannie. Retiré dans Utique, après la bataille de Tapsa, que César avait gagnée, il exhorte les sénateurs d'Utique à imiter son courage, à se défendre contre l'usurpateur; il les trouve intimidés, il a l'humanité de pourvoir à leur sûreté dans leur fuite. Quand il voit qu'il ne lui reste plus aucune espérance de sauver sa patrie, et que sa vie est inutile, il sort de la vie sans écouter un moment l'instinct qui nous attache à elle; il se rejoint à l'être des êtres, loin de la tyrannie.

On trouve dans les odes de La Mothe un couplet contre Caton :

 Caton, d'une âme plus égale,
 Sous l'heureux vainqueur de Pharsale
 Eût souffert que l'homme pliât;
 Mais, incapable de se rendre,
 Il n'eut pas la force d'attendre
 Un pardon qui l'humiliât.

On voit dans ces vers quelle est l'énorme différence d'un bourgeois de nos jours et d'un héros de Rome. Caton n'aurait pas eu une âme égale, mais très-inégale, si, ayant toute sa vie soutenu la cause divine de la liberté, il l'eût enfin abandonnée. On lui reproche ici d'être incapable de se rendre, c'est-à-dire d'être incapable de lâcheté. On prétend qu'il devait attendre son pardon; on le traite comme s'il eût été un rebelle révolté contre son souverain légitime et absolu, auquel il aurait fait volontairement serment de fidélité.

Les vers de La Mothe sont d'un cœur esclave qui cherche de l'esprit. Je rougis quand je vois quels grands hommes de l'antiquité nous nous efforçons tous les jours de dégrader, et quels hommes communs nous célébrons dans notre petite sphère.

D'autres, plus méprisables, ont jugé Caton par les principes d'une religion qui ne pouvait être la sienne, puisqu'elle n'existait pas encore; rien n'est plus injuste ni plus extravagant. Il faut le juger par les principes de Rome, de l'héroïsme et du stoïcisme, puisqu'il était Romain, héros, et stoïcien.

2. Je ne sais pas ce que l'auteur entend par ce vers. Je ne connais que Métellus Scipion qui fit la guerre contre César en Afrique conjointement avec le roi Juba. Il perdit la grande bataille de Tapsa; et voulant ensuite traverser la mer d'Afrique, la flotte de César coula son

Cicéron, tu n'es plus¹, et ta tête et tes mains
Ont servi de trophée aux derniers des humains.
Mon sort va me rejoindre à ces grandes victimes.
Le fer des Achillas et celui des Septimes,
D'un vil roi de l'Égypte instruments criminels,

vaisseau à fond. Scipion périt dans les flots, et non dans les déserts. J'aimerais mieux que l'auteur eût mis :

Les Scipions sont morts aux syrtes de Carthage.

Il faut de la vérité autant qu'on le peut.

1. Je remarquerai, sur le meurtre de Cicéron, qu'il fut assassiné par un tribun militaire nommé Popilius Lenas, pour lequel il avait daigné plaider, et auquel il avait sauvé la vie. Ce meurtrier reçut d'Antoine deux cent mille livres de notre monnaie pour la tête et les deux mains de Cicéron, qu'il lui apporta dans le forum. Antoine les fit clouer à la tribune aux harangues. Les siècles suivants ont vu des assassinats, mais aucun qui fût marqué par une si horrible ingratitude, ni qui ait été payé si chèrement. Les assassins de Valstein, du maréchal d'Ancre, du duc de Guise le Balafré, du duc de Parme Farnèse, bâtard du pape Paul III, et de tant d'autres, étaient à la vérité des gentilshommes, ce qui rend leur attentat encore plus infâme ; mais du moins ils n'avaient pas reçu de bienfaits des princes qu'ils massacrèrent : ils furent les indignes instruments de leurs maîtres ; et cela ne prouve que trop que quiconque est armé du pouvoir, et peut donner de l'argent, trouve toujours des bourreaux mercenaires quand il le veut : mais des bourreaux gentilshommes, c'est là ce qui est le comble de l'infamie.

Remarquons que cette horreur et cette bassesse ne furent jamais connues dans le temps de la chevalerie : je ne vois aucun chevalier assassin pour de l'argent.

Si l'auteur de l'*Esprit des lois* avait dit que l'honneur était autrefois le ressort et le mobile de la chevalerie, il aurait eu raison ; mais prétendre que l'honneur est le mobile de la monarchie, après les assassinats à prix fait du maréchal d'Ancre et du duc de Guise, et après que tant de gentilshommes se sont faits bourreaux et archers, après tant d'autres infamies de tous les genres, cela est aussi peu convenable que de dire que la vertu est le mobile des républiques. Rome était encore république du temps des proscriptions de Sylla, de Marius et des triumvirs. Les massacres d'Irlande, la Saint-Barthélemy, les Vêpres siciliennes, les assassinats des ducs d'Orléans et de Bourgogne, le faux monnayage, tout cela fut commis dans les monarchies.

Revenons à Cicéron. Quoique nous ayons ses ouvrages, Saint-Évremond est le premier qui nous ait avertis qu'il fallait considérer en lui l'homme d'État et le bon citoyen. Il n'est bien connu que par l'histoire excellente* que Middleton nous a donnée de ce grand homme. Il était le meilleur orateur de son temps, et le meilleur philosophe. Ses *Tusculanes* et son *Traité de la Nature des dieux*, si bien traduits par l'abbé d'Olivet, et enrichis de notes savantes, sont si supérieurs dans leur genre, que rien ne les a égalés depuis, soit que nos bons auteurs n'aient pas osé prendre un tel essor, soit qu'ils n'aient pas eu les ailes assez fortes. Cicéron disait tout ce qu'il voulait ; il n'en est pas ainsi parmi nous. Ajoutons encore que nous n'avons aucun traité de morale qui approche de ses *Offices* ; et ce n'est pas faute de liberté que nos auteurs modernes ont été si au-dessous de lui en ce genre : car de Rome à Madrid on est sûr d'obtenir la permission d'ennuyer en moralités.

Je doute que Cicéron ait été un aussi grand homme en politique. Il se laissa tromper à l'âge de soixante et trois ans par le jeune Octave, qui le sacrifia bientôt au ressentiment de Marc-Antoine. On ne vit en lui ni

* Cette histoire a été traduite en français par l'abbé Prévost. (Éd.)

ACTE III, SCÈNE I.

Ont fait couler le sang du plus grand des mortels¹.
Ce n'est que par sa mort que son fils lui ressemble.
Des brigands réunis, que la rapine assemble,
Un prétendu César, un fils de Cépias²,
Qui commande le meurtre, et qui fuit les combats,
Dans leur tranquille rage ordonnent de ma vie!
Octave est maître enfin du monde et de Julie.
De Julie! Ah! tyran, ce dernier coup du sort

la fermeté de Brutus, ni la circonspection d'Atticus; il n'eut d'autre fonction, dans l'armée du grand Pompée, que celle de dire des bons mots. Il courtisa ensuite César : il devait, après avoir prononcé les *Philippiques*, les soutenir les armes à la main. Mais je m'arrête; je ne veux pas faire la satire de Cicéron.

1. Je propose ici une conjecture. Il me semble que l'intérêt des ministres du jeune Ptolémée, âgé de treize ans, n'était point du tout d'assassiner Pompée, mais de le garder en otage, comme un gage des faveurs qu'ils pouvaient obtenir du vainqueur, et comme un homme qu'ils pouvaient lui opposer s'il voulait les opprimer.

Après la victoire de Pharsale, César dépêcha des émissaires secrets à Rhodes, pour empêcher qu'on ne reçût Pompée. Il dut, ce me semble, prendre les mêmes précautions avec l'Egypte : il n'y a personne qui, en pareil cas, négligeât un intérêt si important. On peut croire que César prit cette précaution nécessaire, et que les Egyptiens allèrent plus loin qu'il ne voulait : ils crurent s'assurer de sa bienveillance en lui présentant la tête de Pompée. On a dit qu'il versa des larmes en la voyant; mais ce qui est bien plus sûr, c'est qu'il ne vengea point sa mort; il ne punit point Septime, tribun romain, qui était le plus coupable de cet assassinat; et lorsque ensuite il fit tuer Achillas, ce fut dans la guerre d'Alexandrie, et pour un sujet tout différent. Il est donc très-vraisemblable que, si César n'ordonna pas la mort de Pompée, il fut au moins la cause très-prochaine de cette mort. L'impunité accordée à Septime est une preuve bien forte contre César. Il aurait pardonné à Pompée, je le crois, s'il l'avait eu entre ses mains; mais je crois aussi qu'il ne le regretta pas; et une preuve indubitable, c'est que la première chose qu'il fit, ce fut de confisquer tous ses biens à Rome. On vendit à l'encan la belle maison de Pompée; Antoine l'acheta, et les enfants de Pompée n'eurent aucun héritage.

2. Dion Cassius nous apprend que le surnom du père d'Auguste était Cépias. Cet Octavianus Cépias fut le premier sénateur de sa branche. Le grand-père d'Auguste n'était qu'un riche chevalier qui négociait dans la petite ville de Veletri, et qui épousa la sœur aînée de César, soit qu'alors la famille des Césars fût pauvre, soit qu'elle voulût plaire au peuple par cette alliance disproportionnée. J'ai déjà dit qu'on reprochait à Auguste que son bisaïeul avait été un petit marchand, un changeur à Veletri. Le changeur passait même pour le fils d'un affranchi. Antoine osa appeler Octave du nom de Spartacus dans un de ses édits, en faisant allusion à sa famille qu'on prétendait descendre d'un esclave. Vous trouverez cette anecdote dans la huitième *Philippique* de Cicéron : *Quem Spartacum in edictis appellat*, etc.

Il y a mille exemples de grandes fortunes qui ont eu une basse origine, ou que l'orgueil appelle basse : il n'y a rien de bas aux yeux du philosophe, et quiconque s'est élevé doit avoir eu cette espèce de mérite qui contribue à l'élévation. Mais on est toujours surpris de voir Auguste, né d'une famille si mince, un provincial sans nom, devenir le maître absolu de l'empire romain, et se placer au rang des dieux.

On lui donne des remords dans cette pièce; on lui attribue des sentiments magnanimes : je suis persuadé qu'il n'en eut point; mais je suis persuadé qu'il en faut au théâtre.

Atterre mon esprit luttant contre la mort.
Détestable rival, usurpateur infâme,
Tu ne m'assassinais que pour ravir ma femme;
Et c'est moi qui la livre à tes indignes feux!
Tu règnes, et je meurs, et je te laisse heureux!
Et tes flatteurs, tremblants sur un tas de victimes,
Déjà du nom d'Auguste ont décoré tes crimes!
Quel est cet assassin qui s'avance vers moi?

SCÈNE II. — POMPÉE, AUFIDE.

POMPÉE, *l'épée à la main.*
Approche, et puisse Octave expirer avec toi!
AUFIDE.
Jugez mieux d'un soldat qui servit votre père.
POMPÉE.
Et tu sers un tyran!
AUFIDE.
Je l'abjure, et j'espère
N'être pas inutile, en ce séjour affreux,
Au fils, au digne fils d'un héros malheureux.
Seigneur, je viens à vous de la part de Fulvie.
POMPÉE.
Est-ce un piège nouveau que tend la tyrannie?
A son barbare époux viens-tu pour me livrer?
AUFIDE.
Du péril le plus grand je viens pour vous tirer.
POMPÉE.
L'humanité, grands dieux, est-elle ici connue?
AUFIDE.
Sur ce billet, au moins, daignez jeter la vue.
(Il lui donne des tablettes.
POMPÉE.
Julie! ô ciel! Julie! est-il bien vrai?
AUFIDE.
Lisez.
POMPÉE.
O fortune! ô mes yeux, êtes-vous abusés?
Retour inattendu de mes destins prospères!
Je mouille de mes pleurs ces divins caractères.
(Il lit.)
Le sort paraît changer, et Fulvie est pour nous;
Écoutez ce Romain; conservez mon époux.
Qui que tu sois, pardonne; à toi je me confie;
Je te crois généreux sur la foi de Julie.
Quoi! Fulvie a pris soin de son sort et du mien!
Qui l'y peut engager? quel intérêt?
AUFIDE.
Le sien.

D'Antoine abandonnée avec ignominie,
Elle est des trois tyrans la plus grande ennemie.
Elle ne borne pas sa haine et ses desseins
A dérober vos jours au fer des assassins ;
Il n'est point de péril que son courroux ne brave
Elle veut vous venger.
POMPÉE.
Oui, vengeons-nous d'Octave.
Élevé dans l'Asie, au milieu des combats,
Je n'ai connu de lui que ses assassinats ;
Et dans les champs d'honneur, qu'il redoute peut-être,
Ses yeux, qu'il eût baissés, ne m'ont point vu paraître.
Antoine d'un soldat a du moins la vertu.
Il est vrai que mon bras ne l'a point combattu ;
Et, depuis que mon père expira sous un traître,
Nous fûmes ennemis sans jamais nous connaître.
Commençons par Octave ; allons, et que ma main,
Au bord de mon tombeau, se plonge dans son sein.
AUFIDE.
Venez donc chez Fulvie, et sachez qu'elle est prête
D'Octave, s'il le faut, à nous livrer la tête.
De quelques vétérans je tenterai la foi ;
Sous votre illustre père ils servaient comme moi.
On change de parti dans les guerres civiles :
Aux desseins de Fulvie ils peuvent être utiles.
L'intérêt, qui fait tout, les pourrait engager
A vous donner retraite, et même à vous venger
POMPÉE.
Je pourrais arracher Julie à ce perfide ?
Je pourrais des Romains immoler l'homicide ?
Octave périrait ?
AUFIDE.
Seigneur, n'en doutez pas.
POMPÉE.
Marchons.

SCÈNE III. — POMPÉE, AUFIDE, JULIE.

JULIE.
Que faites-vous ? où portez-vous vos pas ?
On vous cherche, on poursuit tous ceux que cet orage
Put jeter comme moi sur cet affreux rivage.
Votre père, en Égypte, aux assassins livré,
D'ennemis plus sanglants n'était pas entouré.
L'amitié de Fulvie est funeste et cruelle ;
C'est un danger de plus qu'elle traîne après elle :
On l'observe, on l'épie, et tout me fait trembler ;
Dans ces horribles lieux je crains de vous parler.

Regagnons ces rochers et ces cavernes sombres
Où la nuit va porter ses favorables ombres.
Demain les trois tyrans, aux premiers traits du jour,
Partent avec la mort de ce fatal séjour;
Ils vont, loin de vos yeux, ensanglanter le Tibre.
Ne précipitez rien, demain vous êtes libre.

POMPÉE.

Noble et tendre moitié d'un guerrier malheureux,
O vous! ainsi que Rome, objet de tous mes vœux!
Laissez-moi m'opposer au destin qui m'outrage.
Si j'étais dans des lieux dignes de mon courage,
Si je pouvais guider nos braves légions
Dans les camps de Brutus, ou dans ceux des Catons,
Vous ne me verriez pas attendre de Fulvie
Un secours incertain contre la tyrannie.
Les dieux nous ont conduits dans ces sanglants déserts;
Marchons aux seuls sentiers que ces dieux m'ont ouverts.

JULIE.

Octave en ce moment doit entrer chez Fulvie;
Si vous êtes connu, c'est fait de votre vie.

AUFIDE.

Seigneur, craignez plutôt d'être ici découvert;
Aux tribuns, aux soldats, ce passage est ouvert;
Entre ces deux dangers que prétendez-vous faire?

JULIE.

Pompée, au nom des dieux, au nom de votre père,
Dont le malheur vous suit, et qui ne s'est perdu
Que par sa confiance et son trop de vertu,
Ayez quelque pitié d'une épouse alarmée!
Avons-nous un parti, des amis, une armée?
Trois monstres tout-puissants ont détruit les Romains.
Vous êtes seul ici contre mille assassins....
Ils viennent, c'en est fait, et je les vois paraître.

AUFIDE.

Ah! laissez-vous conduire; on peut vous reconnaître :
Le temps presse, venez; vous vous perdez sans fruit.

JULIE.

Je ne vous quitte pas.

POMPÉE.

A quoi suis-je réduit

SCÈNE IV. — POMPÉE, JULIE, AUFIDE, *sur le devant*;
OCTAVE, LICTEURS, *au fond*.

OCTAVE.

Je prétends vous parler; ne fuyez point, Julie.

JULIE.

Aufide me ramène aux tentes de Fulvie.

ACTE III, SCÈNE IV.

OCTAVE.
(A Aufide.)
Demeurez, je le veux.... Vous, quel est ce Romain ?
Est-il de votre suite ?

JULIE.
Ah ! je succombe enfin.

AUFIDE.
C'est un de mes soldats, dont l'utile courage
S'est distingué dans Rome en ces jours de carnage
Et de Rome à mon ordre il arrive aujourd'hui.

OCTAVE, à Pompée.
Parle ; que fait Pompée ? où Pompée a-t-il fui ?

POMPÉE.
Il ne fuit point, Octave, il vous cherche, et peut-être
Avant la fin du jour vous le verrez paraître.

OCTAVE.
Tu sais en quel état il faut le présenter :
C'est sa tête, en un mot, qu'il me faut apporter ;
Et tu dois être instruit quelle est ta récompense.

POMPÉE.
Elle est publique assez.

JULIE.
O terreur !

POMPÉE.
O vengeance !

SCÈNE V. — POMPÉE, JULIE, AUFIDE, OCTAVE, UN TRIBUN.

LE TRIBUN.
Vous êtes obéi : grâce à votre heureux sort,
Pompée en ce moment est ou captif ou mort.

OCTAVE.
Que dis-tu ?

LE TRIBUN.
Ses suivants s'avançaient dans la plaine
Qui s'étend de Pisaure aux remparts de Césène ;
Les rebelles, bientôt entourés et surpris,
De leurs témérités ont eu le digne prix.

POMPÉE.
Ah ciel !

LE TRIBUN.
A la valeur que tous ont fait paraître,
On croit qu'ils combattaient sous les yeux de leur maître.

POMPÉE, à part.
Je perds tous mes amis !

LE TRIBUN.
S'il est parmi les morts,
Vos soldats à vos pieds vont apporter son corps.

S'il est vivant, s'il fuit, il va tomber, sans doute,
Aux piéges que nos mains ont tendus sur sa route ;
Il ne peut échapper au trépas qui l'attend.

OCTAVE.

Allez, continuez ce service important.
Vous, Aufide, en tout temps j'éprouvai votre zèle ;
Je sais qu'Antoine en vous trouva un guerrier fidèle :
Allez : si ce soldat peut servir aujourd'hui,
Souvenez-vous surtout de répondre de lui.
Vous, licteurs, arrêtez le premier téméraire
Qui viendrait sans mon ordre en ce lieu solitaire.

POMPÉE, à Aufide.

Viens guider mes fureurs.

JULIE.

O dieux qui m'écoutez,
Dans quel péril nouveau vous nous précipitez !

SCÈNE VI. — OCTAVE, JULIE.

OCTAVE, arrêtant Julie.

Je vous ai déjà dit que vous deviez m'entendre.
Votre abord en cette île a droit de me surprendre ;
Mais cessez de me craindre, et calmez votre cœur.

JULIE.

Seigneur, je ne crains rien, mais je frémis d'horreur.

OCTAVE.

Vous changerez peut-être en connaissant Octave.

JULIE.

J'ai le sort des Romains, il me traite en esclave.
Vous pouviez respecter mon nom et mon malheur.

OCTAVE.

Sachez que de tous deux je suis le protecteur.
Les respects des humains et Rome vous attendent ;
Ce nom que vous portez, et leurs vœux vous demandent ;
Je dois vous y conduire, et le sang des Césars
Ne doit plus qu'en triomphe entrer dans ses remparts.
Pourquoi les quittez-vous ? Ne pourrai-je connaître
Qui vous dérobe à Rome, où le ciel vous fit naître ?

JULIE.

Demandez-moi plutôt, dans ces horribles temps,
Pourquoi dans Rome encore il est des habitants.
La ruine, la mort de tous côtés s'annonce ;
Mon père était proscrit ; et voilà ma réponse.

OCTAVE.

Mes soins veillent sur lui ; ses jours sont assurés ;
Je les ai défendus, vous les rendez sacrés.

JULIE.
Ainsi je dois bénir vos lois et votre empire,
Lorsque vous permettez que mon père respire !
OCTAVE.
Il s'arma contre moi ; mais tout est oublié :
Ne lui ressemblez point par son inimitié.
Mais enfin près de moi qui vous a pu conduire ?
JULIE.
La colère des dieux obstinés à me nuire.
OCTAVE.
Ces dieux se calmeront. Ma sévère équité
A vengé le héros qui m'avait adopté.
Il n'appartient qu'à moi d'honorer dans Julie
Le sang, l'auguste sang dont vous êtes sortie.
Je dois compte de vous à Rome, aux demi-dieux
Que le monde à genoux révère en vos aïeux.
JULIE.
Vous !
OCTAVE.
Un fils de César ne doit jamais permettre
Qu'en d'étrangères mains on osé vous remettre.
JULIE.
Vous son fils !... ô héros ! ô généreux vainqueur !
Quel fils as-tu choisi ? quel est ton successeur ?
César vous a laissé son pouvoir en partage ;
Sa magnanimité n'est pas votre héritage :
S'il versa quelquefois le sang du citoyen,
Ce fut dans les combats, en répandant le sien ;
C'est par d'autres exploits que vous briguez l'empire.
Il savait pardonner, et vous savez proscrire :
Prodigue de bienfaits, et vous d'assassinats,
Vous n'êtes point son fils, je ne vous connais pas.
OCTAVE.
Il vous parle par moi, Julie ; il vous pardonne
Les noms injurieux que votre erreur me donne.
Ne me reprochez plus ces arrêts rigoureux
Qu'arrache à ma justice un devoir malheureux.
La paix va succéder aux jours de la vengeance.
JULIE.
Quoi ! vous me donneriez un rayon d'espérance !
OCTAVE.
Vous pouvez tout.
JULIE.
Qui ? moi ?
OCTAVE.
Vous devez présumer
Quel est le seul moyen qui peut me désarmer,

Et qui de ma clémence est la cause et le gage.

JULIE.

Vous parlez de clémence au milieu du carnage !
Hélas ! si tant de sang, de supplices, de morts,
Ont pu laisser dans vous quelque accès aux remords ;
Si vous craignez du moins cette haine publique,
Cette horreur attachée au pouvoir tyrannique ;
Ou si quelques vertus germent dans votre cœur,
En les mettant à prix n'en souillez point l'honneur ;
N'en avilissez pas le caractère auguste.
Est-ce à vos passions à vous rendre plus juste ?
Soyez grand par vous-même.

OCTAVE.

Allez, je vous entends,
Et j'avais bien prévu vos refus insultants.
Un rival criminel, une race ennemie...

JULIE.

Qui ?

OCTAVE.

Vous le demandez ! vous savez trop, Julie,
Quel est depuis longtemps l'objet de mon courroux,
Et Pompée....

JULIE.

Ah ! cruel, quel nom prononcez-vous ?
Pompée est loin de moi : qui vous dit que je l'aime ?

OCTAVE.

Qui me le dit ? vos pleurs. Qui me le dit ? vous-même.
Pompée est loin de vous, et vous le regrettez !
Vous pensez m'adoucir lorsque vous m'insultez !
Lorsque de Rome enfin votre imprudente fuite
Du sein de vos parents vous entraîne à sa suite !

JULIE.

Ainsi vous ajoutez l'opprobre à vos fureurs.
Ah ! ce n'est pas à vous à m'enseigner les mœurs.
Je ne suis point réduite à tant d'ignominie,
Et ce n'est pas pour vous que je me justifie.
J'ai quitté mon pays que vous ensanglantez,
Mes parents et mes dieux que vous persécutez.
J'ai dû sortir de Rome où vous alliez paraître ;
Mon père l'ordonnait, vous le savez peut-être ;
C'est vous que je fuyais ; mes funestes destins,
Quand je vous évitais, m'ont remise en vos mains.
Commandez, s'il le faut, à la terre asservie ;
Mon cœur ne dépend point de votre tyrannie.
Vous pouvez tout sur Rome, et rien sur mon devoir.

OCTAVE.

Vous ignorez mes droits, ainsi que mon pouvoir.

ACTE III, SCÈNE VI.

Vous vous trompez, Julie, et vous pourrez apprendre
Que Lucius sans moi ne peut choisir un gendre;
Que c'est à moi surtout que l'on doit obéir.
Déjà Rome m'attend; soyez prête à partir.

JULIE.

Voilà donc ce grand cœur, ce héros magnanime,
Qui du monde calmé veut mériter l'estime!
Voilà ce règne heureux de paix et de douceur!
Il fut un meurtrier, il devient ravisseur!

OCTAVE.

Il est juste envers vous; mais, quoi qu'il en puisse être,
Sachez que le mépris n'est pas fait pour un maître.
Que vous aimiez Pompée, ou qu'un autre rival,
Encouragé par vous, cherche l'honneur fatal
D'oser un seul moment disputer ma conquête,
On sait si je me venge; il y va de sa tête :
C'est un nouveau proscrit que je dois condamner;
Et je jure par vous de ne point pardonner.

JULIE.

Moi, j'atteste ici Rome et son divin génie,
Tous ces héros armés contre la tyrannie,
Le pur sang des Césars, et dont vous n'êtes pas,
Qu'à vos proscriptions vous joindrez mon trépas,
Avant que vous forciez cette âme indépendante
A joindre une main pure à votre main sanglante.
Les meurtres que dans Rome ont commis vos fureurs,
De celui que j'attends sont les avant-coureurs.
Un nouvel Appius a trouvé Virginie;
Son sang eut des vengeurs; il fut une patrie;
Rome subsiste encor. Les femmes en tout temps
Ont servi dans nos murs à punir les tyrans.
Les rois, vous le savez, furent chassés pour elles.
Nouveau Tarquin, tremblez!

(Elle sort.)

SCÈNE VII. — OCTAVE.

Que d'injures nouvelles!
Quel reproche accablant pour mon cœur oppressé!
Ce cœur m'en a dit plus qu'elle n'a prononcé.
Le cruel est haï, j'en fais l'expérience;
Je suis puni déjà de ma toute-puissance;
A peine je gouverne, à peine j'ai goûté
Ce pouvoir qu'on m'envie, et qui m'a tant coûté.
Tu veux régner, Octave, et tu chéris la gloire;
Tu voudrais que ton nom vécût dans la mémoire;
Il portera ta honte à la postérité.
Être à jamais haï! quelle immortalité!

Mais l'être de Julie, et l'être avec justice!
Entendre cet arrêt qui fait seul ton supplice!
Le peux-tu supporter, ce tourment douloureux
D'un esprit emporté par de contraires vœux,
Qui fait le mal qu'il hait, et fuit le bien qu'il aime,
Qui cherche à se tromper, et qui se hait lui-même?
Faut-il donc que l'amour ajoute à mes fureurs?
Ah! l'amour était fait pour adoucir nos mœurs.
D'indignes voluptés corrompaient mon jeune âge;
L'ambition succède avec toute sa rage.
Par quel nouveau torrent je me laisse emporter!
Que d'ennemis à vaincre, et comment les dompter?
Mânes du grand César! ô mon maître! ô mon père!
Que Brutus immola, mais que Brutus révère;
Héros terrible et doux à tous tes ennemis,
Tu m'as laissé l'empire à ta valeur soumis;
La moitié de ce faix accable ma jeunesse.
Je n'ai que tes défauts, je n'ai que ta faiblesse;
Et je sens dans mon cœur, de remords combattu,
Que je n'ose avec toi disputer de vertu.

ACTE QUATRIÈME.

SCÈNE I. — FULVIE, ALBINE.

ALBINE.
Quand sous vos pavillons, de sa crainte occupée,
Invoquant en secret l'ombre du grand Pompée,
Les sanglots à la bouche et la mort dans les yeux,
Julie appelle en vain les enfers et les dieux,
Vous la laissez, Fulvie, à sa douleur mortelle.

FULVIE.
Qu'elle se plaigne aux dieux, je vais agir pour elle.
J'attends ici Pompée.

ALBINE.
Eh! ne pouviez-vous pas
De cette île avec eux précipiter vos pas?

FULVIE.
Non, de nos ennemis la fureur attentive
Couvre de meurtriers et l'une et l'autre rive.
Rien ne peut nous tirer de ce gouffre d'horreur;
J'y reste encore un jour, et c'est pour leur malheur.

ALBINE.
Qu'espérez-vous d'un jour?

FULVIE.
La mort; mais la vengeance.

ACTE IV, SCÈNE I.

ALBINE.
Eh! peut-on se venger de la toute-puissance?

FULVIE.
Oui, quand on ne craint rien.

ALBINE.
Dans nos vaines douleurs,
D'un sexe infortuné les armes sont les pleurs.
Le puissant foule aux pieds le faible qui menace,
Et rit, en l'écrasant, de sa débile audace.

FULVIE.
Désormais à Fulvie ils n'insulteront plus;
Ils ne se joueront pas de mes pleurs superflus.
Je sais que ces brigands, affamés de rapine,
En comblant mon opprobre, ont juré ma ruine.
Prodigues ravisseurs, et bas intéressés,
Ils m'enlèvent les biens que mon père a laissés;
On les donne pour dot à ma fière rivale.
Mais, Albine, crois-moi, la pompe nuptiale
Peut se changer encore en un trop juste deuil;
Et tout usurpateur est près de son cercueil.
J'ai pris le seul parti qui reste à ma fortune.
De Pompée et de moi la querelle est commune;
Je l'attends; il suffit.

ALBINE.
Il est seul, sans secours.

FULVIE.
Il en aura dans moi.

ALBINE.
Vous hasardez ses jours.

FULVIE.
Je prodigue les miens. Va, retourne à Julie;
Soutiens son désespoir et sa force affaiblie;
Porte-lui tes conseils, son âge en a besoin;
Et de mon sort affreux laisse-moi tout le soin.

ALBINE.
L'état où je vous vois m'épouvante et m'afflige.

FULVIE.
Porte ailleurs ton effroi; va, laisse-moi, te dis-je.
Pompée arrive enfin; je le vois. Dieux vengeurs,
Ainsi que nos affronts unissez nos fureurs!

SCÈNE II. — POMPÉE, FULVIE.

FULVIE.
Êtes-vous affermi?

POMPÉE.
J'ai consulté ma gloire;
J'ai craint qu'elle ne vît une action trop noire

Dans le meurtre inouï qui nous tient occupés.

FULVIE.

Elle parle avec Rome; elle vous dit : « Frappez. »
Ils partent dès demain, ces destructeurs du monde;
Ils partent triomphants : et cette nuit profonde
Est le temps, le seul temps, où nous pouvons tous deux,
Sans autre appui que nous, venger Rome sur eux.
Seriez-vous en suspens?

POMPÉE.

Non : mes mains seront prêtes.
Je voudrais de cette hydre abattre les trois têtes.
Je ne puis immoler qu'un de mes ennemis :
Octave est le plus grand; c'est lui que je choisis.

FULVIE.

Vous courez à la mort.

POMPÉE.

Elle ennoblit ma cause.
De cet indigne sang c'est peu que je dispose;
C'est peu de me venger; je n'aurais qu'à rougir
De frapper sans péril, et sans savoir mourir.

FULVIE.

Vous faites encor plus; vous vengez la patrie
Et le sang innocent qui s'élève et qui crie;
Vous servez l'univers.

POMPÉE.

J'y suis déterminé.
L'assassin des Romains doit être assassiné.
Ainsi mourut César; il fut clément et brave;
Et nous pardonnerions à ce lâche d'Octave!
Ce que Brutus a pu, je ne le pourrais pas!
Et j'irais pour ma cause emprunter d'autres bras!
Le sort en est jeté. Faites venir Aufide.

FULVIE.

Il veille près de nous dans ce camp homicide.
Qu'on l'appelle.... Déjà les feux sont presque éteints[1],
Et le silence règne en ces lieux inhumains.

SCÈNE III. — POMPÉE, FULVIE, AUFIDE.

FULVIE, à Aufide.

Approchez. Que fait-on dans ces tentes coupables?

AUFIDE.

Le sommeil y répand ses pavots favorables,
Lorsque les murs de Rome, au carnage livrés,
Retentissent au loin des cris désespérés

---

1. On voit dans l'éloignement des restes de feux faiblement allumés autour des tentes, et le théâtre représente une nuit.

Que jetaient vers les cieux les filles et les mères
Sur les corps étendus des enfants et des pères.
Le sang ruisselle à Rome; Octave dort en paix.

POMPÉE.

Vengeance, éveille-toi! Mort, punis ses forfaits!
Dites-moi dans quels lieux ses tentes sont dressées

FULVIE.

Vous avez remarqué ces roches entassées
Qui laissent un passage à ces vallons secrets,
Arrosés d'un ruisseau que bordent des cyprès;
Le pavillon d'Antoine est auprès du rivage;
Passez, et dédaignez de venger mon outrage :
Vous trouverez plus loin l'enceinte et les palis
Où du clément César est le barbare fils.
Avancez, vengez-vous.

AUFIDE.

Une troupe sanglante,
Dans la nuit, à toute heure, environne sa tente.
Des plaisirs de leurs chefs affreux imitateurs,
Ils dorment auprès d'eux dans le sein des horreurs.

POMPÉE.

Vous avez préparé votre fidèle esclave?

FULVIE.

Il vous attend : marchez jusques au lit d'Octave.

POMPÉE, à *Fulvie*.

Je laisse entre vos mains, dans ce cruel séjour,
L'objet, le seul objet pour qui j'aimais le jour,
Le seul qui pût unir deux familles fatales,
Deux races de héros en infortune égales,
Le sang des vrais Césars. Ayez soin de son sort,
Enseignez à son cœur à supporter ma mort.
Qu'elle envisage moins ma perte que ma gloire;
Que, mort pour la venger, je vive en sa mémoire :
C'est tout ce que je veux. Mais en portant mes coups,
Je vous laisse exposée, et je frémis pour vous.
Antoine est en ces lieux maître de votre vie;
Il peut venger sur vous le frère d'Octavie.

FULVIE.

Qui? lui! qui? ce mortel sans pudeur et sans foi?
Cet oppresseur de Rome, et du monde, et de moi?
Lui, qui m'ose exiler? Quoi! dans mon entreprise
Vous pensez qu'un tyran, qu'une mort me suffise
Aviez-vous soupçonné que je ne saurais pas
Porter, ainsi que vous, et souffrir le trépas;
Que je dévorerais mes douleurs impuissantes?
Voyez de ces tyrans les demeures sanglantes;
C'est l'école du meurtre, et j'ai dû m'y former.

De leur esprit de rage ils ont su m'animer ;
Leur loi devient la mienne, il faut que je la suive ;
Il faut qu'Antoine meure, et non pas que je vive.
Il périra, vous dis-je.

POMPÉE.

Et par qui ?

FULVIE.

Par ma main.

POMPÉE.

Osez-vous bien remplir un si hardi dessein ?

FULVIE.

Osez-vous en douter ? Le destin nous rassemble
Pour délivrer la terre, et pour mourir ensemble.
Que le triumvirat, par nous deux aboli,
Dans la tombe avec nous demeure enseveli.
J'ai trop vécu comme eux : le terme de ma vie
Est conforme aux horreurs dont les dieux l'ont remplie ;
Et Pompée, aux enfers descendant sans effroi,
Y va traîner Octave avec Antoine et moi.

AUFIDE.

Non, espérez encor ; les soldats de ces traîtres
Ont changé quelquefois de drapeaux et de maîtres :
Ils ont trahi Lépide[2] ; ils pourront aujourd'hui
Vendre au fils de Pompée un mercenaire appui.
Pour gagner les Romains, pour forcer leur hommage,
Il ne faut qu'un grand nom, de l'or, et du courage.
On a vu Marius entraîner sur ses pas[3]
Les mêmes assassins payés pour son trépas.
Nous séduirons les uns, nous combattrons le reste.
Ce coup désespéré peut vous être funeste ;

---

1. Ce trait n'est pas historique, mais il ne m'étonne point dans Fulvie, c'était une femme extrême en ses fureurs, et digne, comme elle le dit, du temps funeste où elle était née. Elle fut presque aussi sanguinaire qu'Antoine. Cicéron rapporte, dans sa troisième *Philippique*, que Fulvie étant à Brindes avec son mari, quelques centurions mêlés à des citoyens voulurent faire passer trois légions dans le parti opposé, qu'il les fit venir chez lui l'un après l'autre sous divers prétextes, et les fit tous égorger. Fulvie y était présente ; son visage était tout couvert de leur sang : *Os uxoris sanguine respersum constabat*. Elle fut accusée d'avoir arraché la langue à Cicéron après sa mort, et de l'avoir percée de son aiguille de tête.

2. Cette réflexion de Fulvie est très-convenable, puisqu'elle est fondée sur la vérité ; car, après la bataille de Modène, qu'Antoine avait perdue, il eut la confiance de se présenter presque seul devant le camp de Lépide ; plus de la moitié des légions passa de son côté. Lépide fut obligé de s'unir avec lui ; et cette aventure même fut l'origine du triumvirat.

3. Non-seulement ceux de Minturne, qui avaient ordre de tuer Marius, se déclarèrent en sa faveur, mais étant encore proscrit en Afrique, il alla droit à Rome avec quelques Africains, et leva des troupes dès qu'il y fut arrivé.

Mais il peut réussir. Brutus et Cassius¹
N'avaient pas, après tout, des projets mieux conçus.
Téméraires vengeurs de la cause commune,
Ils ont frappé César, et tenté la fortune.
Ils devaient mille fois périr dans le sénat;
Ils vivent cependant, ils partagent l'État;
Et dans Rome avec vous je les verrai peut-être.
Mes guerriers sur vos pas à l'instant vont paraître.
Nous vous suivrons de près; il en est temps, marchons.

POMPÉE.

Je t'invoque, Brutus! je t'imite; frappons!
(Il sort avec Aufide.)

SCÈNE IV. — FULVIE, JULIE, ALBINE

JULIE.

Il m'échappe, il me fuit; ô ciel! m'a-t-il trompée?
Autel! fatal autel! mânes du grand Pompée!
Votre fils devant vous m'a-t-il fait prosterner
Pour trahir mes douleurs, et pour m'abandonner?

FULVIE.

S'il arrive un malheur, armez-vous de courage :
Il faut s'attendre à tout.

JULIE.

Quel horrible langage!
S'il arrive un malheur! Est-il donc arrivé?

FULVIE.

Non, mais ayez un cœur plus grand, plus élevé.

JULIE.

Il l'est; mais il gémit : vous haïssez, et j'aime.

---

1. Il est constant que Brutus et Cassius n'avaient pris aucune mesure pour se maintenir contre la faction de César. Ils ne s'étaient pas assurés d'une seule cohorte; et même après avoir commis le meurtre, ils furent obligés de se réfugier au Capitole. Brutus harangua le peuple du haut de cette forteresse, et on ne lui répondit que par des injures et des outrages; on fut près de l'assiéger. Les conjurés eurent beaucoup de peine à ramener les esprits; et lorsque Antoine eut montré aux Romains le corps de César sanglant, le peuple, animé par ce spectacle, et furieux de douleur et de colère, courut le fer et la flamme à la main vers les maisons de Brutus et de Cassius; ils furent obligés de sortir de Rome : le peuple déchira un citoyen nommé Cinna, qu'il crut être un des meurtriers. Ainsi il est clair que l'entreprise de Brutus, de Cassius et de leurs associés, fut soudaine et téméraire. Ils résolurent de tuer le tyran à quelque prix que ce fût, quoi qu'il en pût arriver.
Il y a vingt exemples d'assassinats produits par la vengeance ou par l'enthousiasme de la liberté, qui furent l'effet d'un mouvement violent plutôt que d'une conspiration bien réfléchie et prudemment méditée. Tel fut l'assassinat du duc de Parme Farnèse, bâtard du pape Paul III; telle fut même la conspiration des Pazzi, qui n'étaient point sûrs des Florentins en assassinant les Médicis, et qui se confièrent à la fortune.

Je crains tout pour Pompée, et non pas pour moi-même.
Que fait-il ?

FULVIE.

Il vous sert.... Les flambeaux dans ces lieux
De leur faible clarté ne frappent plus mes yeux¹.
Sommeil ! sommeil de mort, favorise ma rage !

JULIE.

Où courez-vous ?

FULVIE.

Restez ; j'ai pitié de votre âge,
De vos tristes amours, et de tant de douleurs.
Gémissez, s'il le faut ; laissez-moi mes fureurs !

SCÈNE V. — JULIE, ALBINE.

JULIE.

Que veut-elle me dire, et qu'est-ce qu'on prépare ?
Séjour de meurtriers, île affreuse et barbare !
Je l'avais bien prévu, tu seras mon tombeau.
Albine, instruisez-moi de mon malheur nouveau :
Pompée est-il connu ? voit-il sa dernière heure ?
N'est-il plus d'espérance ? est-il temps que je meure ?
Je suis prête, parlez.

ALBINE.

Dans cette horrible nuit,
J'ignore, ainsi que vous, s'il succombe ou s'il fuit,
Si Fulvie au trépas aura pu le soustraire :
Elle suit les conseils d'une aveugle colère,
Qu'en ses transports soudains rien ne peut captiver,
Elle expose Pompée, au lieu de le sauver.

JULIE.

Je m'y suis attendue ; et quand ma destinée,
Dans cet orage affreux, m'a près d'elle amenée,
Je ne me flattais pas d'y rencontrer un port.
Je sais que c'est ici le séjour de la mort.
Je suis perdue, Albine, et ne suis point trompée.
La fille d'un César, la veuve d'un Pompée,
Sera digne du moins, dans ces extrémités,
Du sang qu'elle a reçu, des noms qu'elle a portés.
On ne me verra point déshonorer sa cendre
Par d'inutiles cris qu'on dédaigne d'entendre,
Rougir de lui survivre, et tromper mes douleurs
Par l'espoir incertain de trouver des vengeurs.
Pour affronter la mort, il échappe à ma vue :

---

1. Les flambeaux qui éclairent les tentes s'éteignent.

Il a craint ma faiblesse ; il m'a trop mal connue :
S'il prétend que je vive, il m'outrage en effet.
Allons.

SCÈNE VI. — JULIE, ALBINE, POMPÉE.

JULIE.

O dieux ! Pompée !

POMPÉE.

Il est mort, c'en est fait.

JULIE.

Qui ?

POMPÉE.

L'univers est libre.

JULIE.

O Rome ! ô ma patrie !
Octave est mort par vous !

POMPÉE.

Oui, je vous ai servie.
De la terre et de vous j'ai puni l'oppresseur.

JULIE.

O succès inouï ! trop heureuse fureur !

POMPÉE.

Ses gardes assoupis, dans leur infâme ivresse,
Laissaient un accès libre à ma main vengeresse
Un de ses favoris, un de ses assassins,
Un ministre odieux de ses affreux desseins,
Seul auprès du tyran reposait dans sa tente :
J'entre ; un dieu me conduit ; une idée effrayante,
De la mort que j'apporte un songe avant-coureur,
Dans son profond sommeil excitant sa terreur,
De ses proscriptions lui présentait l'image ;
Quelques sons mal formés de sang et de carnage
S'échappaient de sa bouche, et son perfide cœur
Jusque dans le repos déployait sa fureur ;
De funèbres accents ont prononcé *Pompée* :
Dans son cœur à ce nom j'ai plongé cette épée ;
Mon rival a passé du sommeil au trépas,
Trépas encor trop doux pour tant d'assassinats ;
Il aurait dû périr par un supplice insigne.
Je sais que de Pompée il eût été plus digne
D'attaquer un César au milieu des combats ;
Mais un César tyran ne le méritait pas.
Le silence et la mort ont servi ma retraite.

JULIE.

Je goûte en frémissant une joie inquiète.
L'effroi qui me saisit, corrompant mon espoir,
Empoisonne en secret le bonheur de vous voir.

Pourrez-vous fuir du moins de cette île exécrable ?
POMPÉE.
Moi, fuir !
JULIE.
Il reste encore un tyran redoutable.
POMPÉE.
Si le ciel nous seconde, il n'en restera plus.
JULIE.
Et comment rassurer mes esprits éperdus ?
Antoine va venger la mort de son complice.
POMPÉE.
D'Antoine en ce moment les dieux vous font justice ;
Et je mourrai du moins, heureux dans mes malheurs,
Sur les corps tout sanglants de nos deux oppresseurs.
Venez, il n'est plus temps d'écouter vos alarmes.
JULIE.
Ciel ! pourquoi ces flambeaux, ces cris, ce bruit des armes ?
POMPÉE.
Je ne vois plus l'esclave à qui j'étais remis ;
Et qui, me conduisant parmi mes ennemis,
Jusques au lit d'Octave a guidé ma furie.

SCÈNE VII. — POMPÉE, JULIE, ALBINE, AUFIDE.

AUFIDE.
Tout serait-il perdu ? L'esclave de Fulvie,
Saisi par les soldats, est déjà dans les fers.
De César dans le camp le nom remplit les airs.
On marche, on est armé : le reste, je l'ignore.
J'ai des soldats. Allons.
JULIE, à Aufide.
Ah ! c'est toi que j'implore
C'est toi qui de Pompée es devenu l'appui.
AUFIDE.
Je vous réponds du moins de mourir près de lui.
POMPÉE.
Mettez votre courage à supporter ma perte.
La tente de Fulvie à vos pas est ouverte ;
Rentrez, attendez-y les derniers coups du sort :
Confondez vos tyrans encore après ma mort,
Conservez pour eux tous une haine éternelle ;
C'est ainsi qu'à Pompée il faut être fidèle.
Pour moi, digne de vivre et mourir votre époux,
Je leur vendrai bien cher des jours qui sont à vous.
Le lâche fuit en vain, la mort vole à sa suite ;
C'est en la défiant que le brave l'évite.

ACTE CINQUIÈME

SCÈNE I. — JULIE, FULVIE; GARDES, *dans le fond*.

JULIE.

Vous me l'aviez bien dit, qu'il me fallait tout craindre.
Voilà donc nos succès !

FULVIE.

Vous êtes seule à plaindre ;
Vous aviez devant vous un avenir heureux ;
Vous perdez de beaux jours, et moi des jours affreux.
Vivez, si vous l'osez : je déteste la vie;
Ma main n'a pu suffire à mon âme hardie.
Ces monstres que le ciel veut encor protéger
Sont plus heureux que nous dans l'art de se venger.
Pompée, en s'approchant de ce perfide Octave[1],
En croyant le punir, n'a frappé qu'un esclave,
Qu'un des vils instruments de ses sanglants complots,
Indigne de mourir sous la main d'un héros.
D'un plus grand ennemi j'allais purger le monde;
Je marchais, j'avançais dans cette nuit profonde;
Mon bras était levé, lorsque de toutes parts
Les flambeaux rallumés ont frappé mes regards.
Octave tout sanglant a paru dans la tente.
De leurs lâches licteurs une troupe insolente
Me conduit en ces lieux captive auprès de vous.
Fléchissez vos tyrans; je brave ici leurs coups.
Qu'on me laisse le jour, ou bien qu'on me punisse,
Ma vengeance est perdue, et voilà mon supplice.
Ciel ! si tu veux encor prolonger mes destins,
Que ce soit seulement pour mieux armer mes mains,
Pour mieux servir ma haine et ma fureur trompée.

JULIE.

Hélas ! avez-vous su ce que devient Pompée?
Est-il vivant ou mort en ces déserts sanglants?
Aufide aura-t-il pu dérober aux tyrans

---

1. Il y eut quelques exemples de pareille méprise dans les guerres civiles de Rome. L'esprit de vertige qui animait alors les Romains est presque inconcevable. Lucius Terentius, voulant tuer le père du grand Pompée, pénétra seul jusque dans sa tente, et crut longtemps l'avoir percé de coups; il ne reconnut son erreur que lorsqu'il voulut faire soulever les troupes, et qu'il vit paraître à leur tête celui qu'il croyait avoir égorgé. On dit que la même chose arriva depuis à Maximien Hercule, quand il voulut se venger de Constantin, son gendre. Vous voyez aussi, dans la tragédie de *Venceslas*, que Ladislas assassine son propre frère, quand il croit assassiner le duc, son rival.

Ce héros tant proscrit que la terre abandonne ?
FULVIE.
Il n'ose m'en flatter; mais aucun ne soupçonne
Que Pompée en effet soit errant sur ces bords.
Vers Césène aujourd'hui tous ses amis sont morts;
Le bruit de son trépas commence à se répandre;
Les tyrans sont trompés; et vous pouvez comprendre
Que ce bruit peut servir encore à le sauver.
C'est un soin que mes mains n'ont pu se réserver.
Vous êtes libre au moins; son salut vous regarde :
Vous me voyez captive, on m'arrête, on me garde;
Je ne puis rien pour vous, ni pour lui, ni pour moi.
J'attends la mort.

SCÈNE II. — JULIE, FULVIE, OCTAVE, ANTOINE, TRIBUNS, LICTEURS.

ANTOINE.
Tribuns, exécutez ma loi;
Gardez cette coupable, et répondez-moi d'elle;
Suivez de ses complots la trame criminelle,
Qu'on l'observe, et surtout que nous soyons instruits
Des complices secrets par son ordre introduits.
FULVIE.
Je n'ai point de complice; et ces noms méprisables
Sont faits pour vos suivants, sont faits pour vos semblables,
Pour ces Romains nouveaux, qui, formés pour servir,
Se sont déshonorés jusqu'à vous obéir.
Traîtres, ne cherchez point la main qui vous menace;
La voici : vous deviez connaître mon audace.
L'art des proscriptions, que j'apprenais sous vous,
M'enseignait à vous perdre, et dirigeait mes coups.
Je n'ai pu sur vous deux assouvir ma vengeance;
Je l'attends de vous seuls et de votre alliance;
Je l'attends des forfaits qui vous ont faits amis;
Ils vont vous diviser comme ils vous ont unis :
Il n'est point d'amitiés entre les parricides.
L'un de l'autre jaloux, l'un vers l'autre perfides,
Vous détestant tous deux, du monde détestés,
Traînant de mers en mers vos infidélités,
L'un par l'autre écrasés, et bourreaux et victimes,
Puissent vos maux sans nombre être égaux à vos crimes
Citoyens révoltés, prétendus souverains,
Qui vous faites un jeu du malheur des humains,
Qui, passant du carnage aux bras de la mollesse,
Du meurtre et du plaisir goûtez en paix l'ivresse,
Mon nom deviendra cher aux siècles à venir

ACTE V, SCÈNE II.

Pour avoir seulement tenté de vous punir.

ANTOINE.

Qu'on la remène ; allez.

SCÈNE III. — JULIE, OCTAVE, ANTOINE, GARDES.

JULIE, à Octave.

Ah ! souffrez que Julie
Loin de ses oppresseurs accompagne Fulvie.
Mon bras n'est point armé ; je n'ai contre vous trois
Que mon cœur, ma misère, et nos dieux, et nos lois
Vous les méprisez tous ; mais si César encore,
Ce nom sacré pour vous, ce nom que Rome honore,
Sur vos cœurs endurcis a quelque autorité,
Osez-vous à son sang ravir la liberté ?
Pensait-il qu'en ces lieux sa nièce fugitive
Du fils qu'il adopta deviendrait la captive ?

OCTAVE.

Pensait-il que Julie avec tant de fureur
Du sang qui la forma pourrait trahir l'honneur ?
Je ne crois point votre âme encore assez hardie
Pour oser partager les crimes de Fulvie :
Mais, sans vous imputer ses forfaits insensés,
L'amante de Pompée est criminelle assez.

JULIE.

Oui, je l'aime, César, et vous l'avez dû croire.
Je l'aime, je le dis, j'en fais toute ma gloire.
J'ai préféré Pompée errant, abandonné,
A César tout-puissant, à César couronné.
Caton contre les dieux prit le parti du père :
Je mourrai pour le fils ; cette mort m'est plus chère
Que ne l'est à vos yeux tout le sang des proscrits
Sa main les rachetait ; mon cœur en fut le prix.
Ne lui disputez pas sa noble récompense ;
César, contentez-vous de la toute-puissance.
S'il honora dans Rome, et surtout aux combats,
Un nom dont il est digne et qu'il n'usurpe pas ;
Si vous êtes jaloux du nom qu'il fait revivre,
Songez à l'égaler, plutôt qu'à le poursuivre.

OCTAVE.

Oui, César est jaloux comme il est irrité.
Je crois valoir Pompée, et j'en suis peu flatté.
Et vous.... Mais nous allons approfondir le crime

SCÈNE IV. — OCTAVE, ANTOINE, JULIE, UN TRIBUN, GARDES.

ANTOINE.

Eh bien! qu'avez-vous fait?

LE TRIBUN.

On conduit la victime.

JULIE.

Quelle victime, ô ciel!

OCTAVE.

Quel est ce malheureux?
Où l'a-t-on retrouvé?

LE TRIBUN.

Vers ces antres affreux,
Au milieu des rochers qu'a frappés le tonnerre,
Du sang de nos soldats il a rougi la terre.
Aufide, de Fulvie un secret confident,
A côté de ce traître est mort en combattant;
Il n'a cédé qu'à peine au nombre, à ses blessures.
Nos soins multipliés dans ces roches obscures
Ont du sang qu'il perdait arrêté les torrents,
Et rappelé la vie en ses membres sanglants.
On a besoin qu'il vive, et que dans les supplices
Il vous instruise au moins du nom de ses complices.

ANTOINE.

C'est quelqu'un des proscrits, qui, frappant au hasard,
Nous rapportait la mort aux lieux dont elle part.
On l'aura pu choisir dans une foule obscure.
Casca fit à César la première blessure [1],
Je reconnais Fulvie et ses vaines fureurs,
Qui toujours contre nous armeront des vengeurs;
Mais je la forcerai de nommer ce perfide.

LE TRIBUN.

Il n'en est pas besoin; sa fureur intrépide
De ce grand attentat se fait encore honneur;
Il n'en cachera pas le motif et l'auteur.

OCTAVE.

Vous pâlissez, Julie!

LE TRIBUN.

Il vient.

JULIE.

Ciel implacable,
Vous nous abandonnez!

1. L'auteur se trompe ici. Casca n'était point un homme du peuple. Il est vrai qu'il n'y eut en lui rien de recommandable; mais enfin c'était un sénateur, et on ne devait pas le traiter d'homme obscur, à moins qu'on n'entende par ce mot un homme sans gloire; ce qui me semble un peu forcé.

SCÈNE V. — LES PRÉCÉDENTS; POMPÉE, blessé et soutenu; GARDES.

OCTAVE.
Quel es-tu? misérable!
A ce meurtre inouï qui pouvait t'engager?
POMPÉE.
Est-ce Octave qui parle, et m'ose interroger?
LE TRIBUN.
Réponds au triumvir.
POMPÉE.
Eh bien! ce nom funeste,
Eh bien! ce titre affreux que la terre déteste,
Devait t'apprendre assez mon devoir, mes desseins.
JULIE.
Je me meurs!
OCTAVE.
Qui sont-ils?
POMPÉE.
Ceux de tous les Romains.
ANTOINE.
Dans un simple soldat quelle étrange arrogance!
OCTAVE.
Sa fermeté m'étonne ainsi que sa vaillance.
Qu'es-tu donc?
POMPÉE.
Un Romain digne d'un meilleur sort.
OCTAVE.
Qui t'amenait ici?
POMPÉE.
Ton châtiment, ta mort;
Tu sais qu'elle était juste.
JULIE.
Enfin la nôtre est sûre!
POMPÉE.
Du monde entier sur toi j'ai dû venger l'injure.
Apprenez, triumvirs, oppresseurs des humains,
Qu'il est des Scévola comme il est des Tarquins.
Même erreur m'a trompé.... Licteurs, qu'on me présente
Le feu qui doit punir ma main trop imprudente;
Elle est prête à tomber dans le brasier vengeur
Ainsi qu'elle fut prête à te percer le cœur.
OCTAVE.
Lui, le soldat d'Aufide! A ce nouvel outrage,
A ces discours hardis, et surtout au courage
Que ce Romain déploie à mes yeux confondus,
A ces traits de grandeur sur son front répandus,
Si je n'étais instruit que Pompée en sa fuite,

Au pied de l'Apennin brave encor ma poursuite,
Je croirais.... Mais déjà vous me tirez d'erreur.
Vous pleurez, vous tremblez; c'est Pompée.

JULIE.

Ah, seigneur!

POMPÉE.

Tu ne t'es pas trompé : le Romain qui te brave,
Qui vengeait sa patrie et d'Antoine et d'Octave,
Possède un nom trop beau, trop cher à l'univers,
Pour ne s'en pas vanter dans l'opprobre des fers.
De Pompée en ces lieux je t'ai promis la tête :
Frappez, maîtres du monde; elle est votre conquête.

JULIE.

Malheureuse!

OCTAVE.

O destins!

JULIE.

O pur sang des héros!

POMPÉE.

Je n'ai pu de mon père égaler les travaux :
Je cède à des tyrans ainsi que ce grand homme,
Et je meurs comme lui le défenseur de Rome.

JULIE.

Octave, es-tu content? tu tiens entre tes mains
Et Julie, et Pompée, et le sort des humains.
Prétends-tu qu'à tes pieds mes lâches pleurs s'épuisent?
Le faible les répand, les tyrans les méprisent.
Je me reprocherais jusqu'au moindre soupir
Qui serait inutile, et le ferait rougir.
Je ne te parle plus du vainqueur de Pharsale.
Si ton père a du sien pleuré la mort fatale,
Celui qui des Romains n'est plus que le bourreau
N'est pas digne de suivre un exemple si beau.
Tes édits l'ont proscrit, arrache-lui la vie;
Mais commence par moi, commence par Julie :
Tandis que je vivrai tes jours sont en danger.
Va, ne me laisse point un héros à venger.
Toi qui m'osas aimer, apprends à me connaître,
Tyran, tu vois sa femme; elle est digne de l'être.

OCTAVE.

Par un crime de plus fléchit-on mon courroux?
Il n'est que plus coupable en étant votre époux.
Antoine, vous voyez ce que nos lois demandent.

ANTOINE.

Son supplice : il le faut; nos légions l'attendent ;
Je ne balance point; César a pardonné;
Mais César bienfaisant est mort assassiné.

ACTE V, SCÈNE V.

Les intérêts, les temps, les hommes, tout diffère.
Je combattis longtemps, et j'honorai son père;
Il s'arma noblement pour le sénat romain :
Je ne connais son fils que pour un assassin.

POMPÉE.

Lâches! par d'autres mains vous frappez vos victimes,
J'ai fait une vertu de ce qui fait vos crimes;
Je n'ai pu vous frapper au milieu des combats;
Vous aviez vos bourreaux, je n'avais que mon bras.
J'ai sauvé cent proscrits, et je l'étais moi-même;
Vous l'êtes par les lois. Votre grandeur suprême
Fut votre premier crime, et méritait la mort.
Par le droit des brigands, arbitres de mon sort,
Vous croyez m'abaisser! vous! dans votre insolence,
Sachez qu'aucun mortel n'aura cette puissance.
Le ciel même, le ciel, qui me laisse périr,
Peut accabler Pompée, et non pas l'avilir.

ANTOINE.

Vous voyez sa fureur; elle nous justifie.
Assurez notre empire, assurez notre vie.

JULIE.

Barbares!

OCTAVE.

Je connais son courage effréné;
Et Julie en l'aimant l'a déjà condamné.

ANTOINE.

Sa mort, depuis longtemps, fut par nous préparée;
Elle est trop légitime, elle est trop différée.
C'est vous qu'il attaquait, c'est vous seul qui devez
Annoncer le destin que vous lui réservez.

OCTAVE.

Vous approuvez ainsi l'arrêt que je vais rendre?

ANTOINE.

Prononcez, j'y souscris.

POMPÉE.

Je suis prêt à l'entendre,
A le subir.

OCTAVE, *après un long silence.*

Je suis le maître de son sort.
Si je n'étais que juge, il irait à la mort;
Je suis fils de César, j'ai son exemple à suivre;
C'est à moi d'en donner.... Je pardonne; il doit vivre.
Antoine, imitez-moi : j'annonce aux nations
Que je finis le meurtre et les proscriptions;
Elles ont trop duré; je veux que Rome apprenne....

ANTOINE.

Que vous voulez sur moi laisser tomber la haine,

Ramener les esprits pour m'en mieux éloigner,
Séduire les Romains, pardonner pour régner.

OCTAVE.

Non, je veux vous apprendre à vaincre la vengeance :
L'amour est plus terrible, a plus de violence;
A mon âge, peut-être, il devait m'emporter,
Il me combat encore, et je veux le dompter.
Commençons l'un et l'autre un empire plus juste.
Que l'on oublie Octave, et qu'on chérisse Auguste !
Soyez jaloux de moi, mais pour mieux effacer
Jusqu'aux traces du sang qu'il nous fallut verser,
Pardonnons à Fulvie, à ces malheureux restes
Des proscrits échappés à nos ordres funestes;
Par les cris des humains laissons-nous désarmer;
Et puisse Rome un jour apprendre à nous aimer !

(A Julie.)

Je vous rends à Pompée, en lui rendant la vie;
Il n'aurait rien reçu s'il vivait sans Julie.

(A Pompée.)

Sois pour ou contre nous, brave ou subis nos lois;

1. C'est de bonne heure qu'Octave prend ici le nom d'Auguste. Suétone nous dit qu'Octave ne fut surnommé *Auguste*, par un décret du sénat, qu'après la bataille d'Actium. On balança si on lui donnerait le titre d'*Augustus* ou de *Romulus*. Celui d'*Augustus* fut préféré; il signifie vénérable, et même quelque chose de plus, qui répond au grec *sebastos*. Il est bien plaisant de voir aujourd'hui quelles gens prennent le titre de *vénérables*.

Il paraît pourtant qu'Octave avait déjà osé s'arroger le surnom d'*Auguste* à son premier consulat, qu'il se fit donner à l'âge de vingt ans, contre toutes les lois; ou plutôt qu'Agrippa et les légions lui firent donner. Ce fut cet Agrippa qui fit sa fortune; mais Octave sut ensuite la conserver et l'accroître.

2. Il est constant que ce fut à la fin le but d'Octave, après tant de crimes. Il vécut assez longtemps pour que la génération qu'il vit naître oubliât presque les malheurs de ses pères. Il y eut toujours des cœurs romains qui détestèrent la tyrannie, non-seulement sous lui, mais sous ses successeurs : on regretta la république, mais on ne put la rétablir; les empereurs avaient l'argent et les troupes. Ces troupes enfin furent les maîtresses de l'État; car les tyrans ne peuvent se maintenir que par les soldats; tôt ou tard les soldats connaissent leurs forces; ils assassinent le maître qui les paye, et vendent l'empire à d'autres. Cette Rome, si superbe, si amoureuse de la liberté, fut gouvernée comme Alger; elle n'eut pas même l'honneur de l'être comme Constantinople, où du moins la race des Ottomans est respectée. L'empire romain eut très-rarement trois empereurs de suite de la même famille depuis Néron. Rome n'eut jamais d'autre consolation que celle de voir les empereurs égorgés par les soldats. Saccagée enfin plusieurs fois par les barbares, elle est réduite à l'état où nous la voyons aujourd'hui.

Je finirai par remarquer ici que l'entreprise désespérée que le poëte attribue à Sextus Pompée et à Fulvie, est un trait de furieux qui veulent se venger à quelque prix que ce soit, sûrs de perdre la vie en se vengeant; car, si l'auteur leur donne quelque espérance de pouvoir faire déclarer les soldats en leur faveur, c'est plutôt une illusion qu'une espérance. Mais enfin ce n'est pas un trait d'ingratitude lâche comme la

ACTE V, SCÈNE V. 307

Sans te craindre ou t'aimer je t'en laisse le choix.
Soutenons à l'envi les grands noms de nos pères,
Ou généreux amis, ou nobles adversaires.
Si du peuple romain tu te crois le vengeur,
Ne sois mon ennemi que dans les champs d'honneur;
Loin du triumvirat va chercher un refuge.
Je prends entre nous deux la victoire pour juge,
Ne versons plus de sang qu'au milieu des hasards;
Je m'en remets aux dieux, ils sont pour les Césars.

JULIE.

Octave, est-ce bien vous? est-il vrai?

POMPÉE.

Tu m'étonnes!
En vain tu deviens grand, en vain tu me pardonnes;
Rome, l'État, mon nom, nous rendent ennemis,
La haine qu'entre nous nos pères ont transmis
Est par eux commandée, et comme eux immortelle.
Rome, par toi soumise, à son secours m'appelle.
J'emploierai tes bienfaits, mais pour la délivrer:
Va, je la dois servir, mais je dois t'admirer.

conspiration de Cinna. Fulvie est criminelle, mais le jeune Pompée ne l'est pas. Il est proscrit, on lui enlève sa femme; il se résout à mourir, pourvu qu'il punisse le tyran et le ravisseur. Auguste fait ici une belle action en le laissant aller comme un brave ennemi qu'il veut combattre les armes à la main. Cette générosité même est préparée dans la pièce par les remords qu'Octave éprouve dès le premier acte. Mais assurément cette magnanimité n'était pas alors dans le caractère d'Octave: le poète lui fait ici un honneur qu'il ne méritait pas.

Le rôle qu'on fait jouer à Antoine est peu de chose, quoique assez conforme à son caractère: il n'agit point dans la pièce; il y est sans passion; c'est une figure dans l'ombre, qui ne sert, à mon avis, qu'à faire sortir le personnage d'Octave. Je pense que c'est pour cette raison que le manuscrit porte seulement pour titre: *Octave et le jeune Pompée*, et non pas *le Triumvirat*; mais j'y ai ajouté ce nouveau titre, comme je le dis dans ma préface, parce que les triumvirs étaient dans l'île, et que les proscriptions furent ordonnées par eux.

J'aurais beaucoup de choses à dire sur le caractère barbare des Romains depuis Sylla jusqu'à la bataille d'Actium, et sur leur bassesse après qu'Auguste les eut assujettis. Ce contraste est bien frappant: on vit des tigres changés en chiens de chasse qui lèchent les pieds de leurs maîtres.

On prétend que Caligula désigna consul un cheval de son écurie; que Domitien consulta les sénateurs sur la sauce d'un turbot; et il est certain que le sénat romain rendit en faveur de Pallas, affranchi de Claude, un décret qu'à peine on eût porté, du temps de la république, en faveur de Paul Émile et des Scipions.

VARIANTES
DE LA TRAGÉDIE DU *TRIUMVIRAT*.

Au lieu de la scène entre Auguste et Antoine (acte I, scène III, p. 45), il y avait celle-ci entre Antoine et Fulvie.
La scène entre les deux triumvirs ouvrait le second acte; on la trouvera ici telle qu'elle était dans le premier manuscrit.

(*Antoine parle bas à un tribun; il aperçoit Fulvie, et se détourne.*)

ANTOINE.

Ah! c'est elle....

FULVIE.

Arrêtez, ne craignez point Fulvie.
Je suis une étrangère, aucun nœud ne nous lie;
Et je ne parle plus à mon perfide époux.
Mais après les hasards où j'ai couru pour vous,
Lorsque, pour cimenter votre grandeur suprême,
Je consens au divorce, et m'immole moi-même;
Quand j'ai sacrifié mon rang et mon amour,
Puis-je obtenir de vous une grâce à mon tour?

ANTOINE.

Le divorce à mes yeux ne vous rend pas moins chère.
Avec la sœur d'Octave un hymen nécessaire
Ne saurait vous ravir mon estime et mon cœur.

FULVIE.

Je le veux croire ainsi, du moins pour votre honneur.
Eh bien! si de nos nœuds vous gardez la mémoire,
Je veux m'en souvenir pour sauver votre gloire.
Voyons à vous prier si je m'abaisse en vain.

ANTOINE.

Que me demandez-vous? que faut-il?

FULVIE.

Être humain,
Être éclairé du moins; savoir avec prudence
A tant de cruautés mêler quelque indulgence,
Un pardon généreux pourrait faire oublier
Des excès dont j'ai honte et qu'il faut expier.
Je demande, en un mot, la grâce de Pompée.

ANTOINE.

Vous? de quel intérêt votre âme est occupée!
Qui vous rejoint à lui? pourquoi sauver ses jours

FULVIE.

L'intérêt dans les cœurs domine-t-il toujours?
A la simple pitié ne peuvent-ils se rendre?
Apprenez que sa voix se fait encore entendre.
Quand je voulus du sang, je n'eus point de refus;
Quand il faut pardonner, on ne m'écoute plus!
Cette grâce à vous-même est utile peut-être.

ANTOINE.

Madame, il n'est plus temps : je n'en suis plus le maître,

VARIANTES.

Son trépas importait à notre sûreté,
Et l'arrêt aujourd'hui doit être exécuté.
FULVIE.
C'est assez, et ce trait manquait à votre outrage.
Voilà ce que des cieux m'annonçait le présage,
Quand la foudre, trop lente à punir les mortels,
A brisé dans vos mains vos édits criminels!
C'est donc là de César cet ami magnanime!
Allez, vous n'imitez qu'Achillas et Septime.
Son nom vous était cher, et vous l'avez terni;
Et si César vivait, il vous aurait puni.
Je rends grâce à l'affront qui tous deux nous sépare :
C'est moi qui répudie un assassin barbare.
Par un divorce heureux j'ai dû vous prévenir;
Et les nœuds des forfaits cessent de nous unir.
ANTOINE.
Je pardonne au courroux, et le droit de vous plaindre
Doit vous être laissé quand il n'est plus à craindre.
Ce n'est pas à Fulvie à me rien reprocher;
De nos sévérités on la vit approcher.
Sa main pour Cicéron montra peu d'indulgence.
Elle s'est emportée à quelque violence;
Et je n'attendais pas qu'elle pût s'offenser
Des justes châtiments qu'on la vit exercer.
FULVIE.
Il est vrai, j'ai trop loin porté votre vengeance;
J'en obtiens aujourd'hui la digne récompense.
Je n'ai que trop rougi de l'excès d'un courroux
Dont j'écoutai la voix en faveur d'un époux.
A trop d'emportement je me suis avilie :
Vous en étonnez-vous? je vous étais unie;
Un moment de fureur a fait mes cruautés.
Mais vous, toujours égal en vos atrocités,
Vous, assassin tranquille et bourreau sans colère,
Vous vous livrez sans peine à votre caractère;
Pour être moins barbare il vous faut des efforts.
J'imitai vos fureurs; imitez mes remords.

ACTE SECOND.

SCÈNE I. — OCTAVE, ANTOINE.

ANTOINE.
Ainsi Pompée échappe à la mort qui le suit!
OCTAVE.
Antoine, croyez-moi, c'est en vain qu'il la fuit :
Si mon père a du sien triomphé dans Pharsale,
J'attends contre le fils une fortune égale;
Et ce nom de César, dont je suis honoré,
De sa perte à mon bras fait un devoir sacré :
Mon intérêt s'y joint.
ANTOINE.
Qu'il périsse ou qu'il vive,

Le Tibre dès demain nous attend sur sa rive.
Marchons au Capitole : il faut que les Romains
Apprennent à trembler devant leurs souverains.
Mais, avant de partir, lorsque tout nous seconde,
Il est temps de signer le partage du monde.

OCTAVE.
Je suis prêt : mes desseins ont prévenu vos vœux.
Je consens que la terre appartienne à nous deux.
Songez que je prétends la Gaule et l'Illyrie,
Les Espagnes, l'Afrique, et surtout l'Italie.
L'Orient est à vous.

ANTOINE.
Telle est ma volonté,
Tel est le sort du monde entre nous arrêté.

OCTAVE.
Par des serments sacrés que notre foi s'engage ;
Jurons au nom des dieux d'observer ce partage.

ANTOINE.
Des serments entre nous ? nos armes, nos soldats,
Nos communs intérêts, le destin des combats,
Ce sont là nos serments. Le frère d'Octavie
Devrait s'en reposer sur le nœud qui nous lie.
Nous nous connaissons trop : pourquoi cacher nos cœurs ?
Les serments sont-ils faits pour les usurpateurs ?
Je me croirais trompé si vous en vouliez faire.
Laissons-les à Lépide, aux lâches, au vulgaire.
Je vous parle en soldat ; je ne puis vous celer
Que vous affectez trop l'art de dissimuler.
César dans ses traités invoquait la victoire ;
Agissons comme lui, si vous voulez m'en croire.

OCTAVE.
A votre audace altière il faut souvent céder ;
N'en parlons plus. Quel rang voulez-vous accorder
A cet associé, triumvir inutile,
Qui reste sans armée et bientôt sans asile ?

ANTOINE.
Qu'il abdique.

OCTAVE.
Il le doit.

ANTOINE.
On n'en a plus besoin.
De nos temples, dans Rome, on lui laisse le soin :
Qu'il demeure pontife, et qu'il préside aux fêtes
Que Rome, en gémissant, consacre à nos conquêtes.
. . . .
. . . .

OCTAVE.
La foudre avait frappé ces tables criminelles.

ANTOINE.
Le destin qui nous sert en produit de nouvelles.
Craignez-vous un augure ?

OCTAVE.
Et ne craignez-vous pas

VARIANTES.

De révolter la terre à force d'attentats?

ANTOINE.

C'est le dernier arrêt, le dernier sacrifice
Qu'aux mânes de César devait notre justice.

OCTAVE.

Je n'en veux qu'à Pompée; et je vous avertis
Qu'il nous suffit du sang de nos grands ennemis ;
Le reste est une foule impuissante, éperdue,
Qui sur elle en tremblant voit la mort suspendue
Que dans Rome jamais nous ne redouterons
Et qui nous bénira quand nous l'épargnerons.
On nous reproche assez une rage inhumaine ;
Nous voulons gouverner, n'excitons plus la haine.

ANTOINE.

Nommez-vous la justice une inhumanité?
Octave, un triumvir par César adopté,
Quand je venge un ami, craint de venger un père!
Vous trahissez son sang pour flatter le vulgaire;
Sur sa cendre avec moi n'avez-vous pas promis
La mort des conjurés et de leurs vils amis?
N'avez-vous pas déjà, par un zèle intrépide,
Sur nos plus chers parents vengé ce parricide,
A qui prétendez-vous accorder un pardon,
Quand vous m'avez vous-même immolé Cicéron?
Cicéron fut nommé père de la patrie,
Rome l'avait aimé jusqu'à l'idolâtrie;
Mais lorsqu'à ma vengeance un tribun l'a livré,
Rome, où nous commandons, a-t-elle murmuré?
Elle a gémi tout bas, et gardé le silence.
Cassius et Brutus, réduits à l'impuissance,
Inspireront peut-être à quelques nations
Une éternelle horreur de nos proscriptions;
Laissons-les en tracer d'affroyables images,
Et contre nos deux noms révolter les deux âges:
Assassins de leur maître et de leur bienfaiteur,
C'est leur indigne nom qui doit être en horreur;
Ce sont les cœurs ingrats qu'il faut que l'on punisse,
Seuls ils sont criminels, et nous faisons justice.
Ceux qui les ont aidés, ceux qui les ont servis,
Qui les ont approuvés, seront tous poursuivis.
De vingt mille guerriers péris dans nos batailles,
D'un œil sec et tranquille on voit les funérailles;
Sur leurs corps étendus, victimes du trépas,
Nous volons sans pâlir, à de nouveaux combats
Et de la trahison cent malheureux complices
Seraient au grand César de trop chers sacrifices!

OCTAVE.

Sans doute on doit punir; mais ne comparez pas
Le danger honorable et les assassinats.
César est satisfait; ce héros magnanime
N'aurait jamais puni le crime par le crime.
Je ne me repens point d'avoir vengé sa mort;
Mais sachez qu'à mon cœur il en coûte un effort.
Je vois que trop de sang peut souiller la vengeance;

Je serais plus son fils en suivant sa clémence :
Quiconque veut la gloire avec l'autorité,
Ne doit verser le sang que par nécessité.
Pourquoi de Rome encor fouiller tous les asiles?
Je ne puis approuver des meurtres inutiles.
C'est aux chefs, c'est aux grands, aux Brutus, aux Catons,
Aux enfants de Pompée, à ceux des Scipions,
C'est à de tels proscrits que la mort se destine.
Notre sécurité dépend de leur ruine.
Épargnons un ramas de citoyens sans nom,
Qui seront subjugués par l'espoir du pardon :
C'est leur vile sang qu'il faut que l'on ménage :
Ne forçons point le peuple à sortir d'esclavage.
D'un œil d'indifférence...

Il y avait dans ce même acte une scène entre Octave et Fulvie,
qui a été retranchée.

FULVIE.

Que le frère d'Antoine et l'amant de Julie
Ne craignent point de moi des reproches honteux ;
Ma tranquille fierté les épargne à tous deux.
Mon cœur, indifférent aux maux qui le remplissent,
N'a rien à regretter dans ceux qui me trahissent.
Tout ce que je prétends, et d'Antoine et de vous,
C'est de fuir loin d'Octave et d'un perfide époux.
Ne me réduisez point à cette ignominie
De parer le triomphe et le char d'Octavie ;
Allez : régnez dans Rome, et foulez à vos pieds
Dans des ruisseaux de sang les citoyens noyés.
Au Capitole assis, partagez votre proie ;
De mes nouveaux affronts goûtez la noble joie ;
Mêlez dans votre gloire et dans vos attentats
Les jeux et les plaisirs à vos assassinats.
Mais laissez-moi cacher dans d'obscures retraites,
Loin de vous, loin de lui, l'horreur que vous me faites,
Ma haine pour vous deux, et mon mépris pour lui,
C'est tout ce qui me reste et me flatte aujourd'hui.
Délivrez-vous de moi, d'un témoin de vos crimes,
D'un cœur que vous mettez au rang de vos victimes ;
C'est l'unique faveur que je viens demander :
Maîtres de l'univers, daignez-vous l'accorder?

OCTAVE.

De votre sort toujours vous serez la maîtresse ;
Je partage avec vous la douleur qui vous presse.
Je sais qu'Antoine et moi, forcés de vous trahir,
Devant vous désormais nous n'avons qu'à rougir ;
Que nous sommes ingrats, qu'il est de votre gloire
D'oublier de nous deux l'importune mémoire.
Mais quels que soient les lieux que vous ayez choisis,
Gardez-vous de vous joindre avec nos ennemis.
C'est ce qu'exige Antoine, et la seule prière
Que ma triste amitié se hasarde à vous faire.

VARIANTES.

Dans le premier manuscrit, Julie ne se trouve point avec Pompée au commencement de l'acte III (p. 65); ils ne paraissent point ensemble devant Octave; mais Pompée paraît seul devant les deux triumvirs, qui ont ensuite la scène suivante entre eux.

ANTOINE.
Dans quel chagrin votre âme est-elle ensevelie?
Que craignez-vous?

OCTAVE.
     Mon cœur, et les pleurs de Julie.

ANTOINE.
Des pleurs vous toucheraient?

OCTAVE.
       Son trouble, son effroi,
Dans mon étonnement ont passé jusqu'à moi.
J'ai frémi de la voir, j'ai frémi de l'entendre,
Couvert de tout ce sang que ma main fait répandre.
Fulvie en prendra soin : ces bords ensanglantés
Effaroûchent ses yeux encore épouvantés.
Mais il faut dès demain que cette fugitive
Connaisse ses devoirs, m'obéisse et me suive.
Je dois répondre d'elle; elle est de ma maison.

ANTOINE.
Vous êtes éperdu....

OCTAVE.
    J'en ai trop de raison.

ANTOINE.
Vous l'aimez trop, Octave.

OCTAVE.
      Il est vrai, ma jeunesse
Des plaisirs passagers connut la folle ivresse;
J'ai cherché comme vous, au sein des voluptés,
L'oubli de mes chagrins et de mes cruautés.
Plus endurci que moi, vous bravez l'amertume
De ce remords secret dont l'horreur me consume.
Vous ne connaissez pas ces tourments douloureux
D'un esprit entraîné par de contraires vœux,
Qui fait le mal qu'il hait, et fuit le bien qu'il aime,
Qui cherche à se tromper, et qui se hait lui-même.
Je passai du carnage à ces égarements
Dont les honteux attraits flattaient en vain mes sens.
J'ai cru qu'en terminant la discorde civile,
J'aurais près de Julie un destin plus tranquille :
Je suis encor trompé; l'amour, l'ambition,
L'espoir, le repentir, tout n'est qu'illusion.

ANTOINE.
Peut-être que Julie, en ces lieux amenée,
Venait entre vos mains mettre sa destinée.

OCTAVE.
Non, je ne le puis croire.

ANTOINE.
     Il n'appartient qu'à vous
De régler ses destins, de choisir son époux.
Elle a pu, dans ces jours de vengeance et d'alarmes,

Apporter à vos pieds ses terreurs et ses larmes,
Vous se seras ingrat,

OCTAVE.
Quoi ! dans ses jeunes ans,
S'arracher sans scrupule au sein de ses parents !
Vous savez les soupçons dont mon âme est frappée.

ANTOINE.
On dit qu'elle est promise à ce jeune Pompée.

OCTAVE.
C'est mon rival en tout. Ce redoutable nom
Sera dans tous les temps l'horreur de ma maison.
En vain notre puissance à Rome est établie ;
Il soulève la terre, il règne sur Julie ;
Et Julie en secret a peut-être aujourd'hui
L'audacieux projet de s'unir avec lui.
De son sexe autrefois la timide décence,
N'aurait jamais connu cet excès d'imprudence,
Mais la guerre civile, et surtout nos fureurs
Ont corrompu les lois, les esprits, et les mœurs.
Aujourd'hui rien n'effraye, et tout est légitime :
Notre fatal empire est le siècle du crime.

ANTOINE.
Je ne vous connais plus, et depuis quelques jours
Un repentir secret règne en tous vos discours ;
Je ne vous vois jamais d'accord avec vous-même.

OCTAVE.
N'en soyez point surpris, si vous savez que j'aime.

Acte III, scène VI, p. 69 : Il vous parle....

ANTOINE.
Rien ne m'a subjugué. Peut-être quelque jour
Comme César, et vous, je connaîtrai l'amour.
Cependant je vous laisse avec l'infortunée
Qu'on amène à vos yeux tremblante et consternée ;
Vous pouvez aisément adoucir ses douleurs ;
Gardez-vous de laisser trop d'empire à ses pleurs.
Aimez, puisqu'il le faut, mais en maître du monde.

OCTAVE.
Votre reproche est juste, et c'est un trait de flamme
Qui sort de votre bouche, et pénètre mon âme.
Vous pouvez tout sur moi ; j'atteste à vos genoux
Le dieu qui vous envoie, et qui parla par vous,
Que le monde opprimé vous devra ma clémence.
Songez que c'est par vous et par notre alliance
Que le ciel veut finir le malheur des humains.
Rome, l'empire, et moi, tout est entre vos mains ;
Son bonheur et le mien sur votre hymen se fonde.
Disposez de la foi d'un des maîtres du monde.
César du haut des cieux ordonne ce lien ;
Et vous rendez mon nom aussi grand que le sien.

JULIE.
Je rends grâces au ciel, si sa voix vous inspire,
Si le fils de César mérite son empire,

Si vous lui ressemblez, et vous n'ajoutez pas
Le crime de tromper à tous vos attentats.
Soyez juste en effet, c'est peu de le paraître :
Pour un César alors je puis vous reconnaître.
Vous êtes de mon sang, et du sang des héros :
Allez à l'univers accorder le repos;
Mais sachez que ma foi n'en peut être le gage,
Ne devez qu'à vous-même un si grand avantage,
Ne chercher la vertu qu'au fond de votre cœur.
En la mettant à prix vous en souillez l'honneur,
Vous en avilissez le caractère auguste.
Est-ce à vos passions à vous rendre plus juste ?
J'en rougirais pour vous.

OCTAVE.

Eh bien ! je vous entends ;
Je sais de vos refus les motifs insultants,
Et vous ne me parlez de vertu, de clémence
Que pour voir impuni le rival qui m'offense.
Le ciel vous a trompée, il vous met dans mes mains
Pour vous sauver l'affront d'accomplir vos desseins.
Vous m'osez préférer l'ennemi de ma race !
Son sang va me payer sa honte et son audace;
Il ne peut échapper à mon juste courroux;
Et Pompée.

JULIE.

Ah ! cruel ! quel nom prononcez-vous !
Pompée est loin de moi... Qui vous dit que je l'aime?

OCTAVE.

Vos pleurs, votre mépris de ma grandeur suprême ;
Lui seul à cet excès a pu vous égarer,
C'est le seul des mortels qu'on peut me préférer,
Et c'est le seul aussi que mes coups vont poursuivre.
J'aurais pu me forcer jusqu'à le laisser vivre ;
Mais vous le condamnez quand vous suivez ses pas.
Vous l'aimez ; c'est à vous qu'il devra son trépas.

JULIE, à part.

O Pompée !

OCTAVE.

Oubliez le nom d'un téméraire
Que je dois immoler aux mânes de mon père
A l'intérêt de Rome, à mes transports jaloux :
Et demain soyez prête à partir avec nous.

Même scène, p. 74, vers 9.

Il est juste envers vous : ou vous veniez vous-même
Vous soumettre à la loi d'un maître qui vous aime,
Ou vous osiez chercher au milieu des hasards
L'ennemi de mon règne et du nom des Césars ;
Je dispose de vous dans ces deux conjonctures.
Je ne souffrirai pas que les races futures
Puissent me reprocher d'avoir laissé trahir
La majesté d'un nom que je dois soutenir.
Je comblerai de bien votre infidèle père,

J'imiterai le mien sans prétendre à vous plaire,
Mais je perdrai le jour avant qu'aucun mortel
Dans sa témérité soit assez criminel
Pour m'oser un moment disputer ma conquête.

L'ordre des scènes de l'acte IV n'était pas le même dans le premier manuscrit que dans la pièce imprimée. Après une scène entre Fulvie et ses confidents, l'auteur avait placé les scènes suivantes; ensuite Fulvie et Pompée restaient seuls.

SCÈNE II.

JULIE.
                    Fulvie!
Soutenez mon courage et ma force affaiblie!
Pompée absent de moi dans ce jour malheureux,
Quand j'invoque Pompée, est un augure affreux!
Que fait-il, où va-t-il? vous connaissez ma crainte;
Elle est juste; et l'horreur qui dans vos yeux est peinte
Ce front pâle et glacé, redoublent mon effroi.

FULVIE.
Julie, attendez tout de Pompée et de moi.
Gardons que dans ces lieux on ne nous puisse entendre :
Partout on nous observe, et l'on peut nous surprendre.
Veillez-y, cher Aufide; allez : de mes suivants
Choisissez les plus prompts et les plus vigilants;
Et qu'au moindre danger leur voix nous avertisse.

AUFIDE.
Dans leur camp retirés, Antoine et son complice
Ont fait tout préparer pour un départ soudain.
Demain du Capitole ils prendront le chemin;
Ils vous y conduiront.

FULVIE.
                    Leur marche triomphante
N'est pas encor bien sûre, et peut être sanglante.
                    (*Aufide sort.*)

JULIE.
Que dites-vous?

FULVIE.
            J'espère....

JULIE.
                    En quels dieux? en quels bras?

FULVIE.
J'espère en la vengeance.

JULIE.
                Elle ne suffit pas.
Si je perds mon époux, que me sert la vengeance.
Il dissimule en vain son auguste naissance;
Sa présence trahit un nom si glorieux,
Sa grandeur mal cachée éclate dans ses yeux.
Le perfide Agrippa, Ventidius peut-être,
L'auront vu dans l'Asie, et vont le reconnaître.
Ah! périsse avec moi le détestable jour

VARIANTES.

Où l'un des triumvirs, épris d'un vain amour,
Des vrais Césars en moi voyant l'unique reste,
Osa me destiner un rang que je déteste !
Tout est funeste en lui : sa triste passion
Tient de la cruauté de sa proscription.
Sur les autels d'hymen portant ses barbaries,
Il y vient allumer le flambeau des Furies.
Le sang des nations commence d'y couler ;
Et c'est Pompée enfin qu'il y doit immoler.
J'aurais moins craint de lui s'il m'avait méprisée.
Les dieux dans vos malheurs vous ont favorisée,
Quand votre indigne époux vous a ravi son cœur ;
La haine des tyrans est pour nous un bonheur.
Mais plaire pour servir, ramper sous un barbare
Qui traîne sa victime à l'autel qu'il prépare,
Et recevoir de lui, pour présent nuptial
Le sang de mon amant versé par son rival !
Tombe plutôt sur moi cette foudre égarée
Qui, frappant dans la nuit cette infâme contrée,
Et se perdant en vain dans ces rochers affreux,
Épargnait nos tyrans, et dut tomber sur eux !

FULVIE.

Et moi je vous prédis que du moins ce perfide
N'accomplira jamais cet hymen homicide.

JULIE.

Je le sais comme vous ; ma mort l'empêchera.

FULVIE.

Et la sienne peut-être ici la préviendra.

JULIE.

De quel espoir trompeur êtes-vous animée?
Avez-vous un parti, des amis, une armée?
Nous sommes deux roseaux par l'orage pliés,
L'un sur l'autre en tremblant vainement appuyés ;
Le puissant foule aux pieds le faible qui menace,
Et rit, en l'écrasant, de sa débile audace.
Tout tombe, tout gémit ; qui peut vous seconder?

FULVIE.

Croyez du moins Pompée, et laissez-vous guider.

SCÈNE III. — JULIE, FULVIE, POMPÉE.

JULIE.

Héros né d'un héros, vous qu'une juste crainte
Me défend de nommer dans cette horrible enceinte,
Où portez-vous vos pas égarés, incertains?
Quel trouble vous agite? et quels sont vos desseins?
Regagnez ces rochers et ces retraites sombres
Où la nuit va porter ses favorables ombres.
Demain les trois tyrans, aux premiers traits du jour
Partent, avec la mort, de ce fatal séjour ;
Ils vont, loin de vos yeux, ensanglanter le Tibre.
Ne vous exposez point, demain vous serez libre.

POMPÉE.

C'est la première fois que le ciel a permis

LE TRIUMVIRAT.

Que mon front est couvert à son aspect eunemis.
          .....
Il le faut.
          .....
            O Julie....
          .....
Il y vient achever je ne sais quel serment.
          .....
            .....
Vous enlève à mes vœux, se montre, nous sépare!
Fulvie, écoute-moi!....
          .....
            FULVIE.
          Quand vous indiquez l'heure,
La haine des tyrans....
            Craignez-vous....
          .....
Mais plaire pour....
          .....
            .....
            Ah! grands dieux!
Éloignez-le de moi! sauvez-le de ces lieux!
          .....
Que crains-tu? n'a-t-il pas de fer et ton courage
          .....
Eh! ne pourra mourir en m'arrachant le jour?
Frappe,....
            JULIE.
            Ah! qu'on livre au fer
          .....
            .....
            Frappe, au nom de l'amour!
Frappe, au nom de l'hymen, au nom de la patrie!
            POMPÉE.
Au nom de tous les trois, accordez-moi, Julie,
Ce que j'attends, ce que j'attends de vous.
Pour le salut de Rome et celui d'un époux,
Achevez, évoquez les mânes de mon père!
J'ai dû ce sacrifice à cette ombre si chère!
Il faut une main pure ainsi que votre encens.
            JULIE.
Que serviront mes vœux et mes cris impuissants?
De Pompée au tombeau que pouvons-nous attendre?
Du fer des assassins il n'a pu se défendre.
Le Phare est encor teint de son sang précieux.
            POMPÉE.
Il n'était qu'un homme alors; il est auprès des dieux.
De Pharsale et du Phare ils ont puni le crime;
Songez que César même est tombé sa victime,
Et qu'aux pieds de mon père il a fini son sort.
            JULIE.
Puisse Octave à son tour subir la même mort!
            POMPÉE.
Julie!... Il la mérite....
            JULIE.
            Ah! s'il était possible!....
Mais si vous paraissez, la vôtre est infaillible.
            FULVIE, à Julie.
Si vous restez ici, c'est vous qui l'exposez;
Bientôt les yeux jaloux seront désabusés.

VARIANTES.

On le croit un soldat qui, dans ces temps de crimes,
A l'or des trois tyrans vient vendre des victimes;
Avec vous dans ces lieux s'il était découvert,
Je ne pourrais plus rien. Votre amour seul le perd.

POMPÉE.
Levez au ciel les mains ; la mienne se prépare
A vous tirer au moins de celles du barbare.

JULIE.
Cruel ! pouvez-vous bien vous exposer sans moi ?

POMPÉE.
Allez, ne craignez rien, je fais ce que je dois ;
Faites ce que je veux.

JULIE.
           A vous je m'abandonne ;
Mais qu'allez-vous tenter ?

POMPÉE.
             Ce que mon père ordonne.

JULIE.
Peut-être comme lui vous marchez au trépas !
Mais soyez sûr au moins qu'on ne m'y verra pas,
Par d'inutiles pleurs arrosant votre cendre,
Jeter d'indignes cris qu'on dédaigne d'entendre.
Les Romains apprendront que vous étions tous deux
Dignes de vivre ensemble, ou de mourir pour eux.

Acte IV, scène II, p. 74 : Vous faites encor plus....

JULIE.
Vengeons sur des méchants le monde qu'on opprime.

POMPÉE.
Punir un criminel ce n'est pas faire un crime ;
C'est servir son pays, j'y suis déterminé....

Acte IV, scène III, p. 75, après....
.... Marchez jusques au lit d'Octave,

Peut-être il est entor des yeux trop vigilants
Qui, pour sa sûreté, sont ouverts en tout temps ;
Mes esclaves partout ont une libre entrée ;
On ne craint rien de moi.

POMPÉE.
           Sa perte est assurée ;
Mon sang sera mêlé dans les flots de son sang.
    (A Aufide.)
   Quel mot a-t-on donné ?

AUFIDE.
               Seigneur, de rang en rang
La parole a couru : c'est *Pompée et Pharsale*.

POMPÉE.
Elle coûtera cher, elle sera fatale ;
Et le nom de Pompée est un arrêt du sort
Qui du fils de César a prononcé la mort.

Mais je tremble pour vous, je tremble pour Julie;
Antoine vengera le crime d'Octavie.

L'acte V commençait par la scène suivante entre Octave et Antoine :
on amenait ensuite successivement Fulvie avec Julie et Pompée.

OCTAVE.
Ainsi donc cette nuit l'implacable Fulvie
Allait nous arracher l'empire avec la vie?
ANTOINE.
Du fer qu'elle portait légèrement blessé,
Je vois avec mépris son courroux insensé.
Dans son emportement, sa main mal assurée
N'a porté dans mon sein qu'une atteinte égarée.
Son esprit, étonné de ce nouveau forfait,
Laissait son bras sans force et son crime imparfait.
Aisément à mes yeux désarmée et saisie,
Dans la tente prochaine elle est avec Julie.
OCTAVE.
Il le faut avouer, de si grands attentats
Sont dignes de nos jours, et ne m'étonnent pas.
ANTOINE.
Mais quel est le Romain qui jusque dans nos tentes
A porté, sans frémir, ses fureurs impuissantes?
OCTAVE.
D'Icile à mes côtés on a percé le sein.
. . . .
Je goûtais, je l'avoue, un sommeil bien funeste.
Il semble qu'en effet quelque pouvoir céleste
Persécute mes nuits, et grave dans mon cœur
Des traits de désespoir et des tableaux d'horreur.
Je vois des morts, du sang, des tourments qu'on apprête;
Je vois le fer vengeur suspendu sur ma tête;
On m'abreuve du sang des Romains expirants.
Ces fantômes affreux fatiguaient tous mes sens.
Mon âme succombait d'épouvante frappée,
J'entendais une voix qui me criait : *Pompée!*
Je tressaille à ce nom, je m'arrache au sommeil;
Le sang d'Icile mort me couvre à mon réveil.
Je m'arme, je m'écrie; on saisit le perfide,
On n'aperçoit en lui qu'un Africain timide,
Un malheureux sans force, interdit, désarmé,
De qui la voix tremblante et l'œil inanimé
Nous découvraient assez qu'un si lâche coupable
D'un meurtre aussi hardi n'a point été capable.
Lui-même il en ignore et la cause et l'auteur,
Et pour oser tromper il a trop de terreur.
L'indomptable Fulvie a-t-elle en sa colère
Employé pour me perdre une main mercenaire,
Tandis que de la sienne elle osait vous frapper?
ANTOINE.
L'assassin, tel qu'il soit, ne nous peut échapper.

VARIANTES.   321

OCTAVE.
Est-ce quelque proscrit qui, jusqu'en ces contrées,
Ose armer contre nous ses mains désespérées,
Et dans l'égarement se vengeant au hasard,
Venait porter la mort aux lieux dont elle part?
ANTOINE.
L'esclave nous a peint ce mortel téméraire;
Il ignorait, dit-il, son dessein sanguinaire.
OCTAVE.
Mais il est à Fulvie.
ANTOINE.
                    Une femme en fureur
Sans doute a contre nous trouvé plus d'un vengeur;
Elle a pu le choisir dans une foule obscure.
Casca fit à César la première blessure.
Les plus vils des humains, ainsi que les plus grands,
S'armeront contre nous, puisqu'on nous croit tyrans.
Ne nous attendons pas à des destins tranquilles,
Mais aux meurtres secrets, mais aux guerres civiles,
Aux complots renaissants, aux conspirations;
C'est le fruit éternel de nos proscriptions;
Il est semé par nous, en voilà les prémices.
Les dieux à nos desseins ne sont pas moins propices;
Notre empire absolu n'est pas moins cimenté;
On ne peut le chérir, mais il est redouté.
La terreur est la base où le pouvoir se fonde,
Et ce n'est qu'à ce prix qu'on gouverne le monde.
OCTAVE.
Que n'ai-je pu régner par des moyens plus doux!
Mais ce meurtre hardi rallume mon courroux.
Quoi! dans le même jour où Julie expirante
Par le sort est jetée en cette île sanglante,
Un meurtrier pénètre au milieu de la nuit,
A travers de ma garde, en ma tente, à mon lit!
Deux femmes, contre nous par la fureur unies,
A cet étrange excès se seront enhardies!
Julie aime Pompée, et par ce coup sanglant
Elle a voulu venger le sang de son amant.
Dans l'école du meurtre elle s'est introduite;
Elle en a profité; je vois qu'elle m'imite.
ANTOINE.
Nous allons démêler le fil de ces complots.
OCTAVE.
Je suis assez instruit, et trop pour mon repos!
Je me vois détesté : que savoir davantage?
On ne m'apprendra point un plus sensible outrage.

Acte V, scène III, p. 83 : Oui, je l'aime, César....

JULIE.
Je ne m'en défends plus : oui, je suivais sa trace;
Oui, j'attachais mon sort à sa noble disgrâce.
J'ai préféré Pompée abandonné des dieux,

A César fortuné, puissant, victorieux.
Que me reprochez-vous? cent peuples en alarmes
Ou rampent sous vos fers, ou tombent sous vos armes;
Le monde épouvanté reconnaît votre loi;
Au fils du grand Pompée il ne reste que moi.
Oui, mon cœur est à lui; laissez-lui son partage;
Respectez ses malheurs, respectez son courage.
J'ai voulu rapprocher, après tant de revers,
Deux noms aimés du ciel et chers à l'univers.
Dignes de notre race en héros si féconde,
Nous nous aimions tous deux pour le bonheur du monde.
Voilà mon crime, Octave; osez-vous m'en punir?
Dans vos indignes fers m'osez-vous retenir?
Quand César a pleuré sur la cendre du père,
Portez-vous sur le fils une main sanguinaire?
Il l'honora dans Rome, et surtout aux combats.
. . . .

FIN DU TRIUMVIRAT.

LES SCYTHES.

TRAGÉDIE EN CINQ ACTES.

(26 mars 1767.)

ÉPÎTRE DÉDICATOIRE.

Il y avait autrefois en Perse un bon vieillard qui cultivait son jardin; car il faut finir par là, et ce jardin était accompagné de vignes et de champs, *et paulum silvæ super his erat*; et ce jardin n'était pas auprès de Persépolis, mais dans une vallée immense entourée des montagnes du Caucase, couvertes de neiges éternelles; et ce vieillard n'écrivait ni sur la population ni sur l'agriculture, comme on faisait par passe-temps à Babylone, ville qui tire son nom de Babil; mais il avait défriché des terres incultes, et triplé le nombre des habitants autour de sa cabane.

Ce bonhomme vivait sous Artaxercès, plusieurs années après l'aventure d'Obéide et d'Indatire; et il fit une tragédie en vers persans, qu'il fit représenter par sa famille et par quelques bergers du mont Caucase; car il s'amusait à faire des vers persans, assez passablement, ce qui lui avait attiré de violents ennemis dans Babylone, c'est-à-dire une demi-douzaine de gredins qui aboyaient sans cesse après lui, et qui lui imputaient les plus grandes platitudes, et les plus impertinents livres qui eussent jamais déshonoré la Perse; et il les laissait aboyer, et griffonner, et calomnier; et c'était pour être loin de cette racaille qu'il s'était retiré avec sa famille auprès du Caucase, où il cultivait son jardin.

Mais, comme dit le poëte persan Horace, *Principibus placuisse viris, non ultima laus est*. Il y avait à la cour d'Artaxercès un principal satrape, et son nom était Elochivis[1], comme qui dirait habile, généreux, et plein d'esprit, tant la langue persane a d'énergie. Non-seulement le grand satrape Elochivis versa sur le jardin de ce bonhomme les douces influences de la cour, mais il fit rendre à ce territoire les libertés et franchises dont il avait joui du temps de Cyrus, et de plus il favorisa une famille adoptive du vieillard[2]. La nation surtout lui avait une très-grande obligation de ce qu'ayant le département des meurtres, il avait travaillé avec le même zèle et la même ardeur que Nalrisp, ministre de paix, à donner à la Perse cette paix tant désirée, ce qui n'était jamais arrivé qu'à lui.

Ce satrape avait l'âme aussi grande que Giafar le Barmécide, et Aboulcasem; car il est dit dans les annales de Babylone, recueillies par Mir-Kond, que, lorsque l'argent manquait dans le

---

1. L'auteur désignait par cet anagramme M. le duc de Choiseul, et par Nalrisp, M. le duc de Praslin. (ED.)
2. Le duc et la duchesse de Choiseul avaient souscrit pour vingt exemplaires de l'édition de Corneille. (ED.)

trésor du roi, appelé l'*oreiller*, Élochivis en donnait souvent du sien; et qu'en une année il distribua ainsi dix mille dariques, que dom Calmet évalue à une pistole la pièce. Il payait quelquefois trois cents dariques ce qui ne valait pas trois aspres; et Babylone craignait qu'il ne se ruinât en bienfaits.

Le grand satrape Nalrisp joignait aussi au goût le plus sûr et à l'esprit le plus naturel l'équité et la bienfaisance; il faisait les délices de ses amis; et son commerce était enchanteur : de sorte que les Babyloniens, tout malins qu'ils étaient, respectaient et aimaient ces deux satrapes; ce qui était assez rare en Perse.

Il ne fallait pas les louer en face : *recalcitrabant undique tuti* : c'était la coutume autrefois, mais c'était une mauvaise coutume, qui exposait l'encenseur et l'encensé aux méchantes langues.

Le bon vieillard fut assez heureux pour que ces deux illustres Babyloniens daignassent lire sa tragédie persane, intitulée *les Scythes*. Ils en furent assez contents. Ils dirent qu'avec le temps ce campagnard pourrait se former; qu'il y avait dans sa rapsodie du naturel et de l'extraordinaire, et même de l'intérêt, et que pour peu qu'on corrigeât seulement trois cents vers à chaque acte, la pièce pourrait être à l'abri de la censure des malintentionnés; mais les malintentionnés prirent la chose à la lettre.

Cette indulgence ragaillardit le bonhomme, qui leur était bien respectueusement dévoué, et qui avait le cœur bon, quoiqu'il se permît de rire quelquefois aux dépens des méchants et des orgueilleux. Il prit la liberté de faire une épître dédicatoire à ses deux patrons, en grand style qui endormit toute la cour et toutes les académies de Babylone, et que je n'ai jamais pu retrouver dans les annales de la Perse.

PRÉFACE DE L'ÉDITION DE PARIS[1].

On sait que chez les nations polies et ingénieuses, dans des grandes villes comme Paris et Londres, il faut absolument des spectacles dramatiques : on a peu besoin d'élégies, d'odes, d'églogues; mais les spectacles étant devenus nécessaires, toute tragédie, quoique médiocre, porte son excuse avec elle, parce qu'on en peut donner quelques représentations au public, qui se délasse, par des nouveautés passagères, des chefs-d'œuvre immortels dont il est rassasié.

La pièce qu'on présente ici aux amateurs peut du moins avoir un caractère de nouveauté, en ce qu'elle peint des mœurs qu'on n'avait point encore exposées sur le théâtre tragique. Brumoy s'imaginait, comme on l'a déjà remarqué ailleurs, qu'on ne pouvait traiter que des sujets historiques. Il cherchait les raisons pour lesquelles les sujets d'invention n'avaient point réussi; mais la véritable raison est que les pièces de Scudéri et de Boisrobert, qui sont dans ce goût, manquent en effet d'invention, et ne sont que des fables insipides, sans mœurs et sans caractères. Brumoy ne pouvait deviner le génie.

1. Édition de 1767. (ÉD.)

« Ce n'est pas assez, nous l'avouons, d'inventer un sujet dans lequel, sous des noms nouveaux, on traite des passions usées et des événements communs; *omnia jam vulgata*. Il est vrai que les spectateurs s'intéressent toujours pour une amante abandonnée, pour une mère dont on immole le fils, pour un héros aimable en danger, pour une grande passion malheureuse : mais il n'est rien de neuf dans ces peintures; les auteurs alors ont le malheur de n'être regardés que comme des imitateurs. La place de Campistron est triste; le lecteur dit : « Je connaissais tout cela et je l'avais vu bien mieux exprimé. »

Pour donner au public un peu de ce neuf qu'il demande toujours, et que bientôt il sera impossible de trouver, un amateur du théâtre a été forcé de mettre sur la scène l'ancienne chevalerie, le contraste des mahométans et des chrétiens, celui des Américains et des Espagnols, celui des Chinois et des Tartares. Il a été forcé de joindre à des passions si souvent traitées des mœurs que nous ne connaissions pas sur la scène.

On hasarde aujourd'hui le tableau contrasté des anciens Scythes et des anciens Persans, qui peut-être est la peinture de quelques nations modernes. C'est une entreprise un peu téméraire d'introduire des pasteurs, des laboureurs, avec des princes, et de mêler les mœurs champêtres avec celles des cours. Mais enfin cette invention théâtrale (heureuse ou non) est puisée entièrement dans la nature. On peut même rendre héroïque cette nature si simple; on peut faire parler des pâtres guerriers et libres avec une fierté qui s'élève au-dessus de la bassesse que nous attribuons très-injustement à leur état, pourvu que cette fierté ne soit jamais boursouflée; car qui doit l'être? Le boursouflé, l'ampoulé, ne convient pas même à César. Toute grandeur doit être simple.

C'est ici, en quelque sorte, l'état de nature mis en opposition avec l'état de l'homme artificiel, tel qu'il est dans les grandes villes. On peut enfin étaler dans des cabanes des sentiments aussi touchants que dans des palais.

On avait souvent traité en burlesque cette opposition si frappante des citoyens des grandes villes avec les habitants des campagnes : tant le burlesque est aisé, tant les choses se présentent en ridicule à certaines nations.

On trouve beaucoup de peintres qui réussissent dans le grotesque, et peu dans le grand. Un homme de beaucoup d'esprit, et qui a un nom dans la littérature, s'étant fait expliquer le sujet d'*Alzire*, qui n'avait pas encore été représentée, dit à celui qui lui exposait ce plan : « J'entends, c'est Arlequin sauvage. »

Il est certain qu'*Alzire* n'aurait pas réussi, si l'effet théâtral n'avait convaincu les spectateurs que ces sujets peuvent être aussi propres à la tragédie que les aventures des héros les plus connus et les plus imposants.

La tragédie des *Scythes* est un plan beaucoup plus hasardé. Qui voit-on paraître d'abord sur la scène? deux vieillards auprès de leurs cabanes, des bergers, des laboureurs. De qui parle-t-on? d'une fille qui prend soin de la vieillesse de son père, et qui fait le service le plus pénible. Qui épouse-t-elle? un pâtre qui n'est jamais sorti des champs paternels. Les deux vieillards s'asseyent sur un banc de gazon. Mais que des acteurs habiles pourraient faire valoir cette simplicité!

Ceux qui se connaissent en déclamation et en expression de la nature sentiront surtout quel effet pourraient faire deux vieillards, dont l'un tremble pour son fils et l'autre pour son gendre, dans le temps que le jeune pasteur est aux prises avec la mort; un père, affaibli par l'âge et par la crainte, qui chancelle, qui tombe sur un siége de mousse, qui se relève avec peine, qui crie d'une voix entrecoupée qu'on coure aux armes, qu'on vole au secours de son fils; un ami éperdu qui partage ses douleurs et sa faiblesse, qui l'aide d'une main tremblante à se relever; ce même père qui, dans ces moments de saisissement et d'angoisse, apprend que son fils est tué, et qui, le moment d'après, apprend que son fils est vengé : ce sont là, si je ne me trompe, de ces peintures vivantes et animées qu'on ne connaissait pas autrefois, et dont M. Lekain a donné des leçons terribles qu'on doit imiter désormais.

C'est là le véritable art de l'acteur. On ne savait guère auparavant que réciter proprement des couplets, comme nos maîtres de musique apprenaient à chanter proprement. Qui aurait osé, avant Mlle Clairon, jouer dans *Oreste* la scène de l'urne comme elle l'a jouée? qui aurait imaginé de peindre ainsi la nature, de tomber évanouie tenant l'urne d'une main, en laissant l'autre descendre immobile et sans vie? Qui aurait osé, comme M. Lekain, sortir, les bras ensanglantés, du tombeau de Ninus, tandis que l'admirable actrice[1] qui représentait Sémiramis se traînait mourante sur les marches du tombeau même? Voilà ce que les petits-maîtres et les petites-maîtresses appelèrent d'abord des postures, et ce que les connaisseurs, étonnés de la perfection inattendue de l'art, ont appelé des tableaux de Michel-Ange. C'est là en effet la véritable action théâtrale. Le reste était une conversation quelquefois passionnée.

C'est dans ce grand art de parler aux yeux qu'excelle le plus grand acteur qu'ait jamais eu l'Angleterre, M. Garrick, qui a effrayé et attendri parmi nous ceux même qui ne savaient pas sa langue.

Cette magie a été fortement recommandée il y a quelques années par un philosophe[2] qui, à l'exemple d'Aristote, a su joindre aux sciences abstraites l'éloquence, la connoissance du cœur humain, et l'intelligence du théâtre. Il a été en tout de l'avis de l'auteur de *Sémiramis*, qui a toujours voulu qu'on animât la scène par un plus grand appareil, par plus de pittoresque, par des mouvements plus passionnés qu'elle ne semblait en comporter auparavant. Ce philosophe sensible a même proposé des choses que l'auteur de *Sémiramis*, d'*Oreste*, et de *Tancrède*, n'oserait jamais hasarder. C'est bien assez qu'il ait fait entendre les cris et les paroles de Clytemnestre qu'on égorge derrière la scène, paroles qu'une actrice doit prononcer d'une voix aussi terrible que douloureuse, sans quoi tout est manqué. Ces paroles faisaient dans Athènes un effet prodigieux· tout le monde

---

1. Mlle Dumesnil. (Ed.) — 2. D'Alembert. (Ed.)

frémissait quand il entendait : Ὦ τέκνον, τέκνον, οἴκτειρε τὴν τεκοῦσαν. Ce n'est que par degrés qu'on peut accoutumer notre théâtre à ce grand pathétique :

Mais il est des objets que l'art judicieux
Doit offrir à l'oreille, et reculer des yeux.

Souvenons-nous toujours qu'il ne faut pas pousser le terrible jusqu'à l'horrible. On peut effrayer la nature, mais non pas la révolter et la dégoûter.

Gardons-nous surtout de chercher dans un grand appareil, et dans un vain jeu de théâtre, un supplément à l'intérêt et à l'éloquence. Il vaut cent fois mieux, sans doute, savoir faire parler ses acteurs que de se borner à les faire agir. Nous ne pouvons trop répéter que quatre beaux vers de sentiment valent mieux que quarante belles attitudes. Malheur à qui croirait plaire par des pantomimes avec des solécismes ou avec des vers froids et durs, pires que toutes les fautes contre la langue! Il n'est rien de beau en aucun genre que ce qui soutient l'examen attentif de l'homme de goût.

L'appareil, l'action, le pittoresque, font un grand effet, sans doute; mais ne mettons jamais le bizarre et le gigantesque à la place de la nature, et le forcé à la place du simple; que le décorateur ne l'emporte point sur l'auteur : car alors, au lieu de tragédies, on aurait la rareté, la curiosité.

La pièce qu'on soumet ici aux lumières des connaisseurs est simple, mais très-difficile à bien jouer : on ne la donne point au théâtre, parce qu'on ne la croit point assez bonne; d'ailleurs, presque tous les rôles étant principaux, il faudrait un concert et un jeu de théâtre parfait pour faire supporter la pièce à la représentation. Il y a plusieurs tragédies dans ce cas, telles que *Brutus*, *Rome sauvée*, *la Mort de César*, qu'il est impossible de bien jouer dans l'état de médiocrité où on laisse tomber le théâtre, faute d'avoir des écoles de déclamation, comme il y en eut chez les Grecs, et chez les Romains leurs imitateurs.

Le concert unanime des acteurs est très-rare dans la tragédie. Ceux qui sont chargés des seconds rôles ne prennent jamais de part à l'action; ils craignent de contribuer à former un grand tableau; ils redoutent le parterre, trop enclin à donner du ridicule à tout ce qui n'est pas d'usage. Très-peu savent distinguer le familier du naturel. D'ailleurs la misérable habitude de débiter des vers comme de la prose, de méconnaître le rhythme et l'harmonie, a presque anéanti l'art de la déclamation.

L'auteur, n'osant donc pas donner les *Scythes* au théâtre, ne présente cet ouvrage que comme une très-faible esquisse que quelqu'un des jeunes gens qui s'élèvent aujourd'hui pourra finir un jour.

On verra alors que tous les états de la vie humaine peuvent être représentés sur la scène tragique, en observant toujours toutefois les bienséances, sans lesquelles il n'y a point de vraies beautés chez les nations policées, et surtout aux yeux des cours éclairées.

Enfin l'auteur des *Scythes* s'est occupé pendant quarante ans du soin d'étendre la carrière de l'art. S'il n'y a pas réussi, il aura du moins dans sa vieillesse la consolation de voir son objet rempli par des jeunes gens qui marcheront d'un pas plus ferme que lui dans une route qu'il ne peut plus parcourir.

PRÉFACE
DES ÉDITEURS QUI NOUS ONT PRÉCÉDÉ IMMÉDIATEMENT[1]

L'édition que nous donnons de la tragédie des *Scythes* est la plus ample et la plus correcte qu'on ait faite jusqu'à présent. Nous pouvons assurer qu'elle est entièrement conforme au manuscrit d'après lequel la pièce a été jouée sur le théâtre de Ferney, et sur celui de M. le marquis de Langallerie; car nous savons qu'elle n'avait été composée que comme un amusement de société, pour exercer les talents de quelques personnes de mérite qui ont du goût pour le théâtre.

L'édition de Paris ne pouvait être aussi fidèle que la nôtre, puisqu'elle ne fut entreprise que sur la première édition de Genève, à laquelle l'auteur changea plus de cent vers, que le théâtre de Paris ni celui de Lyon n'eurent pas le temps de se procurer. Pierre Pellet imprima depuis la pièce à Genève, mais il y manque quelques morceaux qui jusqu'à présent n'ont été qu'entre nos mains. D'ailleurs il a omis l'épître dédicatoire, qui est dans un goût aussi nouveau que la pièce, et la préface, que les amateurs ne veulent pas perdre.

Pour l'édition de Hollande, on croira sans peine qu'elle n'approche pas de la nôtre, les éditeurs hollandais n'étant pas à portée de consulter l'auteur.

Ceux qui ont fait l'édition de Bordeaux sont dans le même cas; enfin, de huit éditions qui ont paru, la nôtre est la plus complète.

Il faut de plus considérer que, dans presque toutes les pièces nouvelles, il y a des vers qu'on ne récite point d'abord sur la scène, soit par des convenances qui n'ont qu'un temps, soit par crainte de fournir un prétexte à des allusions malignes. Nous trouvons par exemple, dans notre exemplaire, ces vers de Sozame à la troisième scène du premier acte:

  Ah! crois-moi, tous ces exploits affreux,
Ce grand art d'opprimer, trop indigne du brave,
D'être esclave d'un roi pour faire un peuple esclave,
De ramper par fierté pour se faire obéir,
M'ont égaré longtemps, et font mon repentir.

Il y a dans l'édition de Paris:

  Ah! crois-moi; tous ces lauriers affreux,
Les exploits des tyrans, des peuples les misères,
Des États dévastés par des mains mercenaires,
Ces honneurs, cet éclat, par le meurtre achetés,
Dans le fond de mon cœur je les ai détestés.

---

1. Cette préface, publiée en 1766, est de Voltaire. (E.)

Ce n'est pas à nous à décider lesquels sont les meilleurs ; nous présentons seulement ces deux leçons différentes aux amateurs qui sont en état d'en juger ; mais sûrement il n'y a personne qui puisse avec raison faire la moindre application des conquêtes des Perses et du despotisme de leurs rois avec les monarchies et les mœurs de l'Europe telle qu'elle est aujourd'hui.

L'auteur des *Scythes* nous apprend qu'on retrancha à Paris, dans *l'Orphelin de la Chine*, des vers de *Gengis-Kan*, que l'on récite aujourd'hui sur tous les théâtres.

On sait que ce fut bien pis à *Mahomet*, et ce qu'il fallut de peines, de temps, et de soins, pour rétablir sur la scène française cette tragédie unique en son genre, dédiée à un des plus vertueux papes que l'Église ait eus jamais.

Ce qui occasionne quelquefois des variantes que les éditeurs ont peine à démêler, c'est la mauvaise humeur des critiques de profession qui s'attachent à des mots, surtout dans des pièces simples, lesquelles exigent un style naturel, et bannissent cette pompe majestueuse dont les esprits sont subjugués aux premières représentations dans les sujets plus importants.

C'est ainsi que la *Bérénice* de l'illustre Racine essuya tant de reproches sur mille expressions familières que son sujet semblait permettre :

Belle reine, et pourquoi vous offenseriez-vous ?
Arsace, entrerons-nous ?... Et pourquoi donc partir ?
A-t-on vu de ma part le roi de Comagène ?
Il suffit. Et que fait la reine Bérénice ?
On sait qu'elle est charmante, et de si belles mains....
Cet amour est ardent, il le faut confesser.
Encore un coup, allons, il n'y faut plus penser.
Comme vous, je m'y perds d'autant plus que j'y pense.
Si Titus est jaloux, Titus est amoureux.
Adieu : ne quittez point ma princesse, ma reine.
. . . . Eh quoi ! seigneur, vous n'êtes point parti [1] !
Remettez-vous, madame, et rentrez en vous-même ;
Car enfin, ma princesse, il faut nous séparer.
Dites, parlez.... Hélas ! que vous me déchirez !
Pourquoi suis-je empereur ? pourquoi suis-je amoureux ?
Allons : Rome en dira ce qu'elle en voudra dire.
Quoi ! seigneur.... Je ne sais, Paulin, ce que je dis.

Environ cinquante vers dans ce goût furent les armes que les ennemis de Racine tournèrent contre lui : on les parodia à la farce italienne. Des gens qui n'avaient pu faire quatre vers supportables dans leur vie ne manquèrent pas de décider dans vingt brochures que le plus éloquent, le plus exact, le plus harmonieux de nos poëtes ne savait pas faire des vers tragiques. On ne voulait pas voir que ces petites négligences, ou plutôt ces naïvetés, qu'on appelait négligences, étaient liées à des beautés réelles, à des sentiments vrais et délicats que ce grand homme savait seul exprimer. Aussi, quand il s'est trouvé des actrices capables de

---

1. C'est Bérénice qui dit ce vers à Antiochus. Visé, qui était dans le parterre, cria : « Qu'il parte. »

jouer *Bérénice*, elle a toujours été représentée avec de grands applaudissements ; elle a fait verser des larmes ; mais la nature accorde presque aussi rarement les talents nécessaires pour bien déclamer qu'elle accorde le don de faire des tragédies dignes d'être représentées. Les esprits justes et désintéressés les jugent dans le cabinet, mais les acteurs seuls les font réussir au théâtre.

Racine eut le courage de ne céder à aucune des critiques que l'on fit de *Bérénice*; il s'enveloppa dans la gloire d'avoir fait une pièce touchante d'un sujet dont aucun de ses rivaux, quel qu'il pût être, n'aurait pu tirer deux ou trois scènes, qui eût été, lui seul, qui eût pu contenter la délicatesse de la cour de Louis XIV.

Ce qui fait bien connaître le cœur humain, c'est que personne n'écrivit contre la *Bérénice* de Corneille qu'on jouait en même temps, et que cent critiques se déchaînaient contre la *Bérénice* de Racine. Quelle en était la raison ? c'est qu'on sentait dans le fond de son cœur la supériorité de ce style naturel, auquel personne ne pouvait atteindre ; on sentait que rien n'est plus aisé que de coudre ensemble des scènes ampoulées, et rien de plus difficile que de bien parler le langage du cœur.

Racine, tant critiqué, tant poursuivi par la médiocrité et par l'envie, a gagné à la longue tous les suffrages. Le temps seul a vengé sa mémoire.

Nous avons vu des exemples non moins frappants de ce que peuvent la malignité et le préjugé. *Adélaïde du Guesclin* fut rebutée dès le premier acte jusqu'au dernier. On s'est avisé, après plus de trente années, de la remettre au théâtre, sans y changer un seul mot, et elle y a eu le succès le plus constant.

Dans toutes les actions publiques, la réussite dépend beaucoup plus des accessoires que de la chose même. Ce qui entraîne tous les suffrages dans un temps aliène tous les esprits dans un autre. Il n'est qu'un seul genre pour lequel le jugement du public ne varie jamais ; c'est celui de la satire grossière, qu'on méprise, même en s'en amusant quelques moments; c'est cette critique acharnée et mercenaire d'ignorants qui insultent à prix fait aux arts qu'ils n'ont jamais pratiqués, qui dénigrent les tableaux du salon sans avoir su dessiner, qui s'élèvent contre la musique de Rameau sans savoir solfier ; misérables bourdons qui vont de ruche en ruche se faire chasser par les abeilles laborieuses.

PERSONNAGES.

HERMODAN, père d'Indatire, habitant d'un canton scythe.
INDATIRE.
ATHAMARE, prince d'Ecbatane.
SOZAME, ancien général persan, retiré en Scythie.
OBÉIDE, fille de Sozame.
SULMA, compagne d'Obéide.
HIRCAN, officier d'Athamare.
Scythes et Persans.

ACTE PREMIER.

(Le théâtre représente un bocage et un berceau, avec un banc de gazon; on voit dans le lointain des campagnes et des cabanes.)

SCÈNE I. — HERMODAN, INDATIRE, ET DEUX SCYTHES, *couverts de peaux de tigres ou de lions.*

HERMODAN.
Indatire, mon fils, quelle est donc cette audace?
Qui sont ces étrangers? quelle insolente race
A franchi les sommets des rochers d'Immaüs?
Apportent-ils la guerre aux rives de l'Oxus?
Que viennent-ils chercher dans nos forêts tranquilles?

INDATIRE.
Mes braves compagnons, sortis de leurs asiles,
Avec rapidité se sont rejoints à moi,
Ainsi qu'on les voit tous s'attrouper sans effroi
Contre les fiers assauts des tigres d'Hyrcanie.
Notre troupe assemblée est faible, mais unie,
Instruite à défier le péril et la mort.
Elle marche aux Persans, elle avance; et d'abord
Sur un coursier superbe à nos yeux se présente
Un jeune homme entouré d'une pompe éclatante;
L'or et les diamants brillent sur ses habits;
Son turban disparaît sous les feux des rubis :
Il voudrait, nous dit-il, parler à notre maître
Nous le saluons tous, en lui faisant connaître
Que ce titre de maître, aux Persans si sacré,
Dans l'antique Scythie est un titre ignoré :
« Nous sommes tous égaux sur ces rives si chères,
Sans rois et sans sujets, tous libres et tous frères.
Que veux-tu dans ces lieux? viens-tu pour nous traiter
En hommes, en amis, ou pour nous insulter? »
Alors il me répond, d'une voix douce et fière,
Que, des États persans visitant la frontière,
Il veut voir à loisir ce peuple si vanté
Pour ses antiques mœurs et pour sa liberté.
Nous avons avec joie entendu ce langage :
Mais j'observais pourtant je ne sais quel nuage,
L'empreinte des ennuis ou d'un dessein profond
Et les sombres chagrins répandus sur son front.
Nous offrons cependant à sa troupe brillante
Des hôtes de nos bois la dépouille sanglante,
Nos utiles toisons, tout ce qu'en nos climats

La nature indulgente a semé sous nos pas;
Mais surtout des carquois, des flèches, des armures,
Ornements des guerriers, et nos seules parures.
Ils présentent alors à nos regards surpris
Des chefs-d'œuvre d'orgueil sans mesure et sans prix,
Instruments de mollesse, où sous l'or et la soie
Des inutiles arts tout l'effort se déploie.
Nous avons rejeté ces présents corrupteurs,
Trop étrangers pour nous, trop peu faits pour nos mœurs,
Superbes ennemis de la simple nature :
L'appareil des grandeurs au pauvre est une injure;
Et recevant enfin des dons moins dangereux,
Dans notre pauvreté nous sommes plus grands qu'eux.
Nous leur donnons le droit de poursuivre en nos plaines,
Sur nos lacs, en nos bois, aux bords de nos fontaines,
Les habitants des airs, de la terre et des eaux.
Contents de notre accueil, ils nous traitent d'égaux;
Enfin nous nous jurons une amitié sincère.
Ce jour, n'en doutez point, nous est un jour prospère.
Ils pourront voir nos jeux et nos solennités,
Les charmes d'Obéide, et mes félicités.

HERMODAN.

Ainsi donc, mon cher fils, jusqu'en notre contrée
La Perse est triomphante; Obéide adorée
Par un charme invincible a subjugué tes sens!
Cet objet, tu le sais, naquit chez les Persans.

INDATIRE.

On le dit; mais qu'importe où le ciel la fit naître?

HERMODAN.

Son père jusqu'ici ne s'est point fait connaître;
Depuis quatre ans entiers qu'il goûte dans ces lieux
La liberté, la paix, que nous donnent les dieux,
Malgré notre amitié, j'ignore quel orage
Transplanta sa famille en ce désert sauvage.
Mais dans ses entretiens j'ai souvent démêlé
Que d'une cour ingrate il était exilé.
Il est persécuté : la vertu malheureuse
Devient plus respectable, et m'est plus précieuse;
Je vois avec plaisir que du sein des honneurs
Il s'est soumis sans peine à nos lois, à nos mœurs,
Quoiqu'il soit dans un âge où l'âme la plus pure
Peut rarement changer le pli de la nature.

INDATIRE.

Son adorable fille est encore au-dessus :
De son sexe et du nôtre elle unit les vertus;
Courageuse et modeste, elle est belle et l'ignore;
Sans doute elle est d'un rang que chez elle on honore;

ACTE I, SCÈNE I.

Son âme est noble au moins, car elle est sans orgueil,
Simple dans ses discours, affable en son accueil;
Sans avilissement à tout elle s'abaisse,
D'un père infortuné soulage la vieillesse,
Le console, le sert, et craint d'apercevoir
Qu'elle va quelquefois par delà son devoir.
On la voit supporter la fatigue obstinée
Pour laquelle on sent trop qu'elle n'était point née;
Elle brille surtout dans nos champêtres jeux,
Nobles amusements d'un peuple belliqueux;
Elle est de nos beautés l'amour et le modèle;
Le ciel la récompense en la rendant plus belle.

HERMODAN.

Oui, je la crois, mon fils, digne de tant d'amour :
Mais d'où vient que son père, admis dans ce séjour,
Plus formé qu'elle encore aux usages des Scythes,
Adorateur des lois que nos mœurs ont prescrites,
Notre ami, notre frère en nos cœurs adopté,
Jamais de son destin n'a rien manifesté?
Sur son rang, sur les siens, pourquoi se taire encore?
Rougit-on de parler de ce qui nous honore?
Et puis-je abandonner ton cœur trop prévenu
Au sang d'un étranger qui craint d'être connu?

INDATIRE.

Quel qu'il soit, il est libre, il est juste, intrépide;
Il m'aime, il est enfin le père d'Obéide.

HERMODAN.

Que je lui parle au moins.

SCÈNE II. — HERMODAN, INDATIRE, SOZAME.

INDATIRE, *allant à Sozame.*

O vieillard généreux!
O cher concitoyen de nos pâtres heureux!
Les Persans, en ce jour venus dans la Scythie,
Seront donc les témoins du saint nœud qui nous lie
Je tiendrai de tes mains un don plus précieux
Que le trône où Cyrus se crut égal aux dieux.
J'en atteste les miens et le jour qui m'éclaire,
Mon cœur se donne à toi comme il est à mon père;
Je te sers comme lui. Quoi! tu verses des pleurs!

SOZAME.

J'en verse de tendresse; et si dans mes malheurs
Cette heureuse alliance, où mon bonheur se fonde,
Guérit d'un cœur flétri la blessure profonde,
La cicatrice en reste; et les biens les plus chers
Rappellent quelquefois les maux qu'on a soufferts.

INDATIRE.
J'ignore tes chagrins; ta vertu m'est connue :
Qui peut donc t'affliger? ma candeur ingénue
Mérite que ton cœur au mien daigne s'ouvrir.
HERMODAN.
A la tendre amitié tu peux tout découvrir;
Tu le dois.
SOZAME.
O mon fils! ô mon cher Indatire!
Ma fille est, je le sais, soumise à mon empire;
Elle est l'unique bien que les dieux m'ont laissé.
J'ai voulu cet hymen, je l'ai déjà pressé;
Je ne la gêne point sous la loi paternelle;
Son choix ou son refus, tout doit dépendre d'elle.
Que ton père aujourd'hui, pour former ce lien,
Traite son digne sang comme je fais le mien;
Et que la liberté de ta sage contrée
Préside à l'union que j'ai tant désirée.
Avec ce digne ami laisse-moi m'expliquer :
Va, ma bouche jamais ne pourra révoquer
L'arrêt qu'en ta faveur aura porté ma fille.
Va, cher et noble espoir de ma triste famille,
Mon fils, obtiens ses vœux; je te réponds des miens.
INDATIRE.
J'embrasse tes genoux, et je revole aux siens.

SCÈNE III. — HERMODAN, SOZAME.

SOZAME.
Ami, reposons-nous sur ce siége sauvage,
Sous ce dais qu'ont formé la mousse et le feuillage.
La nature nous l'offre; et je hais dès longtemps
Ceux que l'art a tissus dans les palais des grands.
HERMODAN.
Tu fus donc grand en Perse?
SOZAME.
Il est vrai.
HERMODAN.
Ton silence
M'a privé trop longtemps de cette confidence.
Je ne hais point les grands; j'en ai vu quelquefois
Qu'un désir curieux attira dans nos bois :
J'aimai de ces Persans les mœurs nobles et fières.
Je sais que les humains sont nés égaux et frères;
Mais je n'ignore pas que l'on doit respecter
Ceux qu'en exemple au peuple un roi veut présenter;
Et la simplicité de notre république
N'est point une leçon pour l'État monarchique.

ACTE I, SCÈNE III.

Craignais-tu qu'un ami te fût moins attaché ?
Crois-moi, tu t'abusais.

SOZAME.

Si je t'ai tant caché
Mes honneurs, mes chagrins, ma chute, ma misère,
La source de mes maux, pardonne au cœur d'un père :
J'ai tout perdu ; ma fille est ici sans appui ;
Et j'ai craint que le crime, et la honte d'autrui
Ne rejaillît sur elle et ne flétrît sa gloire.
Apprends d'elle et de moi la malheureuse histoire.

(Ils s'asseyent tous deux.)

HERMODAN.

Sèche tes pleurs, et parle.

SOZAME.

Apprends que sous Cyrus
Je portais la terreur aux peuples éperdus.
Ivre de cette gloire à qui l'on sacrifie,
Ce fut moi dont la main subjugua l'Hyrcanie,
Pays libre autrefois.

HERMODAN.

Il est bien malheureux ;
Il fut libre.

SOZAME.

Ah ! crois-moi, tous ces exploits affreux,
Ce grand art d'opprimer, trop indigne du brave,
D'être esclave d'un roi pour faire un peuple esclave,
De ramper par fierté pour se faire obéir,
M'ont égaré longtemps, et font mon repentir....
Enfin Cyrus, sur moi répandant ses largesses,
M'orna de dignités, me combla de richesses ;
A ses conseils secrets je fus associé.
Mon protecteur mourut, et je fus oublié.
J'abandonnai Cambyse, illustre téméraire,
Indigne successeur de son auguste père ;
Ecbatane, du Mède autrefois le séjour,
Cacha mes cheveux blancs à sa nouvelle cour :
Mais son frère Smerdis, gouvernant la Médie,
Smerdis, de la vertu persécuteur impie,
De mes jours honorés empoisonna la fin.
Un enfant de sa sœur, un jeune homme sans frein,
Généreux, il est vrai, vaillant, peut-être aimable,
Mais dans ses passions caractère indomptable,
Méprisant son épouse en possédant son cœur,
Pour la jeune Obéide épris avec fureur,
Prétendit m'arracher, en maître despotique,
Ce soutien de mon âge et mon espoir unique :
Athamare est son nom ; sa criminelle ardeur

M'entraînait au tombeau couvert de déshonneur.
HERMODAN.
As-tu par son trépas repoussé cet outrage?
SOZAME.
J'osai l'en menacer. Ma fille eut le courage
De me forcer à fuir les transports violents
D'un esprit indomptable en ses emportements :
De sa mère en ce temps les dieux l'avaient privée;
Par moi seul à ce prince elle fut enlevée.
Les dignes courtisans de l'infâme Smerdis,
Monstres par ma retraite à parler enhardis,
Employèrent bientôt leurs armes ordinaires,
L'art de calomnier en paraissant sincères;
Ils feignaient de me plaindre en osant m'accuser,
Et me cachaient la main qui savait m'écraser;
C'est un crime en Médie, ainsi qu'à Babylone,
D'oser parler en homme à l'héritier du trône.
HERMODAN.
O de la servitude effets avilissants!
Quoi! la plainte est un crime à la cour des Persans!
SOZAME.
Le premier de l'État, quand il a pu déplaire,
S'il est persécuté, doit souffrir et se taire.
HERMODAN.
Comment recherchas-tu cette basse grandeur?
(Les deux vieillards se lèvent.)
SOZAME.
Ce souvenir honteux soulève encor mon cœur.
Ami, tout ce que peut l'adroite calomnie,
Pour m'arracher l'honneur, la fortune, et la vie,
Tout fut tenté par eux, et tout leur réussit :
Smerdis proscrit ma tête; on partage, on ravit,
Mes emplois et mes biens, le prix de mon service :
Ma fille en fait sans peine un noble sacrifice,
Ne voit plus que son père, et, subissant son sort,
Accompagne ma fuite et s'expose à la mort.
Nous partons; nous marchons de montagne en abîme;
Du Taurus escarpé nous franchissons la cime.
Bientôt dans vos forêts, grâce au ciel, parvenu,
J'y trouvai le repos qui m'était inconnu.
J'y voudrais être né. Tout mon regret, mon frère,
Est d'avoir parcouru ma fatale carrière
Dans les camps, dans les cours, à la suite des rois,
Loin des seuls citoyens gouvernés par les lois;
Mais je sens que ma fille, aux déserts enterrée,
Du faste des grandeurs autrefois entourée,
Dans le secret du cœur pourrait entretenir

ACTE I, SCÈNE III.

De ses honneurs passés l'importun souvenir ;
J'ai peur que la raison, l'amitié filiale,
Combattent faiblement l'illusion fatale,
Dont le charme trompeur a fasciné toujours
Des yeux accoutumés à la pompe des cours :
Voilà ce qui tantôt, rappelant mes alarmes,
A rouvert un moment la source de mes larmes.

HERMODAN.

Que peux-tu craindre ici ? qu'a-t-elle à regretter ?
Nous valons pour le moins ce qu'elle a su quitter :
Elle est libre avec nous, applaudie, honorée ;
D'aucuns soins dangereux sa paix n'est altérée.
La franchise qui règne en notre heureux séjour
Fait mépriser les fers et l'orgueil de ta cour.

SOZAME.

Je mourrais trop content si ma chère Obéide
Haïssait comme moi cette cour si perfide.
Pourra-t-elle en effet penser, dans ses beaux ans,
Ainsi qu'un vieux soldat détrompé par le temps ?
Tu connais, cher ami, mes grandeurs éclipsées,
Et mes soupçons présents, et mes douleurs passées,
Cache-les à ton fils, et que de ses amours
Mes chagrins inquiets n'altèrent point le cours.

HERMODAN.

Va, je te le promets ; mais apprends qu'on devine
Dans ces rustiques lieux ton illustre origine ;
Tu n'en es pas moins cher à nos simples esprits.
Je tairai tout le reste, et surtout à mon fils ;
Il s'en alarmerait.

SCÈNE IV. — HERMODAN, SOZAME, INDATIRE.

INDATIRE.

Obéide se donne,
Obéide est à moi, si ta bonté l'ordonne,
Si mon père y souscrit.

SOZAME.

Nous l'approuvons tous deux ;
Notre bonheur, mon fils, est de te voir heureux
Cher ami, ce grand jour renouvelle ma vie ;
Il me fait citoyen de ta noble patrie.

SCÈNE V. — SOZAME, HERMODAN, INDATIRE, UN SCYTHE

LE SCYTHE.

Respectables vieillards, sachez que nos hameaux
Seront bientôt remplis de nos hôtes nouveaux.
Leur chef est empressé de voir dans la Scythie

Un guerrier qu'il connut aux champs de la Médie,
Il nous demande à tous en quels lieux est caché
Ce vieillard malheureux qu'il a longtemps cherché.

HERMODAN, à *Sozame*.
O ciel! jusqu'en mes bras il viendrait te poursuivre!

INDATIRE.
Lui, poursuivre Sozame! il cesserait de vivre.

LE SCYTHE.
Ce généreux Persan ne vient point défier
Un peuple de pasteurs innocent et guerrier;
Il paraît accablé d'une douleur profonde :
Peut-être est-ce un banni qui se dérobe au monde,
Un illustre exilé, qui dans nos régions
Fuit une cour féconde en révolutions.
Nos pères en ont vu qui, loin de ces naufrages,
Rassasiés de trouble et fatigués d'orages,
Préféraient de nos mœurs la grossière âpreté
Aux attentats commis avec urbanité.
Celui-ci paraît fier, mais sensible, mais tendre;
Il veut cacher les pleurs que je l'ai vu répandre.

HERMODAN, à *Sozame*.
Ses pleurs me sont suspects, ainsi que ses présents.
Pardonne à mes soupçons, mais je crains les Persans :
Ces esclaves brillants veulent au moins séduire.
Peut-être c'est à toi qu'on cherche encore à nuire;
Peut-être ton tyran, par ta fuite trompé,
Demande ici ton sang à sa rage échappé.
D'un prince quelquefois le malheureux ministre
Pleure en obéissant à son ordre sinistre.

SOZAME.
Oubliant tous les rois dans ces heureux climats,
Je suis oublié d'eux, et je ne les crains pas.

INDATIRE, à *Sozame*.
Nous mourrions à tes pieds avant qu'un téméraire
Pût manquer seulement de respect à mon père.

LE SCYTHE.
S'il vient pour te trahir, va, nous l'en punirons;
Si c'est un exilé, nous le protégerons.

INDATIRE.
Ouvrons en paix nos cœurs à la pure allégresse.
Que nous fait d'un Persan la joie ou la tristesse?
Et qui peut chez le Scythe envoyer la terreur?
Ce mot honteux de crainte a révolté mon cœur.
Mon père, mes amis, daignez de vos mains pures
Préparer cet autel redouté des parjures;
Ces festons, ces flambeaux, ces gages de ma foi.

(A Sozame.)
Viens présenter la main qui combattra pour toi,
Cette main trop heureuse, à ta fille promise,
Terrible aux ennemis, à toi toujours soumise.

ACTE SECOND.

SCÈNE I. — OBÉIDE, SULMA.

SULMA.
Vous y résolvez-vous?
OBÉIDE.
　　　　　Oui, j'aurai le courage
D'ensevelir mes jours en ce désert sauvage :
On ne me verra point, lasse d'un long effort,
D'un père inébranlable attendre ici la mort
Pour aller dans les murs de l'ingrate Ecbatane
Essayer d'adoucir la loi qui le condamne,
Pour aller recueillir des débris dispersés
Que tant d'avides mains ont en foule amassés.
Quand sa fuite en ces lieux fut par lui méditée,
Ma jeunesse peut-être en fut épouvantée;
Mais j'eus honte bientôt de ce secret retour
Qui rappelait mon cœur à mon premier séjour.
J'ai sans doute à ce cœur fait trop de violence
Pour démentir jamais tant de persévérance.
Je me suis fait enfin, dans ces grossiers climats,
Un esprit et des mœurs que je n'espérais pas.
Ce n'est plus Obéide à la cour adorée,
D'esclaves couronnés à toute heure entourée;
Tous ces grands de la Perse, à ma porte rampants,
Ne viennent plus flatter l'orgueil de mes beaux ans.
D'un peuple industrieux les talents mercenaires
De mon goût dédaigneux ne sont plus tributaires :
J'ai pris un nouvel être; et, s'il m'en a coûté
Pour subir le travail avec la pauvreté,
La gloire de me vaincre et d'imiter mon père,
En m'en donnant la force, est mon noble salaire.
SULMA.
Votre rare vertu passe votre malheur :
Dans votre abaissement je vois votre grandeur,
Je vous admire en tout; mais le cœur est-il maître
De renoncer aux lieux où le ciel nous fit naître?
La nature a ses droits; ses bienfaisantes mains
Ont mis ce sentiment dans les faibles humains.
On souffre en sa patrie, elle peut nous déplaire

Mais quand on l'a perdue, alors elle est bien chère.

OBÉIDE.

Le ciel m'en donne une autre, et je la dois chérir,
La supporter du moins, y languir, y mourir;
Telle est ma destinée.... Hélas! tu l'as suivie!
Tu quittas tout pour moi, tu consoles ma vie;
Mais je serais barbare en t'osant proposer
De porter ce fardeau qui commence à peser.
Dans les lâches parents qui m'ont abandonnée
Tu trouveras peut-être une âme assez bien née,
Compatissante assez pour acquitter vers toi
Ce que le sort m'enlève, et ce que je te doi;
D'une pitié bien juste elle sera frappée
En voyant de mes pleurs une lettre trempée.
Pars, ma chère Sulma; revois, si tu le veux,
La superbe Ecbatane et ses peuples heureux;
Laisse dans ces déserts ta fidèle Obéide.

SULMA.

Ah! que la mort plutôt frappe cette perfide,
Si jamais je conçois le criminel dessein
De chercher loin de vous un bonheur incertain!
J'ai vécu pour vous seule, et votre destinée
Jusques à mon tombeau tient la mienne enchaînée;
Mais je vous l'avouerai, ce n'est pas sans horreur
Que je vois tant d'appas, de gloire, de grandeur,
D'un soldat de Scythie être ici le partage.

OBÉIDE.

Après mon infortune, après l'indigne outrage
Qu'a fait à ma famille, à mon âge, à mon nom,
De l'immortel Cyrus un fatal rejeton;
De la cour à jamais lorsque tout me sépare,
Quand je dois tant haïr ce funeste Athamare;
Sans état, sans patrie, inconnue en ces lieux,
Tous les humains, Sulma, sont égaux à mes yeux;
Tout m'est indifférent.

SULMA.

Ah! contrainte inutile!
Est-ce avec des sanglots qu'on montre un cœur tranquille?

OBÉIDE.

Cesse de m'arracher, en croyant m'éblouir,
Ce malheureux repos dont je cherche à jouir.
Au parti que je prends je me suis condamnée.
Va, si mon cœur m'appelle aux lieux où je suis née,
Ce cœur doit s'en punir; il se doit imposer
Un frein qui le retienne, et qu'il n'ose briser.

SULMA.

D'un père infortuné victime volontaire,

ACTE II, SCÈNE I.

Quels reproches, hélas ! auriez-vous à vous faire

OBÉIDE.
Je ne m'en ferai plus. Dieux ! je vous le promets,
Obéide à vos yeux ne rougira jamais.

SULMA.
Qui, vous ?

OBÉIDE.
            Tout est fini. Mon père veut un gendre,
Il désigne Indatire, et je sais trop l'entendre :
Le fils de son ami doit être préféré.

SULMA.
Votre choix est donc fait ?

OBÉIDE.
            Tu vois l'autel sacré
Que préparent déjà mes compagnes heureuses,
Ignorant de l'hymen les chaînes dangereuses,
Tranquilles, sans regrets, sans cruel souvenir.

SULMA.
D'où vient qu'à cet aspect vous paraissez frémir ?

SCÈNE II. — OBÉIDE, SULMA, INDATIRE.

INDATIRE.
Cet autel me rappelle en ces forêts si chères ;
Tu conduis tous mes pas ; je devance nos pères :
Je viens lire en tes yeux, entendre de ta voix,
Que ton heureux époux est nommé par ton choix :
L'hymen est parmi nous le nœud que la nature
Forme entre deux amants de sa main libre et pure ;
Chez les Persans, dit-on, l'intérêt odieux,
Les folles vanités, l'orgueil ambitieux,
De cent bizarres lois la contrainte importune
Soumettent tristement l'amour à la fortune :
Ici le cœur fait tout, ici l'on vit pour soi ;
D'un mercenaire hymen on ignore la loi ;
On fait sa destinée. Une fille guerrière
De son guerrier chéri court la noble carrière,
Se plaît à partager ses travaux et son sort,
L'accompagne aux combats, et sait venger sa mort
Préfères-tu nos mœurs aux mœurs de ton empire ?
La sincère Obéide aime-t-elle Indatire ?

OBÉIDE.
Je connais tes vertus, j'estime ta valeur
Et de ton cœur ouvert la naïve candeur ;
Je te l'ai déjà dit, je l'ai dit à mon père ;
Et son choix et le mien doivent te satisfaire.

INDATIRE.
Non, tu sembles parler un langage étranger,

Et même en m'approuvant tu viens de m'affliger.
Dans les murs d'Ecbatane est-ce ainsi qu'on s'explique?
Obéide, est-il vrai qu'un astre tyrannique
Dans cette ville immense a pu te mettre au jour?
Est-il vrai que tes yeux brillèrent à la cour,
Et que l'on t'éleva dans ce riche esclavage
Dont à peine en ces lieux nous concevons l'image?
Dis-moi, chère Obéide, aurais-je le malheur
Que le ciel t'eût fait naître au sein de la grandeur?

OBÉIDE.

Ce n'est point ton malheur, c'est le mien... Ma mémoire
Ne me retrace plus cette trompeuse gloire;
Je l'oublie à jamais.

INDATIRE.

Plus ton cœur adoré
En perd le souvenir, plus je m'en souviendrai.
Vois-tu d'un œil content cet appareil rustique,
Le monument heureux de notre culte antique,
Où nos pères bientôt recevront les serments
Dont nos cœurs et nos dieux sont les sacrés garants?
Obéide, il n'a rien de la pompe inutile
Qui fatigue ces dieux dans ta superbe ville;
Il n'a pour ornement que des tissus de fleurs,
Présents de la nature, images de nos cœurs.

OBÉIDE.

Va, je crois que des cieux le grand et juste maître
Préfère ce saint culte et cet autel champêtre
A nos temples fameux que l'orgueil a bâtis.
Les dieux qu'on y fait d'or y sont bien mal servis.

INDATIRE.

Sais-tu que ces Persans venus sur ces rivages,
Veulent voir notre fête et nos riants bocages?
Par la main des vertus ils nous verront unis.

OBÉIDE.

Les Persans!... que dis-tu?... Les Persans!

INDATIRE.

Tu frémis!
Quelle pâleur, ô ciel, sur ton front répandue!
Des esclaves d'un roi peux-tu craindre la vue?

OBÉIDE.

Ah, ma chère Sulma!

SULMA.

Votre père et le sien
Viennent former ici votre éternel lien.

INDATIRE.

Nos parents, nos amis, tes compagnes fidèles,

Viennent tous consacrer nos fêtes solennelles.

OBÉIDE, à Sulma.

Allons.... je l'ai voulu.

SCÈNE III. — OBÉIDE, SULMA, INDATIRE, SOZAME, HERMODAN.

(Des filles couronnées de fleurs, et des Scythes sans armes, font un demi-cercle autour de l'autel.)

HERMODAN.

Voici l'autel sacré,
L'autel de la nature à l'amour préparé,
Où je fis mes serments, où jurèrent nos pères.
(A Obéide.)
Nous n'avons point ici de plus pompeux mystères :
Notre culte, Obéide, est simple comme nous.

SOZAME, à Obéide.

De la main de ton père accepte ton époux.
(Obéide et Indatire mettent la main sur l'autel.)

INDATIRE.

Je jure à ma patrie, à mon père, à moi-même,
A nos dieux éternels, à cet objet que j'aime,
De l'aimer encor plus quand cet heureux moment
Aura mis Obéide aux mains de son amant;
Et, toujours plus épris, et toujours plus fidèle,
De vivre, de combattre, et de mourir pour elle.

OBÉIDE.

Je me soumets, grands dieux! à vos augustes lois;
(Ici Athamare et des Persans paraissent.)
Je jure d'être à lui.... Ciel! qu'est-ce que je vois?

SULMA.

Ah! madame.

OBÉIDE.

Je meurs; qu'on m'emporte.

INDATIRE.

Ah! Sozame,
Quelle terreur subite a donc frappé son âme?
Compagnes d'Obéide, allons à son secours.
(Les femmes scythes sortent avec Indatire.)

SCÈNE IV. — SOZAME, HERMODAN, ATHAMARE, HIRCAN, SCYTHES.

ATHAMARE.

Scythes, demeurez tous....

SOZAME.

Voici donc de mes jours

Le jour le plus étrange et le plus effroyable!

ATHAMARE.

Me reconnais-tu bien?

SOZAME.

Quel sort impitoyable
T'a conduit dans ces lieux de retraite et de paix?
Tu dois être content des maux que tu m'as faits.
Ton indigne monarque avait proscrit ma tête;
Viens-tu la demander? malheureux! elle est prête;
Mais tremble pour la tienne. Apprends que tu te vois
Chez un peuple équitable et redouté des rois.
Je demeure étonné de l'audace inouïe
Qui t'amène si loin pour hasarder ta vie.

ATHAMARE.

Peuple juste, écoutez; je m'en remets à vous
Le neveu de Cyrus vous fait juge entre nous.

HERMODAN.

Toi! neveu de Cyrus! et tu viens chez les Scythes!—

ATHAMARE.

L'équité m'y conduit.... Vainement tu t'irrites,
Infortuné Sozame, à l'aspect imprévu
Du fatal ennemi par qui tu fus perdu.
Je te persécutai; ma fougueuse jeunesse
Offensa ton honneur, accabla ta vieillesse;
Un roi t'a dépouillé de tes biens, de ton rang;
Un jugement inique a poursuivi ton sang.
Scythes, ce roi n'est plus; et la première idée
Dont après son trépas mon âme est possédée,
Est de rendre justice à cet infortuné.
Oui, Sozame, à tes pieds les dieux m'ont amené
Pour expier ma faute, hélas! trop pardonnable:
La suite en fut terrible, inhumaine, exécrable;
Elle accabla mon cœur: il la faut réparer:
Dans tes honneurs passés daigne à la fin rentrer:
Je partage avec toi mes trésors, ma puissance;
Ecbatane est du moins sous mon obéissance:
C'est tout ce qui demeure aux enfants de Cyrus;
Tout le reste a subi les lois de Darius.
Mais je suis assez grand, si ton cœur me pardonne.
Ton amitié, Sozame, ajoute à ma couronne.
Nul monarque avant moi sur le trône affermi
N'a quitté ses États pour chercher un ami;
Je donne cet exemple, et ton maître te prie:
Entends sa voix, entends la voix de ta patrie;
Cède aux vœux de ton roi qui vient te rappeler
Cède aux pleurs qu'à tes yeux mes remords font couler.

ACTE II, SCÈNE IV.   345

HERMODAN.
Je me sens attendri d'un spectacle si rare.
                    SOZAME.
Tu ne me séduis point, généreux Athamare.
Si le repentir seul avait pu t'amener,
Malgré tous mes affronts je saurais pardonner.
Tu sais quel est mon cœur, il n'est point inflexible;
Mais je lis dans le tien; je le connais sensible;
Je vois trop les chagrins dont il est désolé;
Et ce n'est pas pour moi que tes pleurs ont coulé.
Il n'est plus temps; adieu. Les champs de la Scythie
Me verront achever ma languissante vie.
Instruit bien chèrement, trop fier et trop blessé,
Pour vivre dans ta cour où tu m'as offensé,
Je mourrai libre ici.... Je me tais; rends-moi grâce
De ne pas révéler ta dangereuse audace.
Ami, courons chercher et ma fille et ton fils.
                    HERMODAN.
Viens, redoublons les nœuds qui nous ont tous unis.

SCÈNE V. — ATHAMARE, HIRCAN.

                    ATHAMARE.
Je demeure immobile. O ciel! ô destinée!
O passion fatale à me perdre obstinée!
Il n'est plus temps, dit-il : il a pu sans pitié
Voir son roi repentant, son maître humilié!
Ami, quand nous percions cette horde assemblée,
J'ai vu près de l'autel une femme voilée,
Qu'on a soudain soustraite à mon œil égaré.
Quel est donc cet autel de guirlandes paré?
Quelle était cette fête en ces lieux ordonnée?
Pour qui brûlaient ici les flambeaux d'hyménée?
Ciel! quel temps je prenais! A cet aspect d'horreur
Mes remords douloureux se changent en fureur
Grands dieux, s'il était vrai!
                    HIRCAN.
                    Dans les lieux où vous êtes
Gardez-vous d'écouter ces fureurs indiscrètes :
Respectez, croyez-moi, les modestes foyers
D'agrestes habitants, mais de vaillants guerriers,
Qui, sans ambition, comme sans avarice,
Observateurs zélés de l'exacte justice,
Ont mis leur seule gloire en leur égalité,
De qui vos grandeurs même irritent la fierté.
N'allez point alarmer leur noble indépendance;

Ils savent la défendre; ils aiment la vengeance;
Ils ne pardonnent point quand ils sont offensés.

ATHAMARE.

Tu t'abuses, ami; je les connais assez;
J'en ai vu dans nos camps, j'en ai vu dans nos villes,
De ces Scythes altiers, à nos ordres dociles,
Qui briguaient, en vantant leurs stériles climats,
L'honneur d'être comptés au rang de nos soldats.

HIRCAN.

Mais, souverains chez eux....

ATHAMARE.

Ah! c'est trop contredire
Le dépit qui me ronge, et l'amour qui m'inspire :
Ma passion m'emporte, et ne raisonne pas.
Si j'eusse été prudent, serais-je en leurs États?
Au bout de l'univers Obéide m'entraîne;
Son esclave échappé lui rapporte sa chaîne,
Pour l'enchaîner moi-même au sort qui me poursuit,
Pour l'arracher des lieux où sa douleur me fuit,
Pour la sauver enfin de l'indigne esclavage
Qu'un malheureux vieillard impose à son jeune âge;
Pour mourir à ses pieds d'amour et de fureur,
Si ce cœur déchiré ne peut fléchir son cœur

HIRCAN.

Mais si vous écoutiez....

ATHAMARE.

Non.... je n'écoute qu'elle.

HIRCAN.

Attendez.

ATHAMARE.

Que j'attende! et que de la cruelle
Quelque rival indigne, à mes yeux possesseur,
Insulte mon amour, outrage mon honneur!
Que du bien qu'il m'arrache il soit en paix le maître!
Mais trop tôt, cher ami, je m'alarme peut-être;
Son père à ce vil choix pourra-t-il la forcer?
Entre un Scythe et son maître a-t-elle à balancer?
Dans son cœur autrefois j'ai vu trop de noblesse
Pour croire qu'à ce point son orgueil se rabaisse.

HIRCAN.

Mais si dans ce choix même elle eût mis sa fierté?

ATHAMARE.

De ce doute offensant je suis trop irrité.
Allons; si mes remords n'ont pu fléchir son père,
S'il méprise mes pleurs.... qu'il craigne ma colère.
Je sais qu'un prince est homme, et qu'il peut s'égarer;
Mais lorsqu'au repentir facile à se livrer,

Reconnaissant sa faute, et s'oubliant soi-même,
Il va jusqu'à blesser l'honneur du rang suprême,
Quand il répare tout, il faut se souvenir
Que, s'il demande grâce, il la doit obtenir.

ACTE TROISIÈME.

SCÈNE I. — ATHAMARE, HIRCAN.

ATHAMARE.
Quoi ! c'était Obéide ! Ah ! j'ai tout pressenti ;
Mon cœur désespéré m'avait trop averti
C'était elle, grands dieux !
HIRCAN.
　　　　　　　Ses compagnes tremblantes
Rappelaient ses esprits sur ses lèvres mourantes....
ATHAMARE.
Elle était en danger ! Obéide !
HIRCAN.
　　　　　　　Oui, seigneur ;
Et, ranimant à peine un reste de chaleur,
Dans ces cruels moments, d'une voix affaiblie
Sa bouche a prononcé le nom de la Médie.
Un Scythe me l'a dit, un Scythe qu'autrefois
La Médie avait vu combattre sous nos lois.
Son père et son époux sont encore auprès d'elle.
ATHAMARE.
Qui ? son époux, un Scythe ?
HIRCAN.
　　　　　　　Eh quoi ! cette nouvelle
A votre oreille encor, seigneur, n'a pu voler ?
ATHAMARE.
Eh ! qui des miens, hors toi, m'ose jamais parler ?
De mes honteux secrets quel autre a pu s'instruire ?
Son époux, me dis-tu ?
HIRCAN.
　　　　　　　Le vaillant Indatire,
Jeune, et de ces cantons l'espérance et l'honneur,
Lui jurait ici même une éternelle ardeur,
Sous ces mêmes cyprès, à cet autel champêtre,
Aux clartés des flambeaux que j'ai vus disparaître.
Vous n'étiez pas encore arrivé vers l'autel
Qu'un long tressaillement, suivi d'un froid mortel,
A fermé les beaux yeux d'Obéide oppressée.
Des filles de Scythie une foule empressée

La portait en pleurant sous ces rustiques toits,
Asile malheureux dont son père a fait choix
Ce vieillard la suivait d'une démarche lente
Sous le fardeau des ans affaiblie et pesante,
Quand vous avez sur vous attiré ses regards.

ATHAMARE.

Mon cœur, à ce récit, ouvert de toutes parts,
De tant d'impressions sent l'atteinte subite;
Dans ses derniers replis un tel combat s'excite,
Que sur aucun parti je ne puis me fixer;
Et je démêle mal ce que je puis penser.
Mais d'où vient qu'en ce temple Obéide rendue
En touchant cet autel est tombée éperdue ?
Parmi tous ces pasteurs elle aura d'un coup d'œil
Reconnu des Persans le fastueux orgueil;
Ma présence à ses yeux a montré tous mes crimes,
Mes amours emportés, mes feux illégitimes,
A l'affreuse indigence un père abandonné,
Par un monarque injuste à la mort condamné,
Sa fuite, son séjour en ce pays sauvage,
Cette foule de maux qui sont tous mon ouvrage,
Elle aura rassemblé ces objets de terreur :
Elle imite son père, et je lui fais horreur.

HIRCAN.

Un tel saisissement, ce trouble involontaire,
Pourraient-ils annoncer la haine et la colère?
Les soupirs, croyez-moi, sont la voix des douleurs,
Et les yeux irrités ne versent point de pleurs.

ATHAMARE.

Ah! lorsqu'elle m'a vu, si son âme surprise
D'une ombre de pitié s'était au moins éprise;
Si lisant dans mon cœur, son cœur eût éprouvé
Un tumulte secret faiblement élevé !...
Si l'on me pardonnait ! Tu me flattes peut-être;
Ami, tu prends pitié des erreurs de ton maître.
Qu'ai-je fait, que ferai-je, et quel sera mon sort?
Mon aspect en tout temps lui porta donc la mort !
Mais, dis-tu, dans le mal qui menaçait sa vie,
Sa bouche a prononcé le nom de sa patrie?

HIRCAN.

Elle l'aime, sans doute.

ATHAMARE.

Ah ! pour me secourir
C'est une arme du moins qu'elle daigne m'offrir.
Elle aime sa patrie!... elle épouse Indatire!...
Va, l'honneur dangereux où le barbare aspire
Lui coûtera bientôt un sanglant repentir :

ACTE III, SCÈNE I.

C'est un crime trop grand pour ne le pas punir.

HIRCAN.

Pensez-vous être encor dans les murs d'Ecbatane ?
Là votre voix décide, elle absout ou condamne ;
Ici vous péririez. Vous êtes dans des lieux
Que jadis arrosa le sang de vos aïeux.

ATHAMARE.

Eh bien ! j'y périrai.

HIRCAN.

Quelle fatale ivresse !
Age des passions, trop aveugle jeunesse,
Où conduis-tu les cœurs à leurs penchants livrés !

ATHAMARE.

Qui vois-je donc paraître en ces champs abhorrés ?

(Indatire passe dans le fond du théâtre à la tête d'une troupe de guerriers.)

Que veut, le fer en main, cette troupe rustique ?

HIRCAN.

On m'a dit qu'en ces lieux c'est un usage antique ;
Ce sont de simples jeux par le temps consacrés,
Dans les jours de l'hymen noblement célébrés.
Tous leurs jeux sont guerriers ; la valeur les apprête :
Indatire y préside ; il s'avance à leur tête.
Tout le sexe est exclu de ces solennités ;
Et les mœurs de ce peuple ont des sévérités
Qui pourraient des Persans condamner la licence.

ATHAMARE.

Grands dieux ! vous me voulez conduire en sa présence !
Cette fête du moins m'apprend que vos secours
Ont dissipé l'orage élevé sur ses jours.
Oui, mes yeux la verront.

HIRCAN.

Oui, seigneur, Obéide
Marche vers la cabane où son père réside.

ATHAMARE.

C'est elle ; je la vois. Tâche de désarmer
Ce père malheureux que je n'ai pu calmer....
Des chaumes ! des roseaux ! voilà donc sa retraite !
Ah ! peut-être elle y vit tranquille et satisfaite ;
Et moi....

SCÈNE II. — OBÉIDE, SULMA, ATHAMARE.

ATHAMARE.

Non, demeurez, ne vous détournez pas ;
De vos regards du moins honorez mon trépas ;
Qu'à vos genoux tremblants un malheureux périsse.

OBÉIDE.
Ah! Sulma, qu'en tes bras mon désespoir finisse ;
C'en est trop.... Laisse-moi, fatal persécuteur ;
Va, c'est toi qui reviens pour m'arracher le cœur

ATHAMARE.
Écoute un seul moment.

OBÉIDE.
Eh! le dois-je, barbare?
Dans l'état où je suis que peut dire Athamare?

ATHAMARE.
Que l'amour m'a conduit du trône en tes forêts,
Qu'épris de tes vertus, honteux de mes forfaits,
Désespéré, soumis, mais furieux encore,
J'idolâtre Obéide autant que je m'abhorre.
Ah! ne détourne point tes regards effrayés :
Il me faut ou mourir ou régner à tes pieds.
Frappe, mais entends-moi. Tu sais déjà peut-être
Que de mon sort enfin les dieux m'ont rendu maître ;
Que Smerdis et ma femme, en un même tombeau,
De mon fatal hymen ont éteint le flambeau ;
Qu'Ecbatane est à moi.... Non, pardonne, Obéide ;
Ecbatane est à toi ; l'Euphrate, la Perside,
Et la superbe Égypte, et les bords indiens,
Seraient à tes genoux s'ils pouvaient être aux miens.
Mais mon trône et ma vie, et toute la nature,
Sont d'un trop faible prix pour payer ton injure.
Ton grand cœur, Obéide, ainsi que ta beauté,
Est au-dessus d'un rang dont il n'est point flatté :
Que la pitié du moins le désarme et le touche.
Les climats où tu vis l'ont-ils rendu farouche?
O cœur né pour aimer, ne peux-tu que haïr?
Image de nos dieux, ne sais-tu que punir?
Ils savent pardonner. Va, ta bonté doit plaindre
Ton criminel amant que tu vois sans le craindre.

OBÉIDE.
Que m'as-tu dit, cruel? et pourquoi de si loin
Viens-tu de me troubler prendre le triste soin?
Tenter dans ces forêts ma misère tranquille,
Et chercher un pardon.... qui serait inutile?
Quand tu m'osas aimer pour la première fois,
Ton roi d'un autre hymen t'avait prescrit les lois :
Sans un crime à mon cœur tu ne pouvais prétendre,
Sans un crime plus grand je ne saurais t'entendre.
Ne fais point sur mes sens d'inutiles efforts :
Je me vois aujourd'hui ce que tu fus alors ;
Sous la loi de l'hymen Obéide respire ;
Prends pitié de mon sort.... et respecte Indatire.

ATHAMARE.
Un Scythe ! un vil mortel !
OBÉIDE.
                    Pourquoi méprises-tu
Un homme, un citoyen.... qui te passe en vertu ?
ATHAMARE.
Nul ne m'eût égalé si j'avais pu te plaire ;
Tu m'aurais des vertus aplani la carrière ;
Ton amant deviendrait le premier des humains.
Mon sort dépend de toi : mon âme est dans tes mains.
Un mot peut la changer : l'amour la fit coupable,
L'amour au monde entier la rendrait respectable.
OBÉIDE.
Ah ! que n'eus-tu plus tôt ces nobles sentiments,
Athamare !
ATHAMARE.
    Obéide ! il en est encor temps.
De moi, de mes Etats, auguste souveraine,
Viens embellir cette âme esclave de la tienne,
Viens régner.
OBÉIDE.
        Puisses-tu, loin de mes tristes yeux,
Voir ton règne honoré de la faveur des dieux !
ATHAMARE.
Je n'en veux point sans toi.
OBÉIDE.
                    Ne vois plus que ta gloire
ATHAMARE.
Elle était de t'aimer.
OBÉIDE.
            Périsse la mémoire
De mes malheurs passés, de tes cruels amours !
ATHAMARE.
Obéide à la haine a consacré ses jours !
OBÉIDE.
Mes jours étaient affreux ; si l'hymen en dispose,
Si tout finit pour moi, toi seul en es la cause ;
Toi seul as préparé ma mort dans ces déserts.
ATHAMARE.
Je t'en viens arracher.
OBÉIDE.
            Rien ne rompra mes fers ;
Je me les suis donnés.
ATHAMARE.
            Tes mains n'ont point encore
Formé l'indigne nœud dont un Scythe s'honore.
OBÉIDE.
J'ai fait serment au ciel.

ATHAMARE.
Il ne le reçoit pas.
C'est pour l'anéantir qu'il a guidé mes pas.
OBÉIDE.
Ah! c'est pour mon malheur....
ATHAMARE.
Obtiendrais-tu d'un père
Qu'il laissât libre au moins une fille si chère,
Que son cœur envers moi ne fût point endurci,
Et qu'il cessât enfin de s'exiler ici ?
Dis-lui....
OBÉIDE.
N'y compte pas. Le choix que j'ai dû faire
Devenait un parti conforme à ma misère :
Il est fait; mon honneur ne peut le démentir,
Et Sozame jamais n'y pourrait consentir :
Sa vertu t'est connue; elle est inébranlable.
ATHAMARE.
Elle l'est dans la haine; et lui seul est coupable.
OBÉIDE.
Tu ne le fus que trop; tu l'es de me revoir,
De m'aimer, d'attendrir un cœur au désespoir.
Destructeur malheureux d'une triste famille,
Laisse pleurer en paix et le père et la fille.
Il vient; sors.
ATHAMARE.
Je ne puis.
OBÉIDE.
Sors; ne l'irrite pas.
ATHAMARE.
Non, tous deux à l'envi donnez-moi le trépas.
OBÉIDE.
Au nom de mes malheurs et de l'amour funeste
Qui des jours d'Obéide empoisonne le reste,
Fuis; ne l'outrage plus par ton fatal aspect.
ATHAMARE.
Juge de mon amour; il me force au respect.
J'obéis.... Dieux puissants, qui voyez mon offense,
Secondez mon amour, et guidez ma vengeance !

SCÈNE III. — SOZAME, OBÉIDE, SULMA.

SOZAME.
Eh quoi ! notre ennemi nous poursuivra toujours !
Il vient flétrir ici les derniers de mes jours
Qu'il ne se flatte pas que le déclin de l'âge
Rende un père insensible à ce nouvel outrage.

ACTE III, SCÈNE III.

OBÉIDE.

Mon père.... il vous respecte.... il ne me verra plus ;
Pour jamais à le fuir mes vœux sont résolus.

SOZAME.

Indatire est à toi.

OBÉIDE.

Je le sais.

SOZAME.

Ton suffrage,
Dépendant de toi seule, a reçu son hommage.

OBÉIDE.

J'ai cru vous plaire au moins.... j'ai cru que sans fierté
Le fils de votre ami devait être accepté.

SOZAME.

Sais-tu ce qu'Athamare à ma honte propose
Par un de ces Persans dont son pouvoir dispose ?

OBÉIDE.

Qu'a-t-il pu demander ?

SOZAME.

De violer ma foi,
De briser tes liens, de le suivre avec toi,
D'arracher ma vieillesse à ma retraite obscure,
De mendier chez lui le prix de ton parjure,
D'acheter par la honte une ombre de grandeur.

OBÉIDE.

Comment recevez-vous cette offre ?

SOZAME.

Avec horreur.
Ma fille, au repentir il n'est aucune voie.
Triomphant dans nos jeux, plein d'amour et de joie,
Indatire, en tes bras par son père conduit,
De l'amour le plus pur attend le digne fruit :
Rien n'en doit altérer l'innocente allégresse.
Les Scythes sont humains, et simples sans bassesse,
Mais leurs naïves mœurs ont de la dureté;
On ne les trompe point avec impunité :
Et surtout, de leurs lois vengeurs impitoyables
Ils n'ont jamais, ma fille, épargné des coupables.

OBÉIDE.

Seigneur, vous vous borniez à me persuader;
Pour la première fois pourquoi m'intimider ?
Vous savez si, du sort bravant les injustices,
J'ai fait depuis quatre ans d'assez grands sacrifices;
S'il en fallait encor, je les ferais pour vous.
Je ne craindrai jamais mon père ou mon époux.
Je vois tout mon devoir.... ainsi que ma misère.
Allez.... Vous n'avez point de reproche à me faire.

SOZAME.

Pardonne à ma tendresse un reste de frayeur,
Triste et commun effet de l'âge et du malheur.
Mais qu'il parte aujourd'hui, que jamais sa présence
Ne profane un asile ouvert à l'innocence.

OBÉIDE.

C'est ce que je prétends, seigneur; et plût aux dieux
Que son fatal aspect n'eût point blessé mes yeux !

SOZAME.

Rien ne troublera plus ton bonheur qui s'apprête,
Et je vais de ce pas en préparer la fête.

SCÈNE IV. — OBÉIDE, SULMA.

SULMA.

Quelle fête cruelle ! Ainsi dans ce séjour
Vos beaux jours enterrés sont perdus sans retour ?

OBÉIDE.

Ah ! dieux !

SULMA.

Votre pays, la cour qui vous vit naître,
Un prince généreux.... qui vous plaisait peut-être,
Vous les abandonnez sans crainte et sans pitié ?

OBÉIDE.

Mon destin l'a voulu.... j'ai tout sacrifié.

SULMA.

Haïrez-vous toujours la cour et la patrie ?

OBÉIDE.

Malheureuse !... jamais je ne l'ai tant chérie.

SULMA.

Ouvrez-moi votre cœur : je le mérite.

OBÉIDE

Hélas !
Tu n'y découvrirais que d'horribles combats;
Il craindrait trop ta vue et ta plainte importune.
Il est des maux, Sulma, que nous fait la fortune;
Il en est de plus grands dont le poison cruel,
Préparé par nos mains, porte un coup plus mortel.
Mais lorsque dans l'exil, à mon âge, on rassemble,
Après un sort si beau, tant de malheurs ensemble,
Lorsque tous leurs assauts viennent se réunir,
Un cœur, un faible cœur les peut-il soutenir ?

SULMA.

Ecbatane.... un grand prince..

OBÉIDE.

Ah ! fatal Athamare !
Quel démon t'a conduit dans ce séjour barbare ?

Que t'a fait Obéide? et pourquoi découvrir
Ce trait longtemps caché qui me faisait mourir?
Pourquoi, renouvelant ma honte et ton injure,
De tes funestes mains déchirer ma blessure?

SULMA.

Madame, c'en est trop; c'est trop vous immoler
A ces vains préjugés qui viennent vous troubler,
A d'inhumaines lois d'une horde étrangère,
Dont un père exilé chargea votre misère.
Hélas! contre les rois son trop juste courroux
Ne sera donc jamais retombé que sur vous!
Quand vous le consolez, faut-il qu'il vous opprime?
Soyez sa protectrice, et non pas sa victime.
Athamare est vaillant, et de braves soldats
Ont jusqu'en ces déserts accompagné ses pas.
Athamare, après tout, n'est-il pas votre maître?

OBÉIDE.

Non.

SULMA.

C'est en ses États que le ciel vous fit naître.
N'a-t-il donc pas le droit de briser un lien,
L'opprobre de la Perse, et le vôtre, et le sien?
M'en croirez-vous? partez, marchez sous sa conduite.
Si vous avez d'un père accompagné la fuite,
Il est temps à la fin qu'il vous suive à son tour;
Qu'il renonce à l'orgueil de dédaigner sa cour;
Que sa douleur farouche, à vous perdre obstinée,
Cesse enfin de lutter contre sa destinée.

OBÉIDE.

Non, ce parti serait injuste et dangereux;
Il coûterait du sang; le succès est douteux;
Mon père expirerait de douleur et de rage....
Enfin l'hymen est fait.... je suis dans l'esclavage.
L'habitude à souffrir pourra fortifier
Mon courage éperdu qui craignait de plier.

SULMA.

Vous pleurez cependant, et votre œil qui s'égare
Parcourt avec horreur cette enceinte barbare,
Ces chaumes, ces déserts, où des pompes des rois
Je vous vis descendue aux plus humbles emplois;
Où d'un vain repentir le trait insupportable
Déchire de vos jours le tissu misérable....
Que vous restera-t-il? hélas!

OBÉIDE.

Le désespoir.

SULMA.

Dans cet état affreux, que faire?

OBÉIDE.
Mon devoir.
L'honneur de le remplir, le secret témoignage
Que la vertu se rend, qui soutient le courage,
Qui seul en est le prix, et que j'ai dans mon cœur,
Me tiendra lieu de tout, et même du bonheur.

ACTE QUATRIÈME.

SCÈNE I. — ATHAMARE, HIRCAN

ATHAMARE.
Penses-tu qu'Indatire osera me parler?
HIRCAN.
Il l'osera, seigneur.
ATHAMARE.
Qu'il vienne.... Il doit trembler
HIRCAN.
Les Scythes, croyez-moi, connaissent peu la crainte,
Mais d'un tel désespoir votre âme est-elle atteinte,
Que vous avilissiez l'honneur de votre rang,
Le sang du grand Cyrus mêlé dans votre sang,
Et d'un trône si saint le droit inviolable,
Jusqu'à vous compromettre avec un misérable,
Qu'on verrait, si le sort l'envoyait parmi nous,
A vos premiers suivants ne parler qu'à genoux;
Mais qui, sur ses foyers, peut avec insolence
Braver impunément un prince et sa puissance?
ATHAMARE.
Je m'abaisse, il est vrai; mais je veux tout tenter
Je descendrais plus bas pour la mieux mériter.
Ma honte est de la perdre; et ma gloire éternelle
Serait de m'avilir pour m'élever vers elle.
Penses-tu qu'Indatire en sa grossièreté
Ait senti comme moi le prix de sa beauté?
Un Scythe aveuglément suit l'instinct qui le guide:
Ainsi qu'une autre femme il épouse Obéide.
L'amour, la jalousie, et ses emportements,
N'ont point dans ces climats apporté leurs tourments,
De ces vils citoyens l'insensible rudesse,
En connaissant l'hymen, ignore la tendresse.
Tous ces grossiers humains sont indignes d'aimer.
HIRCAN.
L'univers vous dément; le ciel sait animer
Des mêmes passions tous les êtres du monde.

Si du même limon la nature féconde,
Sur un modèle égal ayant fait les humains,
Varie à l'infini les traits de ses dessins,
Le fond de l'homme reste, il est partout le même ;
Persan, Scythe, Indien, tout défend ce qu'il aime.

ATHAMARE.
Je le défendrai donc, je saurai le garder.

HIRCAN.
Vous hasardez beaucoup.

ATHAMARE.
Que puis-je hasarder ?
Ma vie ? elle n'est rien sans l'objet qu'on m'arrache ;
Mon nom ? quoi qu'il arrive, il restera sans tache ;
Mes amis ? ils ont trop de courage et d'honneur
Pour ne pas immoler sous le glaive vengeur
Ces agrestes guerriers dont l'audace indiscrète
Pourrait inquiéter leur marche et leur retraite.

HIRCAN.
Ils mourront à vos pieds, et vous n'en doutez pas.

ATHAMARE.
Ils vaincront avec moi..... Qui tourne ici ses pas ?

HIRCAN.
Seigneur, je le connais, c'est lui, c'est Indatire.

ATHAMARE.
Allez : que loin de moi ma garde se retire ;
Qu'aucun n'ose approcher sans mes ordres exprès ;
Mais qu'on soit prêt à tout.

SCÈNE II. — ATHAMARE, INDATIRE.

ATHAMARE.
Habitant des forêts,
Sais-tu bien devant qui ton sort te fait paraître ?

INDATIRE.
On prétend qu'une ville en toi révère un maître,
Qu'on l'appelle Ecbatane, et que du mont Taurus
On voit ses hauts remparts élevés par Cyrus.
On dit (mais j'en crois peu la vaine renommée)
Que tu peux dans la plaine assembler une armée,
Une troupe aussi forte, un camp aussi nombreux
De guerriers soudoyés, et d'esclaves pompeux,
Que nous avons ici de citoyens paisibles.

ATHAMARE.
Il est vrai, j'ai sous moi des troupes invincibles :
Le dernier des Persans, de ma solde honoré,
Est plus riche, et plus grand, et plus considéré,
Que tu ne saurais l'être aux lieux de ta naissance,

Où le ciel vous fit tous égaux par l'indigence.
INDATIRE.
Qui borne ses désirs est toujours riche assez.
ATHAMARE.
Ton cœur ne connaît point les vœux intéressés ;
Mais la gloire, Indatire ?
INDATIRE.
Elle a pour moi des charmes
ATHAMARE.
Elle habite à ma cour, à l'abri de mes armes :
On ne la trouve point dans le fond des déserts,
Tu l'obtiens près de moi, tu l'as, si tu me sers.
Elle est sous mes drapeaux ; viens avec moi t'y rendre.
INDATIRE.
A servir sous un maître on me verrait descendre ?
ATHAMARE.
Va, l'honneur de servir un maître généreux,
Qui met un digne prix aux exploits belliqueux,
Vaut mieux que de ramper dans une république,
Ingrate en tous les temps, et souvent tyrannique.
Tu peux prétendre à tout en marchant sous ma loi ;
J'ai parmi mes guerriers des Scythes comme toi.
INDATIRE.
Tu n'en as point. Apprends que ces indignes Scythes,
Voisins de ton pays, sont loin de nos limites :
Si l'air de tes climats a pu les infecter,
Dans nos heureux cantons il n'a pu se porter.
Ces Scythes malheureux ont connu l'avarice ;
La fureur d'acquérir corrompit leur justice,
Ils n'ont su que servir ; leurs infidèles mains
Ont abandonné l'art qui nourrit les humains
Pour l'art qui les détruit, l'art affreux de la guerre ;
Ils ont vendu leur sang aux maîtres de la terre.
Meilleurs citoyens qu'eux, et plus braves guerriers,
Nous volons aux combats, mais c'est pour nos foyers ;
Nous savons tous mourir, mais c'est pour la patrie :
Nul ne vend parmi nous son honneur ou sa vie,
Nous serons, si tu veux, tes dignes alliés ;
Mais on n'a point d'amis alors qu'ils sont payés.
Apprends à mieux juger de ce peuple équitable,
Egal à toi, sans doute, et non moins respectable
ATHAMARE.
Elève ta patrie, et cherche à la vanter ;
C'est le recours du faible, on peut le supporter.
Ma fierté, que permet la grandeur souveraine,
Ne daigne pas ici lutter contre la tienne..
Te crois-tu juste au moins ?

ACTE IV, SCÈNE II.

INDATIRE.
           Oui, je puis m'en flatter.
ATHAMARE.
Rends-moi donc le trésor que tu viens de m'ôter.
INDATIRE.
A toi?
ATHAMARE.
   Rends à son maître une de ses sujettes,
Qu'un indigne destin traîna dans ces retraites,
Un bien dont nul mortel ne pourra me priver,
Et que sans injustice on ne peut m'enlever :
Rends sur l'heure Obéide.
INDATIRE.
           A ta superbe audace,
A tes discours altiers, à cet air de menace,
Je veux bien opposer la modération,
Que l'univers estime en notre nation.
Obéide, dis-tu, de toi seul doit dépendre;
Elle était ta sujette ! Oses-tu bien prétendre
Que des droits des mortels on ne jouisse pas,
Dès qu'on a le malheur de naître en tes États ?
Le ciel en le créant forma-t-il l'homme esclave?
La nature qui parle, et que ta fierté brave,
Aura-t-elle à la glèbe attaché les humains
Comme les vils troupeaux mugissants sous nos mains?
Que l'homme soit esclave aux champs de la Médie,
Qu'il rampe, j'y consens; il est libre en Scythie.
Au moment qu'Obéide honora de ses pas
Le tranquille horizon qui borde nos États,
La liberté, la paix, qui sont notre apanage,
L'heureuse égalité, les biens du premier âge,
Ces biens que les Persans aux mortels ont ravis,
Ces biens, perdus ailleurs, et par nous recueillis,
De la belle Obéide ont été le partage.
ATHAMARE.
Il en est un plus grand, celui que mon courage
A l'univers entier oserait disputer,
Que tout autre qu'un roi ne saurait mériter,
Dont tu n'auras jamais qu'une imparfaite idée,
Et dont avec fureur mon âme est possédée;
Son amour : c'est le bien qui doit m'appartenir,
A moi seul était dû l'honneur de la servir.
Oui, je descends enfin jusqu'à daigner te dire
Que de ce cœur altier je lui soumis l'empire,
Avant que les destins eussent pu t'accorder.
L'heureuse liberté d'oser la regarder
Ce trésor est à moi, barbare il faut le rendre.

INDATIRE.
Imprudent étranger, ce que je viens d'entendre
Excite ma pitié plutôt que mon courroux.
Sa libre volonté m'a choisi pour époux;
Ma probité lui plut; elle l'a préférée
Aux recherches, aux vœux de toute ma contrée :
Et tu viens de la tienne ici redemander
Un cœur indépendant qu'on vient de m'accorder !
O toi qui te crois grand, qui l'es par l'arrogance,
Sors d'un asile saint, de paix et d'innocence;
Fuis; cesse de troubler, si loin de tes États,
Des mortels tes égaux qui ne t'offensent pas.
Tu n'es pas prince ici.

ATHAMARE.
     Ce sacré caractère
M'accompagne en tous lieux sans m'être nécessaire :
Si j'avais dit un mot, ardents à me servir,
Mes soldats à mes pieds auraient su te punir.
Je descends jusqu'à toi : ma dignité t'outrage;
Je la dépose ici, je n'ai que mon courage :
C'est assez, je suis homme, et ce fer me suffit
Pour remettre en mes mains le bien qu'on me ravit.
Cède Obéide, ou meurs, ou m'arrache la vie.

INDATIRE.
Quoi ! nous t'avons en paix reçu dans ma patrie,
Ton accueil nous flattait, notre simplicité
N'écoutait que les droits de l'hospitalité;
Et tu veux me forcer, dans la même journée,
De souiller par ta mort un si saint hyménée !

ATHAMARE.
Meurs, te dis-je, ou me tue.... On vient, retire-toi,
Et si tu n'es un lâche....

INDATIRE.
     Ah ! c'en est trop.... suis-moi.

ATHAMARE.
Je te fais cet honneur.
          (Il sort.)

SCÈNE III. — INDATIRE, HERMODAN, SOZAME, UN SCYTHE

HERMODAN, *à Indatire, qui est près de sortir.*
     Viens; ma main paternelle
Te remettra, mon fils, ton épouse fidèle.
Viens le festin t'attend.

INDATIRE.
     Bientôt je vous suivrai :
Allez.... O cher objet ! je te mériterai.
         (Il sort.)

SCÈNE IV. — HERMODAN, SOZAME, UN SCYTHE.

SOZAME.
Pourquoi ne pas nous suivre? il diffère....
HERMODAN.
Ah! Sozame,
Cher ami, dans quel trouble il a jeté mon âme
As-tu vu sur son front des signes de fureur?
SOZAME.
Quel en serait l'objet?
HERMODAN.
Peut-être que mon cœur
Conçoit d'un vain danger la crainte imaginaire;
Mais son trouble était grand. Sozame, je suis père :
Si mes yeux par les ans ne sont point affaiblis
J'ai cru voir ce Persan qui menaçait mon fils.
SOZAME.
Tu me fais frissonner.... avançons; Athamare
Est capable de tout.
HERMODAN.
Là faiblesse s'empare
De mes esprits glacés, et mes sens éperdus
Trahissent mon courage, et ne me servent plus....,
(Il s'assied en tremblant sur le banc de gazon.)
Mon fils ne revient point.... j'entends un bruit horrible.
(Au Scythe qui est auprès de lui.)
Je succombe.... Va, cours, en ce moment terrible,
Cours, assemble au drapeau nos braves combattants.
LE SCYTHE.
Rassure-toi, j'y vole, ils sont prêts en tout temps.
SOZAME, à Hermodan.
Ranime ta vertu, dissipe tes alarmes.
HERMODAN, se relevant à peine.
Oui, j'ai pu me tromper; oui, je renais.

SCÈNE V. — HERMODAN, SOZAME, ATHAMARE, *l'épée à la main*, HIRCAN, SUITE.

ATHAMARE.
Aux armes!
Aux armes, compagnons, suivez-moi, paraissez!
Où la trouver?
HERMODAN, *effrayé, en chancelant*.
Barbare....
SOZAME.
Arrête.
ATHAMARE, *à ses gardes*.
Obéissez,

De sa retraite indigne enlevez Obéide;
Courez, dis-je, volez; que ma garde intrépide,
Si quelqu'audacieux tentait de vains efforts,
Se fasse un chemin prompt dans la foule des morts.
C'est toi qui l'as voulu, Sozame inexorable.

SOZAME.

J'ai fait ce que j'ai dû.

HERMODAN.

Va, ravisseur coupable,
Infidèle Persan, mon cœur saura venger
Le détestable affront dont tu viens nous charger.
Dans ce dessein, Sozame, il nous quittait sans doute.

ATHAMARE.

Indatire? ton fils?

HERMODAN.

Oui, lui-même.

ATHAMARE.

Il m'en coûte
D'affliger ta vieillesse et de percer ton cœur;
Ton fils eût mérité de servir ma valeur.

HERMODAN.

Que dis-tu?

ATHAMARE, à ses soldats.

Qu'on épargne à ce malheureux père
Le spectacle d'un fils mourant dans la poussière;
Fermez-lui ce passage.

HERMODAN.

Achève tes fureurs;
Achève.... N'oses-tu? Quoi! tu gémis!... Je meurs.
Mon fils est mort, ami!...

(Il tombe sur le banc de gazon.)

ATHAMARE.

Toi, père d'Obéide,
Auteur de tous mes maux, dont l'âpreté rigide,
Dont le cœur inflexible à ce coup m'a forcé,
Que je chéris encor quand tu m'as offensé,
Il faut dans ce moment la conduire et me suivre.

SOZAME.

Moi! ma fille!

ATHAMARE.

En ces lieux il t'est honteux de vivre.
(A ses soldats.)
Attends mon ordre ici. Vous, marchez avec moi.

SCÈNE VI. — SOZAME, HERMODAN.

SOZAME, se courbant vers Hermodan.

Tous mes malheurs, ami, sont retombés sur toi....

ACTE IV, SCÈNE VI.

Espère en la vengeance..., Il revient..., Il soupire.
Hermodan !

HERMODAN, se relevant avec peine.
　　　　　Mon ami, fais au moins que j'expire
Sur le corps étendu de mon fils expirant !
Que je te doive, ami, cette grâce en mourant.
S'il reste quelque force à ta main languissante,
Soutiens d'un malheureux la marche chancelante ;
Viens, lorsque de mon fils j'aurai fermé les yeux,
Dans un même sépulcre enferme-nous tous deux.

SOZAME.
Trois amis y seront ; ma douleur te le jure.
Mais déjà l'on s'avance, on venge notre injure,
Nous ne mourrons pas seuls.

HERMODAN.
　　　　　　Je l'espère ; j'entends
Les tambours, nos clairons, les cris des combattants :
Nos Scythes sont armés.... Dieux, punissez les crimes !
Dieux, combattez pour nous, et prenez vos victimes !
Ayez pitié d'un père.

SCÈNE VII. — SOZAME, HERMODAN, OBÉIDE.

SOZAME.
　　　O ma fille ! est-ce vous ?

HERMODAN.
Chère Obéide,... hélas !

OBÉIDE.
　　　　　Je tombe à vos genoux
Dans l'horreur du combat avec peine échappée
A la pointe des dards, au tranchant de l'épée,
Aux sanguinaires mains de mes fiers ravisseurs,
Je viens de ces moments augmenter les horreurs.
(A Hermodan.)
Ton fils vient d'expirer ; j'en suis la cause unique
De mes calamités l'artisan tyrannique
Nous a tous immolés à ses transports jaloux ;
Mon malheureux amant a tué mon époux,
Sous vos yeux, sous les miens, et dans la place même
Où, pour le triste objet qu'il outrage et qu'il aime,
Pour d'indignes appas, toujours persécutés,
Des flots de sang humain coulent de tous côtés.
On s'acharne, on combat sur le corps d'Indatire ;
On se dispute encor ses membres qu'on déchire :
Les Scythes, les Persans, l'un par l'autre égorgés,
Sont vainqueurs et vaincus, et tous meurent vengés.
(A tous deux.)
Où voulez-vous aller et sans force et sans armes ?

On aurait peu d'égards à votre âge, à vos larmes.
J'ignore du combat quel sera le destin;
Mais je mets sans trembler mon sort en votre main.
Si le Scythe sur moi veut assouvir sa rage,
Il le peut, je l'attends, je demeure en otage.

HERMODAN.
Ah! j'ai perdu mon fils, tu me restes du moins;
Tu me tiens lieu de tout.

SOZAME.
Ce jour veut d'autres soins :
Armons-nous, de notre âge oublions la faiblesse;
Si les sens épuisés manquent à la vieillesse,
Le courage demeure, et c'est dans un combat
Qu'un vieillard comme moi doit tomber en soldat.

HERMODAN.
On nous apporte encor de fatales nouvelles.

SCÈNE VIII. — SOZAME, HERMODAN, OBÉIDE, UN SCYTHE.

LE SCYTHE.
Enfin nous l'emportons.

HERMODAN.
Déités immortelles,
Mon fils serait vengé! n'est-ce point une erreur?

LE SCYTHE.
Le ciel nous rend justice, et le Scythe est vainqueur :
Tout l'art que les Persans ont mis dans le carnage,
Leur grand art de la guerre enfin cède au courage.
Nous avons manqué d'ordre, et non pas de vertu;
Sur nos frères mourants nous avons combattu.
La moitié des Persans à la mort est livrée;
L'autre, qui se retire, est partout entourée
Dans la sombre épaisseur de ces profonds taillis,
Où bientôt sans retour ils seront assaillis.

HERMODAN.
De mon malheureux fils le meurtrier barbare
Serait-il échappé?

LE SCYTHE.
Qui? ce fier Athamare?
Sur nos Scythes mourants qu'a fait tomber sa main,
Épuisé, sans secours, enveloppé soudain,
Il est couvert de sang, il est chargé de chaînes.

OBÉIDE.
Lui!

SOZAME.
Je l'avais prévu... Puissances souveraines,
Princes audacieux, quel exemple pour vous!

ACTE IV, SCÈNE VIII.

HERMODAN.
De ce cruel enfin nous serons vengés tous ;
Nos lois, nos justes lois seront exécutées.

OBÉIDE.
Ciel !... Quelles sont ces lois ?

HERMODAN.
Les dieux les ont dictées.

SOZAME, *à part.*
O comble de douleur et de nouveaux ennuis !

OBÉIDE.
Mais enfin les Persans ne sont pas tous détruits ;
On verrait Echatane, en secourant son maître,
Du poids de sa grandeur vous accabler peut-être.

HERMODAN.
Ne crains rien... Toi, jeune homme, et vous, braves guerriers,
Préparez votre autel entouré de lauriers.

OBÉIDE.
Mon père !...

HERMODAN.
Il faut hâter ce juste sacrifice.
Mânes de mon cher fils, que ton ombre en jouisse !
Et toi qui fus l'objet de ses chastes amours,
Qui fus ma fille chère, et le seras toujours,
Qui de ta piété filiale et sincère
N'as jamais altéré le sacré caractère ;
C'est à toi de remplir ce qu'une austère loi
Attend de mon pays, et demande de toi.
(Il sort.)

OBÉIDE.
Qu'a-t-il dit ? que veut-on de cette infortunée ?
Ah ! mon père, en quels lieux m'avez-vous amenée !

SOZAME.
Pourrai-je t'expliquer ce mystère odieux ?

OBÉIDE.
Je n'ose le prévoir... je détourne les yeux.

SOZAME.
Je frémis comme toi, je ne puis m'en défendre.

OBÉIDE.
Ah ! laissez-moi mourir, seigneur, sans vous entendre.

ACTE CINQUIÈME.

SCÈNE I — OBÉIDE, SOZAME, HERMODAN, TROUPE DE SCYTHES *armés de javelots.*

(On apporte un autel couvert d'un crêpe et entouré de lauriers. Un Scythe met un glaive sur l'autel.)

OBÉIDE, *entre Sozame et Hermodan.*
Vous vous taisez tous deux : craignez-vous de me dire
Ce qu'à mes sens glacés votre loi doit prescrire?
Quel est cet appareil terrible et solennel?

SOZAME.
Ma fille.... il faut parler.... voici le même autel
Que le soleil naissant vit dans cette journée
Orné de fleurs par moi pour ton saint hyménée,
Et voit d'un crêpe affreux couvert à son couchant.

HERMODAN.
As-tu chéri mon fils?

OBÉIDE.
    Un vertueux penchant,
Mon amitié pour toi, mon respect pour Sozame,
Et mon devoir surtout, souverain de mon âme,
M'ont rendu cher ton fils....mon sort suivait son sort :
J'honore sa mémoire, et j'ai pleuré sa mort.

HERMODAN.
L'inviolable loi qui régit ma patrie
Veut que de son époux une femme chérie
Ait le suprême honneur de lui sacrifier,
En présence des dieux, le sang du meurtrier;
Que l'autel de l'hymen soit l'autel des vengeances,
Que du glaive sacré qui punit les offenses
Elle arme sa main pure, et traverse le cœur,
Le cœur du criminel qui ravit son bonheur.

OBÉIDE.
Moi, vous venger?... sur qui? de quel sang? Ah, mon père!

HERMODAN.
Le ciel t'a réservé ce sanglant ministère.

UN SCYTHE.
C'est ta gloire et la nôtre.

SOZAME.
    Il me faut révérer
Les lois que vos aïeux ont voulu consacrer;
Mais le danger les suit : les Persans sont à craindre
Vous allumez la guerre, et ne pourrez l'éteindre.

ACTE V, SCÈNE I.

LE SCYTHE.
Ces Persans, que du moins nous croyons égaler,
Par ce terrible exemple apprendront à trembler.

HERMODAN.
Ma fille, il n'est plus temps de garder le silence;
Le sang d'un époux crie, et ton délai l'offense.

OBÉIDE.
Je dois donc vous parler.... Peuple, écoutez ma voix :
Je pourrais alléguer, sans offenser vos lois,
Que je naquis en Perse, et que ces lois sévères
Sont faites pour vous seuls, et me sont étrangères;
Qu'Athamare est trop grand pour être un assassin;
Et que, si mon époux est tombé sous sa main,
Son rival opposa, sans aucun avantage,
Le glaive seul au glaive, et l'audace au courage;
Que de deux combattants d'une égale valeur
L'un tue et l'autre expire avec le même honneur.
Peuple, qui connaissez le prix de la vaillance,
Vous aimez la justice ainsi que la vengeance :
Commandez, mais jugez; voyez si c'est à moi
D'immoler un guerrier qui dut être mon roi.

LE SCYTHE.
Si tu n'oses frapper, si ta main trop timide
Hésite à nous donner le sang de l'homicide,
Tu connais ton devoir, nos mœurs, et notre loi;
Tremble.

OBÉIDE.
　　　Et si je demeure incapable d'effroi,
Si votre loi m'indigne, et si je vous refuse?

HERMODAN.
L'hymen t'a fait ma fille, et tu n'as point d'excuse ;
Il n'en mourra pas moins, tu vivras sans honneur.

LE SCYTHE.
Du plus cruel supplice il subira l'horreur.

HERMODAN.
Mon fils attend de toi cette grande victime.

LE SCYTHE.
Crains d'oser rejeter un droit si légitime.

OBÉIDE, *après quelques pas et un long silence.*
Je l'accepte.

SOZAME.
　　Ah! grands dieux!

LE SCYTHE.
　　　　　　Devant les immortels
En fais-tu le serment?

OBÉIDE.
　　　Je le jure, cruels;

Je le jure, Hermodan. Tu demandes vengeance,
Sois-en sûr, tu l'auras.... mais que de ma présence
On ait soin de tenir le captif écarté
Jusqu'au moment fatal par mon ordre arrêté.
Qu'on me laisse en ces lieux m'expliquer à mon père,
Et vous verrez après ce qui vous reste à faire.

   LE SCYTHE, *après avoir regardé tous ses compagnons.*
Nous y consentons tous.

      HERMODAN.
      La veuve de mon fils
Se déclare soumise aux lois de mon pays;
Et ma douleur profonde est un peu soulagée,
Si par ses nobles mains cette mort est vengée.
Amis, retirons-nous.

      OBÉIDE.
      A ces autels sanglants
Je vous rappellerai quand il en sera temps.

   SCÈNE II. — SOZAME, OBÉIDE.

      OBÉIDE.
Eh bien! qu'ordonnez-vous?

      SOZAME.
      Il fut un temps peut-être
Où le plaisir affreux de me venger d'un maître
Dans le cœur d'Athamare aurait conduit ta main;
De son monarque ingrat j'aurais percé le sein;
Il le méritait trop : ma vengeance lassée
Contre les malheureux ne peut être exercée;
Tous mes ressentiments sont changés en regrets.

      OBÉIDE.
Avez-vous bien connu mes sentiments secrets?
Dans le fond de mon cœur avez-vous daigné lire?

      SOZAME.
Mes yeux t'ont vu pleurer sur le sang d'Indatire,
Mais je pleure sur toi dans ce moment cruel;
J'abhorre tes serments.

      OBÉIDE.
      Vous voyez cet autel,
Ce glaive dont ma main doit frapper Athamare;
Vous savez quels tourments un refus lui prépare :
Après ce coup terrible.... et qu'il me faut porter,
Parlez.... sur son tombeau voulez-vous habiter?

      SOZAME.
J'y veux mourir.

      OBÉIDE.
      Vivez, ayez-en le courage.
Les Persans, disiez-vous, vengeront leur outrage;

ACTE V, SCÈNE II.

Les enfants d'Ecbatane, en ces lieux détestés,
Descendront du Taurus à pas précipités ;
Les grossiers habitants de ces climats horribles
Sont cruels, il est vrai, mais non pas invincibles.
A ces tigres armés voulez-vous annoncer
Qu'au fond de leur repaire on pourrait les forcer?

SOZAME.
On en parle déjà ; les esprits les plus sages
Voudraient de leur patrie écarter ces orages.

OBÉIDE.
Achevez donc, seigneur, de les persuader :
Qu'ils méritent le sang qu'ils osent demander ;
Et, tandis que ce sang de l'offrande immolée
Baignera sous vos yeux leur féroce assemblée,
Que tous nos citoyens soient mis en liberté,
Et repassent les monts sur la foi d'un traité.

SOZAME.
Je l'obtiendrai, ma fille, et j'ose t'en répondre ;
Mais ce traité sanglant ne sert qu'à nous confondre ;
De quoi t'auront servi ta prière et mes soins?
Athamare à l'autel en périra-t-il moins?
Les Persans ne viendront que pour venger sa cendre,
Ce sang de tant de rois, que ta main va répandre,
Ce sang que j'ai haï, mais que j'ai révéré,
Qui, coupable envers nous, n'en est pas moins sacré.

OBÉIDE.
Il l'est.... Mais je suis Scythe.... et le fus pour vous plaire
Le climat quelquefois change le caractère.

SOZAME.
Ma fille!

OBÉIDE.
C'est assez, seigneur, j'ai tout prévu ;
J'ai pesé mes destins, et tout est résolu.
Une invincible loi me tient sous son empire :
La victime est promise au père d'Indatire ;
Je tiendrai ma parole.... Allez, il vous attend.
Qu'il me garde la sienne.... il sera trop content.

SOZAME.
Tu me glaces d'horreur.

OBÉIDE.
Allez, je la partage.
Seigneur, le temps est cher, achevez votre ouvrage ;
Laissez-moi m'affermir ; mais surtout obtenez
Un traité nécessaire à ces infortunés.
Vous prétendez qu'au moins ce peuple impitoyable
Sait garder une foi toujours inviolable ;
Je vous en crois.... le reste est dans la main des dieux

SOZAME.

Ils ne présagent rien qui ne soit odieux ;
Tout est horrible ici. Ma faible voix encore
Tentera d'écarter ce que mon cœur abhorre;
Mais après tant de maux mon courage est vaincu
Quoi qu'il puisse arriver, ton père a trop vécu.

SCÈNE III. — OBÉIDE.

Ah! c'est trop étouffer la fureur qui m'agite;
Tant de ménagement me déchire et m'irrite;
Mon malheur vint toujours de me trop captiver
Sous d'inhumaines lois que j'aurais dû braver;
Je mis un trop haut prix à l'estime, au reproche;
Je fus esclave assez.... ma liberté s'approche.

SCÈNE IV. — OBÉIDE, SULMA.

OBÉIDE.

Enfin je te revois.

SULMA.

Grands Dieux! que j'ai tremblé
Lorsque, disparaissant à mon œil désolé,
Vous avez traversé cette foule sanglante !
Vous affrontiez la mort de tous côtés présente;
Des flots de sang humain roulaient entre nous deux :
Quel jour! quel hyménée! et quel sort rigoureux!

OBÉIDE.

Tu verras un spectacle encor plus effroyable.

SULMA.

Ciel! on m'aurait dit vrai!.... Quoi? votre main coupable
Immolerait l'amant que vous avez aimé,
Pour satisfaire un peuple à sa perte animé !

OBÉIDE.

Moi complaire à ce peuple, aux monstres de Scythie,
A ces brutes humains pétris de barbarie,
A ces âmes de fer, et dont la dureté
Passa longtemps chez nous pour noble fermeté,
Dont on chérit de loin l'égalité paisible,
Et chez qui je ne vois qu'un orgueil inflexible,
Une atrocité morne, et qui, sans s'émouvoir,
Croit dans le sang humain se baigner par devoir!...
J'ai fui pour ces ingrats la cour la plus auguste,
Un peuple doux, poli, quelquefois trop injuste,
Mais généreux, sensible, et si prompt à sortir
De ses iniquités par un beau repentir!
Qui? moi! complaire au Scythe!... O nations! ô terre!
O rois, qu'il outragea! Dieux, maîtres du tonnerre!

ACTE V, SCÈNE IV.

Dieux, témoins de l'horreur où l'on m'ose entraîner,
Unissez-vous à moi, mais pour l'exterminer!
Puisse leur liberté, préparant leur ruine,
Allumant la discorde et la guerre intestine,
Acharnant les époux, les pères, les enfants,
L'un sur l'autre entassés, l'un par l'autre expirants,
Sous des monceaux de morts avec eux disparaître!
Que le reste en tremblant rougisse aux pieds d'un maître
Que, rampant dans la poudre au bord de leur cercueil,
Pour être mieux punis ils gardent leur orgueil!
Et qu'en mordant le frein du plus lâche esclavage,
Ils vivent dans l'opprobre, et meurent dans la rage!
Où vais-je m'emporter? vains regrets! vains éclats!
Les imprécations ne nous secourent pas :
C'est moi qui suis esclave, et qui suis asservie
Aux plus durs des tyrans abhorrés dans l'Asie.

SULMA.

Vous n'êtes point réduite à la nécessité
De servir d'instrument à leur férocité.

OBÉIDE.

Si j'avais refusé ce ministère horrible,
Athamare expirait d'une mort plus terrible.

SULMA.

Mais cet amour secret qui vous parle pour lui?

OBÉIDE.

Il m'a parlé toujours; et s'il faut aujourd'hui
Exposer à tes yeux l'effroyable étendue,
La hauteur de l'abîme où je suis descendue,
J'adorais Athamare avant de le revoir.
Il ne vient que pour moi, plein d'amour et d'espoir;
Pour prix d'un seul regard il m'offre un diadème;
Il met tout à mes pieds; et, tandis que moi-même
J'aurais voulu, Sulma, mettre le monde aux siens,
Quand l'excès de ses feux n'égale pas les miens,
Lorsque je l'idolâtre, il faudra qu'Obéide
Plonge au sein d'Athamare un couteau parricide!

SULMA.

C'est un crime si grand, que ces Scythes cruels
Qui du sang des humains arrosent les autels,
S'ils connaissaient l'amour qui vous a consumée,
Eux-même arrêteraient la main qu'ils ont armée

OBÉIDE.

Non; ils la porteraient dans ce cœur adoré.
Ils l'y tiendraient sanglante, et leur glaive sacré
De son sang par mes coups épuiserait ses veines.

SULMA.

Se peut-il?

OBÉIDE.
Telles sont leurs âmes inhumaines;
Tel est l'homme sauvage à lui-même laissé :
Il est simple, il est bon, s'il n'est point offensé;
Sa vengeance est sans borne.

SULMA.
Et ce malheureux père,
Qui creusa sous vos pas ce gouffre de misère,
Au père d'Indatire uni par l'amitié,
Consulté des vieillards, avec eux si lié,
Peut-il bien seulement supporter qu'on propose
L'horrible extrémité dont lui-même est la cause?

OBÉIDE.
Il fait beaucoup pour moi; j'ose même espérer,
Des douleurs dont j'ai vu son cœur se déchirer,
Que ses pleurs obtiendront de ce sénat agreste
Des adoucissements à leur arrêt funeste.

SULMA.
Ah! vous rendez la vie à mes sens effrayés :
Je vous haïrais trop si vous obéissiez.
Le ciel ne verra point ce sanglant sacrifice

OBÉIDE.
Sulma!...

SULMA.
Vous frémissez.

OBÉIDE.
Il faut qu'il s'accomplisse.

SCÈNE V. — OBÉIDE, SULMA, SOZAME; HERMODAN;
SCYTHES, *armés, rangés au fond, en demi-cercle, près de
l'autel.*

SOZAME.
Ma fille, hélas! du moins nos Persans assiégés
Des piéges de la mort seront tous dégagés.

HERMODAN.
Des mânes de mon fils la victime attendue
Suffit à ma vengeance autant qu'elle m'est due.
   (A Obéide.)
De ce peuple, crois-moi, l'inflexible équité
Sait joindre la clémence à la sévérité.

UN SCYTHE.
Et la loi des serments est une loi suprême
Aussi chère à nos cœurs que la vengeance même.

OBÉIDE.
C'est assez; je vous crois. Vous avez donc juré
Que de tous les Persans le sang sera sacré
Sitôt que cette main remplira vos vengeances?

ACTE V, SCÈNE V.

HERMODAN.
Tous seront épargnés : les célestes puissances
N'ont jamais vu de Scythe oser trahir sa foi.

OBÉIDE.
Qu'Athamare à présent paraisse devant moi.
(On amène Athamare enchaîné ; Obéide se place entre lui et Hermodan.)

HERMODAN.
Qu'on le traîne à l'autel.

SULMA.
Ah, dieux !

ATHAMARE.
Chère Obéide,
Prends ce fer, ne crains rien ; que ton bras homicide
Frappe un cœur à toi seule en tout temps réservé :
On y verra ton nom ; c'est là qu'il est gravé.
De tous mes compagnons tu conserves la vie ;
Tu me donnes la mort ; c'est toute mon envie.
Grâces aux immortels, tous mes vœux sont remplis ;
Je meurs pour Obéide, et meurs pour mon pays.
Rassure cette main qui tremble à mon approche ;
Ne crains, en m'immolant, que le juste reproche
Que les Scythes feraient à ta timidité,
S'ils voyaient ce que j'aime agir sans fermeté,
Si ta main, si tes yeux, si ton cœur qui s'égare,
S'effrayaient un moment en frappant Athamare.

SOZAME.
Ah ! ma fille !...

SULMA.
Ah ! madame !...

OBÉIDE.
O Scythes inhumains !
Connaissez dans quel sang vous enfoncez mes mains.
Athamare est mon prince ; il est plus.... je l'adore.
Je l'aimai seul au monde.... et ce moment encore
Porte au plus grand excès, dans ce cœur enivré,
L'amour, le tendre amour dont il fut dévoré.

ATHAMARE.
Je meurs heureux.

OBÉIDE.
L'hymen, cet hymen que j'abjure,
Dans un sang criminel doit laver son injure....
(Levant le glaive entre elle et Athamare.)
Vous jurez d'épargner tous mes concitoyens....
Il l'est.... sauvez ses jours.... l'amour finit les miens,
(Elle se frappe.)
Vis, mon cher Athamare ; en mourant je l'ordonne
(Elle tombe à mi-corps sur l'autel.)

HERMODAN.
Obéide !
SOZAME.
O mon sang !
ATHAMARE.
La force m'abandonne ;
Mais il m'en reste assez pour me rejoindre à toi.
Chère Obéide !
(Il veut saisir le fer.)
LE SCYTHE.
Arrête, et respecte la loi.
Ce fer serait souillé par des mains étrangères.
(Athamare tombe sur l'autel.)
HERMODAN.
Dieux ! vîtes-vous jamais deux plus malheureux pères ?
ATHAMARE.
Dieux ! de tous mes tourments tranchez l'horrible cours.
SOZAME.
Tu dois vivre, Athamare, et j'ai payé tes jours.
Auteur infortuné des maux de ma famille,
Ensevelis du moins le père avec la fille.
Va, règne, malheureux !
HERMODAN.
Soumettons-nous au sort ;
Soumettons-nous au ciel, arbitre de la mort....
Nous sommes trop vengés par un tel sacrifice
Scythes, que la pitié succède à la justice

FIN DES SCYTHES.

AVIS AU LECTEUR[1].

L'auteur est obligé d'avertir que la plupart de ses tragédies imprimées à Paris chez Duchêne, au *Temple du Goût*, en 1764, avec privilège du roi, ne sont point du tout conformes à l'original. On ne sait pas pourquoi le libraire a obtenu un privilège sans le consulter. Le roi ne lui a certainement pas donné le privilège de défigurer des pièces de théâtre, et de s'emparer du bien d'autrui pour le dénaturer.

Dans la tragédie d'*Oreste*, le libraire du *Temple du Goût* finit la pièce par ces deux vers de Pylade :

Que l'amitié triomphe en tout temps, en tous lieux,
Des malheurs des mortels et des *crimes* des dieux.

Ce blasphème est d'autant plus ridicule dans la bouche de Pylade, que c'est un personnage religieux qui a toujours recommandé à son ami d'obéir aveuglément aux ordres de la divinité. Dans toutes les autres éditions on lit :

. . . . et du courroux des dieux.

On ne conçoit pas comment, dans la même tragédie, l'éditeur a pu imprimer, page 237 :

Je la mets dans vos fers, elle va vous servir.
C'est m'acquitter vers vous bien moins que la punir.
Vous, laissez cette cendre à mon juste courroux, etc.

Qui jamais a pu imaginer de mettre ainsi quatre rimes masculines de suite, et de violer si grossièrement les premières règles de la poésie française? Il y a plus encore. Le sens est perverti; il y a six vers nécessaires d'oubliés. Il se peut qu'un comédien, pour avoir plus tôt fait, ait écourté et gâté son rôle. Un libraire ignorant achète une mauvaise copie du souffleur de la comédie, et, au lieu de suivre l'édition de Genève, qui est fidèle, il imprime un ouvrage entièrement méconnaissable.

La même sottise se trouve dans la tragédie de *Brutus*, page 282 :

Je plains tant de vertus, tant d'amour et de charmes.
Un cœur tel que le sien méritait d'être à vous.
Abominables lois que la cruelle impose!

Peut-on présenter aux lecteurs un pareil galimatias, et voler ainsi leur argent? Il y a ici trois vers d'oubliés. Telle est la négligence de quelques libraires; ils n'ont ni assez d'intelligence pour comprendre ce qu'ils impriment, ni assez d'honnêteté pour payer un correcteur d'imprimerie : pourvu qu'ils vendent leur marchandise, ils sont contents. Mais bientôt leur mauvaise con-

1. Publié en 1767. (ÉD.)

duite est découverte, et leurs misérables éditions décriées restent dans leurs boutiques pour leur ruine.

Tancrède est imprimé beaucoup plus infidèlement. L'auteur est obligé de déclarer qu'il y a dans cette pièce beaucoup de vers qu'il n'a jamais ni faits ni pu faire, comme ceux-ci par exemple :

> Voyant tomber leur chef, les Maures *furieux*
> L'ont accablé de traits dans *leur rage cruelle.*

L'Orphelin de la Chine[1] n'est pas moins défiguré. On ne trouve point dans l'édition de Duchêne ces vers que dit Gengis, et qui sont dans toutes les éditions :

> Gardez de mutiler tous ces grands monuments,
> Ces prodiges des arts consacrés par les temps ;
> Respectez-les ; ils sont le prix de leur courage.
> Qu'on cesse de livrer aux flammes, au pillage,
> Ces archives de lois, ce long amas d'écrits,
> Tous ces fruits du génie, objets de vos mépris.
> Si l'erreur les dicta, cette erreur m'est utile ;
> Elle occupe ce peuple, et le rend plus docile.

Ce discours est très-convenable dans la bouche d'un prince sage, qui parle à des Tartares ennemis des lois et de la science. Voici ce que l'éditeur a mis à la place :

> Cessez de mutiler tous ces grands monuments
> Echappés aux *fureurs des flammes, du pillage.*

Toute la fin de la tragédie de *Zulime* est ridiculement altérée. Une fille qui a trahi, outragé, attaqué son père, qui sent tous ses crimes et qui s'en punit, à qui son père pardonne, et qui s'écrie dans son désespoir : « J'en suis indigne, » doit faire un grand effet. On a tronqué et altéré cette fin, et on finit la pièce par une phrase qui n'est pas même achevée. Les vers impertinents qu'on a mis dans *Olympie* sont dignes d'une telle édition. En voici un qui me tombe sous la main :

> Ne viens point, malheureux, par différents efforts....

En un mot, l'auteur doit, pour l'honneur de l'art, encore plus que pour sa propre justification, précautionner le lecteur contre cette édition de Duchêne, qui n'est qu'un tissu de fautes et de falsifications. Il n'est pas permis de s'emparer des ouvrages d'un homme, de son vivant, pour les rendre ridicules. On a pris à tâche de gâter les expressions, de substituer des liaisons à des scènes plus impertinemment tronquées. Cette manœuvre a été poussée à un tel excès, que les comédiens de province eux-mêmes, révoltés contre la licence et le mauvais goût qui défigureraient la tragédie d'*Olympie*, n'ont jamais voulu la jouer comme on l'a représentée à Paris.

Ce n'est pas assez d'être parvenu à corrompre presque tous les

---

1. Ceci a déjà été remarqué dans l'avertissement qui est à la tête du premier volume du théâtre.

ouvrages qu'un homme a composés pendant plus de cinquante années ; tantôt on publie sous son nom de prétendues *Lettres secrètes*, tantôt ce sont des *Lettres à ses amis du Parnasse*, qu'on fabrique en Hollande ou dans Avignon, et puis c'est son *Portefeuille retrouvé*, que personne ne voudrait ramasser. Granger le libraire met son nom hardiment à un tome de *Mélanges*, un ex-jésuite lui attribue des livres ridicules, et écrit contre ces livres un libelle beaucoup plus ridicule encore, et tout cela se vend à des provinciaux et à des étrangers, qui croient acheter ce qu'il y a de plus intéressant dans la littérature française. Il est vrai que toutes ces impertinences tombent et meurent comme des insectes éphémères ; mais ces insectes se reproduisent toutes les années. Rien n'est plus aisé à faire qu'un mauvais livre, si ce n'est une mauvaise critique. La basse littérature inonde une partie de l'Europe ; le goût se corrompt tous les jours. Il en est à peu près de l'art d'écrire comme de celui de la déclamation : il y a plus de six cents comédiens français répandus dans l'Europe, et à peine deux ou trois qui aient reçu de la nature les dons nécessaires, et qui aient pu approfondir leur art. Combien avons-nous d'écrivains qui à peine savent leur langue, et qui commencent par dire leur avis sur les arts qu'ils n'ont jamais pratiqués ; sur l'agriculture, sans avoir possédé un champ ; sur le ministère, sans être jamais entrés dans le bureau d'un commis ; sur l'art de gouverner, sans avoir pu seulement gouverner leur servante ! Combien s'érigent en critiques, qui n'ont jamais pu produire d'eux-mêmes un ouvrage supportable ; qui parlent de poésie, et qui ne savent pas seulement la mesure d'un vers ! Combien enfin deviennent calomniateurs de profession pour avoir du pain, et vendent des injures à tant la feuille !

CHARLOT,
ou
LA COMTESSE DE GIVRY.

PIÈCE DRAMATIQUE,

REPRÉSENTÉE SUR LE THÉÂTRE DE F*** [1] AU MOIS DE SEPTEMBRE 1767.

PRÉFACE [2].

Cette pièce de société n'a été faite que pour exercer les talents de plusieurs personnes d'un rare mérite. Il y a un peu de chant et de danse, du comique, du tragique, de la morale, et de la plaisanterie. Cette nouveauté n'a point du tout été destinée aux théâtres publics. C'est ainsi qu'aujourd'hui, en Italie, plusieurs académiciens s'amusent à réciter des pièces qui ne sont jamais jouées par des comédiens. Ce noble exercice s'est établi depuis longtemps en France, et même chez quelques-uns de nos princes. Rien n'anime plus la société; rien ne donne plus de grâce au corps et à l'esprit, ne forme plus le goût, ne rend les mœurs plus honnêtes, ne détourne plus de la fatale passion du jeu, et ne resserre plus les nœuds de l'amitié.

Cette pièce a eu l'avantage d'être représentée par des gens de lettres, qui, sachant en faire de meilleures, se sont prêtés à ce genre médiocre avec toute la bonté et tout le zèle dont cette médiocrité même avait besoin.

Henri IV est véritablement le héros de la pièce : mais il avait déjà paru dans *la Partie de chasse* [3], représentée sur le même théâtre ; et on n'a pas voulu imiter ce qu'on ne pouvait égaler.

PERSONNAGES.

LA COMTESSE DE GIVRY, veuve attachée au parti de Henri IV.
HENRI IV.
LE MARQUIS, élevé dans le château.
JULIE, parente de la maison, élevée avec le marquis.
MADAME AUBONNE, nourrice.
CHARLOT, fils de la nourrice.
L'INTENDANT de la maison.
BABET, élevée pour être à la chambre auprès de la comtesse.
GUILLOT, fils d'un fermier de la terre.
DOMESTIQUES, COURRIERS, GARDES.
SUITE DE HENRI IV.

La scène est dans le château de la comtesse de Givry, en Champagne.

1. Ferney. *Charlot* fut représenté sur le Théâtre-Italien, le 4 juin 1782. (ÉD.)
2. Cette Préface est de Voltaire lui-même. (ÉD.) — 3. Par Collé. (ÉD.)

ACTE PREMIER.

SCÈNE I. — *Le théâtre représente une grande salle où des domestiques portent et ôtent des meubles.* L'INTENDANT *de la maison est à une table ;* UN COURRIER *en bottes, à côté ;* MADAME AUBONNE, *nourrice, coud ; et* BABET *file à un rouet. Une servante prend des mesures avec une aune ; une autre balaye.*

L'INTENDANT, *écrivant.*
Quatorze mille écus !... ce compte perce l'âme....
Ma foi, je ne sais plus comment fera madame
Pour recevoir le roi, qui vient dans ce château.

LE COURRIER.
Faut-il attendre ?

L'INTENDANT.
Eh ! oui.

BABET.
Que ce jour sera beau !
Madame Aubonne ! ici nous le verrons paraître,
Ici, dans ce château, ce grand roi, ce bon maître !

MADAME AUBONNE, *cousant.*
Il est vrai.

BABET.
Mais cela devrait vous dérider.
Je ne vous vis jamais que pleurer ou bouder.
Quand tout le monde rit, court, saute, danse, chante
Notre bonne est toujours dans sa mine dolente.

MADAME AUBONNE.
Quand on porte lunette, on rit peu, mes enfants.
Ris tant que tu pourras, chaque chose a son temps.

LE COURRIER, *à l'intendant.*
Expédiez-moi donc.

L'INTENDANT.
La fête sera chère....
Mais pour ce prince auguste on ne saurait trop faire.

LE COURRIER.
Faites donc vite.

MADAME AUBONNE.
Hélas ! j'espère d'aujourd'hui
Que Charlot, mon enfant, pourra servir sous lui.

L'INTENDANT.
Le bon prince !

LE COURRIER.
Allons donc.

L'INTENDANT.
La dernière campagne....

Il assiégeait, vous dis-je.... une ville en Champagne....
LE COURRIER.
Dépêchez.
L'INTENDANT.
Il était, comme chacun le dit,
Le premier à cheval et le dernier au lit.
LE COURRIER.
Quel bavard !
L'INTENDANT.
On avait, sous peine de la vie,
Défendu qu'on portât à la ville investie
Provision de bouche.
LE COURRIER.
Aura-t-il bientôt fait ?
L'INTENDANT.
Trois jeunes paysans, par un chemin secret
En ayant apporté, s'étaient laissé surprendre :
Leur procès était fait, et l'on allait les pendre.

(Mme Aubonne et Babet s'approchent pour entendre ce conte; deux domestiques qui portaient des meubles les mettent par terre, et tendent le cou; une servante qui balayait s'approche, et écoute en s'appuyant le menton sur le manche du balai.)

MADAME AUBONNE, *se levant*.
Les pauvres gens !
BABET.
Eh bien ?
LE COURRIER.
Achevez donc.
L'INTENDANT, *écrivant*.
Le roi....
Quatorze mille écus en six mois....
LE COURRIER.
Sur ma foi,
Je n'y puis plus tenir.
L'INTENDANT, *écrivant*.
Je m'y perds quand j'y pense !....
Le roi les rencontra.... son auguste clémence....
BABET.
Leur fit grâce sans doute ?
(Ici tout le monde fait un cercle autour de l'intendant.)
L'INTENDANT.
Hélas ! il fit bien plus ;
Il leur distribua ce qu'il avait d'écus.
« Le Béarnais, dit-il, est mal en équipage,
Et s'il en avait plus, vous auriez davantage »
TOUS ENSEMBLE.
Le bon roi ! le grand roi !
L'INTENDANT.
Ce n'est pas tout; le pain

ACTE I, SCÈNE I.

Manquait dans cette ville, où y mourait de faim;
Il la nourrit lui-même en l'assiégeant encore.
(Il tire son mouchoir et s'essuie les yeux.)

LE COURRIER.
Vous me faites pleurer.

MADAME AUBONNE.
Je l'aime!

BABET.
Je l'adore!

L'INTENDANT.
Je me souviens aussi qu'en un jour solennel
Un grave ambassadeur, je ne sais plus lequel,
Vit sa jeune noblesse, admise à l'audience,
L'entourer, le presser sans trop de bienséance.
« Pardonnez, dit le roi, ne vous étonnez pas;
Ils me pressent de même au milieu des combats. »

LE COURRIER.
Ça donne du désir d'entrer à son service.

BABET.
Oui, ça m'en donne aussi.

L'INTENDANT.
Qu'en dites-vous, nourrice?

MADAME AUBONNE, *se remettant à l'ouvrage*
Ah! j'ai bien d'autres soins.

L'INTENDANT.
Je prétends aujourd'hui
Vous faire, en l'attendant, trente contes de lui.
Un soir, près d'un couvent....

LE COURRIER.
Mais donnez donc la lettre.

L'INTENDANT.
C'est bien dit.... la voilà.... tu pourras la remettre
Au premier des fourriers que tu rencontreras :
Tu partiras en hâte, en hâte reviendras.
Madame de Givry veut savoir à quelle heure
Il doit de sa présence honorer sa demeure....
Quatorze mille écus! et cela clair et net!...
On en doit la moitié.... Va vite.

LE COURRIER.
Adieu, Babet.
(Il sort.)

BABET, *reprenant son rouet*.
La nourrice toujours dans son chagrin persiste
Faites-lui quelque conte.

L'INTENDANT.
On voit ce qui l'attriste.
Notre jeune marquis, que la bonne a nourri,
Est un grand garnement; et j'en suis bien marri.

MADAME AUBONNE.
Je le suis plus que vous.
L'INTENDANT.
Votre fils, au contraire,
Respectueux, poli, cherche toujours à plaire.
BABET.
Charlot est, je l'avoue, un fort joli garçon.
MADAME AUBONNE.
Notre marquis pourra se corriger.
L'INTENDANT.
Oh! non;
Il n'a point d'amitié; le mal est sans remède.
MADAME AUBONNE, cousant.
A l'éducation tout tempérament cède.
L'INTENDANT, écrivant.
Les vices de l'esprit peuvent se corriger;
Quand le cœur est mauvais, rien ne peut le changer.

SCÈNE II. — LES PRÉCÉDENTS; GUILLOT, accourant.

GUILLOT.
Ah! le méchant marquis! comme il est malhonnête!
MADAME AUBONNE.
Eh bien! de quoi viens-tu nous étourdir la tête?
GUILLOT.
De deux larges soufflets dont il m'a fait présent :
C'est le seul qu'il m'ait fait, du moins jusqu'à présent.
Passe encor pour un seul, mais deux!
BABET.
Bon! c'est de joie
Qu'il t'aura souffleté; tout le monde est en proie
A des transports si grands, en attendant le roi,
Qu'on ne sait où l'on frappe.
MADAME AUBONNE.
Allons, console-toi.
L'INTENDANT, écrivant.
La chose est mal pourtant.... Madame la comtesse
N'entend pas que l'on fasse une telle caresse
A ses gens; et Guillot est le fils d'un fermier,
Homme de bien.
GUILLOT.
Sans doute.
L'INTENDANT.
Et fort lent à payer.
GUILLOT.
Ça peut être.
L'INTENDANT.
Guillot est d'un bon caractère.

ACTE I, SCÈNE II.

GUILLOT.
Oui.

L'INTENDANT.
C'est un innocent.

GUILLOT.
Pas tant.

BABET.
Qu'as-tu pu faire
Pour acquérir ainsi deux soufflets du marquis?

GUILLOT.
Il est jaloux, il t'aime.

BABET.
Est-il bien vrai?... Tu dis
Que je plais à monsieur?

GUILLOT.
Oh! tu ne lui plais guère
Mais il t'aime en passant, quand il n'a rien à faire.
Je dois, comme tu sais, épouser tes attraits;
Et pour présent de noce il donne des soufflets.

BABET.
Monsieur m'aimerait donc?

MADAME AUBONNE.
Quelle sotte folie!
Le marquis est promis à la belle Julie,
Cousine de madame, et qui, dans la maison,
Est un modèle heureux de beauté, de raison,
Que j'élevai longtemps, que je formai moi-même :
C'est pour lui qu'on la garde, et c'est elle qu'il aime.

GUILLOT.
Oh bien, il en veut donc avoir deux à la fois?
Ces jeunes grands seigneurs ont de terribles droits;
Tout doit être pour eux, femmes de cour, de ville,
Et de village encore : ils en ont une file;
Ils vous écrèment tout, et jamais n'aiment rien.
Qu'ils me laissent Babet; parbleu, chacun le sien.

BABET.
Tu m'aimes donc vraiment?

GUILLOT.
Oui, de tout mon courage;
Je t'aime tant, vois-tu, que quand sur mon passage
Je vois passer Charlot, ce garçon si bien fait,
Quand je vois ce Charlot regardé par Babet,
Je rendrais, si j'osais, à son joli visage
Les deux pesants soufflets que j'ai reçus en gage.

MADAME AUBONNE.
Des soufflets à mon fils!

GUILLOT.
Eh !... j'entends si j'osais....

Mais Charlot m'en impose, et je n'ose jamais.
     L'INTENDANT, *se levant.*
Jamais je ne pourrai suffire à la dépense.
Ah ! tous les grands seigneurs se ruinent en France;
Il faut couper des bois, emprunter chèrement,
Et l'on s'en prend toujours à monsieur l'intendant....
Çà, je vous disais donc qu'auprès d'une abbaye
Une vieille baronne et sa fille jolie,
Apercevant le roi qui venait tout courant....
Le duc de Bellegarde était son confident :
C'est un brave seigneur, et que partout on vante;
Madame la comtesse est sa proche parente :
De notre belle fête il sera l'ornement.

  SCÈNE III. — LES PRÉCÉDENTS, LE MARQUIS.

    (Tous se lèvent.)
    LE MARQUIS.
Mon vieux faiseur de conte, il me faut de l'argent.
Bonjour, belle Babet; bonjour, ma vieille bonne....
   (A Guillot.)
Ah ! te voilà, maraud; si jamais ta personne
S'approche de Babet, et surtout moi présent,
Pour te mieux corriger je t'assomme à l'instant.
    GUILLOT.
Quel diable de marquis!
    LE MARQUIS.
    Va, détale.
    BABET.
      Eh ! de grâce,
Un peu moins de colère, un peu moins de menace.
Que vous a fait Guillot ?
    MADAME AUBONNE.
    Tant de brutalité
Sied horriblement mal aux gens de qualité.
Je vous l'ai dit cent fois; mais vous n'en tenez compte.
Vous me faites mourir de douleur et de honte.
    LE MARQUIS.
Allez, vous radotez.... Monsieur Rente, à l'instant
Qu'on me fasse donner six cents écus comptant.
    L'INTENDANT.
Je n'en ai point, monsieur.
    LE MARQUIS.
     Ayez-en, je vous prie.
Il m'en faut pour mes chiens et pour mon écurie,
Pour mes chevaux de chasse, et pour d'autres plaisirs
J'ai très-peu d'écus d'or, et beaucoup de désirs.

ACTE I, SCÈNE III.

Monsieur mon trésorier, déboursez, le temps presse.
L'INTENDANT.
A peine émancipé, vous épuisez ma caisse.
Quel temps prenez-vous là ? quoi ! dans le même jour
Où le roi vient chez vous avec toute sa cour !
Songez-vous bien aux frais où tout nous précipite ?
LE MARQUIS.
Je me passerais fort d'une telle visite.
Mon petit précepteur, que l'on vient d'éloigner,
M'avait dit que ma mère allait me ruiner ;
Je vois qu'il a raison.
MADAME AUBONNE.
     Fi ! quel discours infâme !
Soyez plus généreux, respectez plus madame.
Je ne m'attendais pas, quand je vous allaitai,
Que vous auriez un cœur si plein de dureté.
LE MARQUIS.
Vous m'ennuyez.
MADAME AUBONNE, *pleurant.*
    L'ingrat !
GUILLOT, *dans un coin.*
      Il a l'âme bien dure,
Les mains aussi.
BABET.
    Toujours il nous fait quelque injure
Vous n'aimez pas le roi ! vous, méchant !
LE MARQUIS.
        Eh ! si fait.
BABET.
Non, vous ne l'aimez pas.
LE MARQUIS.
    Si, te dis-je, Babet.
Je l'aime.... comme il m'aime.... assez peu, c'est l'usage.
Mais je t'aime bien plus.
L'INTENDANT, *écrivant.*
    Et l'argent davantage.
LE MARQUIS.
    (A Guillot, qui est dans un coin.)
Donnez-m'en donc bien vite.... Ah ! ah ! je t'aperçois ;
Attends-moi, malheureux !

SCÈNE IV. — Les précédents, LA COMTESSE.

LA COMTESSE.
    Eh ! qu'est-ce que je vois ?
Je cherche partout : que ses mœurs sont rustiques !
Je le trouve toujours parmi des domestiques.
Il se plaît avec eux ; il m'abandonne.

MADAME AUBONNE.
                    Hélas !
Nous l'envoyons à vous, mais il n'écoute pas.
Il me traite bien mal
                    LA COMTESSE
            Consolez-vous, nourrice ;
Mon cœur en tous les temps vous a rendu justice,
Et mon fils vous la doit : on pourra l'attendrir.
            MADAME AUBONNE.
Ah ! vous ne savez pas ce qu'il me fait souffrir.
            LA COMTESSE.
Je sais qu'en son berceau, dans une maladie,
Étant cru mort longtemps, vous sauvâtes sa vie :
Il en doit à jamais garder le souvenir.
S'il ne vous aimait pas, qui pourrait-il chérir ?
Laissez-moi lui parler.
            MADAME AUBONNE.
                    Dieu veuille que madame
Par ses soins maternels amollisse son âme !
            LE MARQUIS.
Que de contrainte !
        LA COMTESSE, à l'intendant.
                Et vous, tout est-il préparé ?
Vous savez de vos soins combien je vous sais gré.
            L'INTENDANT.
Madame, tout est prêt, mais la dépense est forte ;
Cela pourra monter tout au moins.... à....
            LA COMTESSE.
                        Qu'importe ?
Le cœur ne compte point, et rien ne doit coûter
Lorsque le grand Henri daigne nous visiter.
        (A ses gens.)
Laissez-moi, je vous prie.
                    (Ils sortent.)

SCÈNE V. — LA COMTESSE, LE MARQUIS.

            LA COMTESSE.
                Il est temps qu'une mère,
Que vous écoutez peu, mais qui ne doit rien taire,
Dans l'âge où vous entrez, sans plainte et sans rigueur,
Parle à votre raison et sonde votre cœur.
Je veux bien oublier que, depuis votre enfance,
Vous avez repoussé ma tendre complaisance ;
Que vos maîtres divers et votre précepteur,
Par leurs soins vigilants révoltant votre humeur,
Vous présentant à tout, n'ont pu rien vous apprendre :
Tandis qu'à leurs leçons empressé de se rendre,

ACTE I, SCÈNE V.

Le fils de la nourrice, à qui vous insultiez,
Apprenait aisément ce que vous négligiez;
Et que Charlot, toujours prompt à me satisfaire,
Faisait assidûment ce que vous deviez faire.

LE MARQUIS.

Vous l'oubliez, madame, et m'en parlez souvent.
Charlot est, je l'avoue, un héros fort savant.
Je consens pleinement que Charlot étudie,
Que Guillot aille aussi dans quelque académie;
La doctrine est pour eux, et non pour ma maison.
Je hais fort le latin; il déroge à mon nom;
Et l'on a vu souvent, quoi qu'on en puisse dire,
De très-bons officiers qui ne savaient pas lire.

LA COMTESSE.

S'ils l'avaient su, mon fils, ils en seraient meilleurs.
J'en ai connu beaucoup qui, polissant leurs mœurs,
Des beaux-arts avec fruit ont fait un noble usage.
Un esprit cultivé ne nuit point au courage.
Je suis loin d'exiger qu'aux lois de son devoir
Un officier ajoute un triste et vain savoir;
Mais sachez que ce roi, qu'on admire et qu'on aime,
A l'esprit très-orné.

LE MARQUIS.

Je ne suis pas de même.

LA COMTESSE.

Songez à le servir à la guerre, à la cour.

LE MARQUIS.

Oui, j'y songe.

LA COMTESSE.

Il faudra que, dans cet heureux jour,
De sa royale main sa bonté ratifie
Le contrat qui vous doit engager à Julie.
Elle est votre parente, et doit plaire à vos yeux,
Aimable, jeune, riche.

LE MARQUIS.

Elle est riche? tant mieux;
Marions-nous bientôt.

LA COMTESSE.

Se peut-il, à votre âge,
Que du seul intérêt vous parliez le langage?

LE MARQUIS.

Oh! j'aime aussi Julie; elle a bien des appas;
Elle me plaît beaucoup; mais je ne lui plais pas.

LA COMTESSE.

Ah! mon fils, apprenez du moins à vous connaître.
Vos discours, votre ton, la révoltent peut-être.
On ne réussit point sans un peu d'art flatteur;
Et la grossièreté ne gagne point un cœur.

LE MARQUIS.
Je suis fort naturel.
LA COMTESSE.
Oui, mais soyez aimable.
Cette pure nature est fort insupportable.
Vos pareils sont polis : pourquoi ? c'est qu'ils ont eu
Cette éducation qui tient lieu de vertu;
Leur âme en est empreinte; et si cet avantage
N'est pas la vertu même, il est sa noble image.
Il faut plaire à sa femme, il faut plaire à son roi,
S'oublier prudemment, n'être point tout à soi,
Dompter cette humeur brusque où le penchant vous livre.
Pour vivre heureux, mon fils, que faut-il ? savoir vivre.
LE MARQUIS.
Pour le roi, nous verrons comme je m'y prendrai :
Julie est autre chose, elle est fort à mon gré;
Mais je ne puis souffrir, s'il faut que je le dise,
Que le savant Charlot la suive et la courtise :
Il lui fait des chansons.
LA COMTESSE.
Vous vous moquez de nous :
Votre frère de lait vous rendrait-il jaloux ?
LE MARQUIS.
Oui; je ne cache point que je suis en colère
Contre tous ces gens-là qui cherchent tant à plaire.
Je n'aime point Charlot; on l'aime trop ici.
LA COMTESSE.
Auriez-vous bien le cœur à ce point endurci ?
Cela ne se peut pas. Ce jeune homme estimable
Peut-il par son mérite être envers vous coupable?
Je dois tout à sa mère; oui, je lui dois mon fils;
Aimez un peu le sien. Du même lait nourris,
L'un doit protéger l'autre : ayez de l'indulgence,
Ayez de l'amitié, de la reconnaissance;
Si vous étiez ingrat, que pourrais-je espérer ?
Pour ne vous point haïr il faudrait expirer.
LE MARQUIS.
Ah ! vous m'attendrissez; madame, je vous jure
De respecter toujours mon devoir, la nature,
Vos sentiments.
LA COMTESSE.
Mon fils, j'aurais voulu de vous
Avec tant de respects, un mot encor plus doux.
LE MARQUIS.
Oui, le respect s'unit à l'amour qui me touche.
LA COMTESSE.
Dites-le donc du cœur, ainsi que de la bouche.

SCÈNE VI. — LA COMTESSE, LE MARQUIS, CHARLOT.

LA COMTESSE.

Venez, mon bon Charlot. Le marquis m'a promis
Qu'il serait désormais de vos meilleurs amis.

LE MARQUIS, *se détournant.*

Je n'ai point promis ça.

LA COMTESSE.

Ce grand jour d'allégresse
Ne pourra plus laisser de place à la tristesse.
Où donc est votre mère ?

CHARLOT.

Elle pleure toujours ;
Et j'implore pour moi votre puissant secours,
Votre protection, vos bontés toujours chères,
Et ce cœur digne en tout de ses augustes pères.
Madame, vous savez qu'à monsieur votre fils,
Sans me plaindre un moment, je fus toujours soumis,
Vivre à vos pieds, madame, est ma plus forte envie.
Le héros des Français, l'appui de sa patrie,
Le roi des cœurs bien nés, le roi qui des ligueurs
A par tant de vertus confondu les fureurs,
Il vient chez vous, il vient dans vos belles retraites ;
Et ce n'est que pour lui que des lieux où vous êtes
Mon âme en gémissant se pourrait arracher.
La fortune n'est pas ce que je veux chercher.
Pardonnez mon audace, excusez mon jeune âge.
On m'a si fort vanté sa bonté, son courage,
Que mon cœur tout de feu porte envie aujourd'hui
A ces heureux Français qui combattent sous lui.
Je ne veux point agir en soldat mercenaire ;
Je veux auprès du roi servir en volontaire,
Hasarder tout mon sang, sûr que je trouverai
Auprès de vous, madame, un asile assuré.
Daignez-vous approuver le parti que j'embrasse ?

LA COMTESSE.

Va, j'en ferais autant, si j'étais à ta place.
Mon fils, sans doute, aura pour servir sous sa loi
Autant d'empressement et de zèle que toi.

LE MARQUIS.

Eh, mon Dieu! oui. Faut-il toujours qu'on me compare
A notre ami Charlot? l'accolade est bizarre!

LA COMTESSE.

Aimez-le, mon cher fils; que tout soit oublié.
Çà, donnez-lui la main pour marque d'amitié.

LE MARQUIS.

Eh bien! la voilà.... mais....

LA COMTESSE.
Point de mais.
CHARLOT, *prend la main du marquis et la baise.*
Je révère,
J'ose chérir en vous madame votre mère.
Jamais de mon devoir je n'ai trahi la voix;
Je vous rendrai toujours tout ce que je vous dois.
LE MARQUIS.
Va.... je suis très-content.
LA COMTESSE.
Son bon cœur se déclare;
Le mien s'épanouit.... Quel bruit! quel tintamarre!

SCÈNE VII. — PLUSIEURS DOMESTIQUES *en livrée et d'autres gens entrent en foule;* GUILLOT, BABET, *sont les premiers;* JULIE, MADAME AUBONNE, *dans le fond : elles arrivent plus lentement;* LA COMTESSE *est sur le devant du théâtre avec* LE MARQUIS *et* CHARLOT.

GUILLOT, *accourant.*
Le roi vient.
PLUSIEURS DOMESTIQUES.
C'est le roi.
GUILLOT.
C'est le roi, c'est le roi.
BABET.
C'est le roi; je l'ai vu tout comme je vous vois.
Il était encor loin; mais qu'il a bonne mine!
GUILLOT.
Donne-t-il des soufflets?
LA COMTESSE.
A peine j'imagine
Qu'il arrive sitôt; c'est ce soir qu'on l'attend :
Mais sa bonté prévient ce bienheureux instant.
Allons tous.
JULIE.
Je vous suis.... je rougis; ma toilette
M'a trop longtemps tenue, et n'est pas encor faite.
Est-ce bien déjà lui?
GUILLOT.
Ne le voyez-vous pas
Qui vers la basse-cour avance avec fracas?
BABET.
Il est très-beau.... C'est lui. Les filles du village
Trottent toutes en foule, et sont sur son passage.
J'y vais aussi, j'y vole.
LA COMTESSE.
Oh! je n'entends plus rien.

ACTE I, SCÈNE VII.

JULIE.

Ce n'est pas lui.

BABET, *allant et venant*.

C'est lui.

GUILLOT.

Je m'y connais fort bien.
Tout le monde m'a dit : « C'est lui! » la chose est claire.

L'INTENDANT, *arrivant à pas comptés*.

Ils se sont tous trompés selon leur ordinaire.
Madame, un postillon que j'avais fait partir
Pour s'informer au juste, et pour vous avertir,
Vous ramenait en hâte une troupe altérée,
Moitié déguenillée, et moitié surdorée,
D'excellents pâtissiers, d'acteurs italiens,
Et des danseurs de corde, et des musiciens,
Des flûtes, des hautbois, des cors, et des trompettes,
Des faiseurs d'acrostiche, et des marionnettes.
Tout le monde a crié : « Le roi! » sur les chemins;
On le crie au village, et chez tous les voisins;
Dans votre basse-cour on s'obstine à le croire;
Et voilà justement comme on écrit l'histoire.

GUILLOT.

Nous voilà tous bien sots!

LA COMTESSE.

Mais quand vient-il?

L'INTENDANT.

Ce soir.

LA COMTESSE.

Nous aurons tout le temps de le bien recevoir.
Mon fils, donnez la main à la belle Julie.
Bonsoir, Charlot.

LE MARQUIS.

Mon Dieu, que ce Charlot m'ennuie!

(Ils sortent : la comtesse reste avec la nourrice.)

LA COMTESSE.

Viens, ma chère nourrice, et ne soupire plus.
A bien placer ton fils mes vœux sont résolus :
Il servira le roi; je ferai sa fortune ;
Je veux que cette joie à nous deux soit commune,
Je voudrais contenter tout ce qui m'appartient,
Vous rendre tous heureux; c'est là ce qui soutient,
C'est là ce qui console et qui charme la vie.

MADAME AUBONNE.

Vous me rendez confuse, et mon âme attendrie
Devrait mériter mieux vos extrêmes bontés.

LA COMTESSE.

Qui donc en est plus digne?

MADAME AUBONNE, *tristement.*
Ah !
LA COMTESSE.
Nos félicités
S'altèrent du chagrin que tu montres sans cesse.
MADAME AUBONNE.
Ce beau jour, il est vrai, doit bannir la tristesse.
LA COMTESSE.
Va, fais danser nos gens avec les violons.
Ton fils nous aidera.
MADAME AUBONNE.
Mon fils !... Madame.... allons.

ACTE SECOND.

SCÈNE I. — MADAME AUBONNE, CHARLOT.

JULIE.
Enfin je le verrai, ce charmant Henri quatre,
Ce roi brave et clément qui sait plaire et combattre
Qui conquit à la fois son royaume et nos cœurs,
Pour qui Mars et l'Amour n'ont point eu de rigueurs,
Et qui sait triompher, si j'en crois les nouvelles,
Des ligueurs, des Romains, des héros et des belles.
CHARLOT, *dans un coin.*
Elle aime ce grand homme; elle est tout comme moi.
JULIE.
Lisette à me parer a réussi, je croi.
Comment me trouvez-vous?
MADAME AUBONNE.
Très-belle et très-bien mise.
Vous seriez peu fâchée, excusez ma franchise,
D'essayer tant d'appas et d'arrêter les yeux
D'un héros couronné, partout victorieux.
JULIE.
Oui, ses yeux seulement.... il a le cœur fort tendre;
On me l'a dit du moins.... je n'y veux point prétendre;
Je ne veux avoir l'air ni prude ni coquet....
Eh ! mon Dieu ! j'aperçois qu'il me manque un bouquet.
CHARLOT.
Un bouquet! allons vite.
(Il sort.)
MADAME AUBONNE.
Eh bien ! belle Julie,
Ce grand prince ici même aujourd'hui vous marie;

ACTE II, SCÈNE I.

Il signera du moins le contrat projeté,
Qui sera par madame avec vous présenté.
Vous semblez n'y penser qu'avec indifférence,
Et je crois entrevoir un peu de répugnance.

JULIE.
Hélas! comment veut-on que mon cœur soit touché,
Qu'il se donne à celui qui ne l'a point cherché?
Par la digne comtesse en ces murs élevée,
Conduite par vos soins, à son fils réservée,
Je n'ai jamais dans lui trouvé jusqu'à ce jour
Le moindre sentiment qui ressemble à l'amour;
Il n'a jamais montré ces douces complaisances
Qui d'un peu de tendresse auraient les apparences.
Il est sombre, il est dur, il me doit alarmer;
Il ose être jaloux, et ne sait point aimer.
J'aime avec passion sa vertueuse mère :
Le fils me fait trembler; quel triste caractère !
Ses airs, et son ton brusque, et sa grossièreté
Affligent vivement ma sensibilité.
D'un noir pressentiment je ne puis me défendre.
La nature me fit une âme honnête et tendre.
J'aurais voulu chérir mon mari.

MADAME AUBONNE.
      Parlez net;
Développez un cœur qui se cache à regret.
Le marquis est haï.

JULIE.
    Tout autant qu'haïssable :
C'est une aversion qui n'est pas surmontable.
A sa mère, après tout, je ne puis l'avouer.
De quinze ans de bontés je dois trop me louer :
Je percerais son cœur d'une atteinte cruelle;
Je ne puis la tromper ni m'ouvrir avec elle.
Voilà mes sentiments, mes chagrins, et mes vœux.

MADAME AUBONNE.
Ce mariage-là fera des malheureux.
Ah! comment nous tirer du fond du précipice ?

JULIE.
Et moi, que devenir, comment faire, nourrice?
Tu ne me réponds point, tu rêves tristement,
Ma chère Aubonne!

MADAME AUBONNE.
    Hélas!

JULIE.
     Pourrais-tu prudemment
Engager la comtesse à différer la chose?
Tu sais la gouverner; ton avis en impose;

Par tes discours flatteurs tu pourrais l'amener
A me laisser le temps de me déterminer.
Mais réponds donc.

MADAME AUBONNE.

Hélas!... oui, ma belle Julie....
(En pleurant.)
Votre demande est juste.... elle sera remplie.

SCÈNE II. — JULIE, MADAME AUBONNE, CHARLOT.

CHARLOT.

Madame, j'ai trouvé chez vous votre bouquet.

JULIE.

Ce n'est point là le mien; le vôtre est bien mieux fait,
Mieux choisi, plus brillant.... Que votre fils, ma bonne,
Est galant et poli!... Tous les jours il m'étonne.
Est-il vrai qu'il nous quitte?

MADAME AUBONNE.

Il veut servir le roi.

JULIE.

Nous le regretterons.

CHARLOT.

Je fais ce que je dois.
Oui, mon père est soldat du plus grand des monarques :
Il fut blessé, madame, à la bataille d'Arques.
Je voudrais sur ses pas bientôt l'être à mon tour.
Pour ce généreux roi mon cœur est plein d'amour;
Oui, je voudrais servir Henri quatre et madame.

JULIE, à madame Aubonne.

La bonne, vous pleurez!

MADAME AUBONNE.

J'en ai sujet : mon âme
Se rappelle sans cesse un fatal souvenir.

JULIE.

Quoi! pouvez-vous, sans joie et sans vous attendrir,
Voir un fils si bien né, si rempli de courage,
Au-dessus de son rang, au-dessus de son âge?

MADAME AUBONNE.

Il paraît en effet digne de vos bontés;
Il mérite surtout les pleurs qu'il m'a coûtés.

JULIE.

Votre amour est bien juste, il est touchant, ma bonne;
Mais il faut l'avouer, votre douleur m'étonne.
Quel est votre chagrin?... Çà, dites-moi, Charlot....
Non.... monsieur.... mon ami.... Ma mère.... que ce mot....
De Charlot.... convient mal.... à toute sa personne!

MADAME AUBONNE.

Oh! les mots n'y font rien.... mais vous êtes trop bonne.

ACTE II, SCÈNE II.

JULIE.

Charlot.... Ma bonne!

MADAME AUBONNE.
Eh quoi?

JULIE.
D'où vient que votre fils
Est différent en tout de monsieur le marquis?
L'art n'a rien pu sur l'un; dans l'autre la nature
Semble avoir répandu tous ses dons sans mesure.

MADAME AUBONNE.
Vous le flattez beaucoup.

JULIE.
Le roi vient aujourd'hui,
Je dois avoir l'honneur de danser avec lui.
(A Charlot.)
Je voudrais répéter.... Vous dansez comme un ange.

CHARLOT.
Je ne mérite pas....

JULIE.
Cela n'est point étrange :
Vous avez réussi dans les jeux, dans les arts,
Qui de nos courtisans attirent les regards,
Les armes, le dessin, la danse, la musique,
Enfin dans toute étude où votre esprit s'applique;
Et c'est pour votre mère un plaisir bien parfait....
Je cherche à m'affermir dans le pas du menuet....
Et je danserai mieux vous ayant pour modèle.

CHARLOT.
Ah! vous seule en servez.... mais le respect, le zèle,
Me forcent d'obéir. Il faut un violon;
Je cours en chercher un, s'il vous plaît.

JULIE.
Mon Dieu non....
Vous chantez à merveille; et votre voix, je pense,
Bien mieux qu'un violon marquera la cadence :
Asseyez-vous, ma mère, et voyez votre fils.

MADAME AUBONNE.
De tout ce que je vois mon cœur n'est point surpris.

(Elle s'assied; ils dansent, et Charlot chante.)

  Elle donne des lois
   Aux bergers, aux rois,
    A son choix;
  Elle donne des lois
   Aux bergers, aux rois.
  Qui pourrait l'approcher
   Sans chercher
  Le danger?

396 CHARLOT.

On meurt à ses yeux sans espoir;
On meurt de ne les plus voir.
 Elle donne des lois
  Aux bergers, aux rois.

JULIE, *après avoir dansé, un seul couplet.*
Vous êtes donc l'auteur de la chanson?

CHARLOT.
       Madame,
C'est un faible portrait d'une timide flamme.
Les vers étaient à l'air assez mal ajustés.
Par votre goût, sans doute, ils seront rejetés.

JULIE.
Ils n'offensent personne.... Ils ne peuvent déplaire;
Ils ne peuvent surtout exciter ma colère :
Ils ne sont pas pour moi.

CHARLOT.
      Pour vous!... je n'oserais
Perdre ainsi le respect, profaner vos attraits!

JULIE.
Une seconde fois je puis donc les entendre....
Achevons la leçon que de vous je veux prendre.

MADAME AUBONNE.
Ils me font tous les deux un extrême plaisir.
Je voudrais que madame en pût aussi jouir.

JULIE *recommence à danser avec Charlot qui répète l'air.*

 Elle donne des lois
  Aux bergers, aux rois, etc.

MAJEUR.
 Vous seule ornez ces lieux.
  Des rois et des dieux
 Le maître est dans vos yeux.
 Ah! si de votre cœur
  Il était vainqueur!
   Quel bonheur!
 Tout parle en ce beau jour
   D'amour.
 Un roi brave et galant,
   Charmant,
  Partage avec vous
L'heureux pouvoir de régner sur nous.
 Elle donne des lois, etc.
On meurt à ses yeux sans espoir;
On meurt de ne les plus voir.

SCÈNE III. — JULIE, CHARLOT; LE MARQUIS *entre et les voit danser, pendant que* MADAME AUBONNE *est assise et s'occupe à coudre.*

LE MARQUIS.

Meurt de ne les plus voir!... Notre belle héritière,
Avec monsieur Charlot vous êtes familière.
Vous dansez aux chansons dans un coin du logis!

CHARLOT.

Pourquoi non?

JULIE.

Mais je crois qu'il m'est assez permis
De prendre, quand je veux, devant madame Aubonne,
Pour danser un menuet, la leçon qu'il me donne.

LE MARQUIS.

Il donne des leçons! vraiment il en a l'air.
Profitez-vous beaucoup? et les payez-vous cher?

JULIE.

J'en dois avoir, monsieur, de la reconnaissance.
Si vous êtes fâché de cette préférence,
Si mon petit menuet vous donne quelque ennui,
Que n'avez-vous appris.... à danser comme lui?

LE MARQUIS.

Ouais!

CHARLOT.

Modérez, monsieur, votre injuste colère.
Vous aviez assuré votre adorable mère
Que d'un peu d'amitié vous vouliez m'honorer;
Mon cœur la méritait, il l'osait espérer.
       (*En montrant Julie.*)
Ce noble et digne objet, respectable à vous-même,
M'a chargé dans ces lieux de son ordre suprême;
Ses ordres sont sacrés, chacun doit les remplir :
En la servant, monsieur, j'ai cru vous obéir.

MADAME AUBONNE.

C'est très-bien riposté; Charlot doit le confondre.

LE MARQUIS.

Quand ce drôle a parlé, je ne sais que répondre.
Écoute, mon garçon, je te défends.... à toi,
       (*Charlot le regarde fixement.*)
De montrer, quand j'y suis, de l'esprit plus que moi.

MADAME AUBONNE.

Quelle idée!

JULIE.

Eh! comment faudra-t-il donc qu'il fasse?

LE MARQUIS.

Il m'offusque toujours. Tant d'insolence lasse.
Je ne le puis souffrir près de vous.... En un mot,

Je n'aime point du tout qu'on danse avec Charlot.
                    JULIE.
Ma bonne, à quel mari je me verrais livrée!
Allez, votre colère est trop prématurée.
Je n'ai point de reproche à recevoir de vous;
Et je n'aurai jamais un tyran pour époux.
                    MADAME AUBONNE.
Eh bien! vous méritez une telle algarade.
Vous vous faites haïr.... Monsieur, prenez-y garde;
Vous n'êtes ni poli, ni bon, ni circonspect :
Vous deviez à Julie un peu plus de respect,
Plus d'égards à Charlot, à moi plus de tendresse;
Mais....
                    LE MARQUIS.
    Quoi! toujours Charlot! que tout cela me blesse!
Sortez, et devant moi ne paraissez jamais.
                    JULIE.
Mais, monsieur....
            LE MARQUIS, *menaçant Charlot.*
        Si....
                    CHARLOT.
            Quoi? si?
    MADAME AUBONNE, *se mettant entre deux.*
                        Mes enfants, paix! paix! paix!
Eh, mon Dieu! je crains tout.
                    LE MARQUIS.
                        Sors d'ici tout à l'heure.
Je te l'ordonne.
                    JULIE.
            Et moi, j'ordonne qu'il demeure.
                    CHARLOT.
A tous les deux, monsieur, je sais ce que je doi;
    (En regardant Julia.)
Mais enfin j'ai fait vœu de suivre en tout sa loi.
                    LE MARQUIS.
Ah! c'en est trop, faquin.
                    CHARLOT.
            C'en est trop, je l'avoue;
Et sur votre alphabet je doute qu'on vous loue.
Il paraît que le lait dont vous fûtes nourri
Dans votre noble sang s'est un peu trop aigri.
De vos expressions j'ai l'âme assez frappée.
A mon côté, monsieur, si j'avais une épée,
Je crois que vous seriez assez sage, assez grand,
Pour m'épargner peut-être un si doux compliment.
                    LE MARQUIS.
Quoi! misérable....

ACTE II, SCÈNE III.

JULIE.

Encore!

MADAME AUBONNE.

Allez, mon fils, de grâce,
Ne l'effarouchez point, et quittez-lui la place :
Tout ira bien; cédez, quoique très-offensé.

CHARLOT.

Ma mère.... j'obéis.... mais j'ai le cœur percé. (Il sort.)

MADAME AUBONNE.

Ah! c'en est fait, mon sang se glace dans mes veines.

JULIE.

Mon sang, ma chère amie, est bouillant dans les miennes.

LE MARQUIS.

Dans ce nouveau combat du froid avec le chaud,
Me retirer en hâte est, je crois, ce qu'il faut;
Je n'aurais pas beau jeu ; c'est une étrange affaire
De combattre à la fois deux femmes en colère.

SCÈNE IV. — JULIE, MADAME AUBONNE.

MADAME AUBONNE.

Non, vous n'aurez jamais ce brutal de marquis :
Qu'ai-je fait? non, ces nœuds sont trop mal assortis.

JULIE.

Quoi! tu me serviras?

MADAME AUBONNE.

Je réponds que sa mère
Brisera ce lien qui doit trop vous déplaire....
M'y voilà résolue.

JULIE.

Ah! que je te devrai!

MADAME AUBONNE.

O fortune! ô destin! que tout change à ton gré!
Du public cependant respectons l'allégresse :
Trop de monde à présent entoure la comtesse;
Comment parler? comment, par un trouble cruel,
Contrister les plaisirs d'un jour si solennel?

JULIE.

Je le sais, et je crains que mon refus la blesse :
Pour ce fils que je hais je connais sa tendresse.

MADAME AUBONNE.

D'un coup trop imprévu n'allons point l'accabler....
Je n'ai jamais rien fait que pour la consoler.

JULIE.

La nature, il est vrai, parle beaucoup en elle.

MADAME AUBONNE.

Elle peut s'aveugler.

JULIE.
Je compte sur ton zèle,
Sur tes conseils prudents, sur ta tendre amitié.
De ce joug odieux tire-moi par pitié.

MADAME AUBONNE.
Hélas! tout dès longtemps trompa mes espérances.

JULIE.
Tu gémis.

MADAME AUBONNE.
Oui, je suis dans de terribles transes....
N'importe.... je le veux.... je ferai mon devoir;
Je serai juste.

JULIE.
Hélas! tu fais tout mon espoir.

SCÈNE V. — JULIE, MADAME AUBONNE, BABET.

BABET, *accourant avec empressement.*
Allez, votre marquis est un vrai trouble-fête.

MADAME AUBONNE.
Je ne le sais que trop.

BABET.
Vous savez qu'on apprête
Cette longue feuillée où Charlot de ses mains
De guirlandes de fleurs décorait les chemins;
Il a dans cent endroits disposé cent lumières,
Où du nom de Henri les brillants caractères
Sont lus, à ce qu'on dit, par tous les gens savants
Ce spectacle admirable attirait les passants;
Les filles l'entouraient; toute notre séquelle
Voyait le beau Charlot monté sur une échelle,
Dans un leste pourpoint faisant tous ces apprêts;
Mais monsieur le marquis a trouvé tout mauvais,
A voulu tout changer, et Charlot, au contraire,
A dit que tout est bien. Le marquis en colère
A menacé Charlot, et Charlot n'a rien dit :
Ce silence au marquis a causé du dépit;
Il a tiré l'échelle, il a su si bien faire
Qu'en descendant vers nous Charlot est chu par terre.

JULIE.
Ah! Charlot est blessé!

BABET.
Non, il s'est lestement
Relevé d'un seul saut.... Il s'est fâché vraiment :
Il a dit de gros mots.

MADAME AUBONNE.
De cette bagatelle

ACTE II, SCÈNE V.

Il peut naître aisément une grande querelle.
Je crains beaucoup.

JULIE.
Je tremble.

SCÈNE VI. — JULIE, MADAME AUBONNE, BABET, GUILLOT.

GUILLOT, *en criant.*
Ah! mon Dieu! quel malheur!

BABET.
Quoi?

MADAME AUBONNE.
Qu'est-il arrivé?

GUILLOT.
Notre jeune seigneur.

JULIE.
A-t-il fait à Charlot quelque nouvelle injure?

GUILLOT.
Il ne donnera plus des soufflets, je vous jure,
A moins qu'il n'en revienne.

MADAME AUBONNE.
Ah! mon Dieu! que dis-tu?

GUILLOT.
Babet l'aura pu voir.

BABET.
J'ai dit ce que j'ai vu, —
Pas grand'chose.

MADAME AUBONNE.
Eh! butor! dis donc vite, de grâce,
Ce qui s'est pu passer, et tout ce qui se passe.

GUILLOT.
Hélas! tout est passé. Le marquis là dehors
Est troué d'un grand coup tout au travers du corps.

MADAME AUBONNE.
Ah! malheureuse!

JULIE.
Hélas! vous répandez des larmes.
Mais ce n'est pas Charlot; Charlot n'avait point d'armes.

GUILLOT.
On en trouve bientôt. Ce marquis turbulent
Poursuivait notre ami, ma foi, très-vertement.
L'autre, qui sagement se battait en retraite,
Déjà d'un écuyer avait saisi la brette.
Je lui criais de loin : « Charlot, garde-toi bien
D'attendre monseigneur, il ne ménage rien;
J'ai trop à mes dépens appris à le connaître;
Va-t'en; il ne faut pas s'attaquer à son maître. »
Mais Charlot lui disait : « Monsieur, n'approchez pas. »

Il s'est trop approché, voilà le mal.
MADAME AUBONNE.
Hélas !
Allons le secourir, s'il en est temps encore.

SCÈNE VII. — LES PRÉCÉDENTS, L'INTENDANT.

L'INTENDANT.
Non, il n'en est plus temps.
MADAME AUBONNE.
Juste ciel que j'implore !
L'INTENDANT.
Il n'a pas à ce coup survécu d'un moment.
Cachons bien à sa mère un si triste accident.
MADAME AUBONNE, *en pleurant.*
Les pierres parleront, si nous osons nous taire.
L'INTENDANT.
C'est fort loin du château que cette horrible affaire
Sous mes yeux s'est passée ; et, presque au même instant,
Pour préparer madame à cet événement,
J'empêche, si je puis, qu'on n'entre et qu'on ne sorte ;
Je fais lever les ponts, je fais fermer la porte.
Madame heureusement se retire en secret,
Dans ce moment fatal, au fond d'un cabinet,
Où tout ce bruit affreux ne peut se faire entendre.
Ne blessons point un cœur si sensible et si tendre ;
Épargnons une mère.
JULIE.
Hélas ! à quel état
Sera-t-elle réduite après cet attentat ?
Je plains son fils.... Le temps l'aurait changé peut-être.
L'INTENDANT.
Il était bien méchant ; mais il était mon maître.
MADAME AUBONNE.
Quelle mort ! et par qui !
L'INTENDANT.
Dans quel temps, juste ciel !
Dans le plus beau des jours, dans le plus solennel,
Quand le roi vient chez nous !
JULIE.
Hélas ! ma pauvre Aubonne,
Que deviendra Charlot ?
L'INTENDANT.
Peut-être sa personne
Aux mains de la justice est livrée à présent.
JULIE.
Ce garçon n'a rien fait qu'à son corps défendant ;
La justice est injuste.

ACTE II, SCÈNE VII.

L'INTENDANT.
Ah! les lois sont bien dures.
BABET, à Guillot.
Charlot serait perdu!
GUILLOT.
Ce sont des aventures
Qui font bien de la peine, et qu'on ne peut prévoir :
On est gai le matin, on est pendu le soir.
BABET.
Mais le marquis est-il tout à fait mort?
L'INTENDANT.
Sans doute?
Le médecin l'a dit.
JULIE.
Plus de ressource?
GUILLOT, à Babet.
Écoute;
Il en disait de moi l'an passé tout autant;
Il croyait m'enterrer, et me voilà pourtant.
L'INTENDANT.
Non, vous dis-je, il est mort, il n'est plus d'espérance.
Mes enfants, au logis gardez bien le silence.
GUILLOT.
Je gage que sa mère a déjà tout appris.
MADAME AUBONNE.
J'en mourrai.... mais allons, le dessein en est pris.
(Elle sort.)
BABET.
Ah! j'entends bien du bruit et des cris chez madame.
GUILLOT.
On n'a jamais gardé le silence.
JULIE.
Mon âme
D'une si bonne mère éprouve les douleurs.
Courons, allons mêler nos larmes à ses pleurs.

ACTE TROISIÈME.

SCÈNE I. — L'INTENDANT, BABET, GUILLOT, TROUPE DE GARDES; CHARLOT, *au milieu d'eux.*

CHARLOT.
J'aurais pu fuir, sans doute, et ne l'ai pas voulu.
Je désire la mort, et j'y suis résolu.
L'INTENDANT.
La justice est ici. Madame la comtesse

Sait la mort de son fils; la douleur qui la presse
Ne lui permettra pas de recevoir le roi.
Quel malheur!
                    GUILLOT.
            Il devait en user comme moi.
Ne se point revancher, imiter ma sagesse;
Je l'avais averti.
                    CHARLOT.
            J'ai tort, je le confesse.
                    BABET.
Quel crime a-t-il donc fait? ne vaut-il pas bien mieux
Tuer quatre marquis qu'être tué par eux?
                    GUILLOT.
Elle a toujours raison, c'est très-bien dit.
                    CHARLOT.
                            J'espère
Qu'on souffrira du moins que je parle à ma mère.
Voudrait-on me priver de ses derniers adieux?
                    L'INTENDANT.
Elle s'est évadée, elle est loin de ces lieux.
                    GUILLOT.
Quoi! ta mère est complice?
                    BABET.
                    Il me met en colère.
Quand tu voudras parler, ne dis mot, pour bien faire
                    CHARLOT.
Elle ne veut plus voir un fils infortuné,
Indigne de sa mère, et bientôt condamné.
Mais que je plains, hélas! mon auguste maîtresse;
Et que je plains Julie! elle avait la tendresse
De monsieur le marquis; et mes funestes coups
Privent l'une d'un fils, et l'autre d'un époux.
Non, je ne veux plus voir ce château respectable,
Où l'on daigna m'aimer, où je fus si coupable.
    (A l'intendant.)
Vous, monsieur, si jamais dans leur triste maison,
Après cet attentat, vous prononcez mon nom,
J'ose vous conjurer de bien dire à madame
Qu'elle a toujours régné jusqu'au fond de mon âme,
Que j'aurais prodigué mon sang pour la servir,
Que j'ai, pour la venger, demandé de mourir:
Daignez en dire autant à la noble Julie.
Hélas! dans la maison mon enfance nourrie
Me laissait peu prévoir tant d'horribles malheurs.
Vous tous qui m'écoutez, pardonnez-moi mes pleurs,
Ils ne sont pas pour moi... la source en est plus belle...
Adieu.... Conduisez-moi.

ACTE III, SCÈNE I.   405

L'INTENDANT
Que cette fin cruelle,
Que ce jour malheureux doit bien se déplorer!
GUILLOT.
Tout pleure, je ne sais s'il faut aussi pleurer.
Qu'on aime ce Charlot! Charlot plaît, quoi qu'il fasse:
On n'en ferait pas tant pour moi.
BABET, à ceux qui emmènent Charlot.
Messieurs, de grâce,
Ne l'enlevez donc pas.... suivons-le au moins des yeux.
GUILLOT.
Allons, suivons aussi, car on est curieux.

SCÈNE II. — JULIE, L'INTENDANT.

JULIE.
Ah! je respire enfin.... Madame évanouie
Reprend un peu ses sens et sa force affaiblie;
Ses femmes à l'envi, les miennes, tour à tour,
Rendent ses yeux éteints à la clarté du jour.
Faut-il qu'en cet état la nourrice fidèle,
Devant la secourir, ne soit pas auprès d'elle!
Vainement je la cherche, on ne la trouve pas.
L'INTENDANT.
Elle éprouve elle-même un funeste embarras;
Par une fausse porte elle s'est éclipsée ;
Je prends part aux chagrins dont elle est oppressée;
Elle est, pour son malheur, mère du meurtrier.
JULIE.
Pourquoi nous fuir? pourquoi de nous se défier?
Le roi viendra bientôt : son seul aspect fait grâce,
Son grand cœur doit la faire.
L'INTENDANT.
On peut punir l'audace
D'un bourgeois champenois qui tue un grand seigneur :
L'exemple est dangereux après ces temps d'horreur,
Où l'État, déchiré par nos guerres civiles,
Vit tous les droits sans force, et les lois inutiles.
A peine nous sortons de ces temps orageux.
Henri, qui fait sur nous briller des jours heureux,
Veut que la loi gouverne, et non pas qu'on la brave.
JULIE.
Non, le brave Henri ne peut punir un brave.
Je suis la cause, hélas! de cet affreux malheur;
Ne me reprochant rien, dans ma simple candeur,
J'ai cru qu'on n'avait point de reproche à me faire.
Ce malheureux marquis, dans sa sotte colère,

Se croyant tout permis, a forcé cet enfant
A tuer son seigneur, et fort innocemment.
Je saurai recourir à la clémence auguste,
Aux bontés de ce roi galant autant que juste
Je n'avais répété ce menuet que pour lui;
Il y sera sensible, il sera notre appui.

L'INTENDANT.

Dieu le veuille!

SCÈNE III. — JULIE, L'INTENDANT, BABET.

BABET.

Au secours! ah! mon Dieu, la misère!
Protégez-nous, madame, en cette horrible affaire.
Les filles ont recours à vous dans la maison.

JULIE.

Quoi! Babet?

BABET.

C'est Charlot que l'on fourre en prison.

JULIE.

O ciel!

BABET.

Des gens tout noirs des pieds jusqu'à la tête
L'ont fait conduire, hélas! d'un air bien malhonnête.
Pour comble de malheur, le roi dans le logis
Ne viendra point, dit-on, comme il l'avait promis;
On ne dansera point, plus de fête!... Ah! madame!
Que de maux à la fois!... tout cela perce l'âme.

JULIE.

Charlot est en prison!

L'INTENDANT.

Cela doit aller loin.

BABET.

Hélas! de le sauver prenez sur vous le soin :
Chacun vous aidera; tout le château vous prie.
Les morts ont toujours tort, et Charlot est en vie.

L'INTENDANT.

Hélas! je doute fort qu'il y soit bien longtemps.

JULIE.

Madame sort déjà de ses appartements,
Dans quel accablement elle est ensevelie!

SCÈNE IV. — LES PRÉCÉDENTS; LA COMTESSE, *soutenue
par deux* SUIVANTES.

LA COMTESSE.

Mes filles, laissez-moi, que je parle à Julie.
Dans ma chambre avec moi je ne saurais rester.

ACTE III, SCÈNE IV.

L'INTENDANT, à Babet.
Elle veut être seule. Il faut nous écarter.
(Ils sortent.)

LA COMTESSE, se jetant dans un fauteuil.
O ma chère Julie ! en ma douleur profonde,
Ne m'abandonnez pas... je n'ai que vous au monde.

JULIE.
Vous m'avez tenu lieu d'une mère, et mon cœur
Répond toujours au vôtre et sent votre malheur.

LA COMTESSE.
Ma fille, voilà donc quel est votre hyménée !
Ah ! j'avais espéré vous rendre fortunée.

JULIE.
Je pleure votre sort... et je sais m'oublier.

LA COMTESSE.
Le roi même en ces lieux devait vous marier :
Au lieu de cette fête et si sainte et si chère,
J'ordonne de mon fils la pompe funéraire !
Ah ! Julie !

JULIE.
En ce temps, en ce séjour de pleurs,
Comment de la maison faire au roi les honneurs ?

LA COMTESSE.
J'envoie auprès de lui, je l'instruis de ma perte :
Il plaindra les horreurs où mon âme est ouverte,
Il aura des égards : il ne mêlera pas
L'appareil des festins à celui du trépas.
Le roi ne viendra point... tout a changé de face.

JULIE.
Ainsi.... le meurtrier.... n'aura donc point sa grâce ?

LA COMTESSE.
Il est bien criminel.

JULIE.
Il s'est vu bien pressé ;
A ce coup malheureux le marquis l'a forcé.

LA COMTESSE, en pleurant.
Il devait fuir plutôt.

JULIE.
Votre fils en colère...

LA COMTESSE, se levant.
Il devait dans mon fils respecter une mère.
Le fils de sa nourrice, ô ciel ! tuer mon fils !
Cette femme, après tout, dont les soins infinis
Ont conduit leur enfance, et qui tous deux les aime,
En ne paraissant point le condamne elle-même.

JULIE.
Vous aviez protégé ce jeune malheureux.

LA COMTESSE.

Je l'aimais tendrement ; mon sort est plus affreux,
Son attentat plus grand.

JULIE.

Faudra-t-il qu'il périsse ?

LA COMTESSE.

Quoi ! deux morts au lieu d'une !

JULIE.

Hélas ! notre nourrice
Ferait donc la troisième.

LA COMTESSE.

Ah ! je n'en puis douter.
Elle est mère.... et je sais ce qu'il en doit coûter.
Hélas ! ne parlons point de vengeance et de peine ;
Ma douleur me suffit.

(On entend du bruit.)

JULIE.

Quelle rumeur soudaine !

(Le peuple, derrière le théâtre.)

Vive le roi ! le roi ! le roi ! le roi ! le roi !

SCÈNE V. — LES PRÉCÉDENTS, MADAME AUBONNE.

MADAME AUBONNE.

Ce n'est pas lui, madame, hélas ! ce n'est que moi.
J'ai laissé ce bon prince à moins d'un quart de lieue,
J'ai précédé sa cour avec sa garde bleue ;
J'avais pris des chevaux ; et je viens à genoux
Révéler votre sort et mon crime envers vous.
Le roi m'a pardonné ma fraude et mon audace.
Je ne mérite pas que vous me fassiez grâce.

LA COMTESSE.

Quoi ! malheureuse ! as-tu paru devant le roi ?

MADAME AUBONNE.

Madame, je l'ai vu tout comme je vous voi :
Ce monarque adoré ne rebute personne ;
Il écoute le pauvre, il est juste, il pardonne :
J'ai tout dit.

LA COMTESSE.

Qu'as-tu dit ? quels étranges discours
Redoublent ma douleur et l'horreur de mes jours ?
Laisse-moi.

MADAME AUBONNE.

Non, sachez cet important mystère :
Charlot est plein de vie, et vous êtes sa mère.

LA COMTESSE.

Où suis-je ? juste Dieu ! pourrais-je m'en flatter ?
Ah ! Julie ! entends-tu ?

ACTE III, SCÈNE V.

JULIE.

J'aime à n'en point douter.

MADAME AUBONNE.

Hélas! vous auriez pu sur son noble visage
Du comte de Givry voir la parfaite image.
Il vous souvient assez qu'en ces temps pleins d'effroi
Où la Ligue accablait les partisans du roi,
Votre époux opprimé cacha dans ma chaumière
Cet enfant dont les yeux s'ouvraient à la lumière :
Vous voulûtes bientôt le tenir dans vos bras ;
Ce malheureux enfant touchait à son trépas :
Je vous donnai le mien. Vous fûtes trop flattée
De la fatale erreur où vous fûtes jetée.
Votre fils réchappa, mais l'échange était fait.
Un enfant supposé dans vos bras s'élevait,
Vos soins vous attachaient à cette créature,
Et l'habitude en vous tint lieu de la nature.
Mon mari, que le roi vient de faire appeler,
Interrogé par lui, vient de tout révéler ;
C'est un brave soldat que ce grand prince estime.
Tout est prouvé.

LA COMTESSE.

Julie! heureux jour! heureux crime!

JULIE.

Madame, cette fois, voici le grand Henri.

SCÈNE VI. — LES PRÉCÉDENTS ; LE ROI ET TOUTE SA COUR ; CHARLOT.

LE ROI.

Je viens mettre en vos bras le comte de Givry,
Le fils de mon ami, qui le sera lui-même.
Je rends grâces au ciel dont la bonté suprême
Par le coup inouï d'un étrange moyen
A fait votre bonheur, et préparé le mien.
Je vous rends votre fils, et j'honore sa mère ;
Il me suivra demain dans la noble carrière
Où de tout temps, madame, ont couru vos aïeux.
Déjà nos ennemis approchent de ces lieux ;
Je cours de ce château dans le champ de la gloire ;
Mon sort est de chercher la mort ou la victoire.
Votre fils combattra, madame, à mes côtés.
Mais, délivrés tous deux de nos adversités,
Ne songeons qu'à goûter un moment si prospère.

LA COMTESSE.

Adorons des Français le vainqueur et le père.

VARIANTES.

ACTE SECOND.
SCÈNE II.

Je fais ce que je dois.
Il m'eût été bien doux de consacrer ma vie
A servir dignement la divine Julie.
Heureux qui, recherchant la gloire et le danger,
Entre un héros et vous pourrait se partager!
Heureux à qui l'éclat d'une illustre naissance
A permis de nourrir cette noble espérance!
Pour moi qu'aux derniers rangs le sort veut captiver,
Vers la gloire de loin si je puis m'élever,
Si quelque occasion, quelque heureux avantage,
Peut jamais pour mon prince exercer mon courage,
De vous, de vos bontés, je voudrais obtenir
Pour prix de tout mon sang un léger souvenir.

JULIE.

Ah! je me souviendrai de vous toute ma vie.
Élevée avec vous, moi que je vous oublie!
Mais vous ne quittez point la maison pour jamais.
Madame la comtesse et ses dignes bienfaits,
Une très-bonne mère, et, s'il le faut, moi-même,
Tout vous doit rappeler, tout le château vous aime.
Ma bonne, ordonnez-lui de revenir souvent.

MADAME AUBONNE, *en soupirant*.

Je ne souffrirai pas un long éloignement.

CHARLOT.

Ah! ma mère, à mon cœur il manque l'éloquence.
Peignez-lui les transports de ma reconnaissance;
Faites-moi mieux parler que je ne puis.

JULIE.

                     Charlot...

ACTE TROISIÈME.
SCÈNE IV.

LA COMTESSE.

Dans l'état où je suis, ô ciel! il vient chez moi!

SCÈNE V.

(*Le courrier, en bottes, qui était parti au premier acte, arrive.*)

JULIE.

Charlot sera sauvé.

LE COURRIER.

Le duc de Bellegarde

VARIANTES.

Dans la cour à l'instant vient avec une garde.
Pour la seconde fois le peuple s'est mépris.

JULIE.

Le roi ne viendra point?

LE COURRIER.
     Je n'en ai rien appris.
Il est à la distance à peu près d'une lieue,
Dans un petit village, avec sa garde bleue.

JULIE.

Il viendra, j'en suis sûre.

SCÈNE VI. — LE DUC DE BELLEGARDE *arrive, suivi de plusieurs domestiques de la maison.*

(*On prépare trois fauteuils.*)

LA COMTESSE, *allant au-devant de lui.*
     Ah! monsieur, vous venez
Consoler, s'il se peut, mes jours infortunés.

LE DUC.

Je l'espère, madame; ici le roi m'envoie :
Je viens à vos douleurs mêler un peu de joie.
(*A Julie qui veut sortir.*)
Mademoiselle, il faut que je vous parle aussi;
Votre aimable présence est nécessaire ici,
Sur le destin d'un fils, madame, et sur le vôtre,
Daignez avec bonté m'écouter l'une et l'autre.
(*Il s'assied entre elles.*)
Une madame Anbonne, accourant vers le roi,
S'est jetée à ses pieds, a parlé devant moi.
Le roi, vous le savez, ne rebute personne.

LA COMTESSE.

Ce prince daigne être homme.

JULIE.
     Ah! l'âme grande et bonne!

LE DUC.

Cette femme à mon maître a dit de point en point
Ce que je vais conter.... Ne vous affligez point,
Madame, et jusqu'au bout souffrez que je m'explique :
Vous aviez dans ses mains mis votre fils unique;
On le crut mort longtemps; vous n'aviez jamais vu
Ce fils infortuné, de sa mère inconnu?

LA COMTESSE.

Il est trop vrai.

LE DUC.
    C'était au temps même où la guerre,
Ainsi que tout l'État, désolait votre terre.
Cette femme craignit vos reproches, vos pleurs;
Elle crut vous servir en trompant vos douleurs;
Et sans doute en secret elle fut trop flattée
De la fatale erreur où vous fûtes jetée.
Vous demandiez ce fils, elle donna le sien.

LA COMTESSE.

Ah! tout mon cœur s'échappe : ah! grand Dieu!

CHARLOT.

JULIE.
Tout le bien

Est saisi, transporté

LA COMTESSE.
Quel bonheur!

JULIE.
Quelle joie!

LA COMTESSE.
Qu'on amène mon fils; courons, que je le voie.
Mais.... serait-il bien vrai?....

LE DUC.
Rien n'est plus avéré.

LA COMTESSE.
Ah! si j'avais rempli ce devoir si sacré
De ne pas confier au lait d'une étrangère
Le pur sang de mon sang, et d'être vraiment mère,
On n'aurait jamais fait cet affreux changement.

LE DUC.
Il est bien plus commun qu'on ne croit.

LA COMTESSE.
Cependant
Quelle preuve avez-vous? quel témoin? quel indice?

LE DUC.
Le ciel, avec le roi, vous a rendu justice.
Votre fils réchappa, mais l'échange était fait.
Cet enfant supposé dans vos bras s'élevait.
Vos soins vous attachaient à cette créature,
Et l'habitude en vous passait pour la nature.
La nourrice voulut dissiper votre erreur;
Elle n'osa jamais alarmer votre cœur,
Craignant, en disant vrai, de passer pour menteuse;
Et la vérité même était trop dangereuse.
Dans un billet secret avec soin cacheté,
Son mari, vieux soldat, mit cette vérité.
Le billet, déposé dans les mains d'un notaire,
Produit aux yeux du roi, découvre le mystère.
Le soldat même, à part interrogé longtemps,
Menacé de la mort, menacé des tourments,
D'un air simple et naïf a conté l'aventure.
Son grand âge n'est pas le temps de l'imposture;
Il touche au jour fatal où l'homme ne ment plus.
Il a tout confirmé : des témoins entendus
Sur le lieu, sur le temps, sur chaque circonstance,
Ont sous les yeux du roi mis l'entière évidence.
On ne le trompe point; il sait sonder les cœurs :
Art difficile et grand qu'il doit à ses malheurs.
Ajouterai-je encor que j'ai vu ce jeune homme,
Que pour aimable et brave ici chacun renomme?
De votre père, hélas! c'est le portrait vivant;
Votre père mourut quand vous étiez enfant,
Massacré près de moi dans l'horrible journée
Qui sera de l'Europe à jamais condamnée.
C'est lui-même, vous dis-je; oui, c'est lui, je l'ai vu :

VARIANTES.

Frappé de son aspect, j'en suis encore ému ;
J'en pleure en vous parlant.
                    LA COMTESSE.
                            Vous ravissez mon âme.
                    JULIE.
Que je sens vos bienfaits !
                    LE DUC.
                            Agréez donc, madame,
Que la triste nourrice, appuyant mes récits,
Puisse ici retrouver son véritable fils.
Il était expirant ; mais on espère encore
Qu'il pourra réchapper : sa mère vous implore ;
Elle vient : la voici qui tombe à vos genoux.

SCÈNE VII. — LES PRÉCÉDENTS, MADAME AUBONNE, CHARLOT.

MADAME AUBONNE, *se jetant aux pieds de la comtesse.*
J'ai mérité la mort.
                    LA COMTESSE.
                            C'est assez, levez-vous :
Je dois vous pardonner, puisque je suis heureuse.
Tu m'as rendu mon sang.
(*La porte s'ouvre ; Charlot paraît avec tous les domestiques.*)
    CHARLOT, *dans l'enfoncement, avançant quelques pas*
                            O destinée affreuse !
Où me conduisez-vous ?
                    LA COMTESSE, *courant à lui.*
                            Dans mes bras, mon cher fils.
                    CHARLOT.
Vous, ma mère ?
                    LE DUC.
                    Oui, sans doute.
                    JULIE.
                            O ciel ! je te bénis.
                    LA COMTESSE, *le tenant embrassé.*
Oui, reconnais ta mère ; oui, c'est toi que j'embrasse ;
Tu sauras tout.
                    JULIE.
                    Il est bien digne de sa race.
            (*Le peuple derrière le théâtre.*)
Vive le roi ! le roi ! le roi ! vive le roi !
                    LE DUC.
Pour le coup, c'est lui-même. Allons tous : c'est à moi
De présenter le fils, et la mère, et Julie.
                    LA COMTESSE.
Je succombe au bonheur dont ma peine est suivie.
                    CHARLOT, *marquis.*
Je ne sais où je suis.
                    LA COMTESSE.
                            Rendons grâce à jamais
Au duc de Bellegarde, au grand roi des Français....
Mon fils !

CHARLOT.

CHARLOT, *marquis.*
en serai digne.

JULIE.
Il nous fait tous renaître

LA COMTESSE.
Allons tous nous jeter aux pieds d'un si bon maître.

CHARLOT, *marquis.*
Henri n'est pas le seul dont j'adore la loi.
(*Tout le monde crie*:)
Vive le roi! le roi! le roi! vive le roi!

FIN DU CINQUIÈME VOLUME.

TABLE.

SUITE DU THÉÂTRE.

	Pages.
TANCRÈDE, tragédie en cinq actes........................	1
Épître dédicatoire à Mme la marquise de Pompadour........	1
Tancrède...	4
LE DROIT DU SEIGNEUR, comédie......................	52
SAÜL, drame en cinq actes.............................	100
OLYMPIE, tragédie en cinq actes.......................	124
JULES CÉSAR, tragédie en trois actes...................	179
Observations sur le *Jules César* de Shakspeare...........	216
L'HÉRACLIUS ESPAGNOL OU LA COMÉDIE FAMEUSE............	219
LE TRIUMVIRAT, tragédie en cinq actes..................	254
LES SCYTHES, tragédie en cinq actes....................	323
Avis au lecteur..	375
CHARLOT, OU LA COMTESSE DE GIVRY, pièces dramatique. ..	378

FIN DE LA TABLE DU CINQUIÈME VOLUME.

COULOMMIERS. — Typogr. ALBERT PONSOT et P. BRODARD.

www.ingramcontent.com/pod-product-compliance
Lightning Source LLC
Chambersburg PA
CBHW052121230426
43671CB00009B/1078